Diese Zeitschrift verfocht nie theologische Interessen. Was ist dann aber der Grund, nach Gott zu fragen in einer Zeit, wo das Ziel der Aufklärung, Gott zu dekonstruieren, allen intellektuellen Reiz verloren hat: Daß Gott tot sei, ist vom elitären Geheimnis zur gemütlichen Binsenweisheit geworden. Wenn hier zunächst danach gefragt wird, wer Gott heute theologisch ist, dann entspringt dies nicht dem verbreiteten Empfinden für mehr innerweltlichen Sinn, auf den sich die Praxis sogar der katholischen Kirche immer stärker ausrichtet; sondern die Frage entspringt der Neugierde, in welcher Weise diese geistige Urkategorie, die kulturell und institutionell immer noch Gewicht hat, heute theoretisch begründbar ist. Am Faktum des Religiösen ist nicht zu zweifeln, an der Realität Gottes schon. Vor hundert Jahren wurde der Zweifel subtil begründet. Heutzutage ist er banal. Auch deshalb, wegen dieses Umschlags der hermeneutischen Situation, ist unsere Frage – Wer ist Gott, und was ist dann das Religiöse? – für Denkende von einigem Gewicht.

Dieser Frage stellen sich im ersten Teil des Heftes katholische und protestantische Theologen und Philosophen – im Anspruch des theoretischen Ernstes, nicht des kirchenpolitischen Nutzens. Es geht also nicht um aktuelle Probleme wie Abtreibungsregelung und Zölibat, obwohl dies für die Situation der Kirchen, für das Zuviel an religiösen Zugeständnissen und das Zuwenig an theologischer Anforderung, aufschlußreich gewesen wäre. Es geht bei der Frage nach Gott darum, in welcher Art und Weise, in welcher Sprache man von Gott sprechen kann, und die Opposition des Objektiven und Subjektiven spielt bei den Antworten eine signifikante Rolle, seit dem Beginn der modernen Theologie und bis heute. Denn kann man über Gott reden, wenn man nicht über die Schriften, die von ihm sprechen, redet? Und schließlich handelten Friedrich Schleiermachers berühmte Reden über die Religion nicht von Gott, sondern von unserem Entzücken im Augenblick religiöser Erfahrung, ein großartiges Beispiel des subjektiven Faktors in der Geschichte der modernen Theologie.

Ob nun die dialektische Theologie die Erkennbarkeit Gottes durch die Vernunft in Abrede stellt oder aber – und das scheint heute die eigentlich weiche Stelle zu sein – nicht mehr über die »Bedeutung« jenseits des »Sinns« eines heiligen Textes gesprochen wird: Es handelt sich dabei immer um ein Ausweichen vor der letzten Objektivation. Der *linguistic turn* der Theologie verbirgt eine tiefe Unsicherheit, wie berechtigt diese Unsicherheit seit Luthers sprachphilosophischer Wende gegen eine rein metaphysische Theologie auch ist. Für den harten Atheisten ist die Stimme und die Erscheinung Gottes in der Bibel ohnehin nichts anderes als die Metaphorik eines literarischen Textes, wovon ihn kein theologisches Argument abbringen kann.

In den theologischen Beiträgen dieses Heftes dominiert die objektivistische Richtung. Objektivist ist nicht unbedingt der in der offiziellen Theologie sicher Verankerte, sondern eher der skeptische, wenn auch gläubige Intellektuelle. Denn die Vorstellung vom abwesenden Gott und die Beschränkung seiner Präsenz auf eine Erstursache ist ja eine Antwort auf das Problem der Theodizee, warum das Böse in der Welt sei. Für den Skeptiker erscheint die Konzeption eines abwesenden Gottes wie ein Ausweichen vor Konsequenzen, zu denen das Paktieren mit dem theologischen Modernismus führen kann. Wer zuviel Zugeständnisse macht an die Welt, aber auf Gott dennoch nicht verzichten will, gerät hoffnungslos in die Situation des »to eat the cake and to have it«. Alle diese theologischen Motive, die den geistig Neugierigen inzwischen mehr interessieren können als die letzte Kunstdebatte, tauchen in den Aufsätzen des ersten Teils des Heftes auf, ohne daß dabei eine endgültige Konklusion sichtbar wird. Allerdings: Die Mehrheit der Autoren besteht einerseits auf einer realen Präsenz Gottes in der Welt, andererseits ist ihr aber bewußt, daß wir es mit einem sozusagen konstruktivistischen Symbolsystem zu tun haben: Die Evidenz Gottes liegt nicht in einem Faktum, sondern in uns selbst als Denkenden. Anderes zu fordern erscheint im Lichte dieser Aussagen naiv. Gott ist immer in bezug auf den Menschen zu verstehen. Hierin ist sich der theologische Atheist mit dem gläubigen Theologen einig. Ob Gott allerdings nur eine psychische Realität ist, das bleibt der ungeöffnete Kern des Problems.

Der zweite Teil, der darstellt, was das Religiöse heute ist beziehungsweise sein kann, hebt mit Überlegungen zum Absoluten in der Politik und der Kirche in der Gesellschaft an und stellt sich der Frage, warum auch die säkulare Welt der sakralen Motivik und Aura bedarf. Warum verzichtet die diesseitige Zone nicht auf das Jenseits? Es ist bemerkenswert, daß die zeitgenössische Ästhetik sich im Begriff des Erhabenen mit dem gleichen Problem herumschlägt, das George Steiner löste, indem er den gordischen Knoten, nämlich die emphatische Diesseitigkeit moderner Kunst, durchschlug – und siehe da, ihr Heiliges erschien. Die Frage nach dem Warum könnte für den jenseitigen Teil allerdings gefährlicher werden als für den diesseitigen. Das Ästhetische kann sich mit Transzendierung abfinden, aber die Transzendierung kaum mit dem Hiesigen. Denn wenn Religion letztlich unabhängig ist von einer Theologie, die den Namen verdiente, dann kann jedes Zugeständnis der Theologen an den subjektiven (psychischen) Faktor tödlich werden: Sie würde marginalisiert zu bloß einer weiteren Insel des Religiösen, sobald sie die absolute Grenze zwischen objektivem und subjektivem Faktor ins Diffuse verschwimmen ließe.

Zwei bedeutende Begründer moderner Anthropologie und Soziologie, William James und Max Weber, schrieben nachdrücklich über das Religiöse als die grundlegende soziale und kulturelle Triebkraft auch der modernen Gesellschaften. Der zweite Teil des Heftes bestätigt diese Ansicht in vielen Facetten, nicht ohne Provokation, etwa im Blick auf Kultur als Zivilreligion oder den Holocaust als Gedenkreligion. Es gibt offenbar säkulare Sakralitäten mit mehr oder weniger Göttlichkeit. Wobei die Institution der Kirche auf Göttlichkeit eigentlich überhaupt nicht verzichten darf (was sie in Deutschland aber wegen ihrer prästabilierten Harmonie mit dem Staat häufig tut), während die kulturelle Sphäre – und darunter versteht man inzwischen fast alles – gut daran täte, auf diese Göttlichkeit zu verzichten. Das gleiche gilt für jene politischen Ansprüche, die sich gerne mit dem Absoluten ausrüsten.

Ausgangspunkt zu diesem Heft ist das Erstaunen darüber, wie Theologie überhaupt noch in unserer radikal säkularen, ja entchristianisierten Welt möglich ist, woraus sich die konzeptionelle Beschränkung auf die Gottesfrage in den beiden christlichen Religionen ergibt. Es geht nicht um eine vergleichende Darstellung der Weltreligionen, in denen die Spannung zwischen Gott und Welt in anderer als der unseren Form gegeben ist. Daß die jüdische Tradition, der die entscheidenden christlichen Auffassungen von Gott entstammen, thematisiert werden muß, liegt auf der Hand.

Wer ist Gott? Niemand wird erwarten, in diesem Heft die Antwort zu finden. Nach Gott zu fragen, sei es in der Weise der Theologie, sei es mit Blick auf das Religiöse in der säkularen Welt, ist ein Exerzitium. Mit leichter Drohung gesprochen: Wer es ausschlägt, nimmt Schaden – der Gläubige an seiner Seele, der Ungläubige an seinem Intellekt.

K.H.B./K.S.

Robert Spaemann

Das unsterbliche Gerücht

1. In den siebziger Jahren drang aus dem sibirischen Gulag die Stimme Andrej Sinjawskijs zu uns, die sich *Eine Stimme im Chor* nannte: »Wir haben uns lange genug Gedanken über den Menschen gemacht. Es ist Zeit, an Gott zu denken.« Wenn Gott ist, ist es immer Zeit, an Gott zu denken. Aber bestimmte Situationen sind wohl geeigneter als andere, daran zu erinnern. Nur, was denkt man, wenn man an Gott denkt? Ist an ihn denken nicht schon alles? Kann man etwas *über* ihn denken? Wenn er ist, ist er das Ende des Denkens. Auch der Gedanke, Gott sei nicht, ist das Ende des Denkens. Aber das andere Ende. Nicht, wie der Gedanke an Gott, die überschwengliche Bestätigung des Denkens, sondern seine Selbstwiderlegung. Licht und Dunkel sind auf entgegengesetzte Weise Ende des Sehens.

2. Daß ein Wesen ist, das auf deutsch »Gott« heißt, ist ein altes, nicht zum Schweigen zu bringendes Gerücht. Dieses Wesen ist kein Teil dessen, was in der Welt vorkommt. Es soll vielmehr Grund und Ursprung des Universums sein. Daß allerdings in der Welt selbst Spuren dieses Ursprungs und Hinweise auf ihn zu entdecken sind, gehört mit zu dem Gerücht. Und das allein ist der Grund, warum man verschiedene Sätze über Gott sagen kann.

3. Unmittelbar wahrgenommen wurde Gott bisher von niemandem, wenn man absieht von der einen bekannten Ausnahme, von dem, der Gott seinen Vater nannte und der, wenn wir den zeitgenössischen Berichterstattern glauben dürfen, den Anspruch erhob, aus unmittelbarer Umgangserfahrung mit ihm zu sprechen und deshalb berechtigt zu sein, die Vorstellungen seiner jüdischen Umwelt von Gott zu modifizieren. Neue Gründe für die Annahme seiner Existenz brachte er nicht vor. Sie war in dieser Umwelt nicht kontrovers. Die Modifikationen waren übrigens nicht so fundamental, daß sie es erforderlich gemacht hätten, den hebräischen Eigennamen JHWH abzulehnen, der den Juden, ihrer Überlieferung zufolge, von Gott selbst zum Gebrauch übergeben worden war, einem Gebrauch, der übrigens vorwiegend im Verschweigen bestand. Jesus lehrte nicht einen anderen Gott, sondern er sprach anders über denselben: »Er ist mein Vater, der mich ehrt, von dem ihr sagt: er ist unser Gott. Dabei kennt ihr ihn nicht. Ich aber kenne ihn.« (Johannes 8, 55)

4. Diente der Name JHWH als Eigenname zunächst der Unterscheidung des eigenen von den anderen »Göttern«, so enthielt doch die Bedeutung dieses Namens »Ich bin« bereits den Anspruch seines Trägers auf Singularität. Ursprung des materiellen Universums und, falls es eine solche gibt, einer »geistigen Welt« kann nur ein einziger sein, jedenfalls dann, wenn Schöpfung nicht nur Gestaltung aus einem vorgegebenen Chaos ist, sondern die metaphysische Macht voraussetzt, aus dem Nichtsein ins Dasein zu rufen.

Beim Eintritt der Juden in die hellenistische Welt ergab sich die Identifikation von JHWH mit dem, den die Philosophen im Gegensatz zum antiken Götterhimmel »den Gott« nannten, fast von selbst.

5. Fremd war dieser Epoche noch die philologische und kulturrelativistische *intentio obliqua*, die diese Identifikation rückgängig zu machen sucht, weil hebräisches und griechisches Denken angeblich inkompatibel seien. Pascals »Gott Abrahams, Isaaks und Jakobs. Nicht Gott der Philosophen« scheint schon eine solche Inkompatibilität im Auge zu haben. Aber ein kulturrelativistisches Aperçu hätte Pascal nicht in sein Rockfutter eingenäht. Der Ausruf drückt den Unterschied zweier Erfahrungsweisen aus.

6. Freges Unterscheidung zwischen »Sinn« und »Bedeutung« eines Ausdrucks – *nomen intentionis* und *nomen rei* sagten die Scholastiker – paßt hier gut. »Abendstern« und »Morgenstern« können in einem Gedicht ganz unterschiedliche Funktionen haben. Sie bedeuten denselben Stern, sogar dann, wenn die Benutzer der Worte das gar nicht wissen. In literarischen Texten gibt es keine Referenz, keine Bedeutung jenseits des Sinnes. Figuren solcher Texte sind nichts über das hinaus, was der Autor uns über sie mitteilt oder andeutet oder was sich aus diesen Mitteilungen und Andeutungen ergibt. Niemals sind zwei Figuren miteinander identisch, wenn der Autor nicht die Absicht hatte, sie als identisch zu präsentieren. Es ist die Aufgabe literarischer Kritik, wie sie zur biblischen Hermeneutik gehört, Unterschiede nicht nur zwischen hebräischen Bibeltexten und griechischen Philosophentexten, sondern auch Unterschiede biblischer Texte untereinander sichtbar zu machen. Der weitgehende Verzicht vieler heutiger Theologen aber auf die begleitende *intentio recta*, also auf die Frage nach der Referenz, der »Bedeutung« jenseits des »Sinnes« der Texte und damit nach deren Konvergenz, ist Indiz für eine *theologia etsi deus non daretur*. Ihr Thema sind nur Texte. Nur Texte aber, das heißt: *fiction*.

7. Es gibt Katechismen, die mit der Geschichte des Exodus Israels aus Ägypten statt mit der Lehre von Gott und der Schöpfung beginnen. Sie behandeln den Schöpfungsbericht in der *intentio obliqua* der Geschichte seiner Entstehung. Sie zerschneiden das reale Band der Tradition des Gottesgerüchts, das die Christenheit mit dem Judentum verbindet. Man streitet auch nicht mehr mit den Juden, weil der gemeinsame Gegenstand abhanden gekommen ist, über den man streiten könnte zugunsten eines vagen Bewußtseins religionshistorischer Filiation. *De gustibus non est disputandum.* Wenn es nur Gottesbilder und keinen Gott gibt, dann können die Bilderverehrer einander gelten lassen in jener »Empfindsamkeit, welche alles in seiner Art gut zu finden versichert«, von welcher Versicherung Hegel schreibt, daß sie »Gewalt von der Vernunft leidet, welche gerade darum etwas nicht gut findet, weil es eine Art ist«. Wenn der Gottesbegriff eine »Bedeutung« hat, wenn ihm also jenseits allen Meinens etwas in der Realität entspricht, dann meinen Juden, Christen, Moslems und die Texte der klassischen europäischen Philosophie denselben, wenn sie von Gott sprechen, und es bleibt sinnvoll, darüber zu streiten, wie man über ihn sprechen muß, um richtig zu sprechen.

8. Warum die Beschränkung auf Jerusalem und Athen, wenn von Gott die Rede sein soll? Könnten wir nicht zumindest mit Spinoza das Wort »Gott« überall dort substituieren, wo ein Absolutes als Grund gedacht wird, das in keiner Weise mehr daseinsrelativ ist auf etwas anderes Wirkliches? Könnten wir nicht das Ganze dessen, was ist, immer dort »Gott« nennen, wo es nicht reduktionistisch, also nicht so gedacht wird, daß es das Beste von dem, was ist, zwar erklären soll, aber zugleich unterbietet – der Fall des Materialismus? Oder könnten wir nicht »Gott« auch jenes Absolute nennen, das zwar nichts von dem, was ist, begründet, es aber statt dessen zum bloßen Schein herabsinken läßt, wie das Sein des Parmenides oder das Nirwana des Buddhismus? Wir können das Wort »Gott« gebrauchen, wie wir wollen. Aber wenn es uns auf die Eindeutigkeit der Referenz ankommt, dann sind wir nicht so frei. Bestimmtheit der Referenz gibt es nur, wo wir uns nicht auf etwas, sondern auf jemanden beziehen. Der Begriff »Gott« in seiner üblichen, von der biblischen Tradition inspirierten Bedeutung meint das Absolute als jemanden. Es scheint damit seiner mythologischen Herkunft näher zu bleiben als pantheistische oder buddhistische Vorstellungen. Allerdings scheint es nur, wenn Gott jemand ist, einen klaren und bestimmten Unterschied zu machen, ob wir die Existenz Gottes annehmen, leugnen oder für zweifelhaft halten.

9. Was macht es für einen Unterschied? Brechts Herr K., gefragt, ob es einen Gott gibt, antwortet pragmatistisch: »Ich rate dir nachzudenken, ob dein Verhalten je nach der Antwort auf die Frage sich ändern würde. Würde es sich nicht ändern, dann können wir die Frage fallen lassen. Würde es sich ändern, dann kann ich dir wenigstens noch so weit behilflich sein, daß ich dir sage: Du hast dich schon entschieden. Du brauchst einen Gott«. Herr K. meint natürlich nicht, daß der Frager wirklich Gott braucht. Was er, aufgrund seines interessebedingten falschen Bewußtseins, braucht, ist der *Glaube* an Gott. Herr K. nimmt die Frage nach einer möglichen *wirklichen,* von unserem Glauben ganz unabhängigen Existenz Gottes gar nicht zur Kenntnis. Damit wird deutlich, daß auch er sich schon entschieden hat. Herrn Keuners Argument ist nur die Umkehr des traditionellen christlichen Arguments gegen die Ungläubigen: Sie haben ein Interesse an der Nichtexistenz Gottes. Sie wollen ihm nicht danken, schreibt Paulus im Römerbrief. Danken ist, wie auch klagen und bitten, offensichtlich auch eine Weise des Verhaltens, während Herr K. vermutlich nur an Lebenspraktisches denkt. Und da er nicht unvernünftig ist, würde er also wohl, wenn er glaubte, daß Gott existiert, auch etwas dieser Art zu tun sich gedrängt fühlen, was er aber nicht gern möchte. So könnte der Frager ihm antworten: »Auch du hast dich schon entschieden. Dein Verhalten zeigt: Du brauchst die Nichtexistenz Gottes. Oder, genauer gesagt, du brauchst es, an die Nichtexistenz Gottes zu glauben oder wenigstens an seine Existenz nicht zu glauben.«

10. Ehe man nach dem Interesse an der Wahrheit oder Nichtwahrheit des Gottesgerüchts fragt, ist es gut, genauer zu fragen, was dieses Gerücht genauer besagt. Was meint, wer denkt, daß Gott ist? Es handelt sich um eine synthetische, nicht um eine analytische Wahrheit. Es handelt sich um die

wesentliche und notwendige Einheit zweier Prädikate, die empirisch oft getrennt und nur manchmal und in kontingenter Weise zusammen auftreten, die Einheit der Prädikate »mächtig« und »gut«. Wer glaubt, daß Gott ist, glaubt, daß das, was der Fall ist, die Welt unserer Erfahrung einschließlich seiner selbst, eine »Tiefe«, eine Dimension hat, die sich der Erfahrung, auch der introspektiven, entzieht. Diese Dimension ist der Ort, wo das, was ist, aus seinem Ursprung hervorgeht. Und zwar nicht im Sinne eines zeitlichen Folgens auf Antezedensbedingungen, sondern als gemeinsames Hervorgehen mit den Entstehungsbedingungen und zugleich als Emanzipation von diesen, also als Selbstsein. An einen Schöpfer glauben heißt glauben, daß das Sein der Dinge und das Leben der Sterblichen weder notwendig noch die Folge eines universellen Trägheitsprinzips ist, sondern in jedem Augenblick Hervorgang aus dem Ursprung. Der Ort des Ursprungs aber ist zugleich der Ort der Wahrheit, der Dinge an sich, der Welt vom Gottesstandpunkt aus, wobei unentschieden sein kann, ob dieser Standpunkt uns im Prinzip zugänglich ist oder nicht.

11. Nicht unentschieden bleiben kann, wie wir selbst an dem, was der Fall ist, mitwirken, was uns zu tun und zu lassen erlaubt ist und was nicht. Die Unbedingtheit, mit der sich dies im Gewissen geltend macht, ist das andere Prädikat, das der meint, der glaubt, daß Gott ist. Darum der Name »Stimme Gottes« für das Gewissen. Diese Unbedingtheit des Guten, die nicht mit sich handeln läßt, steht in einem eigentümlich antinomischen Verhältnis zu jener anderen, zur Unbedingtheit des Ganzen dessen, was ist, wie es ist, das keine Appellation aufgrund irgendeines Sollens zuläßt und mit dem sich abzufinden oder gar anzufreunden immer der Rat der Philosophen war. Der Protest gegen das Universum, gegen den Lauf der Dinge, ist absurd. Und doch ist Unbedingtheit auch dort, wo jemand es in Kauf nimmt, daß der Lauf der Dinge sich gegen ihn kehrt, um an der Stimme des Gewissens keinen Verrat zu begehen. Diese Unbedingtheit ist durch keine Faktizität widerlegbar, so wenig wie diese durch jene. An Gott glauben heißt, die Antinomie der beiden Unbedingtheiten nicht als das letzte Wort gelten lassen. Gott ist, das heißt: Die unbedingte Macht und das schlechthin Gute sind in ihrem Grund und Ursprung eins – ein Exzeß der Harmonisierung vom Standpunkt der alltäglichen Empirie, ein Exzeß der Hoffnung. Die Weigerung, die Alternative zu wählen und das Absurde als letztes Wort hinzunehmen, ist wohl nur zusammen mit Pascals Wort zu haben: »Vere tu es Deus absconditus.«

12. Warum ist Gott verborgen? Gegenfrage: Warum sollte er nicht verborgen sein? Warum müssen die Zuschauer von Platons Höhlenkino wissen, daß sie in einer Höhle sind und daß es ein Draußen gibt? Weil sie Menschen sind, zu denen es gehört, wissen zu wollen, »was in Wahrheit ist« (Hegel). Und weil sie eine Erfahrung von Unbedingtheit haben, die im Kontext des Films, den sie sehen, nicht verstehbar ist. Warum also ist dann Gott verborgen? Mit der absurden Konsequenz – absurd, wenn Gott ist –, daß das Dasein Gottes den Status einer kontroversen Hypothese hat? Die Gnostiker lösten das Problem, indem sie die beiden antinomischen Prädikate auf zwei Träger verteilten, einen bösen Schöpfer beziehungsweise Demiurgen und

Fürsten dieser Welt und den »ganz Anderen«, den Gott des Lichtes, das von ferne leuchtet. Dies ist der Verzicht auf das, was das Gerücht sagt. Die andere Antwort erzählt die Geschichte von einer unvordenklichen Schuld, die das Mächtige und das Gute trennte und deren anfängliche Einheit ins Verborgene geraten ließ, dorthin, wo wir nicht sind, in den »Himmel«.

13. Aber gehört es nicht zum Begriff Gottes, daß sein Wille immer geschieht? Ja, aber nicht wie im Himmel, so auf Erden, das heißt so, daß menschliche Willen und göttlicher Wille im Einklang sind, sondern als »List der Vernunft«, die sich gegen die Absicht der Handelnden durch ihr Handeln vollzieht. Mephisto weiß sich als »Teil von jener Kraft, die stets das Böse will und stets das Gute schafft«. In die gleiche Richtung weist das Wort: »Der Menschensohn muß zwar verraten werden, aber wehe dem Menschen, durch den er verraten wird.« Die Ambivalenz im Begriff eines göttlichen Willens, die in der Spannung von Geschichtsphilosophie und Moralphilosophie bei Kant und bei Hegel ihren letzten Ausdruck fand, ist am präzisesten gefaßt in der Lehre von den zwei Willen Gottes bei Thomas von Aquin. Der absolute Wille Gottes zeigt sich in dem, was geschieht. Er ist uns in seinem Grund verborgen und kann uns deshalb nicht zur Richtschnur des Handelns dienen. Es wäre sogar böse, schreibt Thomas, immer zu wollen, was Gott will. Richtschnur unseres Handelns ist das, wovon Gott will, daß wir es wollen. Und das können wir wissen. Es ist das sittlich Gebotene, über das uns Vernunft und Offenbarung belehren. Es ist im übrigen nicht für alle Menschen dasselbe. Thomas' Beispiel ist der König, der die Pflicht hat, nach einem Verbrecher zu fahnden, und der Frau des Verbrechers, deren Pflicht es ist, ihren Mann zu verstecken. Keiner von beiden darf dem anderen die Erfüllung seiner Pflicht zum Vorwurf machen, und jeder muß den Willen Gottes in dem verehren, was dann wirklich geschieht. Denn »es ist das gewiß Zeichen eines bösen Willens, daß er nicht leiden kann seine Verhinderung« – Martin Luther. Aktivität und Resignation gehen hier Hand in Hand und spiegeln die Ambivalenz im Begriff eines Willens Gottes, die doch nur deshalb existiert, weil die kreatürlichen Willen nicht a priori mit dem übereinstimmen, »wovon Gott will, daß wir es wollen«.

14. Die Einheit von Allmacht und Güte, die wir denken, wenn wir Gott denken, macht die Theodizeefrage unvermeidlich, also die Frage nach der Vereinbarkeit der Übel der Welt mit der Güte und Gerechtigkeit Gottes. Zahlreich sind die Antworten. Von der Gnosis war schon die Rede. Von »Tzim-Tzum« sprachen die Kabbalisten, von dem Sichzurücknehmen Gottes, einer Selbstbeschränkung seiner Allmacht, um Platz für etwas außerhalb seiner einzuräumen. Vom unvermeidlichen Preis der kreatürlichen Freiheit. Leibniz meinte, daß Gott es besser nicht kann – die weniger euphemistische Formel für die beste aller möglichen Welten. Etwas Ähnliches sagt neuerdings Klaus Berger, indem er den biblischen Gott in einen Demiurgen zurückverwandelt, der nicht ins Dasein ruft, sondern nur gestaltet und deshalb die Welt nicht besser machen kann, als es das vorgegebene Material erlaubt. Schließlich gibt es die Antwort Kants und Hegels: den Hinweis auf die List der Vernunft im Gang der Weltgeschichte, die am Ende alles zum Guten

führt. Aber wieso zählen die später Lebenden mehr als die Früheren, die den Preis zahlten? Zeigen uns Lenin und Stalin, wie Gott ist? Wenn Gott ist, gibt es keine solche Rechnung. Die einzige Antwort auf die Theodizeefrage, die diese Frage zum Verstummen bringt, gibt das Buch Hiob: »Wo warst du, als ich die Erde gründete? Sag mir's, wenn du so klug bist ... Wer mit dem Allmächtigen rechtet, kann der ihm etwas vorschreiben? ... Gürte wie ein Mann deine Lenden. Ich will dich fragen, lehre mich. Willst du mein Urteil zunichte machen und mich schuldig sprechen, damit du recht behältst. Hast du einen Arm wie Gott und kannst du mit gleicher Stimme donnern wie er?« Und darauf Hiobs Antwort: »Ich habe unweise geredet, was mir zu hoch ist und was ich nicht verstehe ... Ich hatte dich nur vom Hörensagen vernommen. Aber nun hat mein Auge dich gesehen. Darum spreche ich mich schuldig und tue Buße in Staub und Asche.« Damit hat Gott die Wette gegen den Ankläger der Menschen gewonnen, und Hiob wird in den prächtigen Status quo ante wieder eingesetzt. Die Botschaft des Neuen Testaments, daß Gott die Liebe ist, verliert ihre Pointe, wenn sie so oft wiederholt wird, bis man vergessen hat, von wem dies gesagt wird. Das erste Prädikat Gottes ist die Macht. »Gott ist, wie sich alles verhält«, heißt es bei Wittgenstein, »Für den Gott sind alle Dinge gut, schön und gerecht« bei Heraklit, und »Ich bin der, der tötet und lebendig macht«, sagt JHWH beim Propheten. Die Hoffnung auf Rettung vor dem endgültigen Tod kann sich nur unter dieser Bedingung auf ihn richten. Wer nicht Ursprung des Alpha im Kentauren ist, kann nicht versprechen, Omega zu sein. Gott als ohnmächtig denken, um ihn ohne Schwierigkeit als gut denken zu können, heißt das Gute verloren geben. Es gibt Gott nicht oder es gilt »Tout ce qui arrive est adorable« (Léon Bloy).

15. Kontingenzbewältigung sei, worum es in der Religion geht, so werden wir heute belehrt. Das paßt zu den zwei Prädikaten Gottes. »Was Gott tut, das ist wohlgetan, es bleibt gerecht sein Wille. Wie er fängt meine Sachen an, so will ich halten stille.« Hermann Lübbe liebt diese Lieder, und sie sind ja auch schön. Kontingenzbewältigung, das soll heißen, sich mit dem abfinden, was man nicht ändern kann, obwohl man sich denken und wünschen kann, daß es anders wäre. Sich abfinden oder sich anfreunden? Es gibt auch eine atheistische Kontingenzbewältigung, die es dabei bewenden läßt, daß die Dinge sind, wie sie sind, eine Lebenskunst, die darin besteht, sich mit Enklaven von Sinn und Freude in einem absurden Ganzen zu begnügen. Aber was heißt hier absurd? Absurd ist Abwesenheit von Sinn dort, wo wir ihn erwarten. Wenn wir, zum Beispiel mit Hilfe der Wissenschaft, gelernt haben, im Ganzen dessen, was ist, nicht so etwas wie Sinn zu suchen, werden wir auch nicht mehr von Absurdität sprechen. »Der Mond, durch die hohen Zweige schimmernd, / sagen die Dichter alle, sei mehr / als der Mond, durch die hohen Zweige schimmernd. / Mir aber, der sich nicht vorstellen kann, / was der Mond, durch die hohen Zweige schimmernd / anders sein könne / als der Mond, durch die hohen Zweige schimmernd, / ist er wirklich nicht mehr / als der Mond, durch die hohen Zweige schimmernd.« (Fernando Pessoa) Die Wahrheit ist, daß der Glaube an das Dasein Gottes jene Kontingenz, die er »bewältigt«, überhaupt erst erzeugt oder zumindest außerordentlich ver-

schärft. Die Idee der Kontingenz der Welt wird philosophisch erst im Raum des Islam und des Christentums entwickelt, ebenso wie der in der modernen Logik so wichtig gewordene Begriff »möglicher Welten«. Denn was soll es heißen, etwas könnte anders sein als es ist? Es kann heißen, daß das Anderssein nicht aus logischen Gründen ausgeschlossen wäre. Es kann heißen, daß es aus dem, was vorausging, naturgesetzlich notwendig folgt. Aber schon dies ist zweideutig. Denn wenn auch zwei Ereignisreihen sich aus Naturgesetzen ergeben, so gibt es doch nicht immer ein weiteres Naturgesetz, aus dem sich das Ereignis ergibt, das aus der Interferenz dieser Reihen folgt. Wir sprechen hier von Zufall und meinen, es hätte auch etwas anderes geschehen können. Aber was heißt hier »können«? Der Zufall ist nach Aristoteles genau so »Ursache« wie andere Ursachen. Die Tatsache, daß dem Ereignis nichts vorausging, was sein Eintreten determinierte, bedeutet nicht irgendein »Können« mit Bezug auf einen alternativen Gang der Dinge. Mit einer Ausnahme: Wo wir selbst oder andere Menschen, die wir als freie Subjekte von Handlungen betrachten, im Spiel sind, da hat es Sinn, von einem alternativen Können zu sprechen und mit Bezug auf bestimmte Handlungsergebnisse zu sagen, wir hätten auch etwas anderes tun können. Nur mit Bezug auf frei handelnde Wesen haben kontrafaktische Annahmen einen mehr als metaphorischen Sinn. Der Gedanke, die Welt könnte anders sein, als sie ist, ja sogar die Naturgesetze seien kontingent, konnte erst entstehen auf dem Hintergrund des Gedankens eines Ursprungs der Welt aus einer freien Entschließung. Gottesglaube als Kontingenzbewältigung kann deshalb nur heißen, daß die Wunde nur geheilt werden kann durch das Eisen, das sie schlug. Darum taugt dieser Gedanke kaum für eine funktionalistische Religionsbegründung. Die atheistische Kontingenzbewältigung ist radikaler als die religiöse. Sie ist Kontingenzbeseitigung. Dies ist allerdings vielleicht aus psychologischen Gründen unmöglich. Menschen können sich schwer von dem Gedanken trennen, etwas könnte anders sein, als es ist. Aber das heißt vermutlich nur, daß Menschen sich schwer vom Gedanken an Gott trennen können.

16. Kontingenzbewältigung kann allerdings noch etwas anderes bedeuten. Manchmal sind die Dinge besser, als wir annehmen konnten. Manchmal geschieht etwas Herrliches. Und es gibt Augenblicke, wo wir das eigene Dasein als reines Geschenk erleben, als Wunder. Glaube an Gott ist Wunderglaube. »Der ganzen modernen Weltanschauung liegt die Täuschung zugrunde, daß die sogenannten Naturgesetze die Erklärungen der Naturerscheinungen seien« (Wittgenstein). Einen Zwang, nach dem eines geschehen müßte, weil etwas anderes geschehen ist, gibt es nicht. Es gibt nur eine *logische* Notwendigkeit. Moderne Theologen wollen oft Gott auf die Ebene der sogenannten Erstursache, das heißt einer Art transzendentaler Bedingung für das Geschehen in der Welt verbannen, die sich aus dem Geschehen selbst herauszuhalten hat. Aber sie können dafür keinen Grund angeben außer dem Vorurteil, das Wittgenstein nennt. Wer prinzipiell an Wunder glaubt, ist in Gefahr, den gesunden Menschenverstand zu verlieren und leichtgläubig zu sein, weil er die Kriterien des Wahrscheinlichen verloren hat. Aber diese Gefahr ist gering. In der Regel sind Menschen, die an Gott glauben, skeptisch

gegenüber Wunderberichten, geneigt, ihnen keinen Glauben zu schenken, gleichzeitig aber jederzeit auf das Wunder zu warten, das sie überzeugt. Die höchste Form des Bedürfnisses der Kontingenzbewältigung ist das Bedürfnis, dankbar zu sein. Hier kann der Atheismus keinen Ersatz bieten, denn Kontingenzbeseitigung wäre hier gleichbedeutend mit der Beseitigung des Glücks, danken zu können. Es ist eine schöne und wahre Armut der deutschen Sprache, daß sie für *felicitas* und *fortuna* nur ein Wort besitzt. Dank gibt es nur gegenüber einem Adressaten. Sonst wird er zur Façon de parler. Wo die Klage keinen Adressaten hat, hat auch der Dank keinen. Er kann nur wirklich sein, wenn der Adressat wirklich ist. »We never advance one step beyond ourselves« – wenn dieser programmatische Satz Humes wahr ist, dann können wir uns weiterhin vielfältig amüsieren. Auf Freude im emphatischen Sinn des Wortes müssen wir verzichten.

17. Freude darüber, daß Gott ist, heißt in der traditionellen Sprache Gottesliebe. Sie ist mehr als der abstrakte moralische Universalismus, der das eigene Interesse zu relativieren bereit ist. Sie ist eine Verwandlung des Interesses selbst. Für die christlichen Mystiker, aber auch für Luther war die *resignatio in infernum*, die Akzeptanz der eigenen Verdammnis, wenn sie der Wille Gottes ist, ein Durchgangsstadium und Prüfstein dieser Verwandlung. Wenn Gott ist, dann ist dies das Wichtigste. Wo immer mein Schicksal mich hinführt, wie sinnvoll oder sinnlos mein Leben verläuft, der Sinn selbst, das Heilige und Schöne ist und ist unzerstörbar. »Der Sinn der Welt muß außerhalb ihrer liegen. In der Welt ist alles, wie es ist und geschieht alles, wie es geschieht; es gibt in ihr keinen Wert – und wenn es ihn gäbe, so hätte er keinen Wert. Wenn es einen Wert gibt, der Wert hat, so muß er außerhalb alles Geschehens und So-Seins liegen, denn alles Geschehen und So-Sein ist zufällig. Was es nicht zufällig macht, kann nicht in der Welt liegen, denn sonst wäre dies wieder zufällig. Es muß außerhalb der Welt liegen« (Wittgenstein). »Freude am Glück eines anderen«, so definiert Leibniz Liebe. Es gehört zum Begriff Gottes, ihn als glücklich zu denken und deshalb als gut.

18. Nietzsche hat diese Freude verstanden, wenn er es als das »bis jetzt vornehmste und entlegenste Gefühl, das unter Menschen erreicht worden ist«, bezeichnete, den Menschen zu lieben um Gottes willen. Da er glaubte, daß es Gott nicht gibt, wollte er ein funktionales Äquivalent für ihn ersinnen, den Übermenschen. Die Alternative wäre sonst der banale Nihilismus des »letzten Menschen«, der wie der Erdfloh, nur noch mit der Manipulation eigener Lustzustände beschäftigt, am längsten lebt, mit virtuellen Welten als Wichsvorlage. Aber auch der Übermensch ist virtuell. Es gehört zur Funktion Gottes, durch keine Funktion definierbar, also auch durch kein funktionales Äquivalent substituierbar zu sein. Nicht also zu etwas gut, sondern derjenige, für den etwas gut sein muß, um gut zu sein. Zu jeder Funktion des Gottesglaubens gibt es auch die entgegengesetzte. Gott ist Grund jedes unbedingten Anspruchs an den Menschen und zugleich Subjekt der Verzeihung jeder Schuld, er ist Legitimationsinstanz jeder den Menschen verpflichtenden Autorität und Legitimationsinstanz des Ungehorsams gegen jede Tyrannis, er ist Herr der Geschichte und Richter über die, die die Geschichte

»machen«. Der Glaube an Gott inspiriert die größten Anstrengungen, Leiden zu lindern, und die größte Bereitschaft, sie anzunehmen. Er motivierte die Ketzerrichter ebenso wie die Ketzer. Er motiviert die Weltverbesserer, die Weltflüchtigen und die, die in der Welt nur ihre alltägliche Pflicht tun. Er veranlaßt, alles, was wir tun, für Gott zu tun, und lehrt, daß wir mit nichts von dem, was wir tun, Gott etwas geben können. Er lehrt, sich anzustrengen und indifferent zu sein gegenüber dem Ergebnis der Anstrengung. Er lehrt, daß Gott in allem ist und alles in Gott, und er lehrt, daß er »jenseits« ist, außerhalb der Welt, »im Himmel«. Auf die Frage, welchen Unterschied es macht, ob Gott ist oder nicht, gibt es deshalb nur eine Antwort: Es macht eben diesen Unterschied: Gott ist oder er ist nicht.

19. Es gibt allerdings *eine* moralische Konsequenz aus dem Glauben an Gott. Wenn Gott ist, müssen Menschen tun, wovon Gott will, daß sie es wollen, und dürfen nicht versuchen, die Rolle Gottes zu spielen als Herren dessen, was geschieht. Jean-Paul Sartre schreibt in seinen nachgelassenen *Cahiers pour une morale*, daß ein Atheist radikaler »Verantwortungsethiker« sein muß, bereit, jedes Verbrechen zu begehen, wenn es zum Besten der Menschheit ist. Der Versuch, sich saubere Hände und eine weiße Weste zu bewahren, ist nichts als moralischer Egoismus. Anders, so schreibt er, ist es für den Gläubigen. Er trägt in erster Linie Verantwortung für sein eigenes Leben, weil es für ihn eine Instanz gibt, vor der er sein Leben zu verantworten hat. Sein Versuch, sich nicht mit dem Bösen zu kompromittieren, ist nicht Egoismus, sondern Gottesdienst. Die Verantwortung für die Unterlassung von Verbrechen aber braucht er nicht zu tragen. Sartre hat diese Sache besser verstanden als ein großer Teil der heutigen christlichen, insbesondere katholischen Moraltheologen, die für die teleologische Moral des Konsequenzialismus optiert haben, nach welcher die sittliche Qualität einer Handlung die Funktion der Gesamtheit ihrer voraussichtlichen Folgen ist, also der Zweck die Mittel heiligt. Und wenn inzwischen sogar Bischöfe diejenigen als moralische Egoisten beschimpfen, die die neutestamentliche Forderung, »sich unbefleckt zu bewahren von dieser Welt«, ernst zu nehmen suchen, dann sollten sie vielleicht darüber nachdenken, ob nicht ein bestimmter Verantwortungsbegriff ebenso utopisch wie atheistisch ist. »Wenn Gott nicht existiert, ist alles erlaubt«, meinte Dostojewski. »Unter Umständen und eine gute Absicht vorausgesetzt«, fügt der Konsequenzialist hinzu. »Uns ist alles erlaubt«, sagte Lenin in der Überzeugung, daß er wisse, was für alle das Beste ist und daß es keinen Gott gibt, der das weiß. Der Konsequenzialismus ist ein Bruch mit der Grundlage einer jahrtausendealten menschlichen Gesittung. Und er ist totalitär, weil er den, der zu wissen glaubt, was für alle das Beste ist, zum Herrn der Gewissen derer macht, die das nicht wissen.

20. Was ist, wenn Gott ist? Dann ist Gott, und der Glaube an ihn ist wahr. Schön ist er gewiß, aber »qui sait si la vérité n'est pas triste?« (Renan). Es macht die Würde des Menschen aus, wissen zu wollen, was ist. Als Sinjawskij schrieb, es sei Zeit, an Gott zu denken, fügte er hinzu: »Man soll nicht aus alter Gewohnheit glauben, nicht aus Angst vor dem Tod, nicht für alle Fälle, nicht deshalb, weil uns jemand zwingt, nicht aus humanistischen Grundsät-

zen, nicht deshalb, um die Seele zu retten oder um originell zu sein. Man soll glauben aus dem einfachen Grund, weil es Gott gibt.« Ob es Gott gibt, ist kontrovers. Wahrscheinlich ja, hat neuerdings Richard Swinburne gesagt und ausführlich begründet. Wahrscheinlich nein, annähernd ebenso ausführlich John L. Mackie. Für den, der an Gott glaubt, wird aus der wahrscheinlichen Hypothese unvermeidlich Gewißheit, weil er betet. Man kann nicht im Ernst dauerhaft und mit wachsender Intimität auf jemanden hören und mit jemandem sprechen, dessen Existenz den Status einer Hypothese hat. Und auch der Ungläubige läßt die Sache nicht in der Schwebe, indem er auf die Realisierung einer solchen Beziehung verzichtet. Die Geschichte der Argumente für die Existenz Gottes ist gewaltig. Immer haben Menschen versucht, sich der Vernünftigkeit ihres Glaubens zu versichern. Die Gottesbeweise zerfallen in zwei Gruppen. In der einen wird versucht, aus dem Inhalt der Gottesidee oder aber aus ihrem Vorhandensein im menschlichen Bewußtsein auf die Realität dessen zu schließen, was in dieser Idee gedacht wird. Anselm von Canterbury, Descartes und Hegel sind die Namen, die sich mit diesem »ontologischen Argument« verbinden. Thomas von Aquin und Kant hielten diesen Weg für ungangbar. Zwar ist Gott, wenn er ist, mit Notwendigkeit, und seine Existenz ist im Unterschied zu jeder anderen Existenz von vollkommener innerer Einsichtigkeit. Aber, so der Einwand, wir haben keine hinreichende Einsicht in das, was wir meinen, wenn wir »Gott« sagen, um eine solche apriorische Gewißheit erreichen zu können. Die andere Gruppe der Argumente ging aus von den Elementen der Erfahrung, die nicht verstehbar sind, ohne über sich hinaus auf ein Unbedingtes zu verweisen. Eine dritte Gruppe schließlich, für die die Namen Pascal, Kant und William James stehen, enthält nicht Argumente dafür, daß Gott existiert, sondern dafür, daß wir, angesichts einer theoretischen Pattsituation, aus »existenziellen« Gründen besser beraten sind, an die Existenz Gottes zu glauben, als nicht daran zu glauben – also aus Gründen, die Sinjawskij nicht gelten lassen möchte.

21. Seit Hume, spätestens aber seit Nietzsche befindet sich die Argumentation für das Dasein Gottes in einer neuen Situation. Die klassischen Gottesbeweise versuchten zu zeigen, daß es wahr ist, daß Gott ist. Sie setzten voraus, daß es Wahrheit gibt und daß die Welt verstehbare, dem Denken zugängliche Strukturen besitzt. Diese haben ihren Grund zwar im göttlichen Ursprung der Welt, aber sie sind uns unmittelbar zugänglich und deshalb geeignet, uns zu diesem Grund zu führen. Diese Voraussetzung wird seit Hume und vor allem seit Nietzsche bestritten. Nietzsche schrieb, »daß auch wir Aufklärer, wir freien Geister des 19. Jahrhunderts, unser Feuer noch von dem Christenglauben nehmen, der auch der Glaube Platos war, daß Gott die Wahrheit, daß die Wahrheit göttlich ist«. Aber eben dieser Gedanke ist für Nietzsche eine Selbsttäuschung. Es gibt nicht Wahrheit, es gibt nur nützliche und schädliche Idiosynkrasien. »Wir müssen uns nicht einbilden, daß die Welt uns ein lesbares Gesicht zuwendet«, heißt es bei Foucault, und bei Richard Rorty: »Ein höheres Forschungsziel namens Wahrheit gäbe es nur dann, wenn es so etwas wie eine letzte Rechtfertigung gäbe, also keine

Rechtfertigung vor einem bloß endlichen Auditorium menschlicher Hörer, sondern eine Rechtfertigung vor Gott.« Mit der Idee Gottes wird auch die einer wahren Welt hinfällig, mit dem *intellectus archetypus* auch das »Ding an sich« – für Kant das, was so ist, wie es für den *intellectus archetypus* ist. Rorty ersetzt inzwischen Erkenntnis durch Hoffnung auf eine bessere Zukunft, wobei nicht einmal mehr gesagt werden kann, worin diese bestehen soll und worin die Eignung der Mittel zu diesem Ziel. Denn zumindest Aussagen hierüber müßten ja wahr zu sein versuchen.

22. In dieser Situation können Argumente dafür, das Absolute als Gott zu denken, nur noch Argumente *ad hominem* sein. Sie gehen nicht aus von unbezweifelbaren Prämissen, um zu ebenso unbezweifelbaren Schlußfolgerungen zu kommen. Sie sind holistisch. Sie zeigen die wechselseitige Abhängigkeit der Überzeugung vom Dasein Gottes und von der Wahrheitsfähigkeit, also Personalität des Menschen auf und suchen gleichzeitig nach Zustimmung für beides – im Gegensatz zu der Dialektik von Naturalismus und Spiritualismus, die gegenwärtig unsere Zivilisation bestimmt. Die beherrschende Macht in ihr ist ein abstraktes, transzendentales Subjekt, genannt »die Wissenschaft« auf der einen Seite, die anscheinend unabhängig von allen natürlichen, biologischen und psychologischen Bedingtheiten ist. Sie reduziert die Welt auf subjektlose Objektivität. Sie erklärt uns, was wir als Menschen sind, indem sie uns erklärt, wie wir entstanden sind. Das Wahre und das Gute sind unter diesem Aspekt nichts als überlebensdienliche Idiosynkrasien, sogenannte Erkenntnisse nicht Repräsentationen dessen, was erkannt wird, sondern kausale Wirkungen von etwas, das gerade nicht erkannt wird. Daraus folgt, daß auch alle Ideen von personaler Selbstbestimmung Selbstmißverständnisse sind. Aber auch dies könnten wir ja, wenn es so wäre, nicht »wissen«. Wenn Gott ist, verhält es sich anders. Dann ist eine »natürliche« Erklärung nicht gleichbedeutend mit einer reduktionistischen, weil Natur selbst sich einer unvordenklichen Freiheit verdankt und in der Hervorbringung freier, wahrheitsfähiger und zurechnungsfähiger Wesen nur zu dem zurückkehrt, was sie im Ursprung *ist*. Wenn Gott ist, können wir sein, wofür wir nicht umhin können, uns zu halten, Personen. Wenn wir das nicht wollen, gibt es kein Argument, das uns vom Dasein Gottes überzeugen könnte. Auch wenn wir es wollen, gibt es allerdings keine Nötigung, an Gott zu glauben. Es bleibt uns immer die Alternative, auf Verstehen zu verzichten, also darauf zu verzichten, das, als was wir uns selbst erfahren, in Einklang zu bringen mit dem, was die Wissenschaft über uns sagt. Wir können Hermeneutik und Naturgeschichte unvermittelt lassen. Es bleibt immer die Möglichkeit der intellektuellen Resignation: »Ich habe mich oft gefragt / Und keine Antwort gefunden / Woher das Sanfte und das Gute kommt. / Weiß es auch jetzt noch nicht / Und muß nun gehn.« (Gottfried Benn)

23. Mit dem Gedanken der Wahrheit bricht auch der Gedanke der Wirklichkeit zusammen. Unser Sprechen und Denken über das, was ist, ist unaufhebbar zeitlich strukturiert. Wir können nicht etwas als wirklich denken, ohne es in der Gegenwart, also als *jetzt* wirklich zu denken oder aber so, daß es einmal gegenwärtig, einmal »jetzt« war. Etwas, das immer nur vergangen

war oder immer nur künftig sein wird, war nie und wird nie sein. Ebenso aber gilt: Was jetzt ist, war einmal zukünftig und wird einmal gewesen sein. Das Futurum exactum ist vom Präsens unzertrennlich. Von einem Ereignis der Gegenwart sagen, es werde einmal nicht mehr gewesen sein, heißt sagen, daß es in Wirklichkeit auch jetzt nicht ist. In diesem Sinn ist alles Wirkliche ewig. Der Zeitpunkt kann nicht eintreten, an dem es nicht mehr wahr sein wird, daß jemand einen Schmerz oder eine Freude empfunden hat, die er jetzt empfindet. Und diese vergangene Wirklichkeit ist ganz unabhängig davon, daß wir uns ihrer erinnern. Das jetzige Bewußtsein von dem, was jetzt ist, impliziert das Bewußtsein des künftigen Gewesenseins, oder es hebt sich selbst auf. Aber was ist der ontologische Status dieses Gewesenseins, wenn alle Spuren verweht sein werden, wenn das Universum nicht mehr sein wird? Vergangenheit ist immer die Vergangenheit einer Gegenwart. Was wird aus der Vergangenheit, wenn keine Gegenwart mehr sein wird? Die Unvermeidlichkeit des Futurum exactum impliziert die Unvermeidlichkeit, einen »Ort« zu denken, wo alles, was geschieht, für immer aufgehoben ist. Oder wir müssen den absurden Gedanken akzeptieren, daß einmal nicht mehr gewesen sein wird, was jetzt ist, und was eben deshalb auch jetzt nicht wirklich ist. Die totale Virtualisierung der Welt macht das Dasein Gottes verzichtbar. Wenn wir das Wirkliche als wirklich denken wollen, müssen wir Gott denken. »Ich fürchte, wir werden Gott nicht los, weil wir noch an die Grammatik glauben«, schrieb Nietzsche. Er hätte auch schreiben können: »weil wir nicht aufhören können, uns selbst als wirklich zu denken«. Ein *argumentum ad hominem.* Aber Leibniz, der etwas von Beweistheorie verstand, schreibt, daß jeder Beweis in Wirklichkeit ein *argumentum ad hominem* ist.

Jürgen Ebach

Tags in einer Wolkensäule, nachts in einer Feuersäule

Gott wahr-nehmen

Gewarnte Vorrede

In dem Brief, der mich zu einem Beitrag zu diesem Heft einlud, las ich mit Vergnügen den Satz: »Der *Merkur* will also wissen, wer Gott heute ist ...« Nun, mit dem *Merkur* über Gott zu sprechen, ist aus mehreren Gründen vertrackt. Denn einmal ist Merkur respektive Hermes bekanntlich selbst ein Gott – dazu einer, dem man in Sachen »Hermeneutik« nicht leicht etwas vormachen kann. Überdies kommt in seinem »Ressort« vieles zusammen, so daß Verwechslungen nahe liegen – wie etwa die zwischen Hermeneutik und Hermetik, von den in seiner gleichzeitigen Zuständigkeit für Handel und Diebstahl angelegten Wechseln ganz abgesehen. Mit Verwechslungen hat auch zu tun, daß, wie Apostelgeschichte 14, 12 berichtet, Paulus im kleinasiatischen Lystra für den Merkur gehalten wurde – was ja vielleicht *so* falsch wieder nicht war ...

Und noch etwas zum Thema »Religion«, nämlich eine Erinnerung an »die Gebildeten unter ihren Verächtern«. Christoph Martin Wieland richtete in seinem *Teutschen Merkur* eine Sparte ein, welche »Revision bereits gefällter Urteile« hieß.

So will ich denn versuchen, dem *Merkur* auf die Frage, wer Gott heute sei, Rede und Antwort zu stehen. Ich möchte mir dabei, wenn möglich, weder den einen Vorwurf des in Kleists *Amphitryon* zuweilen zur Grobheit neigenden Gottes Merkur zuziehen – »Mit welcher Unehrbietigkeit der Schuft / Dort von den Göttern spricht« – noch den anderen: »Du murmelst in die Zähne«.

Kontrastwirklichkeit

Der Exodus, der Auszug Israels aus dem ägyptischen Sklavenhaus, führte zunächst quälend lange in und durch die Wüste. Daß auf die Knechtschaft nicht sogleich die Freiheit folgte, sondern der beschwerliche Weg der Befreiung, ließ das Volk, wie die Mosebücher erzählen, immer wieder murren und sich in aufsässig-nostalgischer Trägheit an die angeblichen »Fleischtöpfe Ägyptens« zurücksehnen. Gott geht dem durch die Wüste wandernden Volk voran. Im zweiten Buch Mose 13, 21 heißt es (in der Verdeutschung von Martin Buber und Franz Rosenzweig): »Vor ihnen einher ging Er, des Tags in einer Säule Gewölks, sie den Weg zu leiten, des Nachts in einer Säule Feuers, ihnen zu leuchten ...«

Nicht religionsgeschichtlichen Aspekten (wie der an solchen Stellen erkennbar werdenden vulkanischen Erscheinungsweise des Gottes Israels) soll jetzt das Augenmerk gelten, sondern der Frage, wie Gott hier wahrnehmbar wird. Anders als der aristotelische »unbewegte Beweger« geht Adonaj[1], der Gott Israels, selbst; er geht dem Volk voran. »Nach Gott fragen« – im Titel dieses Heftes des *Merkur* wäre das »nach« lesbar *auch* als räumliche Beziehung.

Vor allem aber nimmt Israel in der Wüste Gott wahr im Kontrast zur umgebenden Wirklichkeit. Im Dunkel der Nacht wird er erkennbar in einer Feuersäule, in der Helligkeit des Tages dagegen als dunklere Wolke. Das Kontrastbild ist transparent auf eine Grundfrage nach Gott. Er kommt hier nicht in den Blick als Garant dessen, was ist und wie es ist, sondern in einer Gegenerfahrung, denn das, was ist, ist nicht alles. Und weil, was ist, nicht alles ist, kann das, was ist, sich ändern. Als »kürzeste Definition von Religion« formuliert Johann Baptist Metz: »Unterbrechung«.[2] Von der Bibel her will ich ihr eine ebenso kurze an die Seite stellen, nämlich: »Überschreiten«. Ist es Zufall, daß im Hebräischen der Name »Hebräer« *(ivri)* und das Verb »überschreiten« *(avar)* wurzelverwandt klingen? Solches Transzendieren freilich wäre abzugrenzen gegen eine Verortung Gottes »im Jenseits« als bloße Kompensation des irdischen Jammertals, welche letzteres um so fester einmauert. Das Überschreiten richtet sich vielmehr gegen die Vorstellung, daß das, was ist, nun einmal so ist. *Der* Feind biblischer Theologie ist der Fatalismus, der Glaube an die Macht des Schicksals.

Die im Exodusbuch erzählte Wahrnehmung Gottes im Kontrast zum je Gegebenen (tags in einer Wolkensäule, nachts in einer Feuersäule) reizt zu (gezielt anachronistischen) Spekulationen: Wo alles hell ist, in der Herrschaft der »Aufklärung« (*enlightenment, les lumières, illuminismo* – die Nachbarsprachen benennen deutlicher als die deutsche Bezeichnung die Lichtmetaphorik dieser Epoche), wäre Gott dagegen wahrnehmbar in einer Wolke (seit »Aufklärung« von einem Begriff der Philosophie zu einem der Polizei und des Enthüllungsjournalismus geriet, um so mehr ...). Wo aber die (nicht nur romantische) Nacht (das mythisch-mystische Dunkel in mancherlei Gestalt) das Feld beherrscht, ist es um den Feuerschein zu tun, die klaren Begriffe, das Dunkle der Gefühle und das Wolkige des Ungefähren zu erhellen. Die Gleichzeitigkeit beider Zustände macht beide Gegenerfahrungen notwendig. Übel ist es, wenn das ohnehin Herrschende theologisch überhöht und abgesegnet wird (einst, um es so zu befestigen, heute, damit Theologen – man kann auch *mit* dem Stachel löcken – zeigen können, daß sie auf der Höhe der Zeit sind).

---

1 Den Eigennamen des Gottes Israels, das »Tetragramm«, geschrieben mit den vier Konsonanten j-h-w-h, der in biblisch-jüdischer Tradition Adonaj (eine allein Gott vorbehaltene Herrenanrede) oder ha-Schem (der Name) ausgesprochen wird, geben Buber/Rosenzweig in ihrer Verdeutschung der »Schrift« (je nach dem umgebenden Satz) als: ER, IHM, DU beziehungsweise entsprechend wieder.

2 Johann Baptist Metz, *Glaube in Geschichte und Gegenwart*. Mainz: Matthias Grünewald 1977.

Weil das, was ist, nicht alles ist …

»Nur wenn, was ist, sich ändern läßt, ist das, was ist, nicht alles.« Der Satz Theodor W. Adornos verbleibt in strikt »negativer Dialektik« und verbittet sich jegliche »Zwangstaufe«. Nicht um seine Theologisierung ist es mir zu tun, wohl aber um eine – ebenso strikt – *theologische* Fassung. In zuversichtlicher Gewißheit – mit der geliehenen Stimme der Bibel – hieße sie: Weil das, was ist, nicht alles ist, kann das, was ist, sich ändern.[3] Diese Gewißheit (in Luthers Unterscheidung nicht *securitas*, sondern *certitudo*) nimmt dem, was ist, den fatalistischen Charakter, daß es so sein müsse. Doch sie ist eben deshalb auch schmerzlich. Nach den neutestamentlichen Berichten brechen nach einem Wunder Jesu die Augenzeugen nicht in Jubel aus, sondern entsetzen sich. Dieses *Ent*setzt-Sein ist eine Gegenerfahrung vom *Be*setzt-Sein, aber diese Gegenerfahrung ist ambivalent. Sie macht deutlich, daß das in den Wundern Jesu anbrechende Gottesreich zwar ganz Wirklichkeit, aber nicht die ganze Wirklichkeit ist. »Wo Licht hinfällt, tritt die rückweichende Nacht desto dichter zusammen« – dieser Satz des Sturm-und-Drang-Dichters Jakob Michael Reinhold Lenz (in einem Brief an Lavater vom 18. Juni 1774) fügt sich nicht nur zur »Dialektik der Aufklärung«, sondern auch zu den Wundern Jesu. Die augenfällig werdende Möglichkeit, daß alles, was ist, ganz anders werden kann, macht das, was ist, um so schmerzlicher. »Wunder« – das Wort läßt sich auch hören als Steigerung von »wund«. Die Erfahrung der Abwesenheit Gottes macht die Not-wendigkeit seiner Anwesenheit bewußt, die Erfahrung der Anwesenheit Gottes macht den Schmerz seiner Abwesenheit um so größer. »Mir fehlt etwas, wenn ich keine Musik höre«, notiert Robert Walser (in *Fritz Kochers Aufsätze*), »und wenn ich Musik höre, fehlt mir erst recht etwas«, und er fügt hinzu: »Das ist das Beste, das ich über Musik zu sagen weiß.«

Der Einwand gegen die so angedeutete theologische Dialektik ist naheliegend. Er richtet sich gegen die Suggestion, als müsse es das, wonach Menschen (längst nicht mehr *die* Menschen) so sehnlich verlangen, wirklich geben. Unter allen gescheiterten Gottesbeweisen haben die suggestiv-negativen[4] womöglich die größte Kraft; zum Beweis taugen auch sie nicht.

Könnte sich Religion mit der Gotteserfindung des frommen Bewußtseins als ihrer Basis womöglich begnügen, so kann es Theologie nicht. Die Kritik von Feuerbach bis Marx, derzufolge Religion menschliche Projektion sei, läßt sich am wirksamsten dadurch entkräften, daß man sie listig zur Affirmation umwertet und die Legitimierung der irdischen Familie durch die himmlische, die Realisierung von Theologie als »civil religion« und die kirchliche Praxis als psychosoziale Stabilisierung zum *Sinn* des Glaubens er-

---

[3] Dazu weiter: Jürgen Ebach, *Weil das, was ist, nicht alles ist.* Frankfurt: GEP 1998.

[4] Ich denke an Jean Pauls »Rede des toten Christus vom Weltgebäude herab, daß kein Gott sei« (Erstes Blumenstück im *Siebenkäs*), aber auf andere Weise auch an Brechts frühes Gedicht *Hymne an Gott*, das mit der Strophe schließt: »Viele sagen, du bist nicht und das sei besser so. / Aber wie kann *das* nicht sein, das so betrügen kann? / Wo so viel leben von dir und anders nicht sterben konnten – / Sag mir, was heißt das dagegen – daß du nicht bist?«

klärt. Religiöse Sinnstiftung (in pluralistischem Warenkorb) wird auf diese Weise zum Inhalt von Theologie. Diese Strategie hat einen doppelten Effekt: Sie soll der Religionskritik die Spitze abbrechen und zugleich die Theologie der Aufgabe entheben, über ihren Sachgrund Auskunft zu geben.

Theologie ist Reden von Gott, und das Reden von Gott hat das Reden Gottes selbst als seinen Sachgrund. Christliche Theologie ist deshalb im Kern biblische Theologie. Es gibt gute Gründe, Theologie als Ganze abzulehnen, ihr den Status einer Wissenschaft oder die Vernünftigkeit schlechthin zu bestreiten. Gegen solche Bestreitung von außen vermag sie sich kaum zu wehren. (Der Versuch, diejenigen, die nicht an Gott glauben, eines Defizits zu überführen, wird scheitern; der Versuch derer, die an Gott glauben, zu zeigen, daß sie »sonst« ganz vernünftig sind, ist nur peinlich.) Doch wenn es Theologie geben soll, dann kann sie ohne Selbstaufgabe nicht ihren biblischen Grund aufgeben und mit ihm nicht die doppelte Bedeutung ihres Genitivs, nämlich als Theo-logie die »Rede Gottes« wahr zu nehmen und als »Rede von Gott« über diese Wahr-nehmung zu reflektieren und davon Rechenschaft abzulegen.

Mit dem doppelten Genitiv, der dem Wort »Theologie« und ihrer Sache innewohnt, verbindet sich freilich ein Dilemma. Denn einerseits ist Gott der Gegenstand der Theologie – andererseits hat sie ihren Boden verloren, wo immer Gott ihr zum »Gegenstand« wird. Diese Dialektik wiederum hat ihren Haftpunkt in der biblischen Gottesrede selbst, nämlich im Neben-, Gegen- und zuletzt Miteinander der Rede von der Erschaffung des Menschen als »Bild Gottes« einerseits und im »Bilderverbot« der »Zehn Gebote« andererseits. Beides zusammen zu halten (Inkarnation und Transzendenz zusammen zu denken) fordert, die Menschlichkeit Gottes und seine (ihre) jeder Definition entzogene Göttlichkeit zugleich wahr zu nehmen. Es geht darum, den Satz aus Hosea 11, 9 (»Gott bin ich, und kein Mann«)[5] ebenso zu beherzigen wie die Bestimmung eines jeden Menschen als Ebenbild Gottes (mit 1. Mose 5, 1 in rabbinischer Auslegung) als größtes *Gebot* zu verstehen.[6] Das Aufeinander-Verwiesensein von Theologie und Anthropologie ist deshalb ebenso konstitutiv biblisch wie die Unterscheidung beider Ebenen. Wir können nicht anders, als menschlich von Gott reden. Auch die Erklärung, Gott sei »ganz anders«, verläßt diese Ebene nicht. Von Gott zu reden, vom Reden Gottes zu reden, bleibt daher auf Analogie angewiesen. Es kommt dabei darauf an, in jeder Ähnlichkeit die je größere Unähnlichkeit mit wahrzunehmen. Der Versuch, in der Benennung Gottes als des »ganz anderen« scheinbar der Definition zu entgehen, läßt jenes »ganz andere« unter der Hand wieder zum Element einer Definition werden. Dagegen interpretiert die rab-

---

5 Das hier stehende hebräische Wort *isch*, welches »Mann« bedeutet, kann durchaus auch im Sinne von »Mensch« gebraucht werden. An dieser Stelle ist beides zu hören – und die »wörtliche« Lesart heute vor allem.

6 Rabbi Asai vertrat gegen Rabbi Akiva, welcher in der Nächstenliebe (3. Mose 19, 18) das höchste Gebot sah, eben 1. Mose 5, 1 als »klal gadol« (große/größte Regel), denn an dieser Stelle wird jedem Menschen das Prädikat »Bild Gottes« zuerkannt und damit die Grundlegung der Nächstenliebe formuliert.

binische Auslegung das »Trishagion«, das (dreimalige) »heilig, heilig, heilig« im Gotteslob der Engel in Jesaja 6 als »das andere des anderen des anderen«. Sie deutet damit an, daß noch das Nicht-Definierte immer wieder dem Definitionszugriff entzogen werden muß. Gerade die Utopie bedarf des Bilderverbots.

Die Bibel selbst *erzählt* davon, daß und wie Gott nicht nur ändern kann, was ist (weil das, was ist, nicht alles ist), sondern daß und wie er auch *sich* ändern kann. Und so kann von Gottes *Reue* erzählt werden.[7] Als Gott sich die unbedingte Ansage des Untergangs der bösen Stadt Ninive gereuen ließ und er auf die Umkehr der Niniviten hin nicht wahr machte, was er durch seinen Propheten Jona zu tun angesagt hatte, war das für den »Theologen« Jona ein großes Problem. »Aber das unerbittliche Schicksal, das bei den Griechen Regel war, ist in der Bibel Ausnahme; gerade der erste Schritt, nämlich der zur moralischen Umkehr, *dreht das Verhängnis um.* So nun erblicke man eine der lehrreichsten Bibelstellen in diesem Betracht: nämlich das *Erstaunen des Propheten Jona*, weil er seinen Unterschied zu Kassandra nicht begriffen hat.«[8]

Liebe und Gerechtigkeit

Jona hat seine Schwierigkeit damit, daß Gott Ninive am Leben läßt selbst um den Preis, seinen Propheten und damit sein eigenes Wort Lügen zu strafen. Im Tone des Vorwurfs erklärt Jona (Jona 4, 2), warum er sich dem Auftrag entziehen wollte, im Namen eines so wankelmütigen Gottes den Untergang der bösen Stadt zu künden: »ich wußte es ja, du bist ja ein erbarmender Gott und ein barmherziger, langmütig und reich an Freundlichkeit, den des Unheils gereut.«

Was Jona hier vorbringt, ist ein Zitat, genauer ein Teilzitat von 2. Mose 34, 6f., einer der wenigen Bibelstellen, die so etwas wie eine Definition Gottes enthalten. Gott selbst gibt diese »Definition«, indem er »im Vorübergehen«, en passant (wieder das Motiv des »Überschreitens« – hebräisch *avar*), seine Namen und seine »Eigenschaften« nennt:

> Adonaj, Adonaj,
> Gott *(Elohim)*, barmherzig und erbarmend,
> langmütig, reich an Freundlichkeit und beständiger Wahrheit,
> Freundlichkeit bewahrend Tausenden,
> tragend Schuld und Auflehnung und Verfehlung,
> doch straffrei, straffrei läßt er nicht:
> heimsuchend der Väter Schuld an den Söhnen
> und den Söhnen der Söhne,
> an der dritten und vierten Generation.

---

7 Zu diesem Motiv vgl. Jörg Jeremias, *Die Reue Gottes*. Neukirchen-Vluyn: Neukirchener Verlag 1997.

8 Ernst Bloch, *Das Prinzip Hoffnung*. Frankfurt: Suhrkamp 1977. Zu Text, Thema, Stoff und Motiv ausführlicher: Jürgen Ebach, *Kassandra und Jona*. Frankfurt: Athenäum 1987.

Das ist die biblische Urstelle der Schelosch Essre Middot, der »Dreizehn Eigenschaften Gottes« in jüdischer Theologie.[9] Nach Hermann Cohen *(Religion der Vernunft aus den Quellen des Judentums)* sind es im Grunde nur zwei: Liebe und Gerechtigkeit. So sehr es der inhaltlichen Füllung beider Worte bedarf, soll nicht die Liebe zum bloßen Gefühl und die Gerechtigkeit zur kalten Zuteilung von Lohn und Strafe verkommen, so ist doch das größte Problem dieser Aussage durch das unscheinbare »und« gestellt. Wie kann Gott zugleich lieb *und* gerecht sein, zugleich gut *und* mächtig? Aus Jonas Sicht geht an der Güte Gottes seine Gerechtigkeit zuschanden – und seine Wahrheit dazu. Deshalb zitiert Jona aus der in seinen Worten aufgenommenen Passage aus dem zweiten Mosebuch nur die ihn kompromittierende Seite der Güte Gottes, und bezeichnenderweise zitiert er die Eigenschaft der »beständigen Wahrheit« nicht mit. Denn sie vor allem hat aus seiner Sicht in der Reue Gottes über sein gegen Ninive angesagtes Strafgericht Schaden genommen.

Daß das »und« zwischen Liebe und Gerechtigkeit kein bloß aufzählendes »plus« sein kann, versteht sich. Aber wäre es ein bloß adversatives, wie kann es dann derselbe Gott sein, von dem diese gegensätzlichen Eigenschaften aussagbar sind?[10] Und wie kann dieser Gegensatz zugleich als Erweis beständiger Wahrheit ausgesagt werden? Die Frage nach dem »und« stellt sich im doppelten Sinne als »Frage *nach* Gott«. Denn sie bliebe als Frage nach den Kriterien menschlicher politischer und sozialer Praxis unabweisbar, auch wenn es Gott nicht gäbe. Als theologische Frage aber wäre sie festzuhalten gegen jeden Versuch der Spaltung Gottes, sei es in der Form der Unterscheidung zwischen dem (angeblich) strafenden Gott des Alten und dem (angeblich) lieben Gott des Neuen Testaments, sei es in der Form des Glaubens an den »lieben Gott« um den Preis, daß er, um »lieb« zu bleiben, immer ohnmächtiger wird.

Der liebe Gott

Vor einigen Jahren verblüffte mich eine Freundin, die Sozialwissenschaftlerin ist, mit der Frage: »Seit wann ist Gott eigentlich lieb?« Die Frage ist nicht leicht zu beantworten (und verdiente eine eigene mentalitäts- und frömmigkeitsgeschichtliche Untersuchung). Zwar redet die Bibel (Alten und Neuen Testaments) von Gottes Liebe, doch die zum Namen geronnene Bezeichnung »der liebe Gott« verdankt sich vermutlich eher Grimmschen

---

9 Vgl. im Babylonischen Talmud, Traktat Rosch ha-Schana 17b. Da im Talmud die Rede von den 13 Eigenschaften nicht aufzählend-identifizierend auf den Bibeltext selbst bezogen ist, gibt es verschiedene Zählungen und damit auch verschiedene Deutungen; zum Beispiel kann man das doppelte »Adonaj« als *zwei* Eigenschaften zählen und so die Adonaj-Seite stärker betont sehen als die Elohim-Seite.

10 Die Bibel kann davon erzählen, daß Gott einmal von Mose davon entbunden werden mußte, um den Preis der Vernichtung Israels sein Gelübde wahr machen zu müssen; zu dieser Lesart von 2. Mose 32, 11 vgl. die außerordentlich wichtigen Hinweise bei Jacob Taubes, *Die politische Theologie des Paulus.* München: Fink 1993.

Märchen und bürgerlicher Frömmigkeit als Bibel und Theologie. Vor allem aber verdankt sie sich dem Versuch der Entlastung Gottes. Diese Entlastung hat einen hohen Preis.

Fälschung bis zur Kenntlichkeit: Zuweilen kommt mir auf dem Weg ein mordlustig aussehender Hund entgegen. Während ich angstvoll dem Unheil ins Auge sehe, ruft die Stimme eines (dem Hund nicht selten ähnlich sehenden) »Herrchens«: »Der ist lieb.« Und zuverlässig folgt als weiterer Satz: »Der tut nichts.« Die vertraute Wortwahl erlaubt realsatirisch verblüffende Rückschlüsse auf die Rede vom »lieben Gott«. Lieb sein heißt: Nichts tun. In dieser Logik zeigt nicht nur eine bestimmte Pädagogik ihr Gesicht, sondern auch eine bestimmte Frömmigkeit. Würde – mit Verlaub – Hund, Kind oder Gott »etwas tun«, so wäre es aus mit dem Lieb-Sein. Der »liebe Gott« ist »lieb« – nicht nur solange er nichts, sondern weil er nichts tut. Vor dem »lieben Gott« muß man keine Angst haben – er tut nichts.

Aber wenn Gott nichts tut und deshalb »lieb« ist, wer tut dann all das Böse? *Unde malum?* Woher kommt das Böse? In dieser Grundform ist die Theodizeefrage nach wie vor ebenso virulent wie ungelöst, während sie im engeren Sinne als Frage nach der Rechtfertigung Gottes vor dem Gerichtshof der Vernunft einer inzwischen selbst fraglich gewordenen Überschätzung eben dieses »Gerichtshofes« zu konfrontieren wäre.

Die Entlastung Gottes gegenüber dem Vorwurf, als Herr der Welt auch für das Böse verantwortlich zu sein, hat (beginnend in der Bibel selbst) die Karriere des Teufels befördert. Je »lieber« Gott sein soll, um so mächtiger muß der Teufel werden, bis zuletzt die einzige Entschuldigung Gottes in seiner Nichtexistenz besteht. Odo Marquard kommentiert: »Theodizee gelungen, Gott tot.«[11] Das Grundproblem, das sich mit der Reduktion Gottes auf den »lieben Gott« verbindet, bleibt auch dann bestehen, wenn inzwischen andere Instanzen in den Platz des Teufels eingewiesen wurden, sei es »der Mensch«, seien es »die Verhältnisse«, sei es »die Geschichte« oder »das Schicksal« – in welcher Gestalt auch immer. Jeder Versuch, die Theodizeefrage zu beantworten, bezeugt Zynismus oder Blindheit (oder beides). Noch zynischer und blinder wäre einzig, die Theodizee als Frage zu beseitigen. An ihr als *Theo*dizee festzuhalten, das heißt als Frage *an* Gott – und (durchaus im doppelten, wenn nicht vielschichtigen Sinne) als Frage *nach* Gott – bestreitet jeder anderen möglichen »Instanz« das Recht und die Macht, sie zu beantworten oder zu beseitigen. In dieser Bestreitung liegt die Aufgabe und die Kraft von Theologie, und nichts wäre schlimmer, als wenn sie sich, statt an der Frage festzuhalten, selbst zur Antwortinstanz erheben würde.[12]

Der gerechte und mächtige Gott

Gegen die Reduktion Gottes auf den »lieben Gott« ist an dem vertrackten biblischen »und« zwischen Liebe und Gerechtigkeit, Güte und Macht Got-

---

[11] In: Willi Oelmüller (Hrsg.), *Leiden*. Paderborn: Schöningh 1986.

[12] Vgl. Jürgen Ebach, *Gott im Wort*. Neukirchen-Vluyn: Neukirchener Verlag 1997.

tes festzuhalten. Aber wie kann das nach Auschwitz noch gedacht werden? »Wolkensäule und Feuerschein« – das Bild aus 2. Mose 13 ist nicht ohne Grund der Titel einer der wenigen Sammlungen von Dokumenten der jüdischen Theologie des Holocaust in deutscher Sprache. Ist im Feuerschein der Vernichtung Gottes Tun sichtbar geworden? Ist spätestens angesichts dieser Wirklichkeit die Rede vom »lieben Gott« unsäglich geworden, so nicht weniger die vom gerechten und zugleich mächtigen Gott. Wie sollte gedacht, wie sollte geglaubt werden können, daß Gott in seiner Allmacht dies zuließ oder gar wollte?! Aber ebenso umgekehrt: Wie könnten Menschen einem Gott ihr Leben und Sterben anvertrauen, der sich gegenüber diesem Geschehen als ohnmächtig erwiesen hätte? Daß die Radikalität dieser Erfahrung im Blick auf die Frage nach Gott und die Möglichkeit jeder Theologie von den Opfern und ihren Nachfahren viel konsequenter empfunden wurde und wird als von den Tätern und ihren Nachfahren[13], gehört zu den erschütterndsten Belegen jener »Verblüffungsfestigkeit«, die Metz für die christliche Theologie diagnostizierte.

Spätestens die Erfahrung der Shoah verschließt ein letztes Schlupfloch der Theodizee, die Möglichkeit nämlich, Gott zwar für das zuständig sein zu lassen, das uns als böse erscheint, jedoch hinzuzufügen, das, was uns als böse erscheine, diene im höheren Ratschluß Gottes zum Guten. Wäre ein höherer Zweck denkbar, der diese Mittel heiligte? Noch wenn man das für möglich hielte, weil man bei Gott alles für möglich halten möchte: *Theologie* kann das nicht denken, vollends christliche Theologie darf das nicht – Täter und Taten rechtfertigend – denken. Bei den nicht verblüffungsfest Denkenden hat diese Erschütterung jeder Theologie zu Konsequenzen geführt, denen ich Respekt erweise.

Man kann Gottes Ohnmacht zu denken versuchen. Aber was wäre gewonnen, wenn man Gott als Opfer beklagte oder ihn gar mit in die Selbsthilfegruppe einlüde...? Man kann alles theologische Denken in die Klammer eines Irrealis oder noch immer fragil-zuversichtlichen Potentialis stellen und mit Friedrich-Wilhelm Marquardt formulieren: »Was dürfen wir hoffen, wenn wir hoffen dürften?«[14] Aber was bedeutet das für die theologischen *Aussagen*, die in dieser Klammer *auszusagen* sind...? Man kann – im Anschluß an den talmudischen Satz »Die Tora ist nicht im Himmel«[15] – *nach* Gott an den Geboten Gottes festhalten und sie in (ver)zweifelnder Zuver-

---

13 Auf christlicher Seite gehören Friedrich-Wilhelm Marquardt und Johann Baptist Metz eher zu den Ausnahmen; über die überaus vielschichtige und andauernde jüdische Debatte um eine »Holocaust-Theologie« informiert Christoph Münz, *Der Welt ein Gedächtnis geben. Geschichtstheologisches Denken im Judentum nach Auschwitz*. Gütersloh: Gütersloher Verlagshaus 1996.

14 So lautet der Titel von Marquardts dreibändiger Eschatologie (Gütersloh: Chr. Kaiser/ Gütersloher Verlagshaus 1993 ff.).

15 Zur Grundstelle im Talmudtraktat Baba mezia und zur Diskussion vgl. Pierre Lenhardt/ Peter von der Osten-Sacken, *Rabbi Akiva*. Berlin: Selbstverlag Institut Kirche und Judentum 1987.

sicht der menschlichen Verantwortung anvertraut sein lassen.[16] Aber wieviel kann man gerade angesichts der Erfahrungen, die den Glauben an Gott zum Einsturz brachten, den Menschen zutrauen...? Und man kann, wo das eigene Denken und die eigene Glaubwürdigkeit ans Ende kommen, mit der geliehenen Stimme der Bibel und derer, die auf ihre Stimme hörten, weiter von Gott *erzählen.*

Gottesleugnung

»Rabbi Mosche Löb sprach: ›Es gibt keine Eigenschaft und keine Kraft am Menschen, die umsonst geschaffen wäre ... Aber wozu mag wohl die Gottesleugnung geschaffen sein? Auch sie hat ihre Entstehung in der hilfreichen Tat. Denn wenn einer zu dir kommt und von dir Hilfe fordert, dann ist es nicht an dir, ihm mit frommem Munde zu empfehlen: ›Habe Vertrauen und wirf deine Not auf Gott‹, sondern dann sollst du handeln, als wäre da kein Gott, sondern auf der ganzen Welt nur einer, der diesem Menschen helfen kann, du allein.‹« (Martin Buber, *Die Erzählungen der Chassidim*)

»Vielleicht ist es wahr«

»Ein Aufklärer, ein sehr gelehrter Mann, der vom Berditschewer gehört hatte, suchte ihn auf, um auch mit ihm, wie er's gewohnt war, zu disputieren und seine rückständigen Beweisgründe für die Wahrheit seines Glaubens zuschanden zu machen. Als er die Stube des Zaddik betrat, sah er ihn mit einem Buch in der Hand in begeistertem Nachdenken auf und nieder gehen. Des Ankömmlings achtete er nicht. Schließlich blieb er stehen, sah ihn flüchtig an und sagte: ›Vielleicht ist es aber wahr.‹ ... Rabbi Levi Jizchak aber wandte sich ihm nun völlig zu und sprach ihn gelassen an: ›Mein Sohn, die Großen der Thora, mit denen du gestritten hast, haben ihre Worte an dich verschwendet, du hast, als du gingst, drüber gelacht. Sie haben dir Gott und sein Reich nicht auf den Tisch legen können, und auch ich kann es nicht. Aber, mein Sohn, bedenke, vielleicht ist es wahr.‹« *(Die Erzählungen der Chassidim)*

»Wahrheit« im biblischen Sinne ist ein Beziehungswort, das mit Verläßlichkeit, Bewährung, Vertrauen womöglich besser wiedergegeben werden kann. Das gilt auch für die Worte »Gerechtigkeit« und »Liebe« (und so auch für das »und«, das sie so fraglich verbindet). Biblische Gerechtigkeit ist parteilicher Einsatz für die, denen zum Recht verholfen werden muß, und Liebe ist allemal ein Tun und kein bloßes Gefühl. Wie sonst könnte in 3. Mose 19 die Nächstenliebe (und ebenso explizit die Fremdenliebe!) *geboten* werden?!

Als Israel die Gebote gegeben wurden, antwortete das Volk: »Wir wollen es tun und hören!« An der Reihenfolge der Verben hängt in 2. Mose 24, 7

---

16 Zu diesem Thema hielt Micha Brumlik einen bemerkenswerten Vortrag auf dem Deutschen Evangelischen Kirchentag 1999 in Stuttgart, der voraussichtlich im Dezember 1999 im *Dokumentenband des Kirchentags* (Gütersloher Verlagshaus) erscheinen wird.

viel, vielleicht alles. Die zentralen Worte Israels sind Weg-Worte: *Tora*, die Weisung, *Halacha*, der Weg, *Teschuva*, die Umkehr (und zwar die Umkehr mit den Füßen, anders als das neutestamentlich-griechische *metanoia*, welches ein Umdenken bedeutet). Nach Gott fragen bedeutet deshalb einen Weg zu gehen, Gott nach zu gehen. Auch bei diesem Weg, bei dem man tunlich auf die unterschiedliche Schrittlänge achte, geht es um ein »und« zwischen Liebe und Gerechtigkeit. In Micha 6, 8 steht ein Satz, der dies ebenso formuliert, wie er in aller Deutlichkeit wider jeden Versuch streitet, Glauben und Tun, die Frage nach Gott und die soziale Praxis auseinander zu reißen. Wo um ein Entweder-Oder zwischen Sakrament und sozialer Praxis, zwischen Kommunion und Kommunikation gestritten wird, stimmt zuerst die Alternative nicht:

> Es ist dir gesagt, Mensch, was gut ist
> und was Adonaj bei dir sucht:
> Nichts anderes als
> Gerechtigkeit tun,
> Freundlichkeit lieben
> und behutsam mitgehen mit deinem Gott.

»Ich bin, der ich bin«

Als Mose von Gott aus dem brennenden Dornbusch den Befehl erhält, Israel aus Ägypten zu befreien, fragt er nach der Identität und dem Namen des Gottes, der dieses befiehlt. Gott antwortet mit einer Selbstvorstellung, die ebenso Antwort ist wie Verweigerung der Antwort: »Ich bin, der ich bin« *(ähjä aschär ähjä)*. Diese Offenbarung des Gottesnamens und der Identität des Gottes, der diesen Namen trägt, läßt sich kaum angemessen übersetzen. Eine Wiedergabe im Deutschen muß sich für *eine* Zeitform entscheiden, doch die hebräische Verbform umgreift Gegenwart und Zukunft. *Ich bin, der ich bin – ich werde sein, der ich sein werde – ich bin, der ich sein werde – ich werde sein, der ich bin:* All das kann hier gehört werden. Dazu kommt, daß »Sein« im Hebräischen ein Beziehungswort ist wie Glauben und Wahrheit, Gerechtigkeit und Liebe. Ich werde für euch *da sein* ..., das wäre ein Versuch, das auszudrücken. Im hebräischen Wortlaut erklärt diese Stelle (2. Mose 3, 14) den Eigennamen des Gottes Israels, der in den vier Konsonanten *j-h-w-h* geschrieben und bereits in biblischer Zeit nicht mehr ausgesprochen wurde, und er wird erklärt in der Verbindung mit dem Wort *haja* – sein.[17] Gott ist da, er ist da in der Beziehung zu Israel und dann auch für die Menschen aus den Völkern, die auf Israel hören. Einzig das kann von dieser Selbstoffenbarung her ausgesagt werden.

Gott ist stets derselbe, aber er ist nicht immer der gleiche. Das wird in der Bibel meist erzählend, zuweilen (wie in der Rede von den »Dreizehn Eigen-

---

[17] Daß dies vermutlich keine zutreffende etymologische Herleitung des Gottesnamens ist, steht auf einem anderen Blatt; hier geht es um die theologische *Deutung*.

schaften« Gottes in 2. Mose 34, 6f.) auch begrifflich überliefert. Für die jüdische Bibellektüre wurde dabei die Unterscheidung der Gottesnamen und -bezeichnungen wichtig. Mit dem Eigennamen Jhwh (Adonaj) verbindet sich vor allem die Eigenschaft der Barmherzigkeit, mit der Bezeichnung Elohim (Gott) vor allem die Eigenschaft des Gerichts.

»Rabbi Jehuda sagte ja im Namen Raws: Zwölf Stunden hat der Tag. In den ersten drei Stunden sitzt der Heilige, gesegnet Er, und befaßt sich mit der Tora. In den zweiten drei Stunden sitzt er und richtet die ganze Welt. Sobald er aber sieht, daß sich die Welt der Vernichtung schuldig macht, erhebt er sich vom Stuhl des Rechts und setzt sich auf den Stuhl der Barmherzigkeit. In den dritten drei Stunden sitzt er und ernährt die ganze Welt, von den Hörnern der Büffel bis zu den Eiern der Läuse. In den vierten drei Stunden sitzt der Heilige, gesegnet Er, und spielt mit dem Leviathan.« (Babylonischer Talmud, Traktat Avoda zara, 3b)

Es ist derselbe Gott, den diese rabbinisch-talmudische Überlieferung das so Unterschiedliche und Widerstrebende tun läßt. Zu Gerechtigkeit und Liebe, Barmherzigkeit und Versorgung kommen – man mag nicht entscheiden, was davon das noch Erstaunlichere ist: das Lernen Gottes in der Tora und sein Spiel! Das »Spiel mit dem Leviathan« hat sich als nicht ungefährlich erwiesen. (Vor dem Hintergrund unseres Ausgangstextes aus 2. Mose 13 mag man zudem weiter fragen, was Gott in den zwölf Stunden der Nacht tun mag …)

Solche Unterscheidungen und zugleich die Selbigkeit Gottes wahr zu nehmen, wird leicht zur Gratwanderung. Es droht der Absturz auf die eine Seite, die der Eskamotierung der Widersprüchlichkeit oder der Unterschlagung des je anderen; es droht aber auch der Absturz auf die andere Seite, die der (antik und modern »gnostischen«) Aufspaltung Gottes in einen bösen Gott, der Welt, Mensch und »die Verhältnisse« erschaffen hat, und einen guten Gott, der die Menschen von der Welt erlöst.

Biblische Verheißung aber geht auf die Erlösung *der* Welt und nicht die Erlösung *von der* Welt. Das Sein Gottes steht gerade in seiner umfassendsten Wahrnehmung weder für die Entwichtigung der Realität noch für die religiöse Legitimierung dessen, was ist und wie es ist. Es ist darum zu tun, die Realität wahr zu nehmen und ihr gleichwohl nicht als Totalität zu erliegen. Gott wahr-nehmen kann bedeuten, den Raum offen zu halten zwischen dem, was und wie es ist, und dem, was und wie es sein kann, sein soll, sein wird. Weil das, was ist, nicht alles ist, wird Gott wahrgenommen im Kontrast. »Tags in einer Wolkensäule, nachts in einer Feuersäule« – und nun ist es an der Zeit, den Satz aus 2. Mose 13, 21 zu Ende zu zitieren: »damit sie tags und nachts gehen konnten«.

Klaus Berger

Der katholische Gottesbegriff

Der »katholische Gott« ist zunächst nicht der Gott katholischer Theologen[1], sondern der Gott etwa einer Milliarde lebender Menschen. Dieser Gott ist gewiß auch nicht einfach der Gott der Bibel, denn in der Bibel lösen mehrere Gottesbilder einander zeitlich ab. Doch auch die eine Milliarde Katholiken werden recht unterschiedliche Vorstellungen haben. So muß ich mich im folgenden auf Deutschland beschränken, wenn auch nicht ohne historischen und biblischen Tiefenraum.

Der katholische Gott

Eine meiner Studentinnen hat neulich auf entsetzliche Weise ihr sechsjähriges Kind verloren. Nach dem Frontalzusammenstoß mit einem betrunkenen Fahrer fing ihr Wagen Feuer, und sie mußte mit ansehen, wie ihr eigenes Kind, das eingeklemmt war, bei lebendigem Leibe verbrannte. Unter Tränen sagte sie mir: Niemals habe ich die Heiligkeit Gottes stärker gespürt als damals. Gott ist heilig, zuallererst das.

In der Offenbarung hört der Seher Johannes das Heilig, heilig, heilig, das beim Thron Gottes gesungen wird. In diesem Jahrhundert wurde dieses Lied für den Religionsphilosophen Rudolf Otto zum zentralen Erlebnis. Er beschreibt seine Erfahrung in einer armseligen Synagoge in Marokko: »Plötzlich löst sich die Stimmenverwirrung und – ein feierlicher Schreck fährt durch die Glieder – einheitlich klar und unmißverständlich hebt es an: *qadosch, qadosch, qadosch, elohim adonai zebaoth maleu haschamajim wahaarez kebodo* (Heilig, heilig, heilig ist Gott, der Herr der Heerscharen. Himmel und Erde sind seiner Herrlichkeit voll.) Ich habe«, schreibt er weiter, »das *sanctus, sanctus, sanctus* von den Kardinälen in Sankt Peter und das *swiat, swiat, swiat* in der Kathedrale des Kreml und das *Hagios, hagios, hagios* vom Patriarchen in Jerusalem gehört. In welcher Sprache immer sie erklingen, diese erhabensten Worte, die je von Menschenlippen gekommen sind, immer greifen sie in die tiefsten Gründe der Seele, aufregend und rührend mit mächtigem Schauer das Geheimnis des Überweltlichen, das dort unten schläft«. Heilig, heilig, heilig. Gott selbst aber flüstert – welch ein Gegensatz zum donnernden Zeus der Griechen.

Ich nenne dieses Gottesbild katholisch in Erinnerung an eine Religionsstunde in der Sakristei meiner Pfarrkirche. Die Gemeindehelferin nahm uns mit an den Altar und zeigte uns die heiligen Dinge ganz aus der Nähe: Kelch und Patene, Monstranz, Leuchter und Glöckchen, Weihrauchfaß und Schiffchen und die einzelnen Teile der Priesterkleidung. Heilig war alles dieses,

---

[1] Der Autor genießt als katholischer Theologe Gastrecht an der Evangelisch-theologischen Fakultät der Universität Heidelberg. Es legt sich von daher auch nahe, daß die folgenden Aussagen über den »katholischen Gott« nicht auf Kosten anderer Konfessionen formuliert werden oder auch nur gedacht wären.

normale Menschen durften es kaum anfassen und wenn, dann nur mit einem weißen linnenen Tüchlein. Und bei alledem durfte man nicht laut reden, durfte nicht »rennen« und die Dinge nicht hastig ineinanderwerfen. – Niemand von meinen evangelischen Bekannten konnte mir irgendeine vergleichbare Erfahrung erzählen. Mir hat sie sich eingeprägt.

Auch das ist der katholische Gott: Berninis *Mariae Verkündigung* mit einer verzückten Madonna und einem Engel, der lieblich-charmant und nicht unappetitlich dreinschaut. Oder die mystische Liebesdichtung von Maria Assumpta Schenkl, Äbtissin des wieder neugegründeten Zisterzienserinnenklosters Helfta bei Magdeburg: »Ich bin dein Haus / und dein Hüter / Dein Herr und dein Hirt / Dein Liebesgemahl, / bin die Liebe, / die dich zu Tode liebt / und zum ewigen Leben. / Du bist meine Liebe, / bist in meiner Liebe / bist mein Liebeshaus, / in dem ich wohne. / Ich bin auch der Pfeil, / der dich durchbohrt / und das Feuer, / das dich verwandelt / und verzehrt, / bis mein Verlangen gestillt ist / und du ein Hauch / und ein Licht und ein Leben bist / mit mir / und ich nichts mehr finde, / was mir noch / zu verwandeln bliebe / von dir / in mich / Ich ruhe nicht, / kann wegen meinem Gottsein / nicht ruhn, / bis ich dich / ganz verzehrt / und ganz vernichtet / und ganz vergottet / und ganz einverwandelt habe / mir«.[2]

Der als Gottesrede gedachte Text ist von grandioser Kühnheit, wie sie der zwischen Frust und Aufklärung hin und her schwankende sonntägliche Kirchenbesucher nicht erahnen mag. – Schon hier wird eines deutlich erkennbar: Das Spektrum katholischer Gotteserfahrung ist von einer nicht domestizierbaren Weite und Intensität, die einen staunen läßt. Sie reicht von der stundenlang vor dem ausgesetzten Allerheiligsten betenden Karmeliternonne Edith Stein bis zum seit Jahrzehnten unter den Brücken von Paris nächtigenden Abbé Pierre.

Zu den im folgenden zu besprechenden theologischen Vorstellungen ist daher von Anfang an zu verweisen auf den größeren Rahmen, in dem sie stehen, die Gottesvorstellungen katholischer Volksfrömmigkeit, in denen sich die ganze Bandbreite der jeweiligen lokalen religionsgeschichtlichen Vorgeschichte des Christentums erhalten hat und zum Teil ungebrochen fortlebt. Diese Gottesvorstellungen, auf die wir im folgenden nicht weiter eingehen können, sind häufig dualistisch geprägt (Gott als Herr der guten Geister besiegt die bösen Geister) und stehen oft in Beziehung zu sogenannten magischen Praktiken.[3]

Der Gott katholischer Theologen

Das katholische Gottesbild steht in einer beträchtlichen Spannung zwischen dem philosophisch-mystischen Ansatz einerseits und dem biblisch-heils-

---

2 Maria Assumpta Schenkl, O.Cist., *Geistliche Texte zum liebenden Dialog zwischen Gott und Mensch*. Madrid 1994.

3 Vgl. dazu kritisch – auf zum Teil gewiß bösartige Weise – Th. Trede, *Das Heidentum in der römischen Kirche*. Gotha 1889 ff. – Wenn man derartige Sammlungen mit der Gelassenheit des Religionsgeschichtlers liest, sind die »heidnischen« Züge eher liebenswerte Kulturrelikte und Dokumente gelungener Inkulturation.

geschichtlichen andererseits. Die Vertreter der philosophischen Richtung neigen dazu, in neuester Zeit die Grenzen der Kirche zu sprengen und mit Nachdruck auf eine allgemeine Gottesvorstellung (im »interreligiösen Dialog«) zu drängen.[4]

Drei Vokabeln behält auch der Laie aus der neueren katholischen Diskussion um Gott in Erinnerung: »abgründig«, »Geheimnis« und »Selbstmitteilung«. Klassische Sätze aus dieser Diskussion lauten dann etwa: Gott ist ein abgründiges Geheimnis, das sich in Jesus Christus uns selbst mitgeteilt hat. Soweit ich sehe, ist es noch nie jemandem möglich gewesen, sich über diese Formeln gehörig zu wundern.

Gehen wir ganz schlicht von der Bibel aus. Nirgendwo steht, daß Gott ein Geheimnis sei. Gott hat wohl Geheimnisse, die er dann zugänglich macht. Aber er selbst ist kein Geheimnis. Es ist auch recht klar, warum: Gott ist zwar in der Regel unsichtbar, aber damit noch lange kein Geheimnis. Denn er ist das Selbstverständlichste von der Welt. Er ist wie der Hauseigentümer, bei dem wir wohnen, und der uns dazu noch verpflegt und versorgt. Er ist kein Geheimnis auch deshalb, weil er sich auf einer langen Wanderung durch die Geschichte erschließt. Aufgrund seiner Werke (Schöpfung und Führung) kann man ihn erkennen. Er ist so wenig ein Geheimnis, daß niemand in der Bibel je einen Gottesbeweis versucht. Erst für eine Weltsicht, in der Gott nicht mehr selbstverständlich ist, wird seine Existenz und was er tut, zum Geheimwissen für wenige Spezialisten. Und dabei ist es, wenn nicht alles an der kirchlichen Optik täuscht, geblieben.

Das Wort Geheimnis trägt man erst dann an Gott heran, wenn alle diese Selbstverständlichkeiten bezweifelt werden. Wenn man zweifelt, ob Unsichtbares wirklich ist; wenn man nicht von Gottes wunderbaren Werken auf Gott schließen kann. Das alles war aber sehr lange selbstverständlich. Daher könnte man sagen: Wer Gott Geheimnis nennt, der läßt sich von sehr neuzeitlichen Zweifeln leiten, als sei Unsichtbares vielleicht nicht wirklich und die Welt nicht Gottes Zeugnis. Wer Geheimnis sagt, meint: Zweifel von Anfang bis zum Ende.

Die berühmte Stelle Jesaja 45, 15 (»vere tu es deus absconditus«) ist übrigens kein Einwand gegen das Vorgetragene. Denn einmal handelt es sich bei diesem Satz gerade nicht um die Rätselhaftigkeit und Unzugänglichkeit Gottes, denn der Satz faßt das offenbare Heilshandeln Gottes zusammen, das in den Versen vorher geschildert wurde. Zum anderen dürfte Martin Luther das Richtige getroffen haben mit der Umschreibung: »Liber hergot, wie gehestw myt uns ßo wunderlich umb«. Überdies lautet der Vers korrekt übersetzt: »ein sich verbergender/verborgen haltender Gott«. Also nicht Gott ist für Menschen unzugänglich, sondern er ist wunderbar in seiner Überraschungskunst.

Die Rede vom Geheimnis geht vielmehr – nicht überhaupt, aber in dem hier genannten Sinn – nicht auf die Bibel, sondern auf Martin Heidegger zu-

---

[4] Vgl. dazu kritisch Johannes Dörmann, *Der theologische Weg Johannes Paulus II. zum Weltgebetstag der Religionen in Assisi*. 4 Bände. Senden: Sitta 1990–1998.

rück. Dieser sagt in *Im Raum der Metaphysik I*: »Am Grund von allem liegt der Abgrund, ›das Geheimnis‹, der unaufgebbar mysteriale Charakter des Seins.«

Von Heidegger stammt daher auch das nächste Stichwort »abgründig«: Auch für die Tiefen der Gottheit (1 Korinther 2, 10), die man als »Abgründe« benennen könnte, gilt doch nicht, daß sie unerkennbar wären. Wer nur den rechten Schlüssel dazu hat, wie Paulus mit dem Heiligen Geist ihn hat, der kann auch die Abgründe Gottes erkennen. Und jeder Christ kann das, wenn er nur um den Heiligen Geist bittet. Und was wird er erkennen? Daß Gott Liebe ist, zweifellos. Doch um Abgründe kabbalistischer oder spekulativer Art geht es eben nicht. Das Wort von der Abgründigkeit weist in die falsche Richtung: Nicht sollen die Abgründe Gottes unsere spekulativen Gaben erschaudern lassen oder reizen, sondern wir sollen uns auf Gottes Liebe einlassen, seine Verheißungen ernst nehmen und seinen Willen tun. Gott hat nichts Mysteriöses an sich. Auch hier verkommt Gott dann zum Gegenstand spekulativer Geheimniskrämer. Die Dreifaltigkeit ist deren bevorzugter Aufenthaltsort, wie wir noch sehen werden.

Das Wort »Selbstmitteilung« schließlich ist ein merkwürdiges Wortungetüm. Will es sagen, daß der Sohn alles, was er »hat« und »ist«, vom Vater hat? Das nennt man nicht so. Will es »Sendung« beschreiben? Was heißt es denn, wenn ich »mich selbst« mitteile? Das Bild ist höchst unklar und entspricht damit nicht dem, was man von einem Bild erwartet. Selbstmitteilung ist auch deshalb kein geeignetes Bild, weil es so etwas in unserer Wirklichkeit gar nicht gibt, denn kein Geschöpf verfügt so restlos über sich, daß es sich selbst mitteilen könnte. Und es bliebe ganz offen, was nach einer Selbstmitteilung noch von ihm übrig wäre.

Wer also auch nur ein wenig an dem theologischen Jargon kratzt, steht bald vor einem großen Zirkus verbaler Akrobatik. Gegenüber der Schrift hat sich dieses alles längst verselbständigt, und zwar nicht gerade auf leserfreundliche Weise. Aus dem Dargestellten ergibt sich die große Fremdheit der biblischen Texte. Die Frage ist daher nicht ganz unangebracht, wie die Anschauungen der »Gründerzeit« des Christentums kritisch auf die Gegenwart einwirken können.

Gottheit oder dreifaltiger Gott?

Im Ostchor der Zisterzienserkirche San Galgano in der Toskana erblickt der Betrachter eine große Rosette und darunter drei einzelne gotische Fenster nebeneinander – in Stein gehauene katholische Gotteslehre des Mittelalters. Die Rosette stellt die Gottheit dar, den einen und einzigen Gott, die drei Einzelfenster den Vater, den Sohn und den Geist. Die Rosette gibt es hier eben nicht nur im Westen, in der Turmfront, sondern sie beansprucht den Blick des Betrachters an erster Stelle. Der eine Gott, das ist die hauptsächliche Botschaft, muß jeder Rede von der Dreifaltigkeit vorgeordnet werden.

Bei dem Dominikaner Thomas von Aquin zum Beispiel wird es genauso gesehen: In seiner *Summa theologica* ordnet er die Abhandlung über das »göttliche Wesen« vor die Erörterung der Dreifaltigkeit. Und sein Ordensbruder

Meister Eckhard wird die Dreifaltigkeit gar das Kleidhaus der Gottheit nennen. Das heißt: Der eine und einzige Gott kleidet sich unter dem Aspekt der Dreifaltigkeit in je verschiedene Gewänder, das des Vaters oder das des Sohnes oder das des Heiligen Geistes. Man nennt das die westliche Dreifaltigkeitslehre, die über den einen Gott *(De deo uno)* handelt, bevor sie vom dreifaltigen spricht *(De deo trino)*. Der Grund, weshalb diese augustinische Lehre so massiv betont wird, ist zeitgeschichtlich gut erkennbar: Gegenüber dem Islam will man sich die Lehre vom einen und einzigen Gott nicht nehmen lassen. Und mystische Theologie – darin sind sich die genannten Zeugnisse ganz einig – wird immer die Einheit als das wichtigste Attribut Gottes ansehen, die Verschiedenheit dagegen als Annäherung an das Kreatürliche. Gewiß liegt die Gefahr darin, daß die heilsgeschichtliche Dimension *(oeconomia)* dann hier zurücktritt gegenüber der Dominanz der allgemeinen Gotteslehre. Der Zisterzienserabt Joachim von Fiore sucht daher einen radikalen Ausgleich und bringt die heilsgeschichtliche Dimension sogar unter apokalyptischer Zuspitzung zur Geltung: Das Alte Testament ist die Zeit des Vaters, das Neue Testament die Zeit des Sohnes, die eschatologische Zukunft die des Heiligen Geistes. Gewiß ist das sehr radikal gedacht (Joachim wurde verurteilt), aber wenn man daran festhält, daß es sich immer um den einen und einzigen Gott handelt, der dreimal verschieden sichtbar wird, dann ist diesem Vorschlag manches abzugewinnen. So versuchen denn auch neuere katholische Dogmatiken wie die von Theodor Schneider herausgegebene den Weg der *ratio cognoscendi* zu gehen (Erkenntnisweg), nach dem sich Gott immer mehr als der Dreipersönliche geoffenbart habe. Doch sollte man hier nicht vorschnell harmonisieren. Der Streit geht dabei in der Dogmengeschichte weniger um die Rolle des Heiligen Geistes als um die Rolle des Sohnes. Denn nach 1 Korinther 15 ist seine Funktion begrenzt, ebenso nach Römer 8: Der Sohn ist der Erste unter vielen Geschwistern. Das heißt in Klartext: Gott wird die Kindschaft nach dem Muster des Sohnes ausweiten auf alle. Der Sohn behält seinen Rang nur als Erster unter vielen Geschwistern. Und seines Reiches wird in dieser Hinsicht sehr wohl ein Ende sein: Er wird dem Vater sein Reich zurückgeben.

Im Hintergrund steht das Problem des Verhältnisses von Gott und Geschichte, von zeitenthobener philosophischer und auch mystischer Einheit Gottes einerseits und zeitabhängiger Geschichte der Offenbarung andererseits. Die alte Zweiteilung in den philosophischen und den heilsgeschichtlichen Weg zum katholischen Gottesbild ist in der Gegenwart durch die Studien des katholischen Philosophen Willi Oelmüller überwunden worden. Der philosophische Weg ist hier nicht mehr »beweisfreudig«, sondern endet in *theologia negativa* und Bilderverbot. Die heilsgeschichtliche Erfahrung des Menschen übt strikte Enthaltsamkeit von mythischer Verklärung der Geschichte. Entsprechend läßt sich von der Anwesenheit Gottes nur wie über ihre Abwesenheit reden. – Dieser Ansatz zeichnet sich durch Redlichkeit und Konsequenz aus. Der Theologe muß und kann mehr sagen, weil für ihn Wirklichkeit auch auf anderen Wegen als nur den für Kant maßgeblichen zugänglich wird.

Gottesfrage und Theodizee

Für die Neuzeit nach der Aufklärung ist die Frage nach Gott weithin identisch mit der Frage nach dem Ursprung des Bösen. Die Frage ist daher nicht, ob es Gott gibt, sondern das Problem ist, daß es ihn gibt – angesichts von soviel Leid in der Welt.

So tritt etwa bei Johann Baptist Metz die Frage nach dem Leiden in den Mittelpunkt der Gottesfrage.[5] Entsprechend gehört er zu den ganz wenigen Theologen, bei denen Gottesfrage und apokalyptische Eschatologie zusammenhängen. Dabei meint er mit »Apokalyptik« den Tag des Herrn als die allein von Gott gesetzte Erlösung der Welt. Diese Erlösung steht ganz wesentlich noch aus, sie muß nicht in das bestehende Stöhnen der Welt (Römer 8, 22-26) hineingemogelt werden. Sowohl geschichtstheologischer Individualismus als auch falscher Sinnoptimismus (»alles hat einen guten Zweck«) sind ausgeschlossen. Erst wenn der Tag des Herrn kommt, werden die Christen ihr Haupt erheben dürfen. Ein Christentum ohne Apokalyptik werde zur »Siegerideologie«. In das Gottesverhältnis Israels einzusteigen empfiehlt sich: »Dieses kleine, politisch-kulturell eher unbedeutende Wüstenvolk unterschied sich von den Hochkulturen seiner Zeit durch seine Art der leidvollen Verstrickung in die Wirklichkeit, durch seine ›tiefe Diesseitigkeit‹, oder anders ausgedrückt: durch seine Unfähigkeit, sich durch Idealisierung, durch Mythologisierung und durch Kompensationsdenken von den Schrekken der Wirklichkeit erfolgreich zu distanzieren ... Das kennzeichnet Israels Armut im Geiste. Diese Armut ist die Voraussetzung und ist der Preis für seinen Gottesgedanken.«[6]

Mit Vehemenz weist Metz damit jeden Versuch ab, konkretes Leiden zu überspielen. Weder der Glaube noch die Theologie dürfen je dazu dienen, Zugefügtes oder Erlittenes durch Wortgeplänkel seiner Brisanz zu berauben. Im Hintergrund steht auch die Frage nach dem, was authentisch ist. Die Antwort, die Metz gibt: Authentisch ist in Richtung Gott nur der Schrei des Schmerzes. Alles andere ist schon wieder nur Begütigung, der Versuch, Erlösung durch Gott allein überflüssig zu machen. Um der Ehrlichkeit der Rede von Erlösung willen und damit sie ganz und gar authentisch sei, hält die Apokalyptik die Erlösung gewissermaßen mit beiden Händen fern von der Gegenwart, läßt sie sie um Gottes willen zukünftig sein. Der Anspruch an wirkliche Erlösung ist damit sehr groß. Gott wirkt eher in der Zukunft als in der Gegenwart, in der der Schrei der Gottverlassenheit ertönt.

Was auf der Negativseite apokalyptischer Erfahrung zu nennen ist, trifft sicherlich vollständig zu. Auschwitz gehört meines Erachtens deshalb in die Apokalyptik hinein, weil es hier wie dort um das Entwöhntwerden gegenüber jeder Art von Vorstellbarem geht. Alles Kategoriale ist verlassen.

---

5 Vgl. zur Einführung Tiemo Rainer Peters, *Johann Baptist Metz*. Mainz: Matthias Grünewald 1998; *Landschaft aus Schreien*. Mainz: Matthias Grünewald 1995.

6 Johann Baptist Metz, *Theologie versus Polymythie*. In: Odo Marquard (Hrsg.), *Einheit und Vielheit*. Hamburg: Meiner 1990.

Die Konsequenz wäre dann aber, wenn man Apokalyptik hier wirklich theologisch weiterdenkt, daß der Satz, nach Auschwitz dürfe man keine Gedichte mehr schreiben, geradewegs umzukehren ist. Nach Auschwitz darf man eigentlich nur noch Gedichte schreiben oder strukturelle Vorarbeiten dazu leisten. Das soll heißen: Wenn Vorstellungen als das Maß der Theologie verlassen sind und mit ihnen sichere Gebäude im Sinne der Subjekt-Objekt-Spaltung, wenn das Unvorstellbare längst eingetreten ist, gilt danach etwas anderes, die »Sprache der Kehre«. Wissenschaftlich-kategoriale Theologie müßte sich dann als *praeparatio ad mysticam* (Vorbereitung zu einer christlichen Spiritualität) begreifen.[7]

Eine nicht unähnliche Kehre vollzieht sich auf dem Denkweg Heideggers. Die Untersuchung *Sein und Zeit* schrieb er noch mit den Mitteln traditioneller Philosophie. Das Aufgeben der Spaltung in Subjekt und Objekt durch einen neuen Denkweg bereitet er so erst vor, kündigt er so erst an. Erst mit der mystischen (nicht gerade christlichen) Sprache der späteren »Dichtungen« macht er sich ein nichtkategoriales Denken zu eigen. – Auch Karl Rahners Dictum vom Christen als Mystiker steht wohl in Zusammenhang mit dessen (nun wiederum christlicher) Heidegger-Rezeption.

Die jüdische Apokalyptik ist denselben Weg gegangen: Das Zerbrechen der Welt ist zugleich die Vorbereitung für eine ganz andere, nämlich mystisch-familiäre Wahrnehmung des Seins. Und selbst noch die vehemente

---

[7] Bekanntlich bereitet die Frage nach dem Wie des Weltendes vor allem deshalb große Schwierigkeiten, weil das, was man zusammenfassend so beschreibt, nämlich Vergehen des Alten, Wiederkunft Christi, Auferstehung, Gericht und neue Schöpfung – weil alles dieses mit der bestehenden Wirklichkeit nicht zu verbinden ist. Für den, der die »normale« sichtbare Wirklichkeit für die einzig mögliche hält, wäre es tatsächlich unsinnig, auf das Eintreten der oben genannten Ereignisse zu hoffen oder sie voll Furcht zu erwarten. Doch schon das Neue Testament enthält genügend Hinweise darauf, daß die kommenden »Ereignisse« nicht einfach in Fortsetzung des Bestehenden geschehen. Vielmehr geht es recht deutlich um Ereignisse im Bereich dessen, was sonst visionäre (mystische) Erfahrung ist. Nur wird diese Erfahrung universalisiert, auf alle Menschen ausgeweitet. Das betrifft den visionären Charakter, ferner die Plötzlichkeit des Ereignisses, die Farbe weiß, insbesondere weiße Kleider, daß es um Kinder Gottes geht, die als solche enthüllt werden, und schließlich der Zustand des Wachens, nicht irgendwelche Trance- oder Traumerfahrungen. Dazu gehört auch die Vorbereitung durch Wachen und Beten. Alle diese Merkmale zeichnen sowohl Visionen in der Gegenwart aus als auch das Widerfahrnis des »Endes«. Damit aber tut sich ein Zusammenhang auf, der von größter Bedeutung ist. Denn nichts Geringeres als die Verbindung von frühchristlicher »Mystik« und Eschatologie ist so gefunden. Die Ereignisse bei der Verklärung Jesu und zu Ostern (Visionen), die Bekehrung des Paulus und das Kommen des Tages des Herrn stünden so in einem unlösbaren Zusammenhang, und zwar im Verhältnis von Teil und Ganzem. Ähnlich ist es mit dem Heiligen Geist auch: Die Christen haben eine Anzahlung empfangen, der Rest folgt. Es geht daher nicht um »Vorwegnahme« (Antizipation) – diese Kategorie ist der Bibel fremd. Sondern das, was geschehen ist, gehört zu dem großen, universalen Gesamtgeschehen dazu. Es ist wie ein erster Akt. Trifft die These zu, dann ist jedem Fundamentalismus gewehrt. Denn »fundamentalistisch« wäre der Zwang, die Endereignisse mitten unter anderen normalen Ereignissen denken zu müssen. Allerdings ist dieses klar: Um eine besondere, die »Augen verdrehende« Wahrnehmungsweise geht es nicht dabei, sondern jedenfalls um waches und gesundes Sehen. Kein mystischer Text des frühen Christentums läßt die Vermutung zu, hier werde Irrationales zum Thema.

Betonung des Leidens bei Metz, die an der Stelle der Kritik der Subjekt-Objekt-Beziehung steht, hat ihre Parallele in der jüdisch-christlichen Apokalyptik, nämlich in der Leidens- und Wehe-Theologie bei Paulus in Römer 8.

Leiden und Tod sind noch Geschichte – das, was »danach« kommt, ist anders. Die Ars moriendi weist schon zu Lebzeiten auf das Leben und Tod Übergreifende. Doch will auch dieses andere wieder mit Geschichte vermittelt werden.

Gewiß ist Metz darin rechtzugeben, daß mit der Offenbarung des Johannes und mit Lukas 18, 12-8 (Gebet der Witwe an den gottlosen Richter) Gott sehr viel zu tun hat mit dem Recht der Mißhandelten. Daß Lazarus Recht widerfährt, ist geradezu identisch mit dem biblischen Gottesverständnis. Und in diesem Zusammenhang ist nochmals daran zu erinnern, daß die Theodizeefrage neutestamentlich nicht ohne die Dimension der Auferstehung zu bestimmen ist.

Doch man wird an Metz die Frage richten dürfen, welchen Stellenwert dann angesichts der radikalen Apokalyptik die Gabe des Angelds des Geistes für jetzt schon hat, mit ihr die Charismen und – auf anderer Ebene – die Sakramente und Gottes unwiderruflich geschlossener Neuer Bund. Wenn sie nicht nichts sind, kann man nicht sagen, in Auschwitz sei »das Christentum gestorben«. Denn diese Zeichen und Zusagen bedeuten doch, daß der Mensch mit aller Grausamkeit nichts ausrichten kann gegen Gottes Geschichte gewordenen Erlösungswillen. Nun ist das ein altes Spiel (charismatisch-sakramentale Erfahrung versus Apokalyptik oder auch: Moralische Glaubwürdigkeit versus Sakrament). Freilich sieht Metz das Phänomen »Auschwitz« nicht in erster Linie moralisch (Metz ist kein Betroffenheitstheologe), sondern als Anfrage an Gott, eben als Theodizeeproblem. Damit ist hier die Brücke gegeben zu dem Ansatz von Ludwig Weimer.[8]

Theodizee, Kirche, Gottesbild

Nach Weimer ist die »Abwesenheit Gottes« präziser zu fassen als die »vergessene Heilsgeschichte« oder die »Verborgenheit des Gottesvolkes«. Seit der Aufklärung habe das Christentum verloren die »gesellschaftliche Dimension des Gottesvolkes«. Diese sei vielmehr säkularisiert worden und übergegangen in die Staatslehren und Staatsutopien von Thomas Morus, Rousseau, Kant, Fichte, Hegel (und, ich ergänze: Marx). Nachdem man vom Reich Gottes in der Kirche enttäuscht worden sei, habe man es »im Staat« gesucht. Weimer fordert dann dazu auf, die Frage an die Kirche zurückzugeben: »Damit gehört die Bestimmung, daß Gott durch sein Volk wirken will, zum Gottesbegriff hinzu, anders gesagt: die Ermächtigung des Gottesvolkes zu Taten Gottes ist die christlich zu Ende aufgeklärte Theodizee.« Dem skizzierten Ansatz des Joachim von Fiore nicht unähnlich kommt Weimer, ohne ihn zu nennen, dann zu einer »Oikonomia-Theodizee« mit der Abfolge Propheten – Kirche.

---

8 Vgl. Ludwig Weimer, *Wodurch kam das Sprechen von Vorsehung und Handeln Gottes in die Krise?* In: Gottfried Bachl u.a. (Hrsg.), *Vorsehung und Handeln Gottes*. Freiburg: Herder 1988.

Der Vorzug des Ansatzes von Weimer besteht darin, daß er biblisch orientiert ist. Denn man muß sagen: Vom Alten und Neuen Testament her gesehen ist das letzte und einzige Ziel, der Selbstzweck der Heilsgeschichte das Volk Gottes. Das heißt: Die Ankündigung Gottes in der sogenannten Bundesformel »Ich will ihr Gott sein und sie sollen mein Volk sein, ich will ihr Vater sein und sie sollen meine Kinder sein, ich will unter ihnen wohnen« ist mit dem umfassenden Gottesvolk des Neuen Bundes in die entscheidende Phase eingetreten. Gerade auch im letzten Buch der Bibel ist immer wieder davon die Rede (zum Beispiel Offenbarung 21, 7). Und das erwartete himmlische Jerusalem hat deshalb keinen Tempel, weil Gott in der großen Stadt mit den Menschen wohnen wird.

Auch hier sind Einwände zu erwarten. Sie rühren her aus der traditionellen Spannung zwischen Heilsgeschichte und philosophischer Linie. Die letztere führt zum Einwand gegen Weimer: Will Gott nicht die ganze Schöpfung? Ist die Beschränkung auf die Kirche nicht kleinkariert? Geht es nicht um alle Religionen? Demgegenüber ist festzuhalten: Der biblische Befund ist weder bezüglich der Erlösung noch bei der Bewertung anderer Religionen »von links« her überholbar durch eine universale Theorie. Das »biblisch-jüdische Denken« nötigt zur Orientierung am Konkreten. Wer den Blick auf die Gegenwart und die Vermittlung nicht verlieren will, kann und darf die Kirche als Raum der Theodizee nicht vergessen.

Denn durch die Vollmacht der Kirche (Sünden zu vergeben, die bösen Mächte zurückzudrängen, Konvivenz exemplarisch und wie einen Sauerteig für die ganze Welt darzustellen, »im ganzen und auf Dauer zu heilen«) kann Stück um Stück Gottes Herrschaft erweitert werden. Mit Weimer möchte ich daher die Theodizeefrage eschatologisch beantworten und nicht nach dem Warum fragen, sondern nach dem Wozu und mit der paulinischen zweiten Schöpfung argumentieren: Gott ist (unter Mithilfe der Menschen) dabei, das Böse und Lebensfeindliche zu vertreiben. Er ist schon Herr über das Böse, hat aber seine Herrschaft noch nicht universal durchgesetzt. Weil Gottes Herrschaft aber von Anfang an nicht als allgemeine Menschheit, sondern immer nur auf dem schmalen und begrenzten Weg sich realisiert, kann man sagen: Der Ort, an dem Übel und Verantwortung zu diskutieren sind, ist nicht die Moral, sondern die Kirche.

In der Nachbarschaft der Theodizeeproblematik sind auch zwei weitere Fragestellungen: die nach Gottes Allmacht und Gottes Abwesenheit.

Allmacht Gottes?

Auch im traditionellen Katechismusunterricht wurde die Frage nach Gottes Eigenschaften behandelt. Die wichtigsten Eigenschaften waren: Gott ist allmächtig, allwissend, allgegenwärtig. Diese merkwürdige Gotteslehre ist mittlerweile in Verruf gekommen, und zwar als denkerischer Ansatz und nicht, weil man mehr über Gott wüßte. Denn die genannten Eigenschaften werden zwar in Hymnen und Bekenntnissen genannt. Doch es ist etwas anderes, wenn man diese Prädikate dort herausbricht und daraus systematische Schlußfolgerungen zur Erklärung von Einzelphänomenen zieht. Auch hier wieder der Kontrast zwischen einer allgemeinen Gotteslehre und der historischen »Anwendung«. In der griechischen Bibel steht das Wort *pantokrator*, das nachher dann mit *omnipotens* beziehungsweise »allmächtig« übersetzt wird, für das Hebräische »Herr der Heere«, und im übrigen bedeutet *pantokrator* nicht »allmächtig«, sondern den, der überall und am Ende der Stärkere ist. Nun ist es zwar richtig, hymnisch Gott alles erdenkliche zuzuschreiben, *quo maius cogitari non potest,* doch eine andere Sache ist es, solche Rede aus dem Hymnus zu lösen und im konkreten Einzelfall darauf bestimmte Forderungen oder Erfordernisse zu gründen. Kurzum: Wer mit einer Allmacht Gottes rechnet, so als könne Gott jederzeit alles anders wollen oder machen, als es ist, der ist beim biblischen Gott an der falschen Adresse und mag sich einen Gott suchen, der in seinem Sinne allmächtig ist. Der biblische Gott ist dieses nicht und will es offenbar auch nicht sein.

Abwesenheit Gottes?

Der katholische Fundamentaltheologe Heinrich Döring hat das Thema der »Abwesenheit Gottes« zuerst akademisch salonfähig gemacht, und das Thema der »Abwesenheit in der Anwesenheit« ist ein beliebter Topos in der Nähe moderner *theologia negativa.* Nun kann man sagen, daß das Thema der Gegenwart Gottes ein zentrales Thema der ganzen Bibel ist, und zwar gerade deshalb, weil Gott offenbar auf sehr verschiedene Weise gegenwärtig ist: in der Schöpfung, in seinem Volk, wo zehn Juden zusammen sind, wo zwei oder drei sich im Namen Jesu versammeln, in den Elementen der Eucharistie, im Herzen des Glaubenden. Wegen der besonderen Bedeutung von Eucharistie und Kirche bei der Rede von der Präsenz ist »Gegenwart Gottes« ein typisch katholisches Thema. Gerade die – in letzter Zeit oft bis zur Peinlichkeit hin vergessene – katholische Lehre von der Realpräsenz Christi unter den Gestalten von Brot und Wein könnte durch die Differenzierung der Rede von Gottes Präsenz auch ein Stück christlicher Botschaft wirksam anbringen: Daß Gott wirklich unter seinem Volk gegenwärtig ist, bedeutet unüberbietbaren »Trost«. Benachbart ist die nächste Frage:

Wie handelt Gott in der Welt?

Gottes Handeln in der Welt ist nicht nur für die Theodizeeproblematik unerweislich, sondern auch wegen des herrschenden »naturwissenschaftlichen« Weltbildes überaus fraglich. Hier lassen sich in der Diskussion deutlich zwei neuere Phasen unterscheiden: In der älteren Phase, für die verschiedene Äußerungen von Karl Rahner[9] zuständig sind, sucht man den Befreiungsschlag gegenüber älterem Supranaturalismus und frömmelndem Wunderglauben, gleichzeitig aber will man des Gespräch mit dogmatischer Naturwissenschaft führen. Daher heißt die Auskunft: Gott wirkt überhaupt nicht in der Welt. Niemals ist die Folge von Ursache und Wirkung verlassen, beide sind innerweltlich. Gott ist niemals ein innerweltlicher Faktor. Er ist nur eine

9 Karl Rahner, *Grundkurs des Glaubens*. Freiburg: Herder 1997; dazu Raphael Schulte, *Wie ist Gottes Wirken in Welt und Geschichte theologisch zu verstehen?* In: *Vorsehung und Handeln Gottes*.

Ursache unter den anderen in der Welt. Gott kommt für diese Sicht nur als außerweltliche Erstursache in Frage. Dieser Standpunkt ist dem von Rudolf Bultmann sehr ähnlich. Auch nach der existenzialen Theologie wäre eine Rede vom innerweltlichen Handeln Gottes »unsachgemäß«. In der neueren Diskussion wird dieser Standpunkt angegriffen: Mit Recht bezeichnet man die Formulierung »innerweltlich« als fragwürdig: »Das Nicht-Welt-Sein Gottes impliziert nicht, daß er nur außer der Welt ist« (Raphael Schulte), und nicht jedes In-der-Welt-Sein bedeute, daß der Betreffende damit auch schon Teil der Welt sei.

Ich möchte mich mit den folgenden Bemerkungen in die Diskussion einmischen[10]: Je nach Wirklichkeitsbereich ist die Weise, in der Gott wirksam ist, ganz verschieden. Gehen wir einmal aus von dem in meiner Hermeneutik gebotenen Modell der verschiedenen Wirklichkeitsbereiche (Vier-Zimmer-Modell), dann ist das erste Zimmer der Bereich und die Zugangsweise zur Wirklichkeit, in der Naturgesetze, Kausalität und die Regeln der historischen Kritik gelten. In einem zweiten Zimmer ist das Thema die Wirklichkeit der Weisheit und das, was sich im Zusammenleben bewährt. In einem dritten Zimmer geht es um den Glanz der Schönheit und das »Glück«. In einem vierten Bereich (Gebet, Wunder, Vision, Heiliger Geist) steht konzentrierte Macht, die eher zeichenhaft vermittelt und wirksam wird, im Blick. Hier ist die Kausalitätsfrage nicht zu stellen. Angenommen, es gäbe zum Beispiel diese vier Bereiche, dann würde Gott in ihnen auf unterschiedliche Weise wirksam.

In Türe/Zimmer I: Gott wirkt als der, der die Schöpfung wirkt, aber nicht in ihr wirkt. Gottes Wirken ist die Nomik der Naturgesetze. Hier gilt Kausalität. – Gott hält die Schöpfung nach diesem Bereich »an einer sehr langen Leine«. Er wirkt in der Tat nicht direkt ein, aber das gilt nur für diesen Bereich. In Türe/Zimmer II: Im Bereich der Weisheit und Werte ist Gott in gewissem Sinne als Garant von Tun und Ergehen anzusehen. Vielleicht kann man auch sagen: In diesem Sinne stürzt Gott die Mächtigen vom Thron und sorgt dafür, daß kein Unrechtsstaat lange überlebt. In Türe/Zimmer III, im Bereich des Glückens und der Schönheit, wirkt Gott, indem er den Glanz verleiht und Menschen jenes Quentchen zu ihrer allgemeinen Befindlichkeit schenkt, das man Glück nennt. Es geht hier um Glanz und Segen. Beides ist nicht im Sinne von Türe I objektivierbar oder beweisbar. In Türe/Zimmer IV, dem Bereich von Mystik und Magie, von Wunder und Neuer Schöpfung durch Gottes Geist, ist der Zügel, mit dem Gott lenkt, gewissermaßen ganz kurz. Auch wenn die Wirkungen manchmal (wie bei Heilungen) innerweltlich spürbar sind, so ist es doch die Ursache keineswegs.

Um Mißverständnisse zu vermeiden: Diskutiert werden hier nicht »Teile der Welt«, sondern Zugangswege, Schneisen gewissermaßen in die eine umfassende Wirklichkeit und damit auch zu Gott, der als die *coincidentia oppositorum* gedacht wird, als der, der Einheit und Zusammenhang stiftet zwi-

[10] Vgl. Klaus Berger, *Hermeneutik des Neuen Testaments.* Tübingen: Francke 1999.

schen den verschiedenen Bereichen und über sie hinaus. Dieses Modell kann seine Herkunft aus der Postmoderne kaum verleugnen. Wie bei Nicolaus Cusanus ist dieses Gesamtmodell hingeordnet auf eine mystische Einheitskonzeption.

Wir sind im Grunde dem Modell von Wirklichkeit gefolgt, das der Cusaner als Physiker, Kirchenpolitiker, Dogmatiker, Bischof und Mystiker entworfen hat. Am Beginn der Neuzeit hat er als erster exemplarisch die relative Autonomie der Teilbereiche der Schöpfung beziehungsweise Wissenschaft erkannt und bestehen lassen, ohne sie klerikalistisch lächerlich zu vereinnahmen. Kirchenpolitisch entwickelt konnte er sein Programm auch *concordantia catholica* nennen. Der Cusaner ist daher auch die Brücke zur nächsten Fragestellung.

Schöpferglaube versus Naturwissenschaft?

Es ist wichtig zu sehen: Die Schöpfungsgeschichte der Bibel erzählt nicht eine Konkurrenz zur Evolution. Schaffen heißt primär: Ordnung schaffen und einteilen. Daher geht es um die Frage der Ordnung und des Ziels, um Sinn und Zweck. Diese werden in einer Hierarchie dargestellt. Damit ist der Konflikt mit der Naturwissenschaft weitgehend ausgeräumt. Um es mit dem oben gebrauchten Bild zu sagen: Die Logik und Folgerichtigkeit der Naturordnung, die Besonderung und schließlich die »unaussagbare« Individualität jedes einzelnen – dieses wunderbare System ist nicht Gott (wiewohl man es dafür halten könnte), sondern Gott ist noch höher, noch größer als dies, so daß er in irgendeinem Sinne als Stifter dieser Ordnung angesehen werden kann. Das Wort »Stifter« ist mit Bedacht gewählt, da die griechische Bibel (Septuaginta) das hebräische Wort für »schaffen« als »gründen« wiedergibt, so wie man eine Stadt gründet. Dabei ist wohl zu beachten: Dieses ist eine Metapher, die wie alle Bilder eher Unähnliches als Ähnliches »über Gott« sagt. – Das Modell der vier Türen gilt auch für die folgende traditionsreiche Fragestellung.

Gott und natürliche Vernunft

Die auch in Deutschland bis in die sechziger Jahre des 20. Jahrhunderts gelehrte Neuscholastik baut mit ihren Gottesbeweisen auf den »fünf Wegen« des Thomismus auf und sah ihren Anspruch durch das Erste Vaticanum verstärkt, das den Satz aufgestellt hatte, Gott könne durch die Vernunft sicher erkannt werden *(certe cognosci posse)*. Dieser Satz ist durch die dialektische Theologie dann lebhaft bestritten worden, und es gehört zweifellos zu den Wirkungen der dialektischen Theologie auf die katholische Theologie, daß hier der Angelpunkt für die Gottesbeweise wie ein Lebensnerv getroffen wurde. Dabei bestand zur Panik kein Anlaß, denn die Auffassung, daß Gott selbst sich in seiner Schöpfung kundtut, so daß niemand unentschuldbar ist, der ihn ablehnt, ist sicher gut biblisch, wenn auch vor allem aus spätbiblischen Schriften des Alten Testaments zu erheben, die nicht zum protestantischen Kanon gehören (Buch der Weisheit). – Die Weisheit der Coincidentia oppositorum könnte auch bei dem folgenden Thema weiterhelfen.

Gott und menschliche Freiheit

Die heillosen Aporien, in die sich die christliche Dogmengeschichte (des Westens) seit Augustinus verrannt hat, sind mustergültig und mit gebührender Schärfe dargestellt in einem Exkurs zu Römer 11, 36 im Kommentar von Otto Kuß.[11] Denn das Problem, dem sich westliche Logik hier konfrontiert sah, bestand darin: Jeder fromme Mensch wird Gott nicht genug an Ehre zuerkennen können. Je frömmer er ist (oder tut), um so weniger Spielraum bleibt für die Freiheit des Menschen. Wer Gott wirklich konsequent alle und die höchste Ehre gibt, muß ihn auch für das bescheidenste Ja des Menschen verantwortlich machen - und landet bei der absoluten doppelten Prädestination. Jedes Quentchen Freiheit und Verantwortung, das der Mensch übernimmt oder übernehmen kann, geht auf Kosten der Alleinverursachung alles Heils durch Gott. Jede, auch die bescheidenste Reaktion des Menschen ist ohne Zweifel ein »Werk« und der Werkgerechtigkeit zu verdächtigen.

In dieser Diskussion steckt deshalb von Anfang an der Wurm, weil sie von einem falschen Menschenbild ausgeht. Die biblischen Autoren sind außerstande, Mensch und Gott je für sich zu betrachten und nach dem Anteil an gelungener Annäherung zu fragen. Sowie nämlich der eine Partner beginnt nachzurechnen, welches sein Anteil an der bestehenden Gemeinschaft ist, stellt er sich außerhalb dieser Gemeinschaft. Es ist zu fragen, wieweit der Theologe das überhaupt darf. - Schließlich kehren wir noch einmal zur philosophischen Tradition der katholischen Gotteslehre zurück.

Rede von Gott als Rede vom Menschen

Den anthropologischen Fragestellungen vor allem in der protestantischen Exegese steht ein eigener katholischer Ansatz gegenüber, der mit dem Namen des Jesuiten Joseph Maréchal eng verbunden ist. Ausgangspunkte sind die ungelöste Frage, die jeder Mensch vor sich selbst ist, und die Sehnsucht des Menschen nach umfassendem Heil. Diese Frage und diese Sehnsucht sind immer schon, so der Ansatz, mit dem konkreten Daseinsvollzug des Menschen mitgesetzt. Die jedem Leser oder Hörer Karl Rahners vertraute Redeweise vom »immer schon« im Daseinsvollzug, welches angeblich das Absolute schon einschlösse, die Rede vom »Mitgesetzten« hat hier ihren Ursprung. Es handelt sich um eine Gotteserfahrung im Denken, die durch die Reflexion auf die Bedingung der Möglichkeit des menschlichen Daseinsvollzugs vermittelt ist. Das ist ohne Zweifel eine Erneuerung der philosophischen Linie der katholischen Rede von Gott. Sie ist nur unter der Voraussetzung gleichbleibender anthropologischer Konstanten und immer gleichbleibender Kausallogik verständlich zu machen. Da es ohnehin zudem nur um einen »impliziten« Weg geht, ist das Ganze extrem suspekt. Denn daß es anthropologische Konstanten und eine stets gleichartige Logik gibt, ist schlechthin nicht erweisbar. Wenn man das Ganze auch noch via Postulat auf die Religionsgeschichte projiziert, kommt es zu merkwürdigen Fehlschlüssen. Denn der (Religions-)Historiker, der wert legt auf das Ernstnehmen des

[11] Vgl. Otto Kuß, *Der Römerbrief III*. Regensburg: Pustet 1978.

Konkreten und Gott gerade auch als Schöpfer des je einzelnen Weges betrachtet, wird einer universalen Logik dieser Art kaum zustimmen können.

Der kommende Gott der Endzeit
Zumeist verstellt man sich die Enderwartung durch physikalische Vorstellungen. Nach Apokalypse 21 wird die Auferstehung so beschrieben: »Und Gott wird abwischen alle Tränen von ihren Augen«. Eine Mutter wischt dem Kind die Tränen ab, wenn das Schlimmste überstanden ist. Große, behutsame Zärtlichkeit. Wer die Tränen abwischt, hatte nicht selbst zu leiden, konnte aber auch das Leiden nicht verhindern. Tränen abzuwischen ist so ein ganz bescheidener Dienst. Nichts medizinisch oder sonstwie Erhebliches, auch nicht die Frage nach dem Warum. Oft schluchzen wir noch, wenn unsere Tränen getrocknet werden. Gott weiß um unsere Leiden und wird nicht fragen. Wie eine Mutter. War das nicht auch schon am Anfang, als wir klein waren? Ja, so wird sich der Kreis schließen. Wie eine Mutter ihr Kind auf dem Schoß hat, so wird am Ende auch der Anfang dessen sein, was wir zu erwarten haben.

»Gott ist die Liebe«
Die Summe der neukatholischen Reformtheologie orientiert sich in ihrem Gottesbild schlicht an 1 Johannes 4, 8 (Gott ist die Liebe) und betrachtet diesen Satz als immer währendes Hauptargument. Als »therapeutischer Ansatz« spielt man dieses gegen Gerichtsvorstellungen, Hölle, Gesetz, Kreuzesopfer und teilweise auch gegen Israels Erwählung aus. Teilweise wird ein Maß von Interreligiosität und »Abendmahlsgemeinschaft mit aller Kreatur« praktiziert, das selbst liberale Protestanten staunen läßt. Die ganze Last eines vermeintlich oder auch wirklich autoritären Katholizismus des 19. Jahrhunderts wird mit Hilfe eines übersanften Gottesbildes abgearbeitet. Für einen Teil dieser Positionen steht der überaus populäre und verehrungswürdige Eugen Biser. Er vereint in sich alle reformerischen Kräfte des deutschen Katholizismus im 20. Jahrhundert, vor allem aber – erkennbar an seinen Studien zu Paulus und Jesus – den Ertrag liberaler protestantischer Bibelauslegung. Man kann sagen: Aller Anfang liegt bei dem erkennbar antidogmatisch ausgerichteten Jesusbild der liberalen Exegese. Der Zusammenhang zwischen einem Jesusbild im Sinne eines sanften religiösen Humanisten mit dem oben genannten Gottesbild ist evident. Indessen ist nun freilich die liberale Jesusforschung an ihr sichtbares Ende gekommen; die Studie von Gerd Theissen und Annette Merz *Der historische Jesus* (1997) war ihr Schwanengesang. Wer Menschen, die dieses bemerkt haben, als neokonservative Fundamentalisten einordnen möchte, verrät schon durch die Wortwahl seine Orientierung am 19. Jahrhundert. In Wahrheit hat die Reduktion der christlichen Religion auf Vernunft und sanfte Moral wie nichts anderes den Exodus aus den Kirchen befördert. – Hier wird dagegen für den ganzen Jesus – und ein entsprechendes Gottesbild – optiert, und das schließt auch ein die Wiederentdeckung des Christentums als Religion, eben inklusive Mystik, Liturgie und Apokalyptik.

Otto Kallscheuer

Schöpfungsphantasien

Paradoxa vom lieben Gott

Warum gibt es überhaupt irgend etwas – und nicht etwa nichts? Auf diese Frage lautet die rechte monotheistische Antwort: Weil Gott als allwaltendes höchstes Wesen das so gewollt hat. Gott allein hat die Welt – alles was es gibt – geschaffen. Nur Er ist ungeschaffen. Und nur wir finden es in der Tat verwunderlich, daß es überhaupt irgend etwas gibt und nicht nichts: »Nicht *wie* die Welt ist, ist das Mystische, sondern *daß* sie ist.« (Ludwig Wittgenstein)

Warum aber braucht es einen Schöpfer? »Der Sinn der Welt muß außerhalb ihrer liegen. In der Welt ist alles, wie es ist, und geschieht alles, wie es geschieht; es gibt *in* ihr keinen Wert – und wenn es ihn gäbe, so hätte er keinen Wert«, heißt es im *Tractatus logico-philosophicus*. Gemeint ist damit ein unbedingter, nicht kontingenter Wert; Wittgenstein hat bekanntlich zeitlebens nach einem »Wert, der Wert hat«, gesucht. Ein zwingender Beleg für irgend etwas, was auch immer, ist dennoch dieses Staunen nicht (inklusive unseres Durstes nach »Sinn« oder »Wert« – und auch der ist vielleicht Geschmackssache). Gut, wir mögen den Eindruck haben, daß die Kontingenz alles »innerweltlichen« Geschehens irgendwie nach etwas Absolutem, Nichtkontingentem dürstet – doch dieser Eindruck wäre ohne jede göttliche Offenbarung noch kein Hinweis auf die Existenz einer »außerweltlichen« Macht. Auf eine Transzendenz zumal, welche auch noch Person wäre.

Das wäre ja nur dann der Fall, wenn wir mit überzeugenden Gründen ausschließen könnten, daß die Welt ein Zufall ist – dabei gibt es doch so viele erstaunliche Zufälle in der Welt. Ebenso müßte auch ausgeschlossen werden können, daß das erstaunliche Vorhandensein und die so-und-nicht-andere Beschaffenheit dieser unserer Welt ein gewissermaßen zu erwartendes Ergebnis aus Abermillionen von Parallelwelten darstellt. Wäre es nicht wahrscheinlicher, daß diese Welt eines der nicht untypischen Resultate in einem Selektionsprozeß all dieser Millionen von Parallelwelten darstellt – jedenfalls wahrscheinlicher, als daß nun ausgerechnet Gott sie erschaffen hat, ein Gott zudem, dessen Eigenschaften genau unserer westlichen (jüdischen, christlichen, islamischen) Gottesvorstellung entsprechen?

Doch auch Gott hätte natürlich diese unsere Welt mit all ihren Eigenarten und Besonderheiten mittels eines Selektionsprozesses zwischen konkurrierenden Universen oder Kosmologien geschaffen haben können[1] – oder indem Er sich des Zufalls bediente. Wenn Gott allmächtig ist, könnte Er es ja auch ästhetisch für angemessener halten, sich der natürlichen Evolution zu

[1] Vgl. Lee Smolin, *Warum gibt es die Welt?* München: Hanser 1999.

bedienen, als aufgeregt permanent selber einzugreifen. Es wäre doch wohl unter Seiner Würde, bei jeder evolutionären Gabelung Seine *potentia absoluta* zu bemühen – wenn Seine *potentia ordinata*, der stochastische Prozeß der Streuung dieser und dann wieder anderer Tatsachen (Sackgassen der Evolution, schwarzer Löcher) zu demselben Ergebnis führen kann.

Ohnehin enthält jeder für kosmologische »Gottesbeweise« übliche Rückschluß von bestimmten (exzellenten oder normalen) Eigenschaften (in) der Welt auf *Ihn der ist* schon die Gefahr, in einen Vernunft- oder Weltglauben abzurutschen, in einen rationalistischen oder pantheistischen Götzendienst. Was rechtfertigt es denn schon, Gottes, also des Schöpfers »Sein« – und das »Sein« der Welt und ihrer Geschöpfe – einander gleichzusetzen? Dionysius Areopagita, Meister Eckhart, Nikolaus von Kues haben uns belehrt, daß es eben kein gemeinsames Maß, keine *ratio communis* gibt zwischen Gottes Sein und der Existenz der Kreatur, zwischen Seiner einfachen Unendlichkeit und der endlichen Vielheit und Vielfalt der Existenzen (in) unserer Welt. So mögen zwar die Himmel von der Ehre Gottes erzählen, doch die Welt (Himmel und Erde) wird darum noch nicht zum getreuen Abbild Seiner Vollkommenheit.

Und Er sah, daß alles, was Er schuf, gut war. Doch Gott mißt sich nicht am Werk Seiner sechs Tage. Nein: Die Schöpfung ist vor allem Objekt des Schöpfers, nur als Gegenstand Seines Denkens, als Produkt Seines Wollens ist sie überhaupt da; für sich selbst hat die geschaffene Welt keinen (ewigen) Bestand. Er allein ist Subjekt schlechthin; Sein Wesen ist absolute Subjektivität: die höchste und reichste, eine in sich ruhende und darin aktive Subjektivität, die mit sich selber (als Allerheiligste Dreifaltigkeit) in ewigem Austausch kommuniziert. Er allein genügt sich in Seiner Einheit mit sich selbst.

Alles, was es sonst noch gibt – was immer außer Gott ist –, wurde geschaffen von Ihm allein: *Quidquit praeter Deum existit, a Deo solo creatum est*. So geht der erste Lehrsatz nicht nur jeder gut katholischen Schöpfungslehre.[2] Vor allem der Islam hat diesen unendlichen Abstand zwischen Schöpfer und Schöpfung mit Recht – und wider alle christlichen und jüdischen Vermittlungen zwischen Immanenz und Transzendenz – stets betont. »Der Schöpfer Muhameds ist ›reich ohne alle Welt‹. Er ist wirklich der Schöpfer, der es auch hätte unterlassen können zu schaffen.«[3]

Die geschaffene Welt wäre darum eigentlich nicht nötig gewesen. Keine mögliche Welt ist ja völlig leer. Sie enthält »Gott plus n«: Gott und was immer Er zur (Ent)Äußerung Seiner Vollkommenheit gewollt, gedacht, geschaffen hat. Doch zwischen Gottes übervollkommenem Sein und dem weltlichen Sein gibt es kein gemeinsames Maß. Da nun bereits Gott unendlich vollkommen ist, fügt auch das vollkommenste n, der Set der besten der Welten, Seiner Vollkommenheit, Seiner Wahrheit, Gutheit und Schönheit nichts hinzu – die mögliche Welt-Vollkommenheit ließe sich ja nicht ein-

---

[2] Vgl. Karl Rahner, *Der Mensch in der Schöpfung*. Zürich: Benziger 1998.

[3] Franz Rosenzweig, *Der Stern der Erlösung*. Frankfurt: Suhrkamp 1988.

mal zur göttlichen Vollkommenheit hinzuaddieren.[4] Was wäre die *ratio*, der Vergleichspunkt, die gemeinsame Größeneinheit?

Also gibt es gar keine beste der Welten: Entweder ist jede Welt – sofern sie »Gott« als unendliche Über-Vollkommenheit »enthält« – bereits optimal, mehr als perfekt (und also ist n irrelevant). Oder aber Gott könnte gar kein Optimum schaffen: Zu jeder noch so perfekten Welt »Gott plus n« ließe sich ein zusätzliches Element an Existenz, an Güte, an Schönheit hinzufügen, »Gott plus n+1« ad infinitum. Was dies bedeutet? Nur das eine: Wir können Seine Gründe nicht verstehen.

Und wieso ist Gott nur einer – der Einzige? Könnten wir uns die Weltordnung (wie ja auch die Konstruktion von Häusern, von Schiffen oder Staatsordnungen) nicht auch als das Ergebnis eines Komitees aus mehreren Göttern vorstellen – wie dies David Hume im fünften Teil seiner erst postum (1779) veröffentlichten *Gespräche über die natürliche Religion* wider die Vorstellung eines göttlichen Weltbaumeisters einwendet? Nun, wir könnten schon. Doch dann wären eben die Designmuster, die evolutionären Baupläne oder Vorsehungsfahrpläne, auf die sich dieses Götterkomitee einigte, zu klären: Sind die Elohim zufällig auf die Prinzipien der Weltordnung gekommen? Oder waren diese etwa ein Kompromiß – zwischen Shiva und Vishnu oder zwischen Apollo und Dionysos, zwischen Statik und Dynamik, Entropie und Expansion usw.? Welcher Abstimmungsregeln haben sich die beteiligten Gottheiten bedient? Und: Lag ihnen das Baumaterial bereits vor – Raum, Zeit, Lehm (für die Verfertigung von Menschen) sowie Naturgesetze, ontologische Spielregeln für mögliche Welten? Oder mußten sich vielleicht die Strukturen möglicher Materie, gar die Naturgesetze selber, überhaupt erst aus einer Vielfalt von Alternativen herausbilden? Wer legte den Stabilitätsrahmen fest, wer garantierte ein ordentliches Ergebnis?

Und damit wäre am Ende doch wieder *ein* Code ausschlaggebend, auf den sich die Schöpfer per Vernunft oder Spiel einigten. Oder eben ein Prinzip, das dann wieder nach einem allgewaltigen Obersubjekt verlangt – so daß »Ordnung und Einrichtung des Alls … von Gott und durch Gott bewahrt wird«? Ein solcher Kosmosglaube führt in der Regel zum Gott der Philosophen: »Würdiger jedoch und geziemender ist der Gedanke, Gott throne am höchsten Ort, während seine Kraft, die den ganzen Kosmos durchdringt, Sonne und Mond bewegt, den ganzen Himmel lenkt und für alles auf Erden Ursache und Erhaltung ist.« Das schrieb vermutlich in etwa derselben Periode, als auch die christlichen Evangelien redigiert wurden, ein philosophischer Monotheist unter dem Namen des Aristoteles *(De Mundo)*.

Es gibt demgemäß nur einen Gott, weil und insofern Er (oder: Seine Weisheit, Sein Wollen, Seine Macht) zugleich das einzige in letzter Instanz für die Weltordnung und Weltgestalt überhaupt verantwortliche Prinzip darstellt. Darin stimmen philosophische und biblische Monotheisten überein, ob Pla-

4 Vgl. Norman Kretzman, *Goodness, Knowledge, and Indeterminacy in the Philosophy of Thomas Aquinas*. In: *The Journal of Philosophy*, Supplement to Volume LXXX, Nr. 10 (Oktober 1983).

toniker, Christen, Muslime oder Anhänger des Mosaischen Bundes. Dabei steht Prinzip (der lateinische Ausdruck für *arché*, Anfang) natürlich nicht allein für den zeitlichen Beginn unseres Universums, sondern auch dafür, daß es überhaupt einen Anfang gibt: den Anfang dieser (unserer) Welt, aber auch die Anfänge anderer, paralleler, etwa vierdimensionaler Welten, die Prinzipien von uns sonstwie (nur) als logische Möglichkeiten bekannten Universen.

Und was war vorher? Gibt oder gab es nicht auch schon Zeit *Vor dem Anfang*? So hat jüngst der Astronom Ihrer britischen Majestät Sir Martin Rees seine brillante Geschichte des Universums betitelt. Wenn wir uns mit der Standardversion der physikalischen Kosmologie den zeitlichen Anfang unserer Welt als einen Big Bang oder Urknall vorstellen, in dem vor 10 bis 15 Milliarden Lichtjahren mit einem »explodierenden«, extrem verdichteten Quantengemisch die zeitliche Entwicklung und räumliche Expansion des Universums beginnt, so »daß unsere ganze Welt fast *aus dem Nichts* entstand«[5], dann läßt sich diese bis in eine Zeit zurückverfolgen, als die Welt nur eine kosmische Sekunde alt war. Und was geschah vorher, in den ersten Momenten dieser Sekunde des Universums? Hier gehen die Theorien und Geschichten schon wieder auseinander. Es gab vielleicht eine inflationär beschleunigte Expansion des kosmischen Energieballs, die für die Zeitrechnung deflationiert werden müßte.

Doch schon zur Frage, ob im Anfang die Dimension der (gerichteten, irreversiblen) Zeit überhaupt greift und inwiefern Zeitkategorien noch anwendbar sind, herrscht keinerlei Einigkeit unter den Kosmologen. Und ähnliche Fragen ließen sich im Prinzip auch für das Ende des Kosmos stellen. In unserer Vorstellung ist zwar der Zeithorizont beliebig weit in die Zukunft projizierbar; aber vielleicht läuft die Zeit als eigene Dimension des physischen Universums auch nicht bis in alle Ewigkeit weiter. Dergestalt, daß es am Ende (der Expansion) unseres Universums, in fünfzig oder mehr Milliarden Jahren, vielleicht nach einem Big Crunch, mit dem Ende dynamischer Systeme im Kosmos auch ein Zeit(en)ende gäbe. Wie am Anfang unserer Raumzeit könnten somit auch am Ende unserer Welt physikalischer Raum und Zeitpfeil in einem winzigen Materie-Energie-Flecken verdichtet, vermengt, verwischt werden. Die Frage nach dem Augenblick *danach* wäre dann von der Frage, was einen Fingerbreit *daneben* geschieht, gar nicht mehr zu trennen. Dann wäre unser Kosmos ein »geschlossenes« Universum – ohne jede raumzeitliche Kommunikation mit anderen Welten.

All das ist natürlich überhaupt kein Einwand gegen die Schöpfungsverantwortung des biblisch geoffenbarten Gottes. Warum auch sollten heutige Kosmologen nicht wieder zu einer allegorischen Interpretation der biblischen Genesis-Geschichte zurückkehren? Die allegorischen Lektüren der Bibel der großen Alexandriner Philo *(De opificio mundi, Legum allegoriae)* oder Origenes *(In Genesim commentarii, De principiis)* sind ja ohnehin weitaus älter und weiser als alle kirchlichen oder rabbinischen Dogmen. Und waren in unserem Jahrhundert etwa die Begriffsprägungen eines Teilhard de Chardin

5 Martin Rees, *Vor dem Anfang*. Frankfurt: Fischer 1997.

(Der Mensch im Kosmos) – vom »Herzen der Materie« bis zur caritativen Super-Menschheit, ja einem kosmischen »Über-Christus« als »Omega-Punkt« der Evolution – mehr als bestenfalls plausible Allegorien?

Gewiß liegt im Rekurs auf Allegorien ein Hinweis auf unsere (menschlichen, endlichen) Denk- und Vorstellungsschranken beschlossen. Was war vor dem Anfang? *Wir* können uns eine Zeit vor aller Zeit nicht vorstellen. Aber Gott? Er schuf schließlich unseren Kosmos. Hat auch Gott selber einmal zu existieren angefangen – irgendwann, bevor Er dann am Anfang der Zeiten Himmel und Erde schuf? Oder existierte Er – seit je, schon immer, aber mit und außer Ihm bestand zugleich der Urstoff, aus dem alles andere besteht?

Nun, ein solcher Gott wäre vielleicht dem Demiurgen in Platons *Timaios* vergleichbar, von dessen gnostischen Karikaturen wir hier lieber absehen wollen. Wäre solch ein kosmischer Handwerker, welcher sich selber an die ewigen Ideen und Formen zu halten hat, noch »Gott« – Gott in unserem westlichen, jüdischen, (nach)christlichen, islamischen Verständnis? Natürlich nicht. Er wäre bloß ein übermächtiges Wesen (in) unserer Welt, aber transzendierte sie nicht. Gottes Sein und Wirken blieben ja an unsere (innerweltliche) Zeitlichkeit gebunden. So, als wäre zuerst, in einem (ersten) Anfang vor dem Anfang, wie auch immer, Gott entstanden, und ginge dann (in einem zweiten Anfang) daran, Himmel und Erde zu erschaffen: den Urknall zu zünden – der kosmischen und später biologischen Evolution oder einer Kombination beider ihren Lauf zu lassen.

Solange wir uns im Vorstellungsraum linearer zeitlicher Abfolge bewegen, könnten wir diese Rückfragen endlos fortsetzen, ohne je den absoluten Anfang, ein Prinzip des Anfangs, zu erreichen. Wir können diesen Fragehorizont offenbar nicht recht überwinden. Doch das Prinzip der Reihe der Rückfragen gehört selbst nicht in diese Zeitfolge. Daß es überhaupt Anfänge gibt, kann selber nicht als Anfang verstanden werden. Aber was heißt hier verstehen? Es könnte einfach zur Struktur einer Welt gehören, in der es Ereignisse, Sachverhalte gibt, die einander ablösen, überlappen, beeinflussen (und teilweise einander verursachen).

Was war vor der Schöpfung? Der Renaissancedenker Charles De Bovelles, Schüler des Faber Stapulensis, ein pikardischer Zeit- und Gesinnungsgenosse des Nikolaus von Kues, hat dieser Frage eine reizende kleine Abhandlung, den *Libellus de nihilo* (1509), gewidmet. Vor dem Anfang war nur Gott allein da – in einer anfangs- und zeitlosen Ewigkeit – und sonst nichts. Auch schuf Gott nichts noch setzte Er irgendwelche Schöpfung oder Evolution in Gang. Dieses Zeitalter des Nichts vor aller Zeit hatte dann ein Ende. Das Nichts endete mit Gottes erstem Schöpfungsakt (oder Schöpfungswort, Schöpfungsgedanken); und mit der göttlichen Schöpfung der Welt aus dem Nichts beginnt ein neues Zeitalter. Gottes Ewigkeit als solche ist ohne Anfang und Ende – ist sie deshalb ohne Zeit?

Für Bovelles teilt sie sich in zwei *aeva* oder Zeitalter. Besser: Gott, welcher allein von Ewigkeit zu Ewigkeit ist, *Der er ist*, teilt die Ewigkeit durch die Schöpfung, erst die Erschaffung der Welt aus dem Nichts gibt (in) der Ewigkeit Richtung. Und so gibt es nun zwei Zeitalter, eines vor und eines nach der Schöpfung, eines mit unendlicher Vergangenheit, das andere mit unendlich offener Zukunft. Einzig die Ewigkeit hat weder Anfang noch Ende; das erste *aevum* hat ein Ende, die Erschaffung der Welt, doch keinen Anfang; das zweite *aevum* seit Erschaffung der Welt, hat einen Anfang, doch keinen abschließbaren Zukunftshorizont. Die einmal in die Zeit gesetzte (und das Nichts beseitigende) Welt ist zur Zukunft hin offen, wenngleich ihr Ziel – ihre *causa finalis* – wie ihr Anfang und Grund in Gottes Schöpfungstat liegt.

Denn nur der biblische Gott ist der absolute Anfang. *Er der ist* ist nicht aus anderem entstanden, sondern immer schon ohne Anfang für alle Anfänge verantwortlich. Gott war *vor aller Zeit* – so geht der paradoxe Ausdruck. Gottes Wille, soweit wir raumzeitliche Kreaturen ihn erfahren können, manifestiert sich zwar in raumzeitlichen Ereignissen, von der Erschaffung der Welt bis zur Heilsgeschichte; aber Gottes Identität geht in dieser raumzeitlichen Dimension nicht auf. Seine Existenz, Seine Natur, Sein Wesen transzendiert Zeitlichkeit (und ermöglicht sie zugleich), denn Sein Wollen macht erst alle Ereignisse in der Zeit möglich. Wenn also, wie der heilige Thomas in seiner *Summa theologiae* sagt, Gottes Wille die Ursache aller Dinge ist, müßte man dann nicht ebenfalls sagen, daß *Er der ist* die Zeit selber erschuf?

Nur wenn Gott auch unsere Raumzeit schafft – und damit auch die Struktur des überhaupt Möglichen, der *creabilia* (Duns Scotus) aus dem Nichts herausführt –, nur dann ist Er in unserem Verständnis wahrhaft Schöpfer, wie auch immer, mit welchen Begriffen und Allegorien man diesen Raum möglicher Weltenschöpfungen dann benennen mag. Gott schafft erst die Konstituentien der weltlichen Raumzeit, »und zwar aus dem Nichts. Du hast nämlich Himmel und Erde gemacht, freilich nicht aus dir selbst: Denn dann gäbe es ein ... dir Gleiches, doch es wäre in keiner Weise gerechtfertigt, daß dir gleich wäre, was nicht aus dir selbst wäre. Und anderes außer dir, woraus du sie hättest machen können, gab es nicht, Gott«, schreibt Augustinus im zwölften Buch seiner *Bekenntnisse*.

Nun, »Himmel und Erde«, welche der Gott der biblischen Genesis aus dem Nichts erschafft, sind auch für den heiligen Augustinus Allegorien, Abbreviaturen für alles Geschaffene. Der Himmel, zum einen, ist geistige Kreatur aus reiner Information, *ubi est intellectus nosse simul*: ein intellektueller »Himmel des Himmels, dem Herren zu eigen«, in welchem für seine Bewohner, also für die Engel und dann die bei Gott weilenden erlösten Seelen (Er)Kenntnis und Vernunft in eins fallen. Die Erde, zum anderen, ist ungeordnete, formlose Materie, welche als beliebig gestaltbarer Urstoff allem Wechsel, ergo auch aller Zeit zugrunde liegt. Beide also, reine (himmlische) Information und reine (irdische) Veränderlichkeit, machen dann in ihrer Kombination alles aus, was es außer Gott gibt: Und erst die Welt geformter Dinge hat auch einen Raum- und Zeitindex. Nur an gestalteter Materie, nur an strukturierter Wirklichkeit, nur an ihren veränderlichen Erscheinungsformen wird für Augustin, Zeit(Ablauf) wahrnehmbar, meßbar, wirklich.

Was immer Gott sein mag, so darf Er doch kein bloßes, kontingentes Faktum sein (welches schließlich auch ganz anders sein könnte) – es darf, jedenfalls der Grammatik unserer westlichen, jüdisch-christlich-islamischen Rede über Ihn zufolge, keine mögliche Welt geben, die ohne Gott auskäme, welche ohne Ihn zustande gekommen wäre. Gott kann selber keinen (Ihm fremden) Anfang, keine andre Arché, kein Prinzip haben, dem Er anhängt und von dem Er abhinge, sonst wäre Er ja in unserem Verständnis nicht der eine, einzige, absolute Grund der Welt (und der letzte Zielgrund unseres Daseins), *Der der ist*. So Er anderen, fremden, nicht selbstgesetzten Archai folgte, wäre Er nicht Horizont des Ganzen von Welt, sondern nur bereichsrelevant: *ein* Gott (neben anderen Wirklichkeitsmächten), als Objekt möglicher Verehrung nur ein Idol, ein Halbgott, ein Götze; Studienobjekt für Ethnologie oder Religions- oder andere Wirklichkeitswissenschaften, die sich ja nie mit dem Gesamt alles Seienden auseinandersetzen müssen.

Gott ist also ein Wesen grenzenloser intentionaler Macht: Was Er will, ist möglich und geschieht, insofern Er es will (oder verantwortet). Wäre also auch eine andere logische Welt, zum Beispiel eine Welt ohne Anfänge – also ohne jede Zeitlichkeit – möglich gewesen? Ja – so Er diese andere mögliche Welt gewollt hätte. Für uns mögen andere logische Welten unvorstellbar sein – aber nach René Descartes, dem Begründer der modernen Metaphysik, sind schließlich sogar die logischen und mathematischen Wahrheiten auf den souveränen Willen Gottes zurückzuführen: Auch sie sind von Gott geschaffen, der sie also auch hätte anders schaffen können. »Nicht einmal die sogenannten ewigen Wahrheiten wie etwa ›ein Ganzes ist mehr als seine Teile‹« – so schrieb Descartes an Abbé Mersenne, seinen Freund und wissenschaftlichen Korrespondenten – »wären Wahrheiten, wenn Gott die Dinge nicht so eingerichtet hätte.« Aber Gott wäre ebenso frei gewesen, »den Satz unwahr zu machen, daß alle geraden Linien vom Kreismittelpunkt zum Kreisumfang gleich lang sind, wie er auch frei war, die Welt nicht zu erschaffen. Und gewiß sind diese Wahrheiten mit Gottes Wesen nicht notwendig verbunden, genausowenig wie andere Geschöpfe auch.« Gottes Allmacht ist also nicht einmal durch die Gesetze der Logik eingeschränkt. Diese Auffassung der Allmacht Gottes ist freilich nicht unumstritten.[6]

Andere (und gewiß nicht minder gottesfürchtige) Monotheisten halten gar nichts von einer Vorstellung der Allmacht Gottes, in welcher Er auch die Gesetze der Logik umwerfen kann, wenn Er dies will – so daß Er in Seiner Schöpfung nicht einmal an die (beziehungsweise unsere) logischen Minimalbedingungen einer konsistenten Welt-Ordnung gebunden wäre. Denn bei Gott ist kein Wort unmöglich (Lukas 1, 37). Der prominenteste dieser Theologen ist der heilige Thomas. Andere Theologen mögen ihm zwar vorwerfen, die unendliche Schöpferkraft und Allmacht Gottes unseren (endlichen, beschränkten, geschaffenen) Vorstellungen einer logischen, möglichen Welt und Ordnung zu unterwerfen, weil er etwa Sätze wie »Gott kann auch die Vergangenheit ungeschehen machen« zurückweist. Wenn Gott die Blinden sehend machen kann und die Toten zum Leben erwecken kann, warum sollte

---

6 Vgl. Anthony Kenny, *The God of the Philosophers*. Oxford: Clarendon Press 1979.

Er da nicht zum Beispiel die Tatsache, daß Lady Diana bei einem Autounfall ums Leben kam, ungeschehen machen können? Ein anderes Beispiel führt Thomas selber an: Wenn der Herr in all Seiner Milde eines Menschen verlorene Tugend (zum Beispiel der Nächstenliebe) wiederherstellen kann, warum sollte Er dann nicht ohne großen Aufwand eine weitaus weniger bedeutsame Veränderung wie den Verlust der Jungfräulichkeit ungeschehen machen?

Doch für Thomas von Aquino ist die Rede davon, die Vergangenheit ungeschehen zu machen, selber sinnlos. Der Satz enthält einen unbemerkten Widerspruch: Die Rede vom Sachverhalt X als etwas »Vergangenem« schließt ja gerade aus, daß X noch Gegenstand möglicher Handlungen oder Entscheidungen ist. Wenn wir nun die Frage bejahen, ob Gott etwas Vergangenes (also per definitionem *nicht* mehr Veränderbares) zu einem noch Veränderbaren machen kann (doch dann wäre es ja eo ipso nicht mehr vergangen), dann fällt dieser Widerspruch nur auf uns selber zurück. *Wir* haben uns verworren ausgedrückt, aber Gottes Macht, alles mögliche zu tun (oder zu lassen), ist dadurch in keiner Weise gemindert. Gott kann alles mögliche verändern, und wie Er alles schaffen konnte, so kann Er problemlos auch alle Veränderungen rückgängig machen, auch den körperlichen *status quo ante* einer Ex-Jungfrau (das ist freilich eine höchst irdische Routineoperation, die heute in zahlreichen muslimischen Gesellschaften darauf spezialisierte Frauenärzte auch ganz ohne Gottes Hilfe als Routineoperation bei den darauf angewiesenen Bräuten vornehmen): »Gott kann alles Verderben an Leib und Seele von einer Frau hinwegnehmen, die verführt wurde; aber die Tatsache, daß sie verführt wurde, kann nicht beseitigt werden.«

Schwieriger ist ein anderes Puzzle: In welcher Weise wird nämlich Gottes eigenes souveränes Wirken und Handeln in der Zeit von Seiner Allwissenheit betroffen, beeinflußt, beeinträchtigt? Kann Sein Handeln noch (in unserem Sinne) als frei begriffen werden, wenn sich Sein Wissen auf alle Sachverhalte (Fakten, Zustände) der Welt erstreckt, seien sie vergangen, gegenwärtig oder zukünftig? Weiß Gott denn auch um Seine eigenen zukünftigen Entscheidungen (und ihre Konsequenzen)? »Wenn Gott auf notwendige Weise und in Ewigkeit frei ist, dann darf er seine künftigen Handlungen nicht kennen – abgesehen davon, daß ihn seine vollkommene Güte dazu nötigen wird, auf ganz bestimmte Weise zu handeln.« So hat der Oxforder Philosoph und Theologe Richard Swinburne, ein moderner Anhänger der Auffassungen des heiligen Thomas, das Dilemma formuliert: Entweder ist Gott allmächtig (und darf um Sein eigenes künftiges Tun nicht wissen, um durch dieses Wissen in Seiner Souveränität nicht beschränkt zu werden) – oder Er ist auch für die Zukunft allwissend, dann kann Er aber nicht in unserem geläufigen Wortsinne frei genannt werden (und also auch allmächtig, zu tun was immer Er will).[7]

[7] Richard Swinburne, *The Christian God.* Oxford: Clarendon Press 1994. Das Buch ist der dritte Band seiner Tetralogie zur Philosophie der christlichen Religion, deren letzter, ebenfalls für diese Frage einschlägige Band dann *Providence and the Problem of Evil* (1998) behandelt.

Swinburnes Lösung ist ganz einfach: Gottes Allwissenheit betrifft nur die Vergangenheit, also alles, was nicht mehr verändert oder beeinflußt werden kann; Gottes Allmacht hingegen betrifft nur alles noch Veränderbare: die Zukunft. Gottes Allmacht wäre aber damit keine *absolute* Macht mehr (oder Allmacht erster Klasse): keine Allmacht jenseits der Zeitlichkeit als Entscheidungsvollmacht darüber, ob zum Beispiel Zeit überhaupt sein soll – oder nicht vielmehr nichts (oder etwas für Bewohner unserer logischen Welt unvorstellbar anderes). Sondern eine zwar gewaltige, aber doch *geordnete*, über Zweitursachen in der Welt wirkende Macht (oder Allmacht zweiter Klasse): eine Allmacht gebunden an den Horizont unserer Zeitwelt, und nur mehr alles in ihr Mögliche betreffend.

Unserer wissenschaftlichen Vorstellungswelt – und dann natürlich der von rationalistischen Theologen, solcher vom Schlage eines heiligen Thomas oder Gottfried Wilhelm Leibniz oder heute eben Richard Swinburne – liegt gewiß dieser zweite Gedanke näher. Gott wäre *almighty*, nicht *omnipotent*: Seine Allmacht bewegte sich innerhalb unserer logischen Welt, so daß die irreversible Struktur der Zeit keine Option ist, über die der Schöpfer noch souverän verfügen könnte, sondern der Rahmen den (gewissermaßen leeren) Möglichkeitsraum von Substanzen darstellt, von all jenen Dingen, Sachverhalten und Ereignissen, welche mögliche Objekte und Ergebnisse Seines Willens sind.

»Auch wenn es keine Substanzen gäbe« – so faßt Swinburne diese Vorstellung zusammen –, »gäbe es doch Zeit in einem minimalen Sinne, als die logische Möglichkeit der Existenz von Substanzen übrigbliebe; und die Zeit wäre damit sozusagen das logische Substrat für das Bestehen von Substanzen.« Wenn (oder insofern) Gott die raumzeitlichen Dinge und Ereignisse der Welt erschafft oder ermöglicht, wird dieser logische Zeitraum zum ereignisgeladenen Möglichkeitsraum dieser unserer Welt (und aller anderer möglicher Welten). Ob Gott darüber hinaus in einer absoluten Allmacht (erster Klasse) auch völlig zeitlose Welten erschaffen hat – so wie Er etwa die Engel als immaterielle Wesen erschuf, raum- und zeitlos als *spiritualis materia* –, oder ob der Begriff des Erschaffens (Verursachens, Ermöglichens) für zeitlose Entitäten sinnlos ist, können wir zeitgeborene Geschöpfe ohnehin nicht wissen. Nicht einmal vorstellen können wir es uns.

Aber aus seiner »Ewigkeit (schuf) Gott Neues, ohne daß neuer Wille sich in ihm regte«, sagt Augustinus *(De civitate Dei)*. Jedenfalls wollte Gott in Seiner zeitlich, kausal oder logisch unvorgänglichen Souveränität, daß es Anfänge gibt: den Anfang aller Zeiten – und die Anfänge vieler Geschichten, die nicht einfach in einen Kreislauf der Dinge zurückmünden. Und so schuf Er denn am Ende der Evolution unseres Universums auch die Menschen. (Wieso am Ende? Geht denn die natürliche, kulturelle, technologische Evolution etwa nicht weiter?)

Gott schuf die Menschen nicht nur, um die durch den Abfall Luzifers und anderer Engel freiwerdende Lücke in der Anzahl für ewig erlöster Seelen aufzufüllen. Denn nicht einmal die Heimkehr der Seelen zu Gott ist bloße Rückkehr – nur *reditus* nach dem *exitus*, nach dem Ausgang der Seelen von

Gott, nach ihrem Abfall in die Leibeswelt, nach dem Sündenfall des Menschengeschlechts in die Weltgeschichte.[8] Das gilt nach Augustinus schon für die individuelle Heilsgeschichte jeder Errettung: »wenn nämlich die Seele erlöst, und zwar zum ersten und einzigen Male erlöst wird, ohne noch einmal in das Elend zurückkehren zu müssen, geschieht ihr etwas Neues, was es noch nie zuvor gab.« Um so mehr entsteht dann unvorhersehbar Neues im *procursus*, beim Fortgang von Weltgeschichte und Heilsgeschehen – ein zwingend vorhersehbarer Fortschritt zum Guten wurde ja bisher nur von weltlichen Versionen der Heilsgeschichte reklamiert.

Darum ließ der Schöpfer in einem der von Ihm mit Willen und Wissen verantworteten Anfänge auch die Spezies des Homo sapiens entstehen: Menschen sind willensbegabte Lebewesen, die anders als die meisten anderen Tiere in der Lage sind, selbst einen Anfang zu setzen, die evolutionäre Routine, aus der sie entstanden sind, zu verändern, ihr die eine oder andere neue Richtung zu geben, diesen oder jenen neuen Akzent zu setzen, den es vorher in der Welt noch nicht gab (und mag auch der Schöpfer, wenn Er diese Welt schuf, um diese oder jene Möglichkeit schon gewußt haben). Die Wende muß keine zum Besseren sein – der *procursus* ist nicht per se Progreß. Doch »diesen Anfang zu machen, ward der Mensch erschaffen, vor dem es keinen anderen gab«. Und just darin ist er Gottes Ebenbild.

[8] Vgl. Joseph Ratzinger/Johann Baptist Metz (u.a.), *Ende der Zeit?*. Mainz: Matthias Grünewald 1999.

Christoph Türcke

Gott – inexistent, aber unabweisbar

Auch Gott hat klein angefangen – ganz wie der Mensch, der ebenfalls nicht mit einem Mal da war und eines schönen Tages gestiefelt und gespornt aus der Natur hervortrat, sondern seine eigene Geschichte zaghaft und lange Zeit kaum merklich von der Naturgeschichte abzweigte, bis er vor etwa hunderttausend Jahren allmählich das zu werden begann, was man *homo sapiens* nennt: eine Spezies mit so viel Distanz zu sich und ihrer Umgebung, daß das formende Einwirken darauf seither ihre Art ist, sich auszudrücken. Sie formt ihr eigenes Triebleben durch Rituale, Sitten und Gesetze, ihre Umwelt und ihre eigene Erscheinung durch die Produktion ihrer Lebensmittel – und arbeitet so an ihren eigenen Lebensbedingungen mit.

Seit wann sie das tut? Das wissen wir nicht genau. Manche Experten geben dem *homo sapiens* gute hunderttausend Jahre, andere achtzigtausend und weniger. Man kann sich da also leicht um einige zehntausend Jahre vertun. Und wie und warum unsere Spezies angefangen hat, wissen wir erst recht nicht. Kein Kulturanthropologe war dabei. Nur eines ist sicher: Freiwillig, aus purer Lust und Laune, fängt kein Naturwesen an, seine Triebe durch Tabus und Rituale zu reglementieren und seine Lebensmittel durch Arbeit zu beschaffen.

Es muß da ein ungeheurer Zwang am Werke gewesen sein, dem vielleicht niemals auf die Spur zu kommen wäre, hätte in der Natur nicht ein interessanter Selbstschutzreflex so weite Verbreitung: die Mimikry. Der Hase macht sich dem Erdboden gleich, in den er sich duckt, das Chamäleon nimmt die Farbe seiner Umgebung an – um von Feinden, die sie fressen wollen, nicht entdeckt zu werden. Mimikry setzt ein, wo Flucht nicht mehr hilft: in höchster Not. Da erst gelingt es manchen Nervensystemen, ihren natürlichen Fluchtimpuls auszuhängen und umzuwenden: zu einer Flucht nach vorn. Es ist ebenso pervers wie raffiniert, wenn ein Organismus sich seiner Umgebung angleicht, um sich gegen die Gefahr zu schützen, die aus eben dieser Umgebung droht, sich totstellt, um eine tödliche Bedrohung zu überleben. Dies Raffinement ist noch nichts spezifisch Menschliches, aber es setzt damit etwas ein, was im Menschen eine spezifische Ausformung bekommen hat: die Triebumwendung.

Längst nicht alle Organismen sind zu Mimikry fähig, aber alle, die es sind, wurden es nur unter größtem Druck. Die Anstrengung der Triebumwendung ist eine *ultima ratio* des Organischen. Wie nun, wenn darin die *prima ratio* des Menschen vorgebildet wäre? Mimikry ist zwar noch keine Kultur, sondern bloß ein natürlicher Reflex lernfähiger Organismen. Aber Mimikry läßt sich kultivieren – wenn eine entsprechend nervöse Konstitution dafür da ist. Und die müssen die Hominiden, aus denen der *sapiens* wurde, gehabt haben. Die ungewöhnlich große Gehirnmenge im Verhältnis zum Gesamtkörper, der Entwicklungsgrad von Greiforganen und Kehlkopf mögen diese Konstitution begünstigt oder gar ausgemacht haben. Jedenfalls müssen besagte Hominiden in spezifischer Weise Nervenbündel gewesen sein: hochgradig schreckanfällig, aber auch besonders fähig, Schrecken zu bearbeiten.

Wenn ein Organismus sich nicht nur der Umgebung angleicht, aus der ihm Schreckliches droht, sondern diese Flucht nach vorn zuspitzt, Zuflucht *vorm* Schrecklichen geradewegs *beim* Schrecklichen selbst sucht: dann beginnt die Kultivierung von Mimikry. Zunächst ganz reflexartig. Und doch muß das geeignete Nervenkostüm dafür da sein, diesen Reflex auszubilden, dessen psychologischer Name traumatischer Wiederholungszwang lautet. Freud nahm bekanntlich nur seine nervenzerrüttende Wirkung unter hochentwickelten Kulturbedingungen wahr. In *Jenseits des Lustprinzips* beschäftigt er sich mit Kriegs- und Unfallopfern, die in peinigenden Angstträumen stets aufs neue in die Situation des traumatisierenden Schreckens zurückgeführt werden. Das genügte, um zu merken: Treibende Kraft dieser Träume ist nicht die erotische Regung, die Freud bis anhin für den Motor aller menschlicher Traumarbeit gehalten hatte, sondern ein präerotischer Schreckbearbeitungsmechanismus: »ursprünglicher, elementarer, triebhafter als das von ihm zur Seite geschobene Lustprinzip«.

Aber auf die Idee, daß dieser Mechanismus zugleich der Keim einer elementaren Kulturtechnik sein könnte, kam Freud nicht. Dabei drängt sie sich auf, sobald man einen Blick in die menschliche Frühzeit wirft. Wo menschliche Kollektive angefangen haben, Spuren zu hinterlassen, da beginnen sich auch Konturen von sakralen Praktiken abzuzeichnen. Gewöhnlich sind es Grab- oder Kultstätten, an denen sich die ältesten erhaltenen Überreste von Knochen, Gebrauchsgegenständen, Arbeitsmitteln und -techniken finden, und es gibt keinen Kult, der sich, bei aller sonstiger Verschiedenheit, nicht in irgendeiner Weise um ein neuralgisches Zentrum drehte: das Opfer.

Dessen Frühformen kann man sich kaum grausig genug vorstellen. Es ist ja nicht so, daß Opferrituale als Erntedankfeste begonnen hätten, als frohe Darbringung von Wald- und Feldfrüchten, bis irgend jemand darauf verfiel, die höheren Mächte durchs Schlachten von Tieren und schließlich von Menschen geneigt zu machen. Alle archäologischen Funde, alle neurologisch-psychologischen Einsichten sprechen für den umgekehrten Verlauf: daß die Geschichte des Opfers zunächst darin bestand, von seiner schrecklichen Urform, dem Menschenopfer, loszukommen. Dessen Gewalt zittert selbst noch in den mediterranen Hochkulturen nach, die es längst überwunden haben. Das alte griechische Opfermaß *Hekatombe*, wörtlich: »hundert Rinder« – was drückt es aus, wenn nicht die Bereitschaft, die enorme Menge von hundert Stück hochwertigen Viehs hinzugeben, um nur nicht länger *ein* Stück vom Wertvollsten geben zu müssen: dem Menschenleben. Die berühmte alttestamentliche Geschichte, in der Gott von Abraham verlangt, Isaak, seinen einzigen Sohn, zu opfern, bis er im letzten Moment einzuhalten und den Sohn durch einen Widder zu ersetzen befiehlt – wofür steht sie, wenn nicht für das Abrücken dieses Gottes vom Menschenopfer, das seinen palästinensischen

Konkurrenten, den Baalen, weiterhin fleißig dargebracht wurde. Aber dasjenige, wovon man da abgerückt ist, ist noch so präsent, daß man es kaum beim Namen zu nennen wagt. Man läßt ungesagt, wofür die hundert Rinder der Ersatz sind. Man tut so, als sei das Opfer des Erstgebornen nur eine Versuchung Abrahams gewesen, aber nie Jahwes Ernst. Der Kult, der übers Menschenopfer hinaus ist, scheut sich, es als seine eigene Vorgeschichte auszusprechen.

Archaische Opfer sind, äußerlich betrachtet, ein widersinniges Wüten gegen das eigene Kollektiv. Der Clan, der seine Angehörigen um seines Fortbestandes willen dringend braucht, schlachtet dennoch einige davon hin und hält die anderen in dauernder Angst, auch sie könnten zu den »Erwählten« gehören. Auf höherer Kulturstufe ersetzt er die eigenen Angehörigen durch ein Vielfaches von Vieh, also durch das wertvollste Lebensmittel, später das Vieh durch wohlgeformtes Edelmetall, und dann erst schaut er sich nach leichter beschaffbaren und formbaren Materialien um, die auch das ersetzen könnten. Kein Wunder, wenn modernen Ökonomen wie Karl Bücher in seiner *Entstehung der Volkswirtschaft* angesichts von Fundstätten, an denen eine enorme Anhäufung von Menschen- und Tierknochen, Schmuckstücken, Waffen, Töpfen, Lebensmittelresten verriet, daß es sich um Opferstätten handelt, nur eines einfiel: Welche Verschwendung! Und deren Ausmaß bleibt tatsächlich unbegreiflich, solange man darin nicht den traumatischen Wiederholungszwang als Motor erkennt.

Was da im einzelnen traumatisierte, wissen wir nicht. Aber daß menschenähnliche Nervenbündel, die relativ wehrlos durch eine Natur schweifen, deren Gesetzmäßigkeiten ihnen noch nicht aufgegangen sind, an allen Ecken und Enden vom Schrecken überfallen werden, ist unvermeidlich. Und offenbar haben sie in ihrem verzweifelten Verlangen nach Schutz jene besondere Art von Mimikry entwickelt, die sich vor dem Schrecklichen durch seine Wiederholung zu schützen versucht. Wie kann das funktionieren? Nur wenn es jene entscheidende Differenz zwischen Schreck und Angst, die Freud annimmt, tatsächlich gibt. Schreck überfällt plötzlich; er trifft auf ein völlig unvorbereitetes Nervensystem. Angst hingegen ist Vorbereitung des Nervensystems auf den Einbruch eines Übermaßes an Reizen: »An der Angst ist etwas, was gegen den Schreck schützt.« Und Traumatisierung findet vornehmlich dort statt, wo die Angst, das heißt die Vorbereitung auf den Einbruch einer übermäßigen Reizwelle, ausgefallen ist. Bestimmte hochempfindliche Lebewesen haben darauf nun so zu reagieren gelernt, daß sie das Ausgefallene nachholen. Durch nachträgliche Angstentwicklung versuchen sie neuronale Verarbeitungsnetze zu mobilisieren, die fähig sind, das peinigende Übermaß eingebrochener Reizgewalt zu binden und abzuleiten.

Der neuronale Prozeß, der hier abläuft, läßt sich freilich auch in Erlebnisterminologie ausdrücken. Etwa so: Der Schock, auf den das Nervensystem nicht vorbereitet ist und für dessen Verarbeitung seine Kapazität nicht ausreicht, ist das schlechterdings Unfaßliche. Durch permanente Wiederholung aber wird dies Unfaßliche allmählich faßlich: verliert seine schreckliche Fremdheit, theologisch gesprochen, seine Inkommensurabilität, stößt nicht mehr bloß zu, sondern wird selbst veranstaltet, in eigene Regie genommen, ritualisiert und so allmählich ins Vertraute, Gewöhnliche, Erträgliche gezogen.

Der Wiederholungszwang im Opfer ist offensichtlich. Aber wo er die Gestalt des Opfers annimmt, ist er nicht mehr Wiederholungszwang pur. Der nämlich hat bloß zwei Elemente: den Schrecken und seine Wiederholung. Sakrales Opfer aber ist erst, wo Darbringung stattfindet, und die hat drei Elemente: den Darbringer, das Dargebrachte und jenes gewisse Etwas, dem dargebracht wird. Und wie wird aus dem Zweier- ein Dreierverhältnis? Ebensowenig freiwillig wie aus natürlicher Mimikry traumatischer Wiederholungszwang wurde. Der ist zwar Notwehr gegen den Schrecken, aber doch selbst schrecklich. Die Linderung, die er gibt, bedarf selbst dringend der Linderung, und er ist schon erträglicher, wenn er von dem Gefühl begleitet ist, daß er sein muß – zu etwas gut ist. »Wer ein Warum zu leben hat, erträgt fast jedes Wie«, heißt es bei Nietzsche. Und der pure, der grund- und zwecklose Wiederholungszwang hält es auf die Dauer nicht bei sich aus. Er bedarf eines Adressaten, eines Wozu, das ihn rechtfertigt: einer höheren Macht, die verlangt, daß er stattfindet. Und indem er sich als Darbringung an eine solche Macht auslegt, macht er einen entscheidenden Schritt über sich selbst hinaus: vom Reflex zur Reflexion, von natürlicher zu kultivierter Mimikry.

Das Sakralwerden des Wiederholungszwangs, seine Entwicklung von einem Zweier- zum Dreierverhältnis, seine Gestaltung zu festen Darbringungsritualen ist einer der charakteristischen Grundzüge im Prozeß der Menschwerdung, Menschwerdung aber untrennbar von Gottwerdung. Wie nämlich am Tag zweimal Dämmerung ist, gegen Morgen und gegen Abend, so in der Geschichte des *homo sapiens* zweimal Götterdämmerung. Geredet wird, dank Richard Wagner, immer nur von der zweiten: dem neuzeitlichen Verblassen der Götter. Aber wie soll man die zweite ohne die erste überhaupt begreifen? Was da dämmernd aufging, war natürlich noch längst nicht das, was unter wohltemperierten Kulturbedingungen Gott heißt, sondern eher das, was Rudolf Otto *Das Heilige* nannte (so der Titel seines religionspsychologischen Hauptwerks). Wo man sich unterm Heiligen eine ehrfurchtgebietende, hohe, erhabene, gar sittliche Instanz vorstellt, ist es schon in kulturelle Watte gepackt. Seine Urform, so Otto, ist der Schrecken, das *mysterium tremendum*, das bis ins Mark erschauern oder erstarren läßt. Alle sogenannte religiöse Ergriffenheit erwächst daraus, und Otto hat die Fingerspitzen für den Aufweis, wie auch in den Hochreligionen, namentlich im Alten Testament, das *tremendum* untergründig weiter rumort und noch in der mystischen Verzückung als Schauder nachzittert. Nur eines kann er sich nicht erklären: daß das Heilige nicht bei seiner schauervollen Urwirkung geblieben ist, sondern eine wundervolle Zweitwirkung entfaltet hat: als das »Sinnberückende, Hinreißende, seltsam Entzückende«, von dem die Mystiker aller Couleur sich magnetisch angezogen fühlen. Wie konnte dieser Umschwung vom *mysterium tremendum* zum *mysterium fascinans* gelingen, wenn, wie Otto meint, vom Schauervollen »kein Übergang möglich« sei »zu den Gefühlen positiver Hinkehr«?

Das Heilige erschien 1917, *Jenseits des Lustprinzips* 1920. Keines der beiden Bücher nahm Notiz vom anderen, aber jedes von beiden erhellt einen blinden Fleck im anderen. Der Mechanismus, der den Umschwung im Heiligen bewirkt, ist selbstverständlich der traumatische Wiederholungszwang. Er ist es, der den blanken Schrecken überhaupt erst zum Mysterium macht: ihn abmildert, ihm einen Hauch Vertrautheit gibt – und so, wie sachte auch immer, mit seiner Verklärung beginnt. Wo das *tremendum* im Rang eines *mysterium* daherkommt, da ist seine Kehre zum *fascinans* bereits eingeleitet. Das konnte Otto in Unkenntnis des traumatischen Wiederholungszwangs nicht merken, zumal er überdies das *tremendum* nur in mystifizierter Form wahrnehmen wollte: nicht als Schrecken pur, sondern als geheiligten, also bereits kulturell wattierten – und dann auch noch den geheiligten als den authentischen, vorkulturellen ausgab, zu dem sich jeder profane, »natürliche« bloß wie ein fernes Echo verhalten sollte. Und dennoch: Erst in dem von Otto erschlossenen religionsgeschichtlichen Kontext von Schrecken und Heiligem, von *mysterium tremendum* und *mysterium fascinans* kann offenbar werden, daß der traumatische Wiederholungszwang, der unter Hochkulturbedingungen, zur Zeit der zweiten Götterdämmerung, nur als Nervenzerrütter wahrnehmbar ist, zur Zeit der ersten Götterdämmerung fürs menschliche Nervensystem konstitutiv war – die Rolle eines Kulturstifters spielte. In der Tat ist er die triebumwendende Kraft par excellence. Und der Weg von seiner vorsakralen Zweier- zu seiner sakralen Dreierstruktur, vom Naturreflex zum geordneten Opfervollzug, ist nur die rituelle Außenseite des Erlebniswegs vom *tremendum* zum *mysterium tremendum* und damit zum *mysterium fascinans*. Das Gerinnen des Wiederholungszwangs in festen Ritualen ist zugleich das Sich-Einspielen und Festigen von neuronalen Netzen, die sich bei der Verarbeitung von schockhaft einbrechender Erregung bewährt haben: ein Prozeß, in dem sich sowohl die Sozialstruktur des Kollektivs als auch die individuelle Erkenntnisapparatur formiert.

Traumatischer Wiederholungszwang als Erkenntnisquelle? Allerdings. Zunächst einmal ist er die Urform eines spezifisch menschlichen Gedächtnisses. Die Wiederholung kommt zwar vom Schrecken nicht los, wohl aber von seinem Hier und Jetzt. Es gelingt ihr der Kunstgriff der Vergegenwärtigung. Sie läßt etwas, was nicht mehr ist, was kein Hier und Jetzt mehr hat, dennoch wiederkehren – abgelöst von seiner singulären physischen Präsenz: als deren Echo, Zitat, Abzug, Vervielfältigung, Extrakt. Was wiederkehrt, ist nicht die Sache selbst, sondern ihr »Geist«, nur daß dieser Geist noch weit davon entfernt ist, verselbständigt als Dämon, Gespenst oder Gott vorgestellt zu werden. Seine Vorstellung ist vielmehr seine Darstellung, seine *performance*. »Geist« wird im Opfervollzug, im ritualisierten kollektiven Herfallen über bestimmte Menschen und Tiere, aufgeführt. Er ist zunächst nichts von dieser Aufführung Abgelöstes, aber die Aufführung selbst ist der Beginn jenes Sich-Ablösens vom Hier und Jetzt, das Bachofen so schön die »Losmachung des Geistes von den Erscheinungen der Natur« genannt hat. Die schematisierte Vergegenwärtigung von Einzelereignissen, die bis heute die begriffliche Tätigkeit des *homo sapiens* ausmacht, hebt damit an. Abstraktes Denkvermögen beginnt als Gedenkvermögen. Nicht freiwillig, versteht sich. Nur durch Wiederholung, so sagen wir heute, prägt man sich Dinge ein. Anfangs war es gerade umgekehrt. Die zwanghafte Wiederholung eines Traumas ist doch gerade die verzweifelte Anstrengung, davon loszukommen. Menschliches Gedächtnis entstand beim Versuch, zu vergessen.

Damit nicht genug. Die Triebumwendung, die der traumatische Wiederholungszwang vollzieht, ist eine Umwertung größter Tragweite. Vom Schrecklichen loszukommen, indem man es reproduziert, statt vor ihm zu fliehen, ist eine Form, es *gut*zuheißen. Der Schrecken wird als das genommen, was von ihm errettet. Das Gegenteil seiner selbst wird in ihn hineingedeutet. Er tritt auseinander in Vorder- und Hintergrund, in »Erscheinung« und »Wesen«: in das Schreckliche, als das er wirkt, und das Rettende, das darin steckt. Ihn vergegenwärtigen heißt also nicht nur ihn von seinem singulären Hier und Jetzt ablösen, ihn vervielfältigen, schematisieren, sondern ihm zugleich seine Eindeutigkeit rauben, ihn mit einer zweiten Dimension versehen: der eines höheren, rettenden Sinns. Dessen Behauptung, die Geburtsanstrengung jeglicher Metaphysik und Theologie, ist von der Anstrengung der Triebumwendung, der Anstrengung der Menschwerdung zunächst nicht unterschieden. Und in dieser elementaren Form hat sie den unschätzbaren Vorzug, schlagartig klarzumachen, was an entwickelteren Formen undeutlich wird: wie innig die sogenannten »ersten« mit den »letzten« Dingen verbunden sind, wie sehr es bei der Triebumwendung zugleich um Rettung und Erlösung geht. Physiologie und Theologie sind darin noch ungeschieden, Gedächtnis, Gedanke, Schema, Begriff, Geist, Gott noch einerlei.

Die Theologen haben ja nicht unrecht, wenn sie sagen: Nur von Gott her kann man den Menschen verstehen, und nur in bezug auf den Menschen Gott. Nur daß dieser Gott das sublime Produkt eines traumatischen Wiederholungszwangs sein könnte, das mögen sie nicht schlucken. Sie pflegen zwar geschichtlich zu denken, aber so geschichtlich, daß sie einmal die ganze Geschichte des *homo sapiens* samt ihren dunklen Anfängen in Betracht zögen, nun auch wieder nicht. Selbst wenn man die erste Götterdämmerung, will sagen die beginnende Sakralisierung des Wiederholungszwangs, spät ansetzt, auf nicht älter als dreißigtausend Jahre, dann tauchen die Attribute, die in der westlichen beziehungsweise europäisierten Welt »Gott« ausmachen, daß er einer, ewig, allmächtig, allgütig, gerecht, Schöpfer und Erlöser der Welt sei, überhaupt erst im letzten Zehntel der Religionsgeschichte auf. Der ägyptische Echnaton, eine Art Sonnengott, erfüllte diese Bedingungen noch keineswegs – ein Mißverständnis Freuds, in seiner Verehrung den ersten Monotheismus zu sehen –, und selbst der Jahwe der israelischen Frühzeit, etwa der Wüstenwanderungen, ist zwar der eine Gott, dem ausschließliche Verehrung gebührt, aber noch längst nicht der einzige Gott, der existiert. Der wird er erst im babylonischen Exil, als jüdische Priester darauf kamen, ihm die Erschaffung von »Himmel und Erde« zuzuschreiben – just zu der Zeit übrigens, als in den griechischen Kolonien Kleinasiens kluge Köpfe begannen, die Welt auf eine *arché*, einen ersten Grund, aus dem alles hervorgegangen sei, zurückzuführen.

Geschichtlich denken kann manchmal auch rechnen heißen – etwa die zweieinhalb Jahrtausende, die der Monotheismus alt ist, gegen die zwanzig oder dreißig, vielleicht aber auch vierzig oder sechzig Jahrtausende, die der Beginn der ersten Götterdämmerung zurückliegt. Und diese Rechnung belastet die Theodizee, das heißt die Rechtfertigung Gottes angesichts des Leids in der Welt, die fast so alt wie der Monotheismus selbst und doch nie wirklich vom Fleck gekommen ist, mit einer weiteren schweren Hypothek. Wie konnte Gott das zulassen: die Zerstreuung Israels, die Zerstörung des Tempels, später die Kreuzzüge, Hexenverfolgungen, Indianervernichtung, Auschwitz? So stellt sich gewöhnlich die Theodizeefrage, auf die es, wenn man sich die Antwort »gerechte Strafe für begangene Sünden« gefälligst verkneift, nur eine Reaktion gibt: den Verweis auf den unerforschlichen Ratschluß Gottes. Dieser Gott aber nimmt sich noch weit unerforschlicher aus, wenn nicht nur das, was er alles zugelassen hat, zur Debatte steht, sondern auch noch der Weg, auf dem er ins menschliche Sensorium eingedrungen ist – sich »geoffenbart« hat. Was ist das für ein Gott, der die Menschheit erst einmal Zehntausende von Jahren über sein wahres Wesen im Dunkeln tappen läßt, Tausenden von Generationen nicht einmal die Chance gibt, ihn als das zu erkennen, was er ist, die Dimension des rettenden Sinns nur über die Darbringung grausamster Menschen- und Tieropfer eröffnet, bis er schließlich, sozusagen zu später Stunde, langsam damit herausrückt, daß er solche Opfer nicht will, weil er doch die Liebe, Güte, Rettung in Person sei? Der Monotheismus ist nur eine letzte dünne Firnisschicht auf der Gottesgeschichte, »Gott« zunächst nicht mehr als notdürftig faßlich gemachter Schrecken: in undeutlichen Spukwesen, Gespenstern, Dämonen, deren Wirkungskreis nicht größer ist als der Horizont des jeweiligen Clans, also kaum weiter reicht als bis zum nächsten Fluß, Busch oder Berg.

Ja, »Gott« hat klein angefangen; »örtliche Numina die eigentlich nichts sind als wandelnde Demonstrativ-Pronomina« (Otto), sind eine seiner Frühformen; das *Mana* der Melanesier, jene Kraft, die ein Ding, Lebewesen, Ereignis aus seiner Umgebung heraushebt und in den *tabu* genannten Zustand versetzt, ist demgegenüber schon viel zusammenfassender gedacht und sicher nicht jenes religiöse Urwort, das die Ethnologie eine Zeitlang darin zu fassen wähnte. Wer heute von »Gott« redet, den monotheistischen meint, so tut, als spräche für seine Existenz ungefähr gleich viel wie dagegen, als sei es wissenschaftlich ebenso seriös, »ihn« auszulegen wie zu bezweifeln, der setzt sich nicht nur über die Theodizeefrage hinweg, als sei sie für Menschen zwar unlösbar, in Gott aber gelöst; er ignoriert auch jenen mühsamen und grausamen Weg von der ersten Götterdämmerung bis zum Monotheismus, der immerhin an die 90 Prozent bisheriger Religionsgeschichte ausmachen dürfte. Kurzum, er redet fahrlässig daher, und es gibt immer noch ganze Fakultäten, an denen solche Fahrlässigkeit Einstellungsbedingung ist.

Die atheistische Religionskritik hat also recht? Das nun auch wieder nicht. Die Rückbesinnung auf die erste Götterdämmerung dürfte ihr kaum weniger behagen als den Theologen. Denn es ist ja nicht so, daß »Gott« *irgendein* Inhalt sei, auf den sich das menschliche Bewußtsein aus Unkenntnis in seiner Frühzeit versteift hätte und den es, »wissend« geworden, ersatzlos streichen könnte. »Gott« ist zunächst *der* Inhalt schlechthin. So gesehen hat er ganz groß angefangen: als das Ein und Alles des menschlichen Sensoriums. Um ihn konstituiert es sich. Die Triebumwendung, die es betreibt, ist Schreckumwendung, Gott aber Chiffre für den gewendeten Schrecken. In seinem Bann beginnt die Namens- und Begriffsbildung. »Wofür wir Worte haben, darüber sind wir auch schon hinaus«, heißt es bei Nietzsche. Die Schreckabwehr ist es, die zuerst und am dringlichsten die Formung von Worten fordert, das Schreckliche benennen aber ist der Versuch, es zuzudecken und vor ihm in Deckung zu gehen. Namen dürften zunächst nichts gewesen sein als zu Demonstrativpronomina ritualisierte Erregungslaute. Es sind zunächst Götternamen, und sie beginnen als Decknamen, wie Gedächtnis als Schutzmaßnahme gegen das Erinnerte. Das aber heißt: Worte, Begriffe, Gedanken entstehen nicht etwa als eine Art neutraler Behälter oder Schubladen, in denen man Dinge und Ereignisse ordnet, sondern als Schreckwender. Ihr physiologischer Impuls ist zugleich ein theologischer Impuls: der der Errettung von allem, was schreckt.

Die zweite Götterdämmerung hat gelehrt, daß wir auf einen überirdischen Erretter vom Schrecken nicht rechnen können. Aber sie hat das Kind mit dem Bade ausgeschüttet und gefolgert: Wenn es den Erretter nicht gibt, ist auch sein Gedanke nichtig – als könne man die theologischen Gedanken fein säuberlich aus dem Bewußtsein heraustrennen, ohne alle anderen anzutasten. Das aber heißt einen Schnitt durchs menschliche Sensorium machen, der dessen Arbeitsweise ganz fremd ist. Wie es keine religiösen und profanen Gefühle kennt, sondern nur stärkere und schwächere, lustvolle und peinvolle Erregungen, so kennt es auch keine abstrakte Trennung theologischer und profaner Begriffsbildung. Das Heilige selbst ist schon Produkt eines Profanisierungsimpulses: nicht mehr Schrecken pur, schlechterdings inkommensurabel, sondern schon ein ganz klein wenig seiner schrecklichen Fremdheit beraubt, ein winziges bißchen bekannt, vertraut, gewöhnlich gemacht. Die spätere Profanisierung des Heiligen setzt ausgerechnet jenen Impuls fort, dem sich das Heilige zuvor verdankte.

Kurzum, die Erregungsverarbeitung, die das menschliche Sensorium leistet, ist durch und durch theologisch infiziert – wie sehr, zeigt sich erst bei der Rückbesinnung auf die erste Götterdämmerung. Solche Rückbesinnung ist an der Zeit. Die Religionskritik muß einen zweiten Durchgang machen, weit hinein in die Frühgeschichte und Ethnologie, aber auch in die Neurophysiologie und Psychoanalyse, um nicht beim platten Atheismus stehenzubleiben, sich dann zu wundern, warum die Religion nicht aufhört, der Fundamentalismus wuchert, in den Subkulturen neue Rituale wie Pilze aus dem Boden schießen – schließlich Zweifel am eigenen Gotteszweifel zu bekommen und am Ende gar umzufallen. Dieser zweite Durchgang würde ebenso das hoch gehandelte Projekt »nachmetaphysischen Denkens« als hoffnungslos flach erweisen wie einen Stoßseufzer Nietzsches gehörig vertiefen: »Ich fürchte, wir werden Gott nicht los, weil wir noch an die Grammatik glauben...« Schon in der Grammatik steckt ja mehr als bloß ein Regelwerk:

die Intention, daß die Worte zusammenstimmen, in ihre Vielfalt Einheit, in ihre Disparatheit Sinn kommt. Sinn aber können Worte und Sätze schwerlich haben, wenn ihre Umgebung vollkommen sinnlos ist. Sprachsinn verlangt Weltsinn. Und den muß jeder schon unterstellen, der spricht; er könnte sich sonst nicht verständlich machen. Aber diese Sinnprätention lebt von etwas, was in den Worten pulsiert: von neuronaler Erregung, oder, erlebnisterminologisch ausgedrückt, von Wünschen. Worte und Begriffe sind, so lehrt uns die erste Götterdämmerung, geronnene, Freud würde sagen, »durchgebrannte« Wünsche. Der unerloschene Glutkern aber, aus dem sie stammen, ist der Wunsch, von allem Schrecken errettet zu werden. Im traumatischen Wiederholungszwang hat er seine spezifisch menschliche Wendung bekommen. Und »gewendeter Schrecken« ist eine der denkwürdigsten Koinzidenzen: sowohl die Urbedeutung von »Gott« als auch das Erfolgsprinzip des menschlichen Nervensystems.

Gott leugnen ist zwecklos, meint C. G. Jung, denn er ist einfach eine psychische Realität. Recht hat er; hätte er seinen Gott nur nicht als immer schon im Unbewußten ruhenden Archetyp konzipiert, dann sogleich zum Seelengrund promoviert und den dann nach Bedarf auch als Weltgrund auftreten lassen – eine Mogelei, die ganze Hundertschaften von Theologen inzwischen als Überlebensnische entdeckt haben. Wenn Gott unhintertreibliche psychische Realität ist, dann nur als Wunsch. Allerdings als der Wunsch schlechthin – derjenige, der, theologisch gesprochen, Erlösung will, oder physiologisch, daß Leid vergeht und Lust nicht aufhört. Und für den gilt Adornos Satz: »Der Gedanke, der den Wunsch, seinen Vater, tötet, wird von der Rache der Dummheit ereilt.«

Eckhard Nordhofen

Die Zukunft des Monotheismus

Die Entlarvungsenergie des Zeitalters konzentriert sich auf den Singular. Alle klären einander auf, daß mehr als eine Sonne sei und argumentieren einträchtig gegen Heliozentrismus, Anthropozentrismus, Eurozentrismus, gegen jedweden Zentrismus, wo immer er sich auch antreffen läßt. Das Pensum ist nicht klein, denn immer neue Zentrismen werden aufgetan und zur Entschärfung freigegeben: Logozentrismus, Androzentrismus, Phallozentrismus. Die Jagd auf den nicht vorhandenen archimedischen Punkt konturiert sich zu einer Entlarvungsfigur, die schon vor Beginn aller Argumentation mit der Zustimmung aller billig und gerecht Denkenden rechnen darf.

Auch die bekannte Klimax der »großen Kränkungen« gehört zur antizentristischen Entlarvungsrhetorik. Wie anmaßend waren doch unsere Vorfahren, die glaubten, ihr lächerlicher Planet stehe im Zentrum des Kosmos. Wie zerschmettert war Heinrich von Kleist, als er von Kant zu erfahren meinte, daß die Dinge womöglich »an sich« nicht so sind, wie sie uns scheinen, daß es keine Garantie mehr gebe für die Annahme, Denken und Sein seien wenn nicht dasselbe, so doch in einer singulär wahrheitsfähigen Korrelation aufeinander verwiesen. Darwin vertrieb seine Zeitgenossen aus dem Paradies des biblischen Schöpfungsmythos. Aus der »Krone der Schöpfung« wurde das simple Glied einer Evolutionskette. Sigmund Freud schließlich bediente sich der Rede von den »großen Kränkungen« gerne, um seinen eigenen Beitrag als letzte antizentrische Tat abzuliefern, indem er dem Bewußtsein dartat, es sei nicht Herr im eigenen Haus.

Aus dem hermeneutischen Niemandsland erheben sich die Stimmen der Philosophen, die das Verschwinden des Subjekts verkünden, und Odo Marquard singt als Modernitätstraditionalist das *Lob des Polytheismus*. Ein besonders eindrucksvolles Beispiel antizentrischer Aufklärung lieferte zuletzt noch Hans Blumenberg in *Lebenszeit und Weltzeit*. Hier liegt die große Kränkung in dem dramatischen Hiat, der zwischen der unvorstellbar großen Weltzeit und der außerordentlich vorstellbar begrenzten Lebenszeit aufklafft. Die Imagination spannt sich von Alpha bis Omega, vom Urknall bis zum Wärmetod der Welt; dagegen steht die gemessene Frist, der lächerliche Lebensrest: »Wenn's hoch kömmt achtzig Jahr'«.

Ein vordem unbeachtetes Quantum an Lebensenergie scheint sich dem Bedürfnis zu verdanken, der eigenen Endlichkeit und Singularität durch Strategien der Schadensbegrenzung entgegenzuwirken. Das weitverzweigte rühmende Gewerbe, das Lebensleistungen würdigt, Patente auf Gedanken ausstellt und das Eingehen in die Annalen, besser noch gleich in die große Geschichte betreibt, ist für Blumenberg nichts anderes als ein Kompensat von Endlichkeit. Den Maßstab liefert der Gedanke – oder ist es ein Gefühl? –, die Welt an sich und die Welt für mich möchten doch koextensiv sein. Wir erschrecken vor der Vorstellung, daß die Dinge ungerührt ihren Fortgang nehmen, wenn wir nicht morgen, so doch an irgendeinem fernen, vielleicht aber nicht allzufernen Tag in die Grube fahren. Sollen wir nachsichtig lächeln über uns, ein gestikulierendes Geschlecht von Gottesaffen und Spurenlegern, das sich statt auf den Himmel auf die Nachwelt vorbereitet? Von Tomasi di Lampedusa stammt die Formulierung, mit der er Leute beschreibt, die es darauf anlegen, »Erinnerungen zu erwerben«. Erinnerungen im eigenen Kopf und in den Köpfen der Nachkommen. Sollen wir »Ja, so sind wir wohl« seufzen über die Gebrechlichkeit der Welt im allgemeinen und die Verführbarkeit unseres Gemüts im besonderen? Oder ist die Sache ernster?

Das Aufbegehren gegen die Tatsache, daß wir nicht der *eine Gott* dieser *einen Welt* sind, kann dramatische Formen annehmen, bösartig werden, ja zum Bild des Bösen überhaupt! Hans Blumenbergs eindrucksvollstes Beispiel ist Hitler. Aus den Erinnerungen des letzten Adjutanten Hitlers, Nicolaus von Below, geht hervor, daß Hitlers Einsicht in seine dramatisch knapper werdende Ressource Lebenszeit zusammen mit dem Projekt, ein »Tausendjähriges Reich« zu gründen, den Entschluß zum Krieg erzeugte. Vor dem Ausmaß des NS-Projekts, das einmal mit der Parole »Ein Volk, ein Reich, ein Führer« begonnen hatte, dann aber zu einer mundanen Herrschaftsvision für dieses eine Herrenvolk aufgeblasen worden war, reichte das diplomatische Tempo, mit dem etwa die Annexion der Tschechoslowakei betrieben worden war, nicht aus. Der Krieg mußte als finale und singularistische Beschleunigung allem ein Ende machen. Hitler blieb nicht viel Zeit. Er mußte den wahren Weltkrieg entfachen, einen Zeitraffer, der den in Versailles schmachvoll unvollendeten ersten zu Ende bringen würde. Für Hitler war es nicht der zweite Weltkrieg, sondern der letzte, ein Endkampf bis zum Endsieg. Vieles an den letzten Äußerungen Hitlers deutet darauf hin, daß überhaupt das Bestreben, ein singuläres *Ende zu machen*, sein tiefstes Grundmotiv war. Endlösung so oder so. Wenn nicht der Endsieg, dann doch die andere Variante, der persönliche Selbstmord im Zentrum eines infernalischen Vernichtungsdramas. Möglichst viel, ja alles sollte in den Untergang mitgerissen werden: »Wir kapitulieren nicht, niemals. Wir können untergehen. Aber wir werden eine Welt mitnehmen.« Ein Volk, ein Reich, ein Führer – ein Ende. Privates Lebensende und Weltende fallen zusammen. Was für ein Singular!

Singularismus ist nicht singulär, sondern ein Krankheitsbild, dessen Symptome wiedererkannt werden können. Flavius Josephus berichtet, daß Herodes der Große den Befehl gegeben hatte, bei seinem Tod einige hundert Mitglieder vornehmer Familien gleichsam synchron umzubringen. Beispiele dieser Art entlarven den Singularismus als herostratischen Wahn und können in der Tat empfindlicher und hellsichtiger machen. Singularistische Versuchungen erkennen wir bei den notorischen Neros und Napoleons noch am ehesten. Doch finden sich die Symptome auch dort, wo die Krankheit milder verlaufen ist. Beim Hegel-Marx-Syndrom zum Beispiel.

Die Überblendung von Ich und Welt gelingt zweifellos am besten dem, der Weltgeschichte *machen* kann. Allenfalls am Sterblichkeitsproblem scheitern die Herren der Geschichte. Das weitaus zweitbeste ist dann aber, den Gang der Weltgeschichte zu verstehen, der erste zu sein, der die Rezeptur des Weltlaufs erfaßt und benannt hat. In Hegel war das Weltsubjekt erstmals zu sich selbst gekommen und hatte das Muster der Abläufe verstanden: These – Antithese – Synthese. Marx wußte es noch genauer: »Alle Geschichte ist eine Geschichte von Klassenkämpfen«. Aus der »wissenschaftlichen« Einsicht in die bisherigen Ereignisse zieht das zu sich selbst gekommene Subjekt der Geschichte dann das Recht, den Gang dieser Geschichte der eigenen Hand oder dem mächtigen Arm der Arbeiterklasse und schließlich der Partei, dem Zentralkomitee, Stalin als dem »historischen Subjekt« anzuvertrauen.

Als kleines Vorspiel zur Hegel-Marxschen Usurpation der Geschichte lesen wir Goethes Bericht von der »Kanonade von Valmy«, die der Expedition der alliierten Fürsten gegen das französische Revolutionsheer ein Ende gemacht hatte. Man steht um ein Feuer im Schlamm der Champagne. Einer hat schon so nah an den Ereignissen den Weitblick, daß er zu den Umstehenden sagen kann: »Von hier und heute geht eine neue Epoche der Weltgeschichte aus, und ihr könnt sagen: ihr seid dabeigewesen.« Die Ergänzung des Subtextes liegt auf der Hand: »Und merkt euch, wer es euch gesagt hat, es war Goethe, er war der erste!« Wem verdanken wir dieses Erstlingspatent? Goethe! Der freilich schrieb seinen berühmten Satz viele Jahre später, zu einem Zeitpunkt, als es jeder wissen konnte, was die große Revolution und die Verhinderung ihrer Verhinderung bedeutete, und wir glauben ihm aufs Wort.

Zu den zweitbesten singularistischen Strategien gehört der Zuschnitt der Geschichte, das Ausrufen von Epochenschwellen, das Ausmachen der Schlüsselereignisse. Wer es nicht zum Gott der Ereignisse bringen kann, der erobert sich hilfsweise die Definitionshoheit über der Geschichte.

Noch in einem anderen Punkt liefert Hitler das eindrucksvolle Beispiel einer singularistischen Paranoia. Es ist erstaunlich, daß der seinerseits singuläre Erforschungseifer, welcher dem Nationalsozialismus und seinem Führer zuströmt, den kryptotheologischen Hintergrund der Vorstellungswelt Hitlers nur wenig beachtet hat.[1] Alle möglichen Gründe für den Antisemitismus – ökonomische, psychologische, biographische und verirrte biologische – hat man gehört, doch das zentrale Motiv des Antisemitismus wird kaum erforscht – vielleicht sogar aus singularistischen Gründen? Seit dem Historikerstreit gilt die Singularität des größten antisemitischen Exzesses des »Holocaust« als ausgemacht. Hitlers Singularität genießt höchsten moralischen Schutz. Der Holocaust ist die Untat schlechthin, das unerklärbar Böse. Wer erklären will, steht unter dem Verdacht, die Bosheit dieses Bösen mindern, durch Vergleiche relativieren oder gar entschuldigen zu wollen. Er paktiert selbst mit dem Bösen. Wer zur Erklärung von Auschwitz etwas beitragen will, rührt an ein Tabu. Das Risiko verschärft sich noch dramatisch, wenn die Erklärung die Vermutung diskutiert, Opfer und Täter stünden in einem sin-

---

1 Als Ausnahme: Claus E. Bärsch, *Die politische Religion des Nationalsozialismus*. München: Fink 1998.

gularistischen Verstrickungszusammenhang. Dagegen gibt es ein Argument: Wer Auschwitz singularistisch sakralisiert, schwenkt ein in die Ideologie der Täter.

Was also soll das für ein Theologoumenon sein, das als eine erstrangige Quelle des Antisemitismus zu gelten hätte? Es ist der *Erwählungsneid*, der das auserwählte Volk in seiner ganzen Rivalität trifft. Erwählungsneid kann auch im gut erforschten christlichen Antisemitismus eine Rolle spielen, wenngleich er im Prinzip für den christlichen Glauben erledigt sein sollte. Das Christentum, von seiner hellenistisch-römischen Umgebung zunächst mit Recht als eine reformjüdische Sekte wahrgenommen, hat den Gedanken des Bundes oder der Erwählung aufgenommen und aus der Rivalität herausgeführt. Nicht mehr nur die Nachkommen der Bundesgenossen Gottes, also die Nachkommen Abrahams, Isaaks und Jakobs, mit denen Gott den Bund geschlossen und immer wieder erneuert hatte, sondern alle sind erwählt. Beachtenswert ist dabei, daß der »Neue Bund«, von dem vor allem bei Paulus die Rede ist, dadurch seine Qualität erhält, daß er gegen keine Philister oder Ägypter mehr gerichtet ist: Es ist ein binärer Bund und nicht mehr ein Bund im Dreieck der Rivalität.[2]

Der Heilspartikularismus Israels hat mindestens zwei Gesichter. Sie lassen sich mit einer Erinnerung an die Gründungsgeschichte des Namens »Israel« rekonstruieren. Der Titel »Gottesstreiter« läßt sich zunächst in dem Sinn verstehen, daß der Krieger meint, für Gott und mit Gott zu kämpfen. Er weiß ihn auf seiner Seite und nimmt ihn als Verbündeten in Anspruch, um gegen seine Feinde, die damit auch zu Gottesfeinden werden, hochgemut und mit dem besten aller Gewissen zu Felde zu ziehen. Gott, der Bundesgenosse, legt die Feinde als Schemel unter die Füße Israels. Die Blutspur dieser Gottesstreiter zieht sich durch die Geschichte bis in die Gegenwart. Gott, der Bundesgenosse, vollzieht selbst beim großen Exodus, dem Auszug aus Ägypten, einen grausamen Gewaltakt. Der Würgeengel tötet die Erstgeburt der Ägypter, tritt ein in jedes Haus, das nicht durch das Blut des Lammes gezeichnet war, das die Hebräer geschlachtet und dessen Blut sie an die Türpfosten gestrichen hatten.

Dieser Monotheismus steht unter dem religionskritischen Verdacht, nichts weiter als die Verlängerung der eigenen Interessen zu sein. Es gibt für den Posten des obersten Kriegsherrn keine bessere Besetzung als Gott. Gott wird usurpiert. Im *usurpatorischen* Monotheismus bringt die eigene Partei Gott in ihren Besitz und macht ihn zum unbesiegbaren Agenten der eigenen

---

2 René Girard hat in *Das Heilige und die Gewalt* (Frankfurt: Fischer 1992) auf diese Dreiecksstruktur aufmerksam gemacht, indem er vom »mimetischen Dreieck« als einer Grundstruktur sozialen Handelns ausgeht. Das Weltverhältnis des Menschen, abstrakt reduziert auf ein Subjekt-Objekt-Verhältnis, ist nicht interesselos. Das Subjekt begehrt das Objekt, oder es fürchtet sich vor ihm. Das Begehren der Menschen als Sozialwesen ist aber mimetisch. Für Kinder ist ein Spielzeug in dem Moment attraktiv, in dem das andere Kind nach ihm greift. So entsteht Rivalität. Die Theorien René Girards stellen wahrscheinlich die größte theoretische Anregung der letzten zwanzig Jahre dar und stehen noch am Anfang ihrer Bewährung.

Interessen. Der Verdacht wird stark, wo Monotheisten gegen Monotheisten antreten. Die Kreuzritter, die ein »Deus vult« auf ihre Fahnen geschrieben hatten, treffen auf die heiligen Krieger des Islam, und noch in den Kriegen dieses Jahrhunderts werden die Waffen auf allen Seiten gesegnet. Das Koppelschloß von Hitlers Wehrmacht zierte die Inschrift »Gott mit uns«.

Daß das eigene Volk der privilegierte Bundesgenosse Gottes sei, das auserwählte Volk, kann als Verlängerung eines kollektiven Egoismus, als besonders gefährliche Form der Projektion betrachtet werden. »Israel«, Gottesstreiter, läßt sich freilich auch anders lesen. In der Gründungsgeschichte, der Episode von Jakobs Kampf am Jabbok (Genesis 32, Vers 23-33), tritt Jakob an der Furt, dem Übergang über den Grenzbach, ein »Mann« entgegen, ohne daß irgendeine Spur von Motiv erkennbar wäre. Es ist ein Kampf auf Leben und Tod, aus dem Jakob nicht unversehrt hervorgeht. Er erhält einen Schlag auf die Lende und hinkt zur Erinnerung für den Rest seines Lebens. In der Endphase des Kampfes hatte er, ohne schon besiegt zu sein, die Überlegenheit des Gegners anerkannt: »Ich lasse dich nicht los, es sei denn, du segnest mich.« Dann erhält Jakob den Namen »Israel«, Gottesstreiter. Warum Gott ihm entgegengetreten ist, erfahren wir mit keinem Wort. Dieser Gott ist unkalkulierbar. Es gibt mehrere zentrale Stellen im Alten Testament, in denen Gott so unmotiviert auftritt, daß er wie ein Feind erscheint.

Nicht nur unkalkulierbar, sondern geradezu widersinnig handelt er an der zweiten Stelle, an der er dem Menschen feindlich gegenübertritt, einer weithin unbekannten und von den Exegeten als dunkel empfundenen Stelle im Buch Exodus. Die ersten drei Kapitel des Buches vom Auszug aus Ägypten handeln von der Zurichtung des Gotteswerkzeugs, mit dem der Auszug bewerkstelligt werden soll. Denn daß Mose nicht aus eigenem Genie und Auftrag das Volk in die Freiheit führt, daran liegt dem Erzähler außerordentlich viel. Daher läßt er Mose als Kind beinahe umkommen, er muß viel erleben, macht Ausflüchte, leistet Widerstand. Erst nach langem Hin und Her ist er bereit, seine Sendung zu akzeptieren, den Auftrag Gottes auszuführen. Völlig unvermittelt und dem Endzweck der Erzählung diametral entgegenwirkend heißt es in Exodus 4, 24ff.: »Unterwegs am Rastplatz trat der Herr dem Mose entgegen und wollte ihn töten. Zippora ergriff einen Feuerstein und schnitt ihrem Sohn die Vorhaut ab. Damit berührte sie die Beine des Mose und sagte: Ein Blutbräutigam bist du mir. Da ließ der Herr von ihm ab. ›Blutbräutigam‹ sagte sie damals wegen der Beschneidung.«

Gott, der Herr des Lebens, ist unkalkulierbar. Seine Gedanken sind offenbar nicht die Gedanken des Mose, und seine Wege sind offenbar nicht die Wege des Mose, obwohl Mose diesen seinen Weg auf ausdrücklichen Befehl Gottes eingeschlagen hatte. Für viele Exegeten bietet ein Widersinn, der plötzlich in einem Erzählzusammenhang auftritt, das, was man eine redaktionsgeschichtliche Versuchung nennen könnte. Widersprüche sind schließlich dazu da, beseitigt zu werden. Die Rekonstruktion der verschiedenen Autorschaften und Schichten, die Scheidung der unterschiedlichen Hände, die am biblischen Text mitgewirkt haben, hat gewiß ihre Verdienste. Am Ende steht aber, nicht wegzudiskutieren, die Verantwortung des Endredaktors.

Wie in einer Collage, die von einer letzten Instanz schließlich zu einem Gesamtbild zusammengefügt wird, erscheint nach der Komposition der einzelnen Traditionen zu einem Ganzen am Ende das, was als Text vorliegt, was vor allem in der jüdischen Tradition mit Akribie überliefert und allenfalls kommentiert, niemals aber verändert worden ist.

Der Herr fordert also am Rastplatz das Leben des Mose. Am Ende begnügt er sich mit der Vorhaut des Erstgeborenen, einem Stück des lebenerzeugenden Gliedes. Dieser Gott ist unberechenbar. In den Patriarchenerzählungen von Genesis und Exodus spielt die Genealogie eine wichtige Rolle. Das Leben der Patriarchen erscheint erst dann als sinnvoll, wenn es sich über die Nachkommenschaft ins Große und Bessere hinein verlängern kann. Die Heilsverheißungen, die dem Abraham zuteil werden, verlängern sich ins Menschheitliche: »Segnen sollen sich mit deinen Nachkommen alle Völker der Erde«. (Genesis 22, 18)

Die dritte Geschichte, in der Gott als Feind, und zwar als Feind seiner eigenen Bundesgenossen erscheint, ist dagegen außerordentlich bekannt: Abrahams Opfer oder besser »die Bindung Isaaks« im 22. Kapitel des Buches Genesis. Jürgen Ebach hat diese zentrale Stelle des Alten Testaments so exegisiert, daß alle redaktionsgeschichtlichen Ausflüchte, die auf eine Beseitigung des Widerspruchs hinauslaufen, unplausibel erscheinen. Offenbar kommt es genau auf diesen Widerspruch an. Auf ihn läuft alles zu.[3]

Viele Exegeten sind der redaktionsgeschichtlichen Versuchung erlegen und haben Genesis 22 als religionsgeschichtliches Schwellenereignis interpretiert. Dies scheint der Text zunächst auch anzubieten. Es treten nämlich in ihm zwei Gottesnamen auf, Elohim und JHWH. Bekannt ist die Unterscheidung der Autorschaft je nachdem, ob der Gottesname Elohim oder JHWH heißt. Entsprechend spricht die Literatur auch vom Elohisten und vom Jahwisten.

Nicht nur Krieger, auch Theologen können sich zu Gottesbesitzern aufschwingen, indem sie Gott umstandslos einen guten Mann sein lassen. Zweifellos ist ein Gott, der sich als Bundesgenosse anbietet, über jeden Malitätsverdacht erhaben. Er verheißt die herrlichsten Dinge, am Ende das Paradies. Abraham hatte auf diesen guten Gott gehört, aber er wird ja erst dadurch zum »Vater des Glaubens«, daß er an ihm festhält, auch wenn das, was Gott von ihm will, alles andere als gut ist. Zunächst scheint alles nach der Tauschformel »Wohlergehen gegen Wohlverhalten« zu laufen. Abraham ist gottesfürchtig und wird belohnt. Isaak wird auf wunderbare Weise von einer unfruchtbaren Mutter geboren, ist also nicht irgendein Sohn, er ist das kostbare Gefäß der Verheißung. Die Fallhöhe der Erzählung erreicht mit dem Aufstieg auf den Berg Morija ihren Gipfelpunkt. Der Dialog zwischen Isaak, der seinen Vater nach dem Lamm für das Brandopfer fragt, zielt auf Entsetzen und Kopfschütteln bei jedem Hörer oder Leser. Es ist wohlgemerkt Elohim, der mit der Forderung nach dem Opfer des Erstgeborenen eine altkanaa-

---

3 Vgl. Jürgen Ebach, *Theodizee. Fragen gegen die Antworten*. In: Friedrich Hermanni/Volker Steenblock (Hrsg.), *Philosophische Orientierung*. München: Fink 1995.

näische Tradition fortzuführen scheint, das Kinderopfer, von dem wir durch viele andere Belegstellen wissen. Der Engel des Herrn, der dem schon zum Schlachten erhobenen Arm Abrahams Einhalt gebietet, ist der Engel JHWHs und nicht der Engel Elohims. So könnte die Sache zunächst also recht einfach als religionsgeschichtliche Transformation hingebogen werden: Elohim, der durch seine grammatische Pluralform noch an polytheistische Vorstellungen erinnert, wäre der Urheber des schrecklichen Tötungsbefehls, JHWH dann derjenige, der sich als Retter erweist und am Ende Gott wieder einen guten Mann sein läßt. Somit wäre auf elegante Weise der Widersinn beseitigt, daß Gott etwas befiehlt, und dann dem Gehorsamen in den Arm fällt. Nach dieser Lesart handelte es sich um zwei Gottheiten oder um konkurrierende Gottesbilder. Elohim, ein Gott wie Moloch, dem man Kinderopfer bringt, wäre abgelöst durch JHWH, den lieben Gott.

Jürgen Ebach rettet den Widerspruch, indem er auf die entscheidenden Verse verweist, in denen der Engel JHWHs sich mit Elohim identifiziert. »Und es rief der Engel des Herrn dem Abraham zum zweiten Male vom Himmel her zu, und er sprach: ›Bei mir habe ich geschworen‹, ist JHWHs Spruch: Ja, weil du diese Sache getan und nicht vorenthalten hast, deinen Sohn, deinen einzigen, ja ich will dich segnen und will gewiß deinen Samen zahlreich machen wie die Sterne des Himmels und wie den Sand am Rande des Meeres«. (Genesis 22, 15 ff.)

Die Figuration des Abrahamsglaubens ist also diese: Er sucht die Gottesnähe und akzeptiert den göttlichen Willen. Er verwechselt nicht den göttlichen Willen mit seinem Willen. Das klaffende Auseinandertreten zwischen menschlichem und göttlichem Willen kann nicht krasser deutlich werden als in der Latenzphase der Geschichte von der Bindung Isaaks, der Phase, in der der alte Vater bereit war, das geliebte, wunderbar geschenkte Kind, auf dem alle Verheißung und Erwartung ruht, eigenhändig zu schlachten. Weiter kann ein Eigeninteresse nicht vom Gottesinteresse entfernt werden.

Statt des Erstgeborenen opfert Abraham schließlich ein männliches Lamm. Es muß aus erzähllogischen Gründen ein Widder sein. Nur ein Widderhorn kann sich im Gestrüpp verfangen. Ein einjähriges männliches Lamm werden später auch die Hebräer opfern, damit Gott nicht ihre Erstgeburt tötet. Ein solcher Abraham kann niemals ein usurpatorischer Monotheist werden. Unmißverständlich ist ihm klargemacht worden, daß auch die größte Anstrengung, den eigenen Willen mit dem göttlichen zusammenzuführen, das Rätsel nicht beseitigen kann. Der richtige »Israel« ist also der Gottesstreiter, der davor zurückschreckt, Gott zum Instrument seines eigenen Willens zu machen. Es ist Gott, der erwählt, nicht der menschliche Bundesgenosse: »Nicht ihr habt mich erwählt, sondern ich habe euch erwählt«, wird es in den Abschiedsreden Jesu bei Johannes heißen. Dieser zentrale Gedanke der jüdischen Aufklärung[4] ist, zumindest wenn wir den Abrahamssegen mit der Perspektive auf *alle Völker* betrachten, geeignet, die trianguläre Struktur

---

[4] Vgl. Eckhard Nordhofen, *Bilderverbot und jüdische Aufklärung*. In: *Zeitschrift für Didaktik der Philosophie*, Nr. 1, 1993.

der Bundestheologie zu revidieren. Wenn das Bundesangebot Gottes allen Völkern gilt, ist die Perspektive auf das Verschwinden eines usurpatorischen Monotheismus eröffnet.

Der Bund richtet sich gegen keinen Dritten. Es gibt keinen Exklusivbesitz Gottes mehr. Die Einlösung des Abrahamssegens ist religionsgeschichtlich mit der Universalisierung des Monotheismus, dem Christentum gegeben. Der Auftrag, die gute Nachricht *allen Völkern* zu predigen (Matthäus 28, 19f.), befreit den Monotheismus aus der Engführung eines Heilspartikularismus. Der Monotheismus tritt auseinander in die traditionelle ethnische Richtung, nach welcher die Heilszusage und der Bund Gottes nur dem Samen Abrahams, Isaaks und Jakobs gilt, und in einen universalistischen Monotheismus, der nach der Logik verfährt: Wenn es einen Gott gibt, dann muß dieser Gott auch für alle Menschen da sein. Übrigens gilt der genealogische Ethnozentrismus im Judentum keineswegs im strengen Sinn. Ein Proselytentum, der Beitritt zum erwählten Volk, ist durchaus möglich. Er ist aber an Bedingungen geknüpft, die eine hohe Hürde darstellen: Beschneidung, Beobachtung der Speisegebote etc. Und es steht fest, daß das Judentum keine missionarische Religion ist.

Manche Christen mögen das Beharren der Juden auf dem ethnischen Prinzip als Bestreitung ihrer eigenen Erwählung und Gotteskindschaft gedeutet haben und von daher in den Rivalitätszustand zurückgefallen sein, den das Christentum andererseits aber hinter sich zu lassen die Möglichkeit bot. Indem aber das Christentum aus der triangulären Bundestheologie eine binäre und rivalitätslose Erwählungstheologie für alle machte, bestand die prinzipielle Möglichkeit, auch den Erwählungsneid, das Grundmotiv des Antisemitismus, hinter sich lassen. Wer sich als Christ erwählt weiß, kann diese Erwählung nicht wie einen eifersüchtigen Besitz festhalten wollen. Er ist sogar beauftragt, die Erwählungsbotschaft an alles weiterzugeben, was Menschenantlitz trägt.

Manchem Juden mag die Universalisierung des Monotheismus wie eine feindliche Übernahme durch die Nichterwählten erschienen sein. Hier entsteht eine Rivalität wie die um den Spitzenposten des Lieblingskindes, ein Neid wie ihn schon die Brüder Josephs verspürt hatten, dem der Vater Jakob einen bunten Rock geschenkt hatte. Wo Erwählung kein knappes Gut mehr ist und einer psychologischen Inflationierung unterliegt, ändert sich ihr Begriff. Es ist der Blick auf den Anderen, der sich ändert. Dieser ist kein potentieller Rivale mehr, sondern ein Kind Gottes wie ich. Auch das Gebot der Nächstenliebe findet sich freilich schon im Alten Testament. Statt im Girardschen Dreieck der Rivalität findet sich der universale Monotheist in einem neuen Dreieck der Akzeptanz.

Nimmt man den Erwählungsneid als Quelle des Antisemitismus, beantwortet sich auch die Frage, warum überall, wo Juden lebten, sie antisemitischem Haß ausgesetzt waren. Antisemitismus gehört also keineswegs konstitutiv zur christlichen Theologie, auch wenn das fatale Wort »Da rief das ganze Volk: Sein Blut komme über uns und unsere Kinder« (Matthäus 27, 25) immer wieder einmal als direkter Mordbefehl verstanden wurde. Schon der einfache christliche Auferstehungsglaube, in dem die Kreuzigung Jesu aus der tiefsten Niederlage des Todes in die Perspektive eines Sieges über den Tod umspringt, läßt alles, was zum Tod Jesu führte, als Heilsgeschehen in einem anderen Licht erscheinen. Der fromme Christ identifiziert sich selbst sogar mit den Henkersknechten. In einem Kirchenlied heißt es: »Was ist die Ursach aller solcher Plagen? Herr meine Sünden haben dich geschlagen.«

Hitler war kein Christ. Er lehnte zentrale Gedanken des Christentums ab. Seine trivialisierte Nietzscherezeption, vermengt mit einem ebenso schlichten Darwinismus, ließ ihn gegen das Christentum polemisieren. Hitler revidierte das Christentum. Die Religion der Nächstenliebe wollte aus seiner Sicht die Starken daran hindern, von ihrer Stärke Gebrauch zu machen und damit das Darwinsche Naturgesetz vom »Kampf ums Dasein« umgehen. Die Predigt der Nächstenliebe war für ihn nichts weiter als die List von schlauen Schwachen, die sich dem Grundgesetz der Evolution in den Weg stellten. Die Ablehnung des Auferstehungsglaubens und der Forderung nach Nächstenliebe hinderte ihn aber keineswegs daran, sich aus der Tradition eines usurpatorischen Monotheismus zu bedienen. Immer wieder sprach er von der »Vorsehung«, als deren messianisches Werkzeug er sich mehr und mehr berufen glaubte. Auch die Rede vom »tausendjährigen Reich« stammt aus dem Bildervorrat der johanneischen Apokalypse (20, 5). Die providentiell gesteigerte Selbstermächtigung Hitlers zum messianischen Gründer eines tausendjährigen Reiches, zuzüglich seiner spiegelverstärkten Identifikation mit dem deutschen Volk – »Ein Volk, ein Reich, ein Führer!« – fiel zurück in eine gleichsam vorchristlich trianguläre Rivalität der Ethnozentrismen. Wenn das deutsche Volk von der Vorsehung zur Weltherrschaft oder doch zur Entfaltung eines gewaltigen tausendjährigen Imperiums bestimmt war, dann gab es ein Problem: Das auserwählte Volk existierte ja schon. Ein darwinistisch inspirierter »Kampf ums Dasein« mußte klären, welches Volk das stärkere ist. Der Erwählungsneid als Grundmotiv des Antisemitismus sorgte auch dafür, daß die Rivalität parallel ausphantasiert wurde. Weltherrschaft, das war die holistische Vision für Hitler und die Seinen. Darin bestand ihre providentielle Bestimmung, dazu glaubten sie sich erwählt. Es war nur konsequent, dem Erwählungsrivalen exakt dasselbe zu unterstellen. Hier ist der Ort aller NS-Spekulationen und Verschwörungstheorien im Sinne der »Weisen vom Zion«, also der Unterstellung, es gebe eine auf Weltherrschaft zielende Verschwörung des »Weltjudentums«. Somit folgte Hitler einer sinistren Logik, wenn er auf der Wannsee-Konferenz das erste Volk der Erwählung auszurotten beschließen ließ. Der Rückfall in einen usurpatorischen Monotheismus erzwang eine »Endlösung«.[5]

[5] Die Theorien René Girards, denen zufolge am Beginn der Staatenbildung ein Gründungsmord steht, entfalten im Falle der Hitlerschen »Endlösung« eine hohe Erklärungskraft. Staatenbildung dient nach Girard der Beherrschung der unkontrolliert lauernden Gewalt. Die Gewalt, das Böse, war durch mimetische Rivalität entstanden. Die Mimesis des Begehrens führt zu Rivalität und Kampf. Dieser Zustand ist unerträglich und muß beseitigt werden. Indem die Gewalt sich in einem Sündenbock lokalisiert, läßt sie sich – natürlich zum

Am Beispiel Hitlers und seiner »Endlösung« läßt sich also sehr gut die finstere Seite des Monotheismus studieren. Hitler stellt, indem er sich ständig auf die göttliche Vorsehung beruft, das weltgeschichtlich krasseste Beispiel eines usurpatorischen Monotheismus dar. Die Vorsehung ist nicht über ihm, sondern er benutzt diese theologische Providenz als Ermächtigungsvariable. Er war der schlimmste Usurpator, aber nicht der erste. Er setzte in gewisser Weise die Tradition des Gottesgnadentums fort. Nach der offiziellen Dogmatik stand natürlich Gott auch über dem Mächtigsten aller absoluten Fürsten seiner Zeit, über Ludwig XIV. In diesem Fall ist die Ikonologie, nach welcher dieser Fürst »Le Roi Soleil«, die singuläre Sonne ist, ehrlicher und klarer als die doktrinale Theologie. Das »Wir von Gottes Gnaden« ist unübersehbar eine Ermächtigungsformel für den absoluten Herrscher. Er ist absolut, das heißt losgelöst von allen Bindungen, sein Wille ist maßgeblich, und ein Vaterunser, in dem es heißt »Dein Wille geschehe«, wird von ihm innerlich kaum je nachvollzogen worden sein. Im usurpatorischen Monotheismus wird Gott zum Instrument des scheinbar Frommen, der sich aber selbst zum Subjekt des Verfahrens gemacht hat und damit sein eigener Gott ist.

Im Kulturvergleich und religionsgeschichtlich ist das Amalgam von Religion und Herrschaft nicht die Ausnahme, sondern die Regel. Kaum je einmal ließ sich ein Mächtiger die Möglichkeit entgehen, seine Macht religiös zu verstärken. In nahezu allen der alten Hochkulturen von Mesopotamien bis zum Reich der Maya und Inka treffen wir Gott- oder Priesterkönige. Im Reich der Mitte regierte der »Sohn des Himmels«, und Japans Tenno ist ein Nachfahre der göttlichen Sonne. Die Pharaonen der Ägypter waren göttlicher Abkunft und oberste Priester, nicht viel anders die römischen Kaiser. Die Idee des Gottesbundes, ob nun als Projektionsprodukt der Herrschenden entlarvt oder fromm geglaubt, ist keine monotheistische Erfindung. Sie gilt für Monotheisten und Polytheisten gleichermaßen. Sie ist älter als der Monotheismus. Odysseus steht mit Athene im Bund, Poseidon und Aphrodite mit den Trojanern. Das usurpatorische Interesse an der Instrumentalisierung der Gottheit hat es im Polytheismus allerdings wesentlich leichter. Jedem menschlichen Interesse entspricht eine himmlische Adresse. Wer krank ist, weiß, was er zu tun hat, er muß dem Asklepios opfern. Wer um Fruchtbarkeit betet, wendet sich an Gaia, der Jäger an Artemis. Es entspricht einem tiefsitzenden Tauschprinzip, das im Verkehr der Menschen untereinander als Grundregel sozialen Verkehrs wirkt. Nicht nur Waren werden äquivalent getauscht, sondern auch Sym- und Antipathien. Wer grüßt, kann einen Gegengruß erwarten. Entsprechend unterliegt die Wechselwirtschaft mit den Göttern ebenfalls dem Grundgesetz eines symbolischen Tauschverkehrs.

Das Opfer ist die Gabe, mit der der Fromme um Wohltaten oder minde-

---

Schein und nur symbolisch – durch die Tötung des Sündenbocks, der alle Übel in sich vereinigt, beseitigen. Die Aggression aller richtet sich auf das Opfer, und in der gemeinschaftlichen Aggression der Opferung konstituiert sich die Gemeinschaft. Vgl. René Girard, *Der Sündenbock*. Zürich: Benziger 1998.

stens um Verschonung von Unglück bittet. Auf diese Weise werden die Götter zum Instrument, mit dem der Mensch seine Zwecke verfolgt und seine Interessen bedient. Daß Opfer manchmal vergeblich sind, damit findet der Fromme sich notfalls ab, dann muß er den Wert der Opfergabe steigern, im Extremfall bis zum Wertvollsten, was er hergeben kann, das eigene Kind, den eigenen Erstgeborenen. Zwar ist mit der Zurückdrängung beziehungsweise Überformung des antiken Polytheismus die exzessive Wechselwirtschaft mit dem Himmel zum Erliegen gekommen, aber wo der Monotheismus Gott zum Instrument der eigenen Interessen gemacht hat – und die Beispiele dafür sind im Judentum und Christentum reichlich vorhanden –, unterscheidet er sich von seinem heidnischen Hintergrund nicht wesentlich. Der usurpatorische Monotheismus stellt also religionsgeschichtlich nicht eigentlich eine Neuerung dar. Er ist bei Lichte besehen ein heidnischer Rest.

Die jüdische Aufklärung dagegen zielt auf einen wirklichen Bruch. Als jüdische Aufklärung kann ein Denken bezeichnet werden, das in einem Prozeß, der sich über mehrere hundert Jahre hingezogen haben dürfte, einen Gottesbegriff entwickelt, der sich der Instrumentalisierbarkeit prinzipiell entzieht. Hier entsteht eine wirklich neue, eine wirklich andere Religion. Sie ist aus der Kritik an der bevölkerten Himmelswelt beeinflußbarer Gottheiten entstanden, eine Religion, *die aus der Religionskritik kommt.* Der Grundgedanke der jüdischen Aufklärung läßt sich in dem Satz zusammenfassen: Ein selbstgemachter Gott ist kein Gott. Wie ein roter Faden zieht sich durch die Schriften der jüdischen Bibel die Kritik an selbstgemachten Göttern oder Götzen. Der konstitutive Zusammenhang von menschlichem Interesse und Gottesproduktion wird durchschaut und lächerlich gemacht. (Deutero)Jesaja gießt seinen beißenden Spott über den Mann aus, der sich aus der einen Hälfte des Baumstamms ein Feuer macht und aus der anderen einen Götzen schnitzt. Ähnlich das Buch der Weisheit und viele andere Schriften des Alten Testaments. Auch die vorsokratische Aufklärung (Xenophanes) durchschaut die Projektionsmechanismen: »Die Äthiopier behaupten, ihre Götter seien stumpfnasig und schwarz, die Thraker, blauäugig und blond ... Wenn aber die Rinder und Pferde und Löwen Hände hätten und mit diesen Händen malen könnten, und Bildwerke schaffen wie Menschen, so würden die Pferde die Götter malen und abbilden in der Gestalt von Pferden, die Rinder in der von Rindern, und sie würden sich Statuen meißeln, ihrer eigenen Gestalt entsprechend.«

Deutlicher noch als in der Kritik der griechischen Philosophen, bei denen die Gelehrten sich streiten, ob die Entdeckung des Projektionsmechanismus auf die Abschaffung oder die Transformation der Religion zielt, mündet die jüdische Aufklärung in neue, anders geartete Frömmigkeit. Wenn Israel weiterhin opfert, so doch nur, um dem, der ganz anders ist als die selbstgemachten Götter, die Ehre zu geben, ihm Dank abzustatten und seine Gesetze zu befolgen. Die Opferkritik der Propheten ist massiv, und schließlich wird in späterer Zeit – das Buch Jesus Sirach wird um etwa 130 vor Christus datiert – das Wohlverhalten dem Tauschopfer vorgeordnet. »Ein Brandopfer von unrechtem Gut ist eine befleckte Gabe, Opfer der Bösen gefallen Gott nicht.« (34, 21) Oder: »Speiseopfer bringt dar, wer Liebe erweist; Dankopfer spendet, wer Almosen gibt« (35, 3f.). Opfergaben müssen Ausdruck von Wohlverhalten sein. Sie sind Zeichen ohne Tauschwert. Gott ist nicht konditionierbar: »Versuche nicht, ihn zu bestechen, denn er nimmt nichts an.« (35, 14)

Das eigentlich Neue am Monotheismus der jüdischen Aufklärung ist sein *privativer* Charakter. Die Durchmusterung der entscheidenden Offenbarungserzählungen ergibt regelmäßig, daß der, der sich offenbart, ein verborgener Gott, ein Deus absconditus, ist. Wenn von seiner Anwesenheit die Rede ist, dann ist diese Präsenz eine, die sich verhüllt. Dabei gehen die biblischen Erzähler oft an die Grenze des erzähllogisch Möglichen. Der Widerspruch wird bewußt inszeniert und installiert, das ist das Prinzip der Wunder- und Offenbarungsgeschichten. So etwa bei der bekanntesten, der Berufungsgeschichte des Mose. Plötzlich steht er vor einem Dornbusch, der brennt und nicht verbrennt. Im Verbrennen, der rasantesten Transformation von Materie in Energie in der Welt eines Hirten, wird die Zeit sinnenfällig. Solche Transformationsprozesse sind irreversibel wie der Zeitpfeil, der keine Umkehrung kennt. So hebt der Verstoß gegen den zweiten Hauptsatz der Thermodynamik die Koordinate der Zeit auf, die für Kant eine reine Anschauungsform unserer Wirklichkeit ist. In derselben Szene am Sinai (Exodus 3, 2ff.) muß Mose seine Schuhe ausziehen, »denn der Ort, wo du stehst, ist heiliger Boden«. Die Zeichen der Heiligkeit sind Zeichen der Ausgrenzung. Sie entziehen dem Boden der Tatsachen sein absolutes Recht und konstituieren eine Ästhetik der Andersheit.

Die Dialektik und Widersprüchlichkeit der Offenbarung im Modus der Bestreitung nimmt oft kuriose Züge an. In Exodus 33 äußert Mose den Wunsch, die Herrlichkeit Gottes zu sehen. »Wenn meine Herrlichkeit vorüberzieht, stelle ich dich in den Felsspalt und halte meine Hand über dich bis ich vorüber bin. Dann ziehe ich meine Hand zurück und du wirst meinen Rücken sehen. Mein Angesicht aber kann niemand sehen.« Dieser Gott offenbart sich, indem er vorführt, wie er sich entzieht. Gott ist, wie er im zweiten der Zehn Gebote, dem Bilderverbot, einschärft, nicht darstellbar, aber er ist auch nicht sagbar im emphatischen Sinn. Der installierte Widerspruch in der Geschichte vom brennenden Dornbusch leitet die zentrale Offenbarungsgeschichte, die des »Gottesnamens«, ein. Namen haben Dinge in der Welt und Menschen. Namen dienen der Identifizierung, machen kenntlich und fungibel. Der Gott, der aus der Kritik an den selbstgemachten Göttern stammt, aber hat keinen Namen wie diese. Hätte er einen, könnte er mit ihnen in eine Reihe gestellt oder gar mit ihnen verwechselt werden. Alle Dinge in der Welt haben Namen, doch Gott ist kein Ding in der Welt, er ist vorweltlich, er ist der Schöpfer der Welt und somit auch in der Welt. Wie soll man von einem solchen Gott reden?

Mose hat von der Stimme aus dem Dornbusch des Widerspruchs den Auftrag erhalten, die Israeliten in die Freiheit zu führen. Wie soll er seinen Auftraggeber bezeichnen? »Da werden sie mich fragen: Wie heißt er? Was soll ist ihnen darauf sagen? Da antwortete Gott dem Mose: Ich bin der ›Ich bin da‹.« (Exodus 3, 13f.) Die bestimmungslose, pure Anwesenheit ist die letzte Stufe vor dem Nichts. Die affirmative Theologie hat, ohne schon immer usurpatorisch zu werden, die Zusage der Anwesenheit gerne bundestheologisch gedeutet: »Habt keine Angst, ich bin bei euch und werde immer bei euch bleiben«. Das muß nicht falsch sein, kann aber dazu verführen, das Element von Bestreitung zu übersehen, das in der Antwort an Mose zweifellos enthalten ist. Mose will einen Namen wissen, statt dessen hört er ein Hapax, eine Singularität. Der von sich sagt »Ich bin da«, macht damit die sprachlogisch allgemeinste denkbare Aussage, ein ontologisches X ohne jede weitere identifizierende Bestimmung. Der Neuplatoniker Porphyrius, gestorben um 305 in Rom, ist für seine »Definitionsbäume« bekannt geworden. Schon Sokrates und Platon war es ja um Definitionen gegangen, und der Neuplatonismus führt vor, wie durch *privative Negationen* vom Besonderen zum Allgemeinen vor- beziehungsweise zurückgeschritten werden kann. Eine privative Negation ist eine solche, die von einer Bezeichnung eine Bestimmung wegnimmt. Sie ist streng zu unterscheiden von einer Negation, die ablehnt. In der äußersten Armut an Bestimmungen kann der »Ich bin da« emphatisch geliebt und bejaht werden. Wer von negativer Theologie redet, meint meist die privative Negation, riskiert aber Mißverständnisse.[6] Daher ist die Rede von privativer Theologie dem herkömmlichen Sprachgebrauch, wo von der *theologia negativa* die Rede ist, vorzuziehen.

Die präziseste Bezeichnung einer Sache oder Person ist zweifellos der Name, ein »dieses da«, auf das mit dem Finger gezeigt werden kann. Wird von einem Namen eine Bestimmung weggenommen *(privatio),* landen wir in einer höheren Allgemeinheitsklasse. Was nicht Sokrates ist, ist vielleicht ein Athener, was kein Athener ist, ist vielleicht ein Mann, wenn kein Mann, so doch vielleicht ein Mensch, ein Lebewesen, ein Stück Materie usw. Die sprachlogische Skala spannt sich vom Eigennamen über eine Skala abnehmender Bestimmtheit bis zum puren X der Anwesenheit. Dieses reine X der Anwesenheit wird aber in Exodus 3, 15 als »Name« ausgerufen: »Das ist mein Name für immer und so wird man mich nennen in allen Generationen.« Das sprachlogische Gegenteil eines Namens wird somit zum Namen. Ein solcher »Name«, der seiner Bedeutung nach nirgendwo nicht ist, ist eine Singularität. Er hat den größten denkbaren Begriffsumfang und den kleinsten denkbaren Begriffsinhalt. Er bildet auch eine eigene ontologische Klasse. Innerhalb der Realität, in der die Dinge ihren Namen haben, kann er nicht benannt werden. Er ist ein Etwas, das die Realitäten umgreift und ihnen vorausgeht. Das hat zur Konsequenz, daß für ihn auch ein semantischer Sonderweg beschritten werden muß. Das Tetragramm JHWH kommt einem Bilderverbot für den Namen gleich. Dieses Bilderverbot für den Namen ist das Seitenstück für das Bilderverbot für das Kultbild, wie es in der Geschichte vom goldenen Kalb konstituiert wird.

---

6 Neben der privativen gibt es noch mehrere andere Formen der Negation, zum Beispiel die limitative. Eine limitative Negation Gottes wäre gleichbedeutend mit der Behauptung der Nichtexistenz.

Der privative Monotheismus begründet ein Bestreitungsdenken, das sich in vielen Lebensbereichen manifestiert hat. Hierher gehört zum Beispiel das Zeichen des Sabbats. So wie aus dem normalen Boden der Tatsachen am Sinai ein heiliger Boden herausgesprengt wird, auf dem Mose seine Schuhe ausziehen muß, so wird aus dem Kontinuum der Tage ein heiliger Tag herausgesprengt. Ein Tag, der den Index »anders« trägt. Seine Alterität wird privativ markiert. Normalität wird weggenommen. »An ihm darfst du keine Arbeit tun. Du, dein Sohn und deine Tochter, dein Sklave und deine Sklavin, dein Rind, dein Esel und dein ganzes Vieh und der Fremde, der in deinen Stadtbereichen Wohnrecht hat. Dein Sklave und deine Sklavin sollen sich ausruhen wie du.« (Deuteronomium 5, 14)

Arbeit heißt Zwecke verfolgen. Während die Götter des Polytheismus allesamt Verlängerungen menschlicher Interessen und Zwecke sind, ist der Tag des anderen Gottes ein Tag ohne Zwecke. Zweifellos hat der Sabbat – später der Sonntag – als arbeitsfreier Tag sich als außerordentlich nützlich für die Rhythmisierung des Lebens erwiesen. Er dient der Wiederherstellung der Arbeitskraft, er ist ein Reflexionsraum für einen Alltag, dessen Probleme, sieht man sie erst einmal vom Abstand her, lösbarer werden. Diese sekundären Funktionalisierungen verkennen aber den ursprünglichen privativen Sinn, der in der Bestreitung der finalen Sinnhaftigkeit der menschlichen Arbeit steckt. Der Tag des Herrn ist der Tag, an dem der Mensch auf die normale selbstfabrizierte Sinngebung verzichtet. Der Sabbat ist die Installation von Offenheit. Von der Paradiesgeschichte bis zur Apokalypse des Neuen Testaments predigt der privative Monotheismus den Verzicht auf absoluten Sinnbesitz. Den menschlichen Machbarkeits- und Allmachtsphantasien wird etwas weggenommen. Die letzten Dinge, die Eschata, gehören nicht dem Menschen, sie gehören Gott. »Ich bin da« ist der Name dafür, daß dem Menschen die letzten Dinge nicht gehören. In ihm spricht sich der »eschatologische Vorbehalt« aus.

Die kulturellen Folgen dieses privativen Monotheismus können kaum überschätzt werden. Daß da eine singuläre Realität ist, deren Name das polare Gegenteil eines normalen Namens ist, hat Konsequenzen für seine Kalkulierbarkeit, Verstehbarkeit und Instrumentalisierbarkeit. Homers Welt der vielen Götter ist weitaus befriedigender erklärt als eine monotheistische. Gut und böse kann Homer problemlos auf ihre jeweiligen göttlichen Urheber zurückführen. Stößt Odysseus ein Unglück zu, war meist Poseidon der Urheber, überirdische Hilfe wird ihm von Athene zuteil. In diesem Sinn ist die polytheistische Welt kosmisch, das heißt wohlgeordnet. Sie kann mit der Befriedigung betrachtet werden, mit der wir eine Rechenaufgabe betrachten, die am Ende aufgeht.

Der Monotheismus dagegen ist unbefriedigend und ungesättigt, er ist privativ. Das literarisch eindrucksvollste Buch der Bibel ist die Geschichte von Ijob dem Gerechten. Auch sie installiert ein Bilderverbot, genauer ein Gottesbilderverbot. So wie die Kinder Israels am Fuße des Horeb aus ihren Schmuckstücken ein Kalb verfertigten, um den Gott in ihrer Mitte zu besitzen, so haben die Freunde Ijobs sich einen Gott gemacht. Gott ist für sie gleichbedeutend mit der Idee »Wohlverhalten gegen Wohlergehen«, eine Art moralischer Weltformel. Sie sind empört, daß Ijob auf seiner Gerechtigkeit besteht, obwohl er ins Elend geraten ist. Wieder bekommt das Gesicht Gottes feindliche Züge. Ijob klagt: »Warum verbirgst du dein Angesicht und siehst mich an als deinen Feind?« (13, 24) »Seine Pfeile umschwirren mich, schonungslos durchbohrt er mir die Nieren, schüttet meine Galle zur Erde. Bresche über Bresche bricht er mir, stürmt wie ein Krieger gegen mich an«. (15, 13f.)

Das Buch Ijob ist wahrscheinlich der poetisch stärkste Text des privativen Monotheismus. In ihm wird die Explosion des Gotteskalküls in panoramatischer Dehnung von allen Seiten besichtigt. Es ist ein religionskritisches Buch, denn wieder sind es die »Frommen«, die Freunde Ijobs, die sich, indem sie Gott zu einer moralischen Funktion machen, selbst zu Gottesbesitzern gemacht haben. Und wieder wird das Rätsel installiert. Leibniz wird es das Theodizeeproblem nennen: Wie kann ein Allmächtiger und Allgütiger zulassen, daß der Gerechte leidet? Diese Frage ist äußerst realistisch, denn sie deckt sich mit der Erfahrung nahezu aller Menschen. Ijob wird – wie allen Menschen – die Antwort verweigert. Diese Verweigerung ist die Botschaft der Lehrerzählung. Dieser Monotheismus ist die Religion der nicht aufgehenden Rechnungen.[7]

Wenn wir nach der Zukunft des Monotheismus fragen, hängt alles von der Frage ab, ob eine Trennung des privativen vom usurpatorischen Monotheismus möglich ist. Es ist die Frage, ob das Projekt des Monotheismus überhaupt zu Ende gebracht werden kann. Wenn es richtig ist, daß der usurpatorische Monotheismus den religionskritischen Kerngedanken »Ein selbstgemachter Gott ist kein Gott« umdreht, indem er Gott funktionalisiert, dann handelt es sich bei ihm um einen verborgenen heidnischen Rest, also nicht wirklich um jüdische Aufklärung, nicht wirklich um Monotheismus.

Um so dringlicher die Frage: Kann es einen rein privativen, von allen Erdenresten der Usurpation gereinigten Monotheismus geben? Da ist zunächst eine religionsgeschichtliche Klarstellung fällig. Eine Zuordnung des usurpatorischen Monotheismus zum Judentum und eines privativen zum Christentum trifft nicht die Tatbestände. Sie wäre blanker Antisemitismus. Das Alte Testament dokumentiert uns den Prozeß, wie sich in den Verhältnissen einer polytheistischen und henotheistischen Religionspraxis, einer Wechselwirtschaft mit vielen Göttern, dann mit nur einer Gottheit, immer mehr privative Überzeugungen herausbilden. Und es steht fest, den privativen Monotheismus verdankt die Menschheit Israel – Usurpation von Religion gibt es überall. Auch ist die Konkurrenz von usurpatorischem und privativem Monotheismus mit seiner Universalisierung im Christentum nicht zu Ende. Derzeit hat sich sogar in einer postchristlichen Stimmung des intellektuellen

---

7 Zur aktuellen Diskussion um das Theodizeeproblem vgl. die von Willi Oelmüller herausgegebenen Bände *Theodizee – Gott vor Gericht?* (1990) und *Worüber man nicht schweigen kann* (1992), beide bei Fink in München.

Juste-milieu und seiner Neigung, zu animistischen und frei umherspielenden bunten Spiritualitäten zurückzukehren, die Gewohnheit herausgebildet, die Geschichte des Christentums als usurpatorische Skandalgeschichte zu schreiben und zu lesen. Die Reduzierung der Geschichte des Christentums auf die seiner Missetaten wird verstärkt durch die Christen selber, die sich angewöhnen, Schuldbekenntnisse abzulegen für Untaten, die nicht sie, sondern ihre Vorfahren begangen haben. Das ändert nichts daran, daß es diese Untaten gegeben hat und gibt.

Wer ohne Ressentiment sich selbst und damit auch seine geistigen Abkünftigkeiten inspiziert, wird sich davor hüten, in Gegenwartschauvinismus zu verfallen, aber er wird auch ohne Distanzierungen nicht auskommen. Die größten Greuel sind oft von Gottesstreitern und mit einem entsetzlich guten Gewissen begangen worden. Dennoch gilt, daß es immer auch in prägendem und kulturbildendem Ausmaß die gelebte Nächstenliebe gegeben hat, die kaum chronikfähig ist, und den zivilisierenden Rahmen der christlichen Orthopraxie als Lebensform. Wir sitzen nicht auf dem Richterstuhl der Geschichte, deswegen brauchen wir keine Bilanz. Dennoch fällt auf, daß seit der neuzeitlichen Aufklärung die Geschichte des Christentums sich so liest, als wäre sie nach dem rhetorischen Muster der großen Kränkungen geschrieben. Die historisch-kritische Erforschung der Bibel und ihrer Umwelt, die historistische Distanzierung und Relativierung des »Monomythos« und seine Auflösung in »Polymythie« (Marquard) bedrohen den Wahrheitsanspruch, der in der Behauptung erhoben wird, Jesus sei der Christus, eine heilsgeschichtliche Singularität. Einen und nur einen Wahrheitsanspruch zu erheben ist für den antizentrischen Hauptstrom des Denkens die Ursünde schlechthin, einzig die Bestreitung von Singularität scheint erlaubt: eine Meta-Singularität.

Wahrheitsansprüche pflegen in Herrschaftsansprüchen zu münden und damit in Usurpation. Der privative Monotheismus will aber nicht herrschen, sondern Herrschaft wegnehmen, Gewalt begrenzen. Im Kulturvergleich fällt auf, daß es die jüdisch-christliche Tradition gewesen ist, in der die monistische Herrschaft aus dem Amalgam von Religion und Staat nach dem theokratischen Muster aus der Selbstverständlichkeit heraustrat. In den politischen Folgen zeigte der Monotheismus seine privative Seite unübersehbar. Der faktisch Herrschende ist nicht mehr der Höchste. Seine Karriere schließt den Gottesposten nicht mehr ein. Gott ist Gott, nicht der König. Über diesem ist der Himmel des Kontrafaktischen aufgerissen. Der Herrscher muß seine Herrschaft eschatologisch teilen. Die These hat viel für sich, daß die eschatologische Gewaltenteilung das Urbild aller Gewaltenteilung ist. Nur so kann der Prophet Natan vor David treten, der gesündigt hat, und ihm »die Leviten lesen«. Die jüdische Aufklärung bildet im Prophetentum gleichsam als zweite Gewalt eine Gegenkraft gegen das Königtum aus. Amos und Hosea wenden sich gegen den Herrschenden, Jona gegen die ganze Stadt Ninive und ihre herrschenden Verhältnisse. Jesus steht vor Pilatus, der ihn daran erinnert, daß er Macht hat, ihn zu kreuzigen oder freizulassen. Die Antwort: »Du hättest keine Macht über mich, wenn es dir nicht von oben gegeben wäre.« (Johannes 19, 11) Das Königtum Jesu ist nicht von dieser Welt. Wo das Volk ihn zum König machen will, entzieht er sich, denn vom Volk geht Gewalt aus. Nach der Speisung der Volksmenge heißt es: »Da erkannte Jesus, daß sie kommen würden, um ihn in ihre Gewalt zu bringen und zum König zu machen. Daher zog er sich wieder auf den Berg zurück, er allein.« (Johannes 6, 15)

Im ersten Anlauf sollte das Schlüsselproblem des neuen Monotheismus der jüdischen Aufklärung – das Problem, wie eine Anwesenheit, die sich entzieht, präsent gehalten und kommunikabel gemacht werden kann – durch Text gelöst werden. So wird der Text zum heiligen Text, den der Finger Gottes selbst auf Steintafeln geschrieben hatte. Er trat an die Stelle des Kultbilds, das Mose zermalmt hatte. Bildliche Präsenz erzeugt fast zwangsläufig eine Magie, die Verwechslung von Zeichen und Bezeichnetem. So kann eine Gottesstatue zum Gott werden, um den das Volk tanzt. Der Buchstabe jedoch scheint gegen diese Verwechslung abgesichert. Ihm sieht man seine Stellvertretung an. Er bleibt ein Zeichen, das verweist. Gottespräsenz im Text – das ist eine wichtige Stufe der religiösen Evolution. Sind aber, so wird alsbald gefragt werden, die Besitzer und Ausleger der Gottesbuchstaben nicht wieder Usurpatoren des ganz Anderen?

»Mose hat uns im Gesetz vorgeschrieben, solche Frauen zu steinigen. Nun was sagst du?« So fragen die Schriftgelehrten Jesus bei Johannes (8, 5). Jesu Antwort besteht zunächst in einer Demonstration. Er bückt sich und schreibt mit dem Finger auf den Boden des Tempels. Wir erfahren nicht, was er schreibt, nur daß er schreibt. Er schreibt Gegenschrift, sie wird nur kurz zu lesen und bald verschwunden sein. Offensichtlich hat er zu Buchstaben ein religionskritisches Verhältnis. (Bei Paulus wird es später heißen: »Der Buchstabe tötet«.) »Als sie hartnäckig weiterfragten, richtete er sich auf und sagte zu ihnen: Wer von euch ohne Sünde ist, werfe den ersten Stein. Und er bückte sich wieder und schrieb auf den Boden.«[8]

Die Ablehnung der Gottespräsenz im Buchstaben bedeutet eine Steigerung des privativen Monotheismus. Immer scheint es um die Konkurrenz von usurpatorischem und privativem Monotheismus zu gehen. Gott kann nicht festgehalten werden. Auch nicht im Buchstaben. Die Schriftgelehrten, die den Buchstaben exekutieren wollen, sind nicht wirklich im Besitz des Gotteswillens, denn sie sind nicht ohne Sünde. Die Anwesenheit des dinglich Abwesenden ist nicht im Kultbild zu fassen, nicht im Buchstaben, sie ist für Johannes, Paulus und seitdem für alle Christen nur »im Fleisch« erfahrbar. Am knappsten drückt Johannes 1, 14 den Übergang zum Konzept einer inkarnatorischen Gottespräsenz aus: »Und das Wort ist Fleisch geworden«.

---

[8] Soweit ich sehe, ist der auf den Tempelboden schreibende Jesus in der Exegese nicht beachtet worden. Immerhin handelt es sich um die einzige Stelle in den Evangelien, wo Jesus etwas schreibt. Einzig Giorgio Vasari hat in einer Zeichnung die Schrift auf dem Tempelboden thematisiert. Im Zentrum der Szene bücken sich zwei der Umstehenden und versuchen, das Geschriebene zu lesen. Die Zeichnung befindet sich in Lissabon (Imprensa Nacional Inv. Nr. 673 Des).

Jesus ist der erste, der »aus Gott geboren« ist, aber auch »allen, die ihn aufnahmen, gab er Macht Kinder Gottes zu werden«. Das war eine gute Nachricht. Paulus erklärt die Gemeinde von Korinth zum »Brief Christi«, »geschrieben nicht mit Tinte, sondern mit dem Geist des lebendigen Gottes, nicht auf Tafeln aus Stein, sondern in Herzen von Fleisch« (2 Korinther, 3, 3). Christen sollen in ständiger Gottesnähe leben, ihren eigenen Willen einem privativen göttlichen Licht aussetzen. »Dein Wille geschehe« heißt es im Vaterunser.

Unsere Hauptfrage, ob es eine privative Präsenz geben kann, ist die Frage nach der Positivierbarkeit dieser speziellen Form von Negation. Privatio hat einen Zeitkern. Daher ist sie flüchtig. Aber sie hinterläßt Spuren. Diese Spuren müssen unterschieden werden von anderen Dingen in der Welt. Es entsteht eine Kultur von Alteritätsmarkierungen. Im politischen Bereich etwa geht es um den Unterschied von Herrschaft und heiliger Herrschaft. Ein Philosoph des 6. Jahrhunderts gab sich, angeregt von der berühmten Rede des Paulus auf dem Areopag zu Athen, welche eine Altarinschrift »Dem unbekannten Gott« zum Stichwort nahm, den Namen »Dionysius vom Areopag«. Dieser Pseudo-Dionysius ist einer der bedeutendsten Theoretiker der privativen Theologie und gleichzeitig so etwas wie ein Theoretiker der Hierarchie. Das ist kein Zufall. Der Kerngedanke der Hierarchie ist die Unterscheidung von weltlicher Herrschaft und »heiliger Herrschaft«, Hierarchia. Heilige Herrschaft ist anders als normale Herrschaft. Ihre Alterität braucht eine eigene, eine privative Semantik.

Das Zeichensystem der Alteritätsmarkierungen ist in der politischen Kirchengeschichte oft unklar gewesen. Zwar ist es in der »Zwei-Reiche-Lehre« des heiligen Augustinus früh etabliert. Sie ist das Grundmodell der auf zeitliche und vergängliche Herrschaft zielenden *civitas terrena* und der *civitas Dei*, welche die eschatologische Perspektive offenhält. Aber in zweitausend Jahren Christentumsgeschichte sind nahezu alle Varianten ausprobiert worden, vom Caesaropapismus Gregors des Großen bis zur Szene in Paris, bei welcher der Papst nur der zuschauende Notar der Selbstkrönung Napoleons war. Daß dem Kaiser gegeben werden sollte, was des Kaisers ist, war meist unstrittig. Was es aber unter den Bedingungen der Alteritätsmarkierung bedeutet, Gott zu geben, was Gottes ist, das ist eine schwierige Frage. Immerhin hat in der katholischen Kirche ein Klärungsprozeß stattgefunden. Das letzte Konzil definierte die Kirche als »Zeichen unter den Völkern«. Es gibt keinen wirklichen Kirchenstaat mehr. Der Vatikan hat bekanntlich keine Divisionen. Er ist ein völkerrechtlich nützlicher Merkposten ohne ökonomische oder militärische Macht. Den Klerikern ist es untersagt, politische Ämter anzustreben. Seine Zeichengebung ist, mehr und mehr, wenn auch nicht durchgängig, herrschaftskritisch, alteritär und privativ.

In der modernen Demokratie erkennen wir nicht nur griechisches, sondern auch jüdisch-christliches Erbe. Die eschatologische Gewaltenteilung hat diejenige Montesquieus geistig präfiguriert. Die Präambel des Grundgesetzes stellt das Volk, ansonsten Souverän, in eine offene Verantwortung »vor Gott« – das ist beste Tradition des privativen Monotheismus. Die These hat viel für sich, daß die ältere Säkularisierungstheorie, nach welcher die Religion unter den Bedingungen der Moderne und der Aufklärung schlicht verschwindet, unhaltbar ist. Religion scheint tatsächlich ein anthropologisches Proprium zu sein. Nirgends ist denn auch im phänomenologischen Sinn ein Rückgang der Religionen zu beobachten. Zwar mögen sich die Kirchen leeren, dafür boomt aber der Markt der Möglichkeiten. Die Religionssoziologen[9] beschreiben einen autozentrischen Typus, der nicht immer alle kirchlichen Prägungen fahren lassen muß, um sich esoterisch, naturreligiös oder exotistisch zu bedienen. Immer ist es noch nicht zu spät, Indianer oder Buddhist zu werden, wenn auch nur ein bißchen. Kurzum: Religion wird marktförmig. Sie unterwirft sich in großem Stil dem Prinzip der Bedürfnisbefriedigung. Das hängt zweifellos mit der antizentristischen Verabschiedung der Wahrheitsfrage zusammen. Das gute Leben im Horizont von wahr oder falsch ist nicht das gute Leben, das unter der Maxime »Was bringt mir das?« konzipiert wird.

Immer kann und muß auch die Kirche und der privative Monotheismus, der in ihr seinen Ort hat, funktional beschrieben werden. Die funktionalistischen Beschreibungen des 19. Jahrhunderts waren meist unfreundlich (»Opium des Volkes«) und konzentrierten sich auf die fortschrittshemmende Schädlichkeit des falschen Trostes oder das »Ende einer Illusion«. Der zeitgenössische Religionsfunktionalismus ist dagegen oft recht freundlich und verweist auf die gesellschaftlichen Nützlichkeiten der Kontingenzbewältigung und der stabilisierenden Einflüsse auf eine Gesellschaft, die doch Werte brauche. Doch das, was den privativen Monotheismus vor allen Religionen und Religiositäten der Bedürfnisbefriedigung auszeichnet, ist, daß sein Proprium eine glatte Gegenbesetzung des religiösen Funktionalismus ist. Das war, von der Götzenkritik im alten Israel bis zur Transzendierung der Schemata des Tausches, wie sie Jesus von Nazaret praktizierte und lehrte, seine Spur.

In dem Maße, wie immer mehr Lebensbereiche sich einem marktförmigen, ökonomistischen Funktionszusammenhang unterwerfen, in dem Maße gewinnt das Widerlager zum Funktionalismus an Bedeutung. Der große Schrecken des Zeitalters ist nach wie vor und mit Recht die Industrialisierung des Tötens. Dennoch schreitet die Industrialisierung der Lebenswelt voran. Nicht mehr nur die Warenproduktion und die Dienstleistungen stehen unter einer mehr und mehr subjektlosen ökonomischen Verwaltung, auch vordem anders beleuchtete Lebensbereiche wie Sport, Freizeit und Kunst, auch die klassischen Kasualien der Religion wie Initiation und Begräbnis werden vom marktförmigen Denken erobert. Die Lohnrednerei auf den städtischen Friedhöfen ist eine Wachstumsbranche. Die große Bewährung des ganz Anderen steht uns unmittelbar bevor. Vor dem Endsieg des totalen Funktionszusammenhangs steht die Erinnerung an JHWH.

---

9 Eine gute Übersicht über den Forschungsstand bietet Michael Ebertz, *Kirche im Gegenwind*. Freiburg: Herder 1997.

Ezra BenGershôm

Der Erwähltheitsglaube

Exklusivität und Toleranz im Wetteifer der Religionen und Nationen

Wenn man das Wort »auserwähltes Volk« hört, denkt man an die Juden und ihren Gott. Der Philosoph Pascal verstand es so und mancher Nazibefehlshaber, der die Juden in Viehwagen abtransportierte, auch. Pascal sprach vom Erwählten Volk mit Bewunderung, die Nazis mit Hohn.

Bewundert oder verhöhnt, die Erwähltheit der Juden hat etwas Einzigartiges an sich. Einzigartige Phänomene rufen Verwunderung und Fragen auf, als wären die nicht einzigartigen schon damit erklärt, daß ähnliche Fälle vorkommen. Doch lohnt es, im Vergleich mit dem Selbstbild anderer Religionen und Kulturen, wenigstens nach partiellen Analogien mit dem jüdischen Erwähltheitsglauben zu suchen. Dafür eignet sich besser der allgemeinere Begriff *Berufung* oder *Sendung*. Ein Mensch oder eine Nation kann sich berufen fühlen, auch ohne an einen berufenden Gott zu glauben. Im folgenden soll also das Wort *Berufung* den Sinn eines elitären Selbstbewußtseins von Völkern haben, die sich – wie zum Beispiel das revolutionäre Frankreich – gerufen fühlten, anderen Völkern ihre Ideale nahezubringen. Das Wort *Erwählung* dagegen bedeute das besondere Bundesverhältnis zwischen Gott und dem Volk. Es sei gleich bemerkt: Fast alle Hochkulturen, von der Antike bis in die Moderne, entwickelten ein elitäres Selbstbewußtsein, sei es als Erwählte oder als Berufene.

Doch nach dem Ende des Zweiten Weltkriegs hatten viele Anlaß zu fragen: Ist unser Berufungsglaube noch intakt? Ist er noch glaubhaft? Der Mythos vom arischen Herrenmenschen lag unter den Trümmern deutscher Städte begraben. Sogar das Wort Nation hatte einen verdächtigen Klang bekommen. Die Kirchen, die zum größten Verbrechen der Weltgeschichte geschwiegen hatten, bemühten sich, ihre Glaubwürdigkeit mit unaufrichtiger Apologetik zu retten. Das Ansehen des weißen Mannes als Kulturbringer der Menschheit war erschüttert. Der Tenno mußte als Gott der Shintogläubigen abdanken.

Für viele Juden war der Glaube an ihre Erwähltheit in den deutschen Krematorien in Rauch aufgegangen. Einer der Überlebenden, der Schriftsteller Robert Jaromir, schlug vor, die Thora an den Sinai zurückzubefördern und den Bund mit Gott aufzukündigen. Dennoch gab es noch Menschen, die sich zu großen Aufgaben berufen fühlten. Die Siegermächte verstanden sich als Sieger auch im ideologischen Sinn. Die einen fühlten sich gerufen, Ideen der freiheitlichen Demokratie zu verbreiten, die anderen den Kommunismus. Nach dem Zusammenbruch des Kommunismus haben andere Heilsboten die Bühne betreten. Durch manche von ihnen wird der Weltfrieden wieder bedroht, insbesondere durch muslimische Fundamentalisten.

Was hat es mit all diesen Berufenen und Erwählten der Menschheit auf sich? Enthält der Erwähltheitsglaube schon eine Wurzel der Unduldsamkeit? Die deistischen Philosophen in England waren sich dessen sicher. Entscheidende Impulse der Aufklärung kamen ja aus der Abscheu vor Religionskriegen und der Gewissensvergewaltigung unter der Herrschaft der alleinseligmachenden Kirche. Das elende Los der Juden unter christlicher Herrschaft hielt Voltaire nicht davon zurück, die Juden für den Terror der Kirche mitverantwortlich zu machen. Mit ihrer Erwähltheitsidee, meinte er, hätten die Juden die Intoleranz in die Welt gebracht. Aus Überdruß am Abendland neigten Voltaire und nach ihm Rousseau und Schopenhauer dazu, exotische und fernöstliche Völker zu idealisieren. Wir wissen es besser: Die Friedlichkeit der romantisch verklärten exotischen Völker war eine Illusion. Eroberungsdrang und menschliche Aggressivität bedürfen keiner Erwähltheitsideen, um blutige Geschichte zu machen.

Was für ein Gott soll das sein, der willkürlich ein Volk oder eine Religion über die anderen erhebt? So fragen heute noch viele Juden und Nichtjuden, ohne darauf zu achten, wie Erwähltheit in den verschiedenen monotheistischen Religionen verstanden und wie dieser Glaube praktiziert wurde. Unterscheidungen sind aber notwendig.

Alle Menschen sollen Christen werden; alle Menschen sollen Muslime werden! Die Glaubensideale des Christentums und des Islam sind besser bekannt als die des Judentums, und die weltgeschichtlichen Folgen auch. Darum soll hier die Wechselwirkung des jüdischen Erwähltheitsglaubens mit dem Elitebewußtsein anderer Kulturen und die innerjüdische Auseinandersetzung um die Bedeutung der Erwähltheit thematisiert werden.

Erwähltheit und ihre Bedeutung im Geschichtsentwurf der Thora

Die Erwählung des Volkes Israel kommt in der Thora an mehreren Stellen zum Ausdruck. Im 19. Kapitel des 2. Buches, vor der Gesetzgebung am Sinai, heißt es: »Und nun, wenn ihr auf meine Stimme hören und meinen Bund halten werdet, sollt ihr mir von allen Völkern ein besonders kostbares Gut sein, denn mein ist die ganze Erde. Und ihr sollt mir sein ein Königreich von Priestern und ein geheiligtes Volk«.

Warum war es überhaupt nötig, ein bestimmtes Volk zu erwählen? Die Botschaft der Thora beansprucht universale Gültigkeit. Sie macht es allen Menschen zur Pflicht, die Gebote der Gesittung zu beachten. Hat doch Gott alle Menschen nach seinem Ebenbild erschaffen. Sollten ihm nicht alle Völker in gleichem Maß kostbar sein?

Eine Antwort auf diese Schlüsselfrage enthalten die ersten elf Kapitel der Thora. Darin ist nicht von Juden die Rede, sondern von der Schöpfung und der ersten Menschheit, von Adam bis zur Generation des Terach. Es begann alles so erfreulich. Nach jedem neuen Schöpfungstag hieß es: »Und Gott sah, daß es gut war.« Aber dann, nach einer Reihe schlimmer Taten, vom Brudermord Kains bis zum verrohten Lebenswandel der Generationen der Sintflut und des Turmbaus zu Babel, »gereute es Gott, daß Er den Menschen erschaffen hatte, und Er betrübte sich in seinem Herzen«.

Da beschloß Gott, mit Noach, dem einzigen Rechtschaffenen, den es noch gab, einen Neubeginn zu versuchen. Nach der Sintflut schloß Gott mit Noach und seinen Nachkommen einen Bund. Gott versprach, keine kosmische Katastrophe mehr über die Welt zu bringen. Noach und seine Nachkommmen aber sollten sich verpflichten, die Grundgesetze von Recht und Sittlichkeit zu befolgen. In moderner Terminologie ausgedrückt, verlangte dieser Noachidische Bund einen auf Gottesfurcht gegründeten Humanismus, der alle Völker binden und miteinander verbinden sollte.

Wenn die Nachkommen von Noach – sprich die neue Menschheit – den Gesetzen dieses Bundes nachgelebt hätten, wäre die ganze Menschheit in gleichem Maße »erwählt«. Doch da auch die nach-noachidische Menschheit in Sittenverderbnis verkam, beschloß Gott, sie durch Erziehung auf den rechten Weg zu leiten. Einer der drei Söhne des Götzendieners Terach sollte ihr ein reines, gottergebenes Menschentum vorleben. Er hieß Avram, später Avraham. Warum gerade er? Weil Avraham schon von sich aus ein von tiefer Menschlichkeit beseelter Gottsucher war.

Psychologisch braucht das Erwähltheitsbewußtsein Avrahams auch einem Atheisten nicht unverständlich zu sein. Ein Mann, der zur Überzeugung gelangt, daß die ganze Menschheit irrt und einzig er auf dem rechten Weg ist, muß, um dem ungeheuren Druck des Mehrheitsglaubens widerstehen zu können, entweder verrückt sein oder an seine einzigartige Berufung glauben, alle Menschen für seine Ideen zu gewinnen.

Wir wissen von Avraham nicht genug, um seine Biographie zu schreiben. Aber seine wichtigsten Charakterzüge treten in der Thora zutage. Ein gewöhnlicher Mensch, der von so schweren Verbrechen einer Stadt wie Sodom und dem bevorstehenden Strafgericht hört, würde mit einem Seufzer der Erleichterung denken: Geschieht ihnen ganz recht! Wie gut, daß ich auf der richtigen Seite bin. Und was tut Avraham? Er rechtet mit Gott: »Vielleicht gibt es in Sodom doch noch einige rechtschaffene Menschen. Willst Du diese etwa mitvertilgen?«

Ein gottgefälliges Leben vorzuleben, dazu eignete er sich wie kein anderer. Nur konnte er als Einzelner nicht zeigen, wie eine Gesellschaft oder gar ein ganzes Volk leben sollte. Dazu bedurfte es eben eines Volkes. Und so enthielt der Segen, den Gott ihm erteilte, die Voraussicht, daß von ihm ein ganzes Volk abstammen sollte, das wie Avraham im Bunde mit Gott leben würde.

Welche Beziehung bestand zwischen Gottes Bund mit dem Volk Israel und seinem Bund mit Noach? Eine völlig andere als die zwischen dem »Neuen« und »Alten Bund« im christlichen Sinn. Nach der christlichen Substitutionsdoktrin hatten die Juden, da sie Jesus nicht anerkannten, ihr Recht als Erwählte verwirkt. Der Neue Bund mit den Christen hatte den Bund mit den Juden abgelöst. Seither seien die Christen die Erwählten Gottes. *Extra ecclesiam nulla salus.* Für die ganze Menschheit gab es außerhalb der Kirche keinen Weg zum Heil.

Eine jüdische Substitutionsdoktrin hat es nie gegeben. Der Bund am Sinai sollte nicht anstelle des Noachidischen Bundes treten, sondern ihm zur weltweiten Durchsetzung verhelfen. Wohl haben alle Menschen die Möglichkeit, sich dem Judentum als Proselyten anzuschließen; aber sie brauchen es nicht.[1] Als rechtschaffene Nachkommen Noachs sind sie vor Gott ranggleich, oder wie Maimonides, der größte jüdische Philosoph des Mittelalters, es ausdrückt: »Sie haben Anteil am ewigen Leben.«

Erblichkeits- oder Verdienstelite, Partikularismus oder Universalismus?

Die Idee eines unwiderruflich erwählten Volkes ruft allerlei Fragen auf. Widerspricht die Idee der Erblichkeitselite nicht der einer Verdienstelite? Wie läßt sich der Partikularismus der abgesonderten Gruppe mit ihrem Anspruch auf universale Bedeutung vereinbaren? Beide Fragen wurden im Streit der Religionen immer wieder aufgeworfen, besonders im Streit gegen das Judentum. Dabei war die Antwort schon in der Hebräischen Bibel enthalten.

Der Bund mit Gott versprach keine Privilegien oder erbliche Überlegenheit über andere Menschen. Er bedeutete vielmehr eine Verpflichtung, nach strikteren religiösen und moralischen Maßstäben zu leben. »Dies sind die Worte des Bundes, den Gott dem Mosche befahl mit den Kindern Israel im Lande Moab zu schließen…« (Deuteronomium 28, 69). Wer die vorausgehenden Flüche gelesen hat, die dem Volk bei Nichteinhaltung des Bundes angedroht werden, wird nicht so schnell von einer Bevorzugung reden. Wer von Avraham abstammt, soll sich nichts darauf einbilden. Das persönliche Verdienst wiegt schwerer als vornehme Herkunft. Schon Jischmael mußte vor Jizchak zurücktreten, und Esau vor Jakob. Die Anbeter des Goldenen Kalbs fielen dem Strafgericht ihrer eigenen Bruderstämme anheim. Die Erwählung ist nicht ein einmaliges Ereignis. Wiederholtes menschliches Versagen machte wiederholte Erneuerungen des Gottesbundes notwendig.

Dennoch reizte jüdischer Herkunftsstolz immer wieder den Zorn der Propheten auf. Nicht von ungefähr wählte der Prophet Jecheskel gerade die drei Nichtjuden Noach, Hiob und Daniel, um dem jüdischen Volk Beispiele von Rechtschaffenen vorzuhalten.[2] Der Triumph der römischen, christlichen und muslimischen Eroberer verleitete Juden doch wieder zu falschen Ideen. Aus ihrem Land gewaltsam entwurzelt und tausendfach erniedrigt, schöpften sie Mut aus einem überspannten Erwähltheitsglauben. Man lese die Aussprüche im Talmud, in kabbalistischen Büchern oder in der mittelalterlichen Dichtung Jehuda Halevis nach, in denen das jüdische Volk sich selber höher einstuft als die übrigen Völker: Sie stammen alle aus Zeiten schwerster Judenverfolgungen. Ihre gekränkte Selbstüberschätzung grenzte manchmal an Rassismus, war aber keiner, konnte doch jeder Mensch Jude werden, wenn er es nur aus Überzeugung wollte. Jüdische Apologetiker wiesen sogar mit

---

1 Elie Benamozegh, *Israël et l'Humanité.* Paris: Albin Michel 1961; David Novak, *The Image of the Non-Jew in Judaism.* New York: Edwin Mellen Press 1983.

2 Ezechiel (Jechesk'el), 14. Kapitel. Der dort genannte Daniel ist nicht mit der Hauptperson des Buches *Daniel* zu verwechseln. Aller Wahrscheinlichkeit nach ist Dan'el, die berühmte Gestalt eines Rechtschaffenen der phönizischen Überlieferung, gemeint.

Stolz darauf hin, daß bedeutende Thoralehrer von Nichtjuden abstammten, ja daß Ruth, eine Stammutter des Königs David, eine moabitische Proselytin war.

Trotzdem mußte sich das Judentum seit mehr als zwei Jahrtausenden gegen den Vorwurf verteidigen, eine engherzige Stammesreligion zu sein. Zur Weltreligion, hieß es, fehle dem Judentum der alle Grenzen überschreitende Universalismus. Die Identität von Religions- und Volkszugehörigkeit wirkte verwirrend und irritierend. Der Eindruck wurde verstärkt durch die Ghettomentalität, die sich bei den Juden unter der Herrschaft christlicher und muslimischer Oberherren herausbildete. Sogar Spinoza, der in seiner Jugend eine ansehnliche jüdische Bildung genossen hatte, schloß sich dieser Kritik an.

Die Kritiker des Judentums übersahen, daß sowohl im Christentum als auch im Islam vornehme Herkunft und rassische Zugehörigkeit eine gar nicht so nebensächliche Rolle spielten. Die Einstufung von Christen nach ihrer rassischen Herkunft wurde nicht erst im Dritten Reich ersonnen. Diskriminierung gegen christliche »Judenstämmlinge« wurde schon im 16. Jahrhundert im katholischen Spanien praktiziert, mit Zustimmung von vier Päpsten. Im Islam wurde dem Quraish-Stamm, dem Mohammed entsproß, ein höherer Rang zuerkannt als den übrigen Arabern. Die arabischen Eroberer ihrerseits beanspruchten für sich einen höheren Rang unter den vielen Völkern des islamischen Imperiums. Der Rassismus gegen Farbige blieb in islamischen Ländern im Vergleich zu christlichen Ländern in mäßigen Grenzen; aber er war da.[3]

Zur moralischen Qualität des Universalismus und des Partikularismus bemerkte der Religionswissenschaftler Zwi Werblowsky, sie seien weniger eindeutig, als man im allgemeinen annimmt: »Universalismus wird oft nur als beschönigender Name für die imperialistisch-expansionistischen Bestrebungen einer bestimmten Religion oder Ideologie gebraucht. Man könnte mit gutem Grund dagegen sagen, daß echter Universalismus ein Miteinander von Partikularitäten erheischt.«[4]

Wie wirkte sich der Wille zur Verbreitung der Weltreligionen aus? In der Hebräischen Bibel, im Neuen Testament und im Koran fehlt es nicht an Aussprüchen, die Gewaltlosigkeit predigen und Glaubenszwang verwerfen. Sie machen seit langem einen Teil des Zitatenarsenals in religiösen Streitgesprächen aus. So heißt es in der Sure 2/256 des Koran: »In der Religion gibt es keinen Zwang«. Dagegen stehen an anderen Stellen Aussprüche, die zum Kampf auffordern, zum Beispiel in der Sure 9/41: »führt mit eurem Vermögen in eigener Person um Allahs Willen Krieg«.

Es ist nicht nötig, hier die Entwicklung der Ideologien des Heiligen Krieges im einzelnen nachzuzeichnen. Militärische Erfolge wurden als Beweise der Gottgefälligkeit und des Wahrheitsbesitzes gefeiert. Das Christentum und der Islam sind nicht durch Pazifismus zu weltumspannenden Mächten

3 Vgl. Bernard Lewis, *Race and Color in Islam.* New York: Harper & Row 1971.
4 R.J. Zwi Werblowsky, *Beyond Tradition and Modernity.* London: Athlone Press 1976.

geworden. Im Islam gehörte Teilnahme am Dschihad von jeher zu den Pflichten der Gläubigen. Im Christentum war die militante Theologie schon im Neuen Testament angelegt in Aussprüchen, die alle Nicht-Christen zu verstockten Irrgläubigen oder gar Feinden Gottes abstempelten (zum Beispiel Johannes 14, 6 und Philipper 3, 18).

Die Idee der Toleranz fand erst nach der Eroberung Konstantinopels ihre ersten Fürsprecher. Christen und Muslime hatten sich militärisch als ebenbürtig erwiesen. Sie sahen sich gezwungen, die Eroberung der Welt zu vertagen. Zwar schwiegen die Waffen nie völlig, doch die Forderung der Toleranz wurde zu einem Politikum, das sich nicht länger ignorieren ließ.

Die Rolle der Juden in der Konfrontation zwischen Christen und Muslimen war bedeutungslos, nicht nur weil Juden keine Streitmacht ins Feld führen konnten. Die Idee der Glaubensverbreitung über die Welt durch heilige Kriege war dem Judentum fremd. In der Thora war auch kein Ausspruch zu finden, der zur Ausmerzung des Götzendienstes außerhalb des Landes Kanaan aufrief. Die Thora verlangte religiösen Eifer nach innen, weitgehende Toleranz nach außen. Diese Haltung fiel dem Judentum leichter, da es sich nicht für alleinseligmachend hielt.

Verlangt Erwähltheit Exklusivität?

Wenn eine Gemeinschaft von ihrer Einzigartigkeit und Erwähltheit überzeugt ist, muß sie dann notwendig alle anderen Gemeinschaften für nichterwählt halten? Im Zeitalter der Aufklärung gab es gläubige Juden und Christen wie Moses Mendelssohn und Johann Gottfried Herder, die auf diese Frage entschieden nein antworteten, denn, so sagten sie, warum sollten nicht viele Völker zugleich berufen sein können, auf ihre jeweilige Art zur Gottesverehrung und menschlichen Gesittung beizutragen?

In der Realität dominierte die gegenteilige Auffassung: Die Glaubenslehren der drei monotheistischen Religionen widersprachen einander, also konnten nicht alle wahr sein; also konnten ihre Anhänger nicht alle erwählt sein. Je tiefer die Anhänger der Religionen durch innere und äußere Anfechtungen beunruhigt wurden, um so verbissener klammerten sie sich an ihr ausschließliches Besitzrecht auf die Wahrheit. Sie verhielten sich nicht so, wie es Lessing in seinem Schauspiel *Nathan der Weise* empfahl. In Lessings Parabel sollte der echte Ring daran zu erkennen sein, daß er seinen Besitzer zu Sanftmut und herzlicher Verträglichkeit bewegte. In der historischen Wirklichkeit trachteten die monotheistischen Religionen in unzähligen Disputen oder gar mörderischem Streit, die Echtheit ihres Ringes zu beweisen, indem sie die Unechtheit der Ringe der anderen Religionen bewiesen. Aber das taten eigentlich nur das Christentum und der Islam (in Jehuda Halevis *Buch Kusari* konnte der Rabbi mit Recht zum König der Chasaren sagen: Wir Juden können unsere heilige Lehre ohne jeden Bezug auf das Christentum und den Islam erklären): Selbstlegitimierung durch Delegitimierung der Mutterreligion! Das machte Schule, und es wiederholte sich im Streit der Sekten innerhalb der Religionen selber.

Warum gerade die Deutschen, warum gerade die Juden?

Vom Streit der Religionen war es noch ein weiter Weg zum Glauben an die einzigartige Berufung der arischen Herrenrasse. Spuren des Nazicredos führen zurück ins Wilhelminische Reich, in seine Mythen und seine religiös durchwirkte nationale Selbstverherrlichung, andere zur sozialdarwinistischen Rassenlehre und wieder andere noch weiter zurück ins tiefe Mittelalter, zur tausendjährigen christlichen Judenpredigt.

Warum fühlten die Kirche des Mittelalters und Nazideutschland trotz ihrer gewaltigen Macht sich von dem winzigen Volk der Juden bedroht? Zur Erklärung von Deutschlands fatalem Sonderweg haben Norbert Elias, Gordon Craig, John Weiss und andere Geschichtsforscher auf das zwiespältige Selbstwertgefühl der Deutschen hingewiesen.[5] Hinter der politischen Reifung ihrer westlichen Nachbarn zurückgeblieben, schwankten sie zwischen Ohnmachtsgefühlen und metaphysischen Träumereien. Teutonischer Größenwahn mischte sich mit dem Mythos des Kreuzzugführers Barbarossa. Ein religiöser Glaube an die Erwähltheit des deutschen Volkes sollte ihre Selbstbezweiflung überwinden helfen. Zwischen politischen Ohnmachtsgefühlen und metaphysischen Träumereien schwankten auch die Juden. Wurden die Juden als irritierender Spiegel der deutschen Selbstzweifel empfunden?

Zwischen den Juden und ihren Hassern bestand keine spiegelverkehrte Rivalität. Die Judenhasser brauchten die Dämonisierung der Juden, um an ihre Erwähltheit glauben zu können. Der jüdische Erwähltheitsglaube bedurfte keiner Dämonisierung anderer. Es gab sogar Juden, die sich zweifach erwählt fühlten, als Juden und als Deutsche.[6] Sie hingen nicht dem christlich-germanischen Barbarossamythos an, sondern verehrten Rabbi Akiba und Maimonides, Lessing und Schiller.

Warum wurde die militärisch und politisch machtlose jüdische Minderheit als bedrohlich empfunden? Eigentlich kann man darüber gar nicht genug staunen. Die Idee eines aggressiven Universalismus lag den Juden fern; sie hielten ihren Glauben nicht für alleinseligmachend; ihre Liturgie enthielt kein einziges Gebet zur Bekehrung der ganzen Menschheit zum Judentum. Sie hingen keiner Substitutionsdoktrin an und hatten es nicht nötig, andere zu delegitimieren, um sich zu legitimieren. Doch obwohl sie in Ghettos eingeschlossen waren, ließen sie sich nicht die Rolle von Parias aufzwingen, sondern hielten selbstbewußt an ihrer Sendungsidee fest. Ein Sendungsbewußtsein als Kulturbringer erfüllte auch die Römer und Perser der Antike, ebenso die modernen europäischen Kolonialmächte und Japan. Die Haßgefühle, die diese militanten Kulturbringer provozierten, ließen sich als Reaktionen der

---

5 John Weiss, *Der lange Weg zum Holocaust.* Hamburg: Hoffmann und Campe 1996; Gavin I. Langmuir, *History, Religion and Antisemitism.* Los Angeles: University of California Press 1990; Gordon Craig, *Über die Deutschen.* München: Beck 1984; Norbert Elias, *Studien über die Deutschen.* Frankfurt: Suhrkamp 1989.

6 Vgl. Mordechai Breuer, *Jüdische Orthodoxie im Deutschen Reich 1871–1918.* Frankfurt: Athenäum 1986.

Besiegten verstehen. Wie aber konnte das Sendungsbewußtsein der unterworfenen Juden unter ihren Besiegern und Unterdrückern eine Irritiertheit provozieren, die die Jahrhunderte überdauerte? Mit der Exklusivität der Juden allein ist dies schwer zu erklären. Das sei durch Vergleich mit der japanischen Exklusivität verdeutlicht.

Im japanischen Selbstverständnis sind wie im jüdischen nationale und religiöse Identität weitgehend kongruent. Doch die japanische Exklusivität ist strikter. Das japanische Volk fühlt sich im Sinne der Shintoreligion als erweiterte Familie seines Kaiserhauses. Fremden ist es beinahe verwehrt, als vollwertige Mitglieder aufgenommen zu werden. Warum provozierte diese extreme Exklusivität keinen Antijapanismus, der dem Antijudaismus vergleichbar wäre? Werblowskys stellt dazu fest: »Die Shintoreligion beanspruchte keine universale Geltung. Die Sakralität des japanischen Volkes war eine feste Gegebenheit, kein moralischer Auftrag.«

Dagegen beanspruchte der Gottesbund, dem sich die Juden verpflichtet hatten, universale Bedeutung. Allein schon durch ihr *Dasein* erweckten diese »Nichtmitmacher« Zweifel am Wahrheitsbesitz der anderen Heilslehren und Religionen, vom Kult der Isis bis zum vergotteten modernen Nationalstaat. Sie stellten das Existenzrecht der geliebtesten Abgötter der Menschheit in Frage. Also stellte man das Existenzrecht der Juden in Frage.

Was bedeutet Erwähltheit?

Es ist schon erwähnt worden, wie Juden allen Warnungen der Propheten zum Trotz sich auf ihre Erwähltheit etwas einbildeten und wie sie besonders in Zeiten schwerer Verfolgungen zu kompensatorischen Größengefühlen neigten. Wie wirkten sich die Ideen der Aufklärung auf ihr Verständnis der Erwähltheit aus?

Lessings *Nathan der Weise* wurde vom deutschen Publikum kühl, von den Juden dagegen sehr warm aufgenommen: Da endlich erhob ein deutscher Dichter seine Stimme gegen die dauernde Herabwürdigung des Judentums. Ungefragt und unbesehen blieb, ob Lessings Nathan wirklich eine authentisch jüdische Auffassung ausspricht.

Die Ringparabel beruht auf der Abwandlung eines Motivs, das Lessing auf dem Umweg über Boccaccio aus einer alten jüdischen Legende übernommen hatte.[7] Die ursprüngliche Legende widerspiegelte nicht das jüdische Verständnis der Erwähltheit, sondern die Notlage der Juden, die im Religionsstreit nur unter Lebensgefahr etwas gegen den Islam hätten einwenden können. Bei Lessing wird daraus ein Plädoyer für die Gleichberechtigung der drei Religionen. Um der Toleranz willen wurde die Frage nach dem echten Ring nicht beantwortet, sondern aufgeschoben. Wie dachten die Juden selber darüber?

Die Idee der Austauschbarkeit der Ringe war nicht akzeptabel. Zur Begründung der Toleranzforderung war Lessings Ringparabel auch gar nicht

[7] Vgl. Emanuel BinGorion, *Shvile Haagadah.* Jerusalem: Bialik Foundation 1949.

nötig. Die jüdische Lehre bot ohnehin Raum genug für Toleranz. Zwei Jahrhunderte vor Lessing lebte in Italien Obadja ben Iaakov Seforno, ein angesehener Arzt und Philosoph. (Der Humanist Johannes Reuchlin erhielt bei ihm hebräischen Sprachunterricht.) In seinem Thora-Kommentar betonte er wiederholt, daß Gottes Liebe dem ganzen Menschengeschlecht gilt. Vom Geist der Toleranz zeugt auch die große Hymne *Die Königskrone* des Dichter-Philosophen Schlomo IbnGabirol, der im 11. Jahrhundert in Spanien lebte: »Du bist der Gott über allen Göttern. Alle Geschöpfe sind Deine Zeugen ... Deine Ehre wird nicht durch die Anbeter anderer Götter herabgesetzt, denn alle verlangen eigentlich nach Dir.«

Auch er hatte Vorläufer. Acht Jahrhunderte vor Mendelssohn und Herder lebte im Bagdader Kaliphat Rabbi Saadia HaGaon. Er war der eigentliche Begründer der mittelalterlichen jüdischen Religionsphilosophie. In seiner berühmten Glaubenslehre erklärte er, es bestehe überhaupt kein Grund, die Möglichkeit auszuschließen, daß neben den Juden andere Völker ebenfalls erwählt und Gott besonders kostbar sein können. Er erläuterte dies anhand der Ausdrücke *Kleinod*, *kostbarer Besitz* und *Erbteil Gottes*, mit denen in der Thora das besondere Verhältnis Gottes zum jüdischen Volk bezeichnet wird: »Was den Ausdruck des Besitzes betrifft, sind gewiß alle Kreaturen Gottes Schöpfung und Sein Werk, doch wäre es ungeziemend, von Gott zu sagen, daß er dies besitze und jenes nicht, oder daß er dieses in höherem Grade besitze als jenes. Wenn wir finden, daß die Schrift sagt, daß ein bestimmtes Volk Gottes besonderer Besitz, Sein Eigentum und Erbe sei, so wie es im 5. Buch der Thora heißt (32, 9) ›Denn des Ewigen Teil ist Sein Volk, Jakob Sein Erbteil‹, dann sind dies Ausdrücke der Ehre und Auszeichnung, denn bei uns (Menschen) ist einem jeden sein Eigentumsbesitz kostbar. Die Heilige Schrift geht sogar soweit, Gott redebildlich zum Besitz der Frommen zu machen, so im Psalmspruch 16, 5 ›Der Ewige ist mein Anteil‹. Dies ist auch nur ein Ausdruck der gänzlichen Hingabe (der Frommen). Im selben Sinn ist die Beziehung Gottes als Gott der Propheten und der Frommen zu verstehen. So, wenn Er in der Thora ›Gott Avrahams und der Hebräer‹ genannt wird. Er ist doch aller Menschen Gott. Dies ist nur ein Ausdruck zur Ehrung der Gerechten.«[8]

Lessing hätte seinen Nathan ohne weiteres die Erklärungen Saadias zitieren lassen können. Doch Saadias Auffassung fand nicht einmal unter den Juden viel Widerhall. Dabei war Saadia keineswegs ein dem einfachen Volk entrückter Philosoph. Er war in seiner Zeit die bedeutendste Thoraautorität, ein Mann, der als streitbarer Politiker und Polemiker gegen Muslime, Christen und Karäer im Rampenlicht der Öffentlichkeit auftrat. Er hatte mächtigen Einfluß; aber für sein – wir würden heute sagen – pluralistisches Verständnis der Erwähltheit waren die meisten Juden seiner Zeit nicht reif. Seit tausend Jahren hatten sie Schlimmstes erlitten, unter der Herrschaft des heidnischen Rom, des christlichen Byzanz, der arabischen Eroberer: den Ver-

---

8 Saadia Gaon, *Glaubenslehre und Philosophie.* Leipzig 1845.

lust ihrer Selbständigkeit, Krieg und Entvölkerung, Verfolgung und Erniedrigung. Der Terror der durchlebten Geschichte wirkte stärker auf die Phantasie als die hehren Visionen der Menschenbrüderlichkeit. Daß auch nichtjüdische Völker erwählt sein könnten und von Gott geehrt und geliebt, war ihnen kaum noch vorstellbar.

Wie aber wollte man solche Worte verstehen, wie das des Propheten, der in einer Vision den Tag kommen sah, an dem Ägypten und Assyrien, die einstmals übermächtigen Unterdrücker Israels, zusammen mit Israel als Gottes Völker gesegnet werden? »An jenem Tag wird Israel das dritte sein nach Ägypten und Assyrien, ein Segen inmitten der Erde. Welches der Gott der Heerscharen also gesegnet hat: Gesegnet sei mein Volk Ägypten und meiner Hände Werk Assyrien und mein Erbe Israel.« (Jeschaijahu 19, 24-25)

Das kann man aus zwei Texten erfahren, die beide in Zeiten schwerer Prüfungen entstanden sind, dem *Targum Jonathan*, der aramäischen Paraphrase des Bibeltextes, die nach der Zerstörung des zweiten Tempels verfaßt wurde, und dem *Sohar*, dem Hauptwerk der Kabbala, das in der Epoche entstand, in der die Kreuzfahrer mit ihren Judenschlächtereien das Vorbild für alle späteren Pogrome schufen.

Im *Targum Jonathan* wurde die Vision des Jeschaijahu so umgedeutet: »Gesegnet sei mein Volk, das ich aus Ägypten geführt, und als sie sündigten nach Assyrien verbannt habe. Doch da sie reumütig umkehrten, werden sie mein Volk und Erbe Israel genannt.« Noch deutlicher heißt es im *Sohar*: »(Glaubst du etwa,) daß Ägypten und Assyrien Gott nahe sein könnten? In Wirklichkeit ist hier die Rede von den jüdischen Exilanten, die aus Ägypten und Assyrien wieder ins Land Israel zurückkehren.«

Doch andere, unter ihnen der bedeutende Sprachforscher und Thorakommentator David Kimchi, der gleichfalls im Zeitalter der Kreuzzüge lebte, hielten an der wirklichen Bedeutung der prophetischen Vision fest. In unserer Zeit, nach der Shoah, gewann die Auffassung, die die Erwähltheit ausschließlich auf das jüdische Volk bezieht, wieder neue Anhänger.

Das Gegeneinander der Stimmen spiegelt das Dilemma im jüdischen Verständnis der Erwähltheit wider. Wie sollte ein unterdrücktes, dem Spott preisgegebenes Volk anderen Völkern die Botschaft vom Gottesreich vorleben? Man schöpfte Stärke zum bloßen Überleben aus einem Auftrag, den man nicht ausführen durfte.

Die Ghettos öffnen sich

»Den Juden als Nation ist alles zu verweigern, den Juden als Menschen aber ist alles zu gewähren«, erklärte der Revolutionär Clermont-Tonnerre im französischen Nationalrat 1789. Es durfte keine Nation innerhalb der Nation geben! Ließ diese Forderung noch Raum für die Existenz einer Gemeinschaft, die zugleich erwählte Religion und Nation sein wollte? Die Frage war in Europa heiß umstritten, bei Befürwortern und Gegnern der Judenemanzipation und unter den Juden selber.

Das Judentum sei längst keine Nation mehr, sondern eine Konfession wie die anderen, verkündeten assimilationseifrige Reformrabbiner. Andere zahlten für die Gleichberechtigung den Preis der Taufe. Diejenigen aber, die der jüdischen Tradition treu blieben, standen vor neuartigen Problemen. Die Ideale der Französischen Revolution sprachen sie an, nicht nur, weil sie nun hoffen durften, aus einem Zustand dauernder Entwürdigung befreit zu werden. Die Forderungen der Freiheit und Gleichheit aller Menschen waren ja innig verwandt mit den Forderungen der Menschenwürde in der Thora. Daher die echte Begeisterung vieler Juden und ihre Anhänglichkeit an ihr neues Vaterland. Auch unter Thora-treuen Juden gab es tonangebende Männer, die im Aufstieg demokratischer Ideen eine gottgefällige Entwicklung erblickten. So konnten sie sich zweifach einer Elite zugehörig fühlen, als Juden und Franzosen oder als Juden und Deutsche.

Am stärksten wurden solche Überzeugungen in den USA laut. Das amerikanische Volk war nach dem jüdischen das einzige, das sich aufgrund eines allgemeingültigen sittlichen Ideals freiwillig als Volk konstituiert hatte, dem Ideal der Freiheit und Menschenwürde. Von einem puritanisch inspirierten Erwähltheitsglauben durchdrungen, versprachen die Gründer sich eine Art Neubeginn der Menschheit nach der perversen Geschichte der Alten Welt. Prominente Thora-treue Rabbiner in den USA, unter anderen Samuel Belkin, der Präsident der Yeshiva University in New York, riefen zur Synthese jüdischer spiritueller Werte und der westlichen demokratischen Lebensform auf.

Doch ganz spannungslos waren sie nicht vereinbar. Der Gesetzgeber der Thora war Gott, der der Demokratie das Volk. Wie sollte das Judentum als erwähltes Volk seine Sonderaufgabe in einer pluralistischen Demokratie erfüllen, in der Religion als Privatsache galt? Paradoxerweise machten diese Fragen damals am meisten den Reformjuden zu schaffen, die sich von der nationalen Seite des Judentums distanzierten. Die Spannung zwischen Demokratie und Theokratie, vielmehr dem, was religiöse und antireligiöse Fundamentalisten irrtümlich unter beiden verstanden, sollte aus anderen Gründen im Staat Israel mit ungeahnter Heftigkeit die Gemüter und die politische Szene beunruhigen.

War die jüdische Sendung erfolgreich?

Der Auftrag des jüdischen Volkes war, die ganze Menschheit für die Anerkennung des Noachidischen Bundes zu gewinnen. Die Propheten, die viele Generationen hindurch mit flammenden Reden das jüdische Volk für diesen Auftrag hatten erziehen wollen, waren oft der Verzweiflung nahegekommen. Sie wären wohl erstaunt gewesen, wenn sie länger gelebt und den gewaltigen Erfolg miterlebt hätten, zunächst bei ihrem eigenen Volk, noch mehr über die weltweiten Folgen.

Nicht jedermann pries wie Megasthenes, der Gesandte des Seleukos I., und wie der Aristotelesschüler Theophrastus die Juden als ein Volk von Philosophen. Aber die Idee, daß ein Volk zu Großem berufen sein könnte, leuchtete vielen ein. Auf den Anspruch des Juden reagierte man nicht mit einem Schmunzeln, wie auf einen Dachstubenbewohner, der sich für den Mitentscheider der Geschicke der Menschheit hält. Man nahm die Erwähltheit der Juden ernst. Die Bewunderung, aber auch der Neid und der Groll, den sie zu spüren bekamen, bewiesen es. Dank zweier Bewegungen, die die Grundlehren der Thora übernahmen, erreichten die Worte der Propheten die halbe Menschheit. Doch beide erhoben als »die einzigen legitimen Erben Avrahams« Ansprüche auf Weltbeherrschung. Ihre Lehrmeister, die Juden, sollten geduldet werden – als *Dhimmis* in den islamischen Imperien, als elende Knechte in den christlichen Imperien. Entgegen der Erwartung des Augustinus aber wurden sie durch ihr Elend nicht »widerwillige Zeugen der christlichen Wahrheit«, sondern der christlichen Verfolgungswut. Schließlich wurden sie als Untermenschen eingestuft, die sich im Geheimen verschworen hätten, Seuchen zu verbreiten, alle festen Lebensordnungen zu unterminieren und sich zu Herren der Welt zu machen.

Die Verleumdung der Juden hatte auch gewaltigen Erfolg, von den Kirchenvätern bis Auschwitz.

Erlösung vom Elend der Erwähltheit

Ihr Elend hing mit dem Erwähltheitsglauben zusammen und mit der Verknüpfung von Religion und Nationalität. Manche zerhieben den Knoten. Die einen distanzierten sich von jederlei jüdischer Nationalität und wollten nur als Bürger »mosaischer Konfession« gelten. Andere hielten die Religion für obsolet und wollten nur einem jüdischen Volk angehören. Die »Bundisten« – so nannten sich die Anhänger des antizionistischen jüdischen Arbeiterbundes im Zarenreich – wollten als jüdisches Volk in Solidarität neben den anderen Völkern ihren Platz in Osteuropa einnehmen und auf diese Weise ihre Abnormalität loswerden. Wieder ein *normales* Volk zu sein, doch im Land der Väter, verlangten die Zionisten. Ihrer Mehrzahl nach waren sie ebenfalls nichtreligiös.

Es stellte sich heraus, daß es die ursprüngliche »Normalität«, zu der man zurückkehren wollte, nur insofern gegeben hatte, als die Stämme Israels als seßhafte, wehrbare Angehörige eines Stammesbundes ihr eigenes Land bewohnt und ihr Brot vorwiegend mit Landarbeit erworben hatten. Aber ihr Volksbewußtsein war von Beginn an auf den Erwähltheitsglauben gegründet, und dieser Glaube, nicht erst der Verlust der Eigenstaatlichkeit, war die primäre Ursache ihrer Abnormalität. Das sahen einige Vorkämpfer des Zionismus ein, und so forderten sie, die jüdische Religion mitsamt dem Erwähltheitsglauben in die Annalen der Vorgeschichte zu verweisen. Einer von ihnen war Eliezer BenYehuda, ein Pionier der hebräischen Sprachrenaissance.

Dagegen beriefen sich andere Zionistenführer, zum Beispiel Weizmann und BenGurion doch auf die Propheten und deren Forderung, Israel solle anderen Völkern als Vorbild voranleuchten. Doch die Erwähltheitsrhetorik dieser Männer hatte mit dem Gottesbund wenig gemein. Sie war, wie vieles in der zionistischen Ideologie und danach im Staat Israel, der religiösen Tradition entlehnt und zu Symbolen einer Zivilreligion umgedeutet worden.[9]

Die Wortprägung stammt von Rousseau. Eine Zivilreligion steht als verbindende Moral im Dienst der Gesellschaft, nicht eines Gottesbundes. Sie wurde denn auch von religiösen Israelis als Verfremdung und Entleerung ihrer heiligen Tradition empört abgelehnt. Für nichtreligiöse Israelis dagegen hatte sie eine wichtige Funktion. Sie stellte eine sentimentale, nicht recht verbindliche Verbindung des säkularen jüdischen Staates mit dem Judaismus her. Anders als der religiöse Erwähltheitsanspruch schien die Zivilreligion nichts zu enthalten, was zur Abnormalität verführen könnte oder zur Rivalität mit den nichtjüdischen Religionen.

Von der Rückkehr zur Normalität hatten sich die Zionisten die Lösung der Judenfrage und der Antisemitenfrage versprochen. Sie täuschten sich über das Wesen des Antisemitismus nicht weniger als die taufwilligen Juden, die Reformrabbiner, Bundisten und deutschen Staatsbürger jüdischen Glaubens. Im Dritten Reich diskriminierten die Kirchen Christen jüdischen Geblüts wie sie es schon drei Jahrhunderte davor im katholischen Spanien gegen jüdische *Conversos* getan hatten.

Juden mochten tun, was sie wollten: sich zum jüdischen Volk bekennen oder sich von ihm lossagen, der jüdischen Religion anhängen oder ihr abschwören, ins Land Israel zurückkehren oder in der Diaspora bleiben, Spießer oder Revolutionäre sein – sie wurden als Juden angesehen. Mehr als tausend Jahre verfemt und verleumdet, waren sie ungefragt zu Symbolfiguren einer subversiven Skepsis geworden, die alle selbstherrlichen Glaubenssysteme und Ideologien in Frage stellte. Das erwählte Volk wurde für die Gaskammern ausgewählt.

Die Israelis mußten zu ihrer Bestürzung erfahren, daß auch ihrem neuen Staat diese Symbolfunktion angehängt wurde. Antiisraelische Muslime entwickelten gegen die Zionisten als »Feinde Allahs«, »Sendlinge des Westens« und »Fortsetzer der Kreuzzüge« einen Haß, der in seiner Abgründigkeit in der Geschichte des Islam neuartig war.

Sind Erwähltheitsideen heute nicht überlebt? Lassen sie sich abschaffen? Sind sie verzichtbar in einer zum Nihilismus neigenden Gesellschaft? Wie unterscheidet man zwischen authentischem Erwähltheitsglauben und der verängstigten Glaubensbesessenheit der Fundamentalisten und Schwärmer? Was darf man sich von heutigen Bemühungen innerhalb der Religionen erhoffen, mit sich selbst ins Gericht zu gehen und alte Dogmen unschädlich zu machen, die zur Dehumanisierung statt Humanisierung ihrer Anhänger geführt haben?

---

9 Vgl. Charles S. Liebman / Eliezer Don-Yehia, *Civil Religion in Israel.* Berkeley: University of California Press 1983.

Reinhart Maurer

Das Absolute in der Politik

Zur politischen Theologie des Holocaust

Auschwitz als Mythos

Die Frage steht im Raum, wie das geschehen konnte: Nazizeit, diese Art Fanatismus, Krieg, massenhafte Vernichtung. Dafür mag es viele Ursachen geben, und es gibt entsprechend viele »Faschismustheorien«. Doch wenn man nach den ersten Gründen und Ursachen fragt, so bekommt man am ehesten Antwort von der politischen Theologie. Denn sie allein erklärt solche extremen politischen Fanatisierungen. In der Politik spielt zweifellos die Freund-Feind-Differenz eine wesentliche Rolle. Bezweifeln kann es nur derjenige, der meint, wir (also inzwischen fast sechs Milliarden) wären eine einzige Schar von Freunden und Freundinnen oder müßten es eigentlich längst sein. Carl Schmitt als den bösen Erfinder von Freund und Feind zu brandmarken, ist töricht. Diese Differenz brauchte wirklich nicht erfunden zu werden. Und außerdem sagt er nicht, sie sei der wesentliche Inhalt des Politischen, sondern sei sein Kriterium. Zum Politischen gehört demnach eine besondere Intensität der Konfrontation, die immer möglich ist als Folge unterschiedlicher Interessen. Die Frage ist jedoch, warum sie sich in der Geschichte immer wieder gesteigert hat bis zu dem Versuch der totalen Vernichtung, Ausrottung des speziellen Gegners oder vielmehr Feindes oder (neuzeitlich) einer Gruppe von Menschen, die man generell zu Feinden der Menschheit erklärt.

Wenn freilich der Feind das absolut Böse verkörpert, dann kann man auf den Gedanken kommen, es sei geradezu eine Heils-Tat, ihn zu vernichten. Das aber bedeutet: Wenn man solches Handeln verstehen will, bedarf es der politischen Theologie, da ja Theologie und Religion die herkömmlichen Bereiche absoluter Überzeugungen sind. Hier kommen sie primär zum Ausdruck und zur Sprache. Doch können sie mit politischen Überzeugungen, Motiven, Handlungsantrieben mehr oder weniger eng verbunden sein, am engsten dann, wenn der Handelnde überzeugt ist, den Willen Gottes zu vollziehen, was auf Theokratie hinauslaufen würde, also auf eine angebliche Herrschaft Gottes – durch seinen menschlichen Beauftragten, versteht sich. So kann man absolute Politik treiben, da man das Richtige, Gute kennt, und kann von daher das Böse und die bösen Feinde des Guten bekämpfen bis hin zum Versuch ihrer Ausrottung. Nach dem Alten Testament freilich war es die Schlange, also der Satan, die sagte: ihr werdet sein wie Gott, *scientes bonum et malum*.

Modern, quasi aufgeklärt, ist nun aber absolute Politik auch ohne Gott möglich, nämlich im Namen eines säkularen Heils der Menschheit. Das meinte offenbar Ludwig Feuerbach, als er 1842 in *Notwendigkeit einer Reform der Philosophie* schrieb: »Ist praktisch der Mensch an die Stelle des Christen getreten, so muß auch theoretisch das menschliche Wesen an die Stelle des göttlichen treten ... denn religiös müssen wir wieder werden – die Politik muß unsere Religion werden – aber das kann sie nur, wenn wir ein Höchstes in unserer Anschauung haben, welches uns die Politik zur Religion macht.« Was neuzeitlich dieses Höchste ist, das absolute Politik rechtfertigt, liegt auf der Hand: Es ist das Heil oder – konkreter, materialistisch ausgedrückt – das Wohlergehen *(welfare)* der Menschheit. Man kann politische Theologie so verstehen, daß sie auch für diese Art von absoluter Politik zuständig ist, die sich nicht mehr auf Gott beruft, sondern deren Absolutes, letzter Horizont die Menschheit geworden ist – oder aber ein Teil der Menschheit, der das für die Menschheit Beste unter Ausmerzung des Schädlichen heraufführt. Absolute Politik kann sich von daher sowohl direkt universalistisch wie im Weg über zunächst oder gar für immer Partikulares (ein Volk, eine Nation, eine Rasse oder auch Klasse) rechtfertigen.

Wieso können diese Überlegungen nützlich sein zum Begreifen der nationalsozialistischen Weltanschauung und ihrer mörderischen Konsequenzen? Wie kann man überhaupt verstehen, was Menschen tun? Es gibt zur Zeit eine geläufige Redeweise bezüglich der nazistischen Untaten: Man nennt sie unbegreiflich, unfaßbar oder ähnlich. Was für ein oberflächliches Gerede, wenn man gar nicht ernsthaft versucht hat, zu begreifen! Und zwar so, wie man zumindest in erster Annäherung immer verstehen kann, was Menschen tun, nämlich ausgehend vom Selbstverständnis der Täter. Es mag sein, daß dieses Selbstverständnis so verzerrt ist, daß es die wirklichen Antriebe nur verdeckt. Doch wenn es einen plausiblen, wenn auch womöglich perversen Sinn enthält, kann man in jedem Fall bei ihm ansetzen sowohl fürs Verstehen wie fürs Kritisieren. Beide Möglichkeiten hat man sich verbaut, wenn man von vornherein sagt »Wahnsinn« oder »absolut böse«: Darüber braucht man gar nicht nachzudenken – schon der Versuch, das Selbstverständnis der Täter zu begreifen, ist ebenfalls böse und muß unterbleiben, damit man nicht infiziert wird vom Wahn oder Bösen der Täter. Es ist klar, daß solche Auffassungen heute im Spiel sind. Seinerzeit ist der westdeutsche Parlamentspräsident Philipp Jenninger über sie gestolpert, weil er sich nach vorherrschender Meinung für den damaligen feierlichen Anlaß zu sehr auf das Selbstverständnis der Täter einließ. Doch hier geht es nicht um einen weiteren Beitrag zur wachsenden Zahl der Erinnerungsfeiern, mit der man den wachsenden zeitlichen Abstand kompensieren will (mit der Gefahr der Überkompensierung), sondern es geht um eine bestimmte Frage, die eine bestimmte Spur verfolgt, nämlich die politisch-theologische. Die Vermutung war ja, daß Massenvernichtung von Menschen ideologisch gerechtfertigt werden kann als Heils-Tat im Rahmen absoluter Politik. Finden sich dafür Belege im Selbstverständnis nationalsozialistischer Täter?

In der Tat, sie finden sich. Einer der massivsten ist eine Tagebuchnotiz Hans Franks, des späteren Generalgouverneurs von Polen, 1945 in Nürnberg als Kriegsverbrecher hingerichtet, aus dem Jahr 1937. Was da alles zusammen- und durcheinandergeworfen wird, ist ganz erstaunlich, aber auch typisch: »Ich bekenne meinen Glauben an Deutschland. Deutschlands Dienst ist Gottesdienst. Keine Konfession, kein Christusglaube kann so stark sein wie dieser unser Glaube, daß, wenn Christus heute erschiene, er Deutscher wäre. Wir sind in Wahrheit Gottes Werkzeug zur Vernichtung des Schlechten. Wir streiten in Gottes Namen gegen den Juden und seinen Bolschewismus. Gott schütze uns!« Nun, er hat »uns« nicht geschützt und auch nicht das »Volk Gottes«, von dem Hitler nach Hermann Rauschning sprach: »Es kann nicht zwei auserwählte Völker geben. Wir sind das Volk Gottes. Besagt das nicht alles?« Es besagte zwar nicht alles, doch besagte es nach Hitler, daß das wahre Volk Gottes (das deutsche) versuchen mußte, das falsche (das jüdische) auszurotten. Mit aller solcher völkisch-politischer Inanspruchnahme Gottes scheint etwas faul zu sein. Man sollte darüber nachdenken.

Und das Nachdenken darüber hat längst begonnen. Der Pionier war Eric Voegelin, der schon 1938 ein Buch publizierte mit dem Titel *Die politischen Religionen*, in dem er *unter anderen* den Nationalsozialismus als eine solche kritisch behandelte. Neuerdings ist man darauf wieder aufmerksam geworden, und der Titel des 1997 von Michael Ley und Julius H. Schoeps herausgegebenen Sammelbandes *Der Nationalsozialismus als politische Religion* knüpft an Voegelin an und enthält auch einen interessanten Aufsatz über diesen Autor. Voegelins Wiederentdeckung ist ein Indiz dafür, daß die Diskussion über den Nationalsozialismus und besonders die Frage: wie konnte das geschehen? nunmehr in die Dimension vordringt, wo auch eine Antwort zu erwarten ist. Man stößt nämlich jetzt im Selbstverständnis maßgeblicher Täter auf eine Schicht, die durchaus geeignet ist, die größten Untaten zu motivieren. Und man stößt nicht nur auf sie – das wäre nichts Neues, da entsprechende Äußerungen von Hitler und anderen seit langem bekannt sind –, sondern man beginnt mehr als fünfzig Jahre nach Voegelins etwas einsam gebliebenem Ansatz wieder, die trübe Tiefe dieser Schicht mit *kritischer* politischer Theologie zu durchleuchten. Es gibt in letzter Zeit eine Reihe von Publikationen zu dem Thema politische Theologie des Nationalsozialismus und des Holocaust, die freilich nicht nur kritisch sind, sondern teilweise aus jener trüben Tiefe heraus neomythisch weiterspinnen. Die Philosophie ist an der kritischen Durchleuchtung bisher wenig beteiligt.

In einem kürzlich in der *Internationalen Zeitschrift für Philosophie* (Nr. 1, 1997) erschienenen Aufsatz wird dieses Defizit von Hartmut Kuhlmann unter dem Titel *Ohne Auschwitz* beklagt. Bei Kuhlmann wird klar, wo für die Philosophen die Schwierigkeiten liegen: Sie können sich wohl nicht entschließen, ob sie angesichts von Auschwitz ihrem Geschäft des Denkens und Begreifens nachkommen sollen oder ob sie einschwenken sollen auf die derzeitige Generallinie mythenbildender, mit Ritualen verbundener Erinnerung, die Kuhlmann für ebenso modern wie vormodern essentiell hält: »Erinnerung, die auf Rituale angewiesen und dadurch mythenbildend ... ist, ist ein vormodernes Erbe und gleichzeitig ein gesellschaftspolitisches ›Essential‹ der nachtraditionalen, modernen Gesellschaft.« Man kann demnach nicht einfach modern und aufklärerisch sein angesichts gewisser Phänomene der modernen Geschichte und kommt so zu einer merkwürdigen Mischung von modern und vormodern, zu einer unklaren Tiefe, die hier ganz richtig mit dem Begriff *Mythos* verbunden wird. Die Hauptachse heißt: Erinnerung – Mythos. Von Begreifen ist nicht die Rede; statt dessen die Erwägung, vielleicht könne man nur schweigen (doch im übrigen erinnern und Mythen bilden) im Hinblick auf »maximales Menschheitsverbrechen, angesichts dessen jede Sprache scheitern muß«.

Ähnlich in der *Deutschen Zeitschrift für Philosophie* (Nr. 1, 1997) der Aufsatz *Die Einzigartigkeit des Holocaust*. Die beiden israelischen Philosophen, Avishai Margalit und Gabriel Motzkin, versuchen nicht zu begreifen, wie es zu den nazistischen Untaten gekommen ist, verhalten sich also nicht als Philosophen, sondern gleiten davon auf der gängigen Schiene Erinnerung – Mythos. Dabei bekommen sie einen wahrhaft messianischen Schwung. Denn sie wollen sich zwar, wie sie sagen, distanzieren von einer »Holocaust-zentrierten säkularen Theologie«, die heutzutage im Schwange sei, doch bewerten sie derzeitige Tendenzen zur *Mythisierung* des Holocaust weitgehend positiv. Die anschwellende Einzigartigkeit der Holocaust-Rezeption in der Zeit nach 1945, die sie mit der Einzigartigkeit der Reaktion auf Jesu Kreuzigung vergleichen (sie führte bekanntlich zur Ausbildung und Ausbreitung der christlichen Religion), ist ihnen ein Indiz für die Einzigartigkeit der Naziverbrechen, vor allem der Judenvernichtung. So affirmieren sie den Holocaust als »negativen Ursprungsmythos der Nachkriegswelt«: Als einzigartig negativer Höhepunkt der Geschichte wird er zum »universellen Symbol« und bekommt so die mythische Kraft, eine »Zäsur«, »historische Diskontinuität«, einen »radikalen Bruch« zu setzen. Er wird zu »jenem Punkt in Zeit und Raum, von dem die Welt unserer Werte ihren Ausgang nahm« – besserer Werte als vorher, versteht sich. Kraft der »Einzigartigkeit von Erinnerung und Negation« wird der Holocaust zum Ursprungsmythos einer besseren Welt. »Der Erinnerung fällt die besondere und neue Rolle zu, den Sinn dieser Diskontinuität [der Menschheitsgeschichte] zu bewahren.« Und diese positive Einzigartigkeit geht also hervor aus der negativen des Holocaust, die zusammenhängt mit der negativen Einzigartigkeit der nationalsozialistischen Weltanschauung sowie überhaupt der deutschen Geschichte, die der Holocaust »für die vorhersehbare Zukunft zu einer einzigartigen Pariageschichte« werden ließ.

Das ist eine erstaunliche Häufung von »Einzigartigkeiten«, bei denen vor allem zu fragen ist, ob man die altkulturelle Entstehung der christlichen Religion mit der mediengesteuerten Entstehung eines modernen Mythos vergleichen kann und welchen Wert eine mythenbildende Erinnerung ohne Begreifen, wie es gekommen ist, hat.

Eric Voegelin war nach seiner Rückkehr aus der Emigration (ein besonderer Emigrant: weder Jude noch Kommunist) Professor für Politische Wissenschaft an der Universität München. Dort hielt er 1964 eine berühmt gewordene, doch bisher unveröffentlichte Vorlesung über »Hitler und die Deutschen«, die den wohl stärksten Versuch einer philosophischen Vergangenheitsbewältigung oder vielmehr eines Begreifens der Nazizeit darstellt. Denn dazu gehört wesentlich die Kritik schon dieser Vokabel »Vergangenheitsbewältigung«, des weiteren der durch sie bezeichneten Sache. Im Blick auf die damals mit den Auschwitz-Prozessen voll einsetzende deutsche »Vergangenheitsbewältigung« sagt Voegelin (ich zitiere aus einer mir vorliegenden Nachschrift): »Es gibt keine unbewältigte Vergangenheit, was vergangen ist, das ist vergangen. Es gibt nur unbewältigte Gegenwarten. Es kann allerdings auch in der Vergangenheit unbewältigte Gegenwarten gegeben haben, und insofern als schon die Vergangenheit in ihrer Zeit als Gegenwart unbewältigt war, reicht diese Unbewältigtheit in die unbewältigte Gegenwart hinein in historischer Kontinuität.«

Das heißt: Es gilt die zugrundeliegenden Probleme zu erfassen und damit den Nazismus/Faschismus als ein Symptom einer tiefsitzenden Verkehrtheit der modernen Gesellschaft und ihrer Weltanschauung. Hier liegen die wirklichen Gefahren faschistischer Kontinuität, etwa in einer Praxis chiliastisch ausgerichteten Machens, absoluter, »gnostischer Politik« oder in der massenmedialen Manipulation und Propaganda im Dienste neomythischer Ideologie. Davon jedoch lenkt ab das bloße Erinnern vergangener Greueltaten. Voegelin sagt: »Unter dem Titel Zeitgeschichte wird eine Art Exhibitionismus betrieben, mit dem emotionalen Hintergrund einer Entlastung durch freigiebiges Exhibieren der vergangenen Atrozitäten, das heißt durch eine Bewältigung im Klischeesinn. Das heißt also das Ausgraben dessen, was alles unter dem Nationalsozialismus geschehen ist, ist keineswegs eine Bewältigung der Vergangenheit, sondern ist ganz im Gegenteil der Versuch, die Gegenwart nicht zu bewältigen.«

Dieses Nicht-Bewältigen oder zunächst einmal Nicht-Begreifen der Gegenwart tritt besonders dann ein, wenn das Erinnern zu Mythen führt und so politisch wirksam wird, also in eine Politik mündet, die in die Gegenwart eingreift, ohne sie begriffen zu haben. Mit »Mythos« ist hierbei nicht der altkulturelle gemeint, zum Beispiel der altgriechische, altgermanische, altjüdische, sondern ein aus dem Boden der modernen Gesellschaft sprießender und in Form massenmedialer Propaganda verbreiteter *Neomythos*, der freilich an echten, uralten Mythos anknüpfen kann. Statt die altkulturellen Mythen einerseits in ihrer – vergangenen – Zeit zu verstehen und sie andererseits aus unserer Gegenwart heraus neu zu interpretieren oder künstlerisch darzustellen, erfindet man neue Mythen, in denen womöglich auch das Uralte in fataler Naivität unmittelbar wiederbelebt werden soll, zum Beispiel altgermanische oder indianische Naturgötter, göttliche Ansprüche auf ein bestimmtes Stück Erde, direkte Verbindungen zwischen Gott und Volk, mystische oder biologische Heilseigenschaften von völkischem oder rassischem »Blut«.

Der altkulturelle Mythos enthält vor allem Erzählungen vom Handeln zwischen Göttern sowie zwischen Göttern und Menschen. Im archaischen Bewußtsein redeten eben die Götter oder der Gott direkt mit den Menschen und wiesen ihnen den richtigen Weg, was freilich zu Kollisionen der Richtigkeit und zum Untergang von Menschen und Göttern führen konnte. Dieses Bewußtsein ist prinzipiell vergangen – aber mit problematischen Resten oder Kompensationen. So kann heute alles Mögliche oder Unmögliche »zum Mythos werden«, wie man sagt. Und damit ist gemeint, daß da ein X sei, eine anonyme Macht, welche die Gemüter und Handlungen der Menschen in eine bestimmte Richtung lenkt. Es handelt sich um einen gottlos, subjektlos gewordenen Dämonenglauben, in dem ganz Archaisches sich mit Hochmodernem zu einer opaken Mischung verbindet, oft auch unter Einbeziehung von Momenten wissenschaftlicher oder vielmehr pseudowissenschaftlicher Weltanschauung.

So kommt denn das Absolute in einer besonders vagen Form in die Politik, und zwar mit einer trüben, doch weit in die Geschichte zurückreichenden Tiefe. Im Blick darauf kann man von »politischen Religionen« sprechen. Genauer müßte man freilich reden von quasireligiösen Ideologien mit politischem Einfluß, deren Kern Neomythen sind. Politische Theologie in einem weiten Sinne ist dann die Reflexion auf diese trübe Mischung. Überdies wird hier gemeint und betrieben eine *politische Theologie philosophisch-kritischer Art*. Man kann auch von Aufklärung sprechen, wenn darunter der Versuch verstanden wird, Licht in jene trübe Tiefe zu bringen, sie kritisch zu durchleuchten. Die Philosophie steht dabei im Hinblick auf moderne Konstellationen vor einer echten Herausforderung – so wie Hegel angesichts einer mittelalterlichen politisch-religiösen Instrumentalisierung des Absoluten sagt: »die gewußte Wahrheit durch Lüge und Selbstsucht zum Mittel gemacht, das Vernunftswidrigste ... durch das Religiöse begründet ... dies ist das widrigste und empörendste Schauspiel, das jemals gesehen worden, und das nur die Philosophie begreifen kann.«

Mythos und Philosophie, Theologie und Politik

Nach verbreiteter Auffassung hat die altgriechische Philosophie einen entscheidenden Schritt getan vom Mythos zum Logos, vom Erzählen von Göttern und Dämonen zum argumentierenden Diskurs. Platon ist einer der Hauptgewährsmänner für diesen Fortschritt. Wie aber sieht der Schritt bei ihm wirklich aus? Nun, in seinen Dialogen führt der Weg merkwürdig oft vom Logos zum Mythos, am raffiniertesten im *Politikos*, wo ein Mythos den methodisch steril gewordenen und auf Abwege geratenen Logos aus seiner Verirrung rettet und wieder auf eine fruchtbare Bahn bringt. Und dieser Mythos hat fürs Politische entmythologisierende Bedeutung, aber nicht im Sinne radikaler Aufklärung, die den Mythos einfach als alten Aberglauben beiseite wischt.

Wie andere Mythen in seinen Dialogen ist auch der *Politikos*-Mythos von Platon aus altmythischen Elementen komponiert im Hinblick auf die dialogischen Erfordernisse. Er handelt von zwei Weltaltern, einer Epoche der Herrschaft des Gottes Kronos und einer Epoche des Gottes Zeus. Es sei hier abgesehen von der Vorstellung, daß zwei derartige Epochen immer wieder aufeinander folgen. Wichtig ist für Platon die Feststellung, daß wir jetzt – und »jetzt« könnte von damals bis heute reichen – im Zeitalter des Zeus leben. Und damit gilt (wie für frühere Zeitalter des Zeus), daß »die Obhut der Götter den Menschen fehlte und sie nun sich selbst führen und selbst für sich Sorge tragen mußten«. Zeus läßt die Menschen also frei zur Selbstlenkung;

Kronos dagegen war Hüter der menschlichen Herde, wie es heißt, in wirklicher Theokratie. Die Menschen brauchten ihr Leben nicht selbst zu führen und seine Ordnungen festzulegen. Der Gott lenkte sie direkt, als Unmündige sozusagen.

Das bedeutet aber nach dem *Politikos*-Mythos nicht, daß die mündigen Menschen im Zeitalter des Zeus die Normen ihres Handelns ganz neu erfinden müßten, sondern sie haben teil an der allgemeinen Entwicklung des Kosmos, und die sieht so aus, daß der Übergang vom Zeitalter des Kronos zum Zeitalter des Zeus zunächst große Erschütterungen mit sich bringt. Dann aber kommt die Welt wieder in geordnete Bahnen, indem sie sich zwar jetzt selbst lenkt, sich dabei aber der Lehren ihres Werkmeisters und Vaters (also der ursprünglichen, göttlichen Lenkungsweisheit) nach Kräften erinnert. Indem die Erinnerung allmählich schwächer wird, bereitet sich der nächste Untergang und Neubeginn vor.

Bei den Menschen entspricht dieser Entwicklung, daß ihre rationale Autonomie, die auch zur Ausbildung von Wissenschaft und Kunst (*téchne*) führt (nach dem Mythos freilich auch Gaben der Götter), nicht absolut ist, sondern eben verbunden mit der Erinnerung an die alten Erzählungen von göttlicher Lenkung. Platon betont ausdrücklich den Wert der alten »Geschichten, welche jetzt mit Unrecht von vielen ungläubig verworfen werden«. Er tadelt also – modern gesprochen – die radikal aufklärerische Emanzipation aus der Geschichte, für welche die alten Mythen endgültig abgetan sind. Darum ja auch die Mischung von Logos und Mythos in seinen Dialogen. Seine philosophisch aus alten Bestandteilen komponierten Mythen sind Verbeugungen vor der älteren Gestalt der Vernunft. Der dialogische und dialektische Logos bewahrt den vernünftigen Inhalt der alten Mythen und kritisiert das übrige – siehe Platons Mythenkritik in *Politeia*, Buch II und III. Die kritische Vernunft hat dabei keine übergeordneten, übergeschichtlichen Maßstäbe, sondern sie weiß, daß die Stoßrichtung ihrer Kritik auch aus dem Mythos stammt. Sie versucht, seinen Hauptsinn zu erfassen und wendet ihn gegen diejenigen seiner Bestandteile, die ihm widersprechen.

In solcher dialektischer Brechung und Vermittlung haben also auch die alten Geschichten, die von göttlicher Lenkung erzählen, einen guten Sinn, indem sie Ansprüche menschlicher Vernunft auf absolute Autonomie *relativieren*. Andererseits werden alle, also auch alle politischen Absolutheitsansprüche, die durch direkte Berufung auf göttliche Lenkung, Inspiration, Offenbarung entstehen, *relativiert*. Die alten Geschichten, die von göttlichem Eingriff in die Geschichte erzählen, sind nicht bedeutungslos, und zwar schon deshalb nicht, weil sie geschichtswirksam waren und sind. Doch bedürfen sie der vernünftig-kritischen Interpretation, und zwar nicht zuletzt im Hinblick darauf, was geschichtlich aus ihnen geworden ist: was sie positiv bewirkt und negativ angerichtet haben.

Abgesehen von diesen *Spuren* des Absoluten, die zu unsicher sind, um darauf unmittelbar Handeln, zumal politisches, gründen zu können, ist die Geschichte durchgängig der Bereich des Relativen. Politisches Handeln kann sich nur aus relativer Zweckmäßigkeit, die aus bestimmten Interessenlagen angepeilt wird, rechtfertigen. Zwar gibt es auch allgemeine Orientierungen, die mit alten mythischen und religiösen Vorstellungen zusammenhängen. Doch das Absolute daran, die Berufung auf übermenschliche, göttliche Weisung, ist nicht erhaben über aufklärerische, kritisch-relativierende Interpretation. Bei allen theokratischen Ansprüchen zum Beispiel, also angesichts der Behauptung, ein oder der Gott selber lenke ein Gemeinwesen oder Volk, fragt die aufklärerische Perspektive nach dem dahinterstehenden Machtwillen einer Priesterkaste (denn Gott herrscht ja faktisch durch seine menschlichen Beauftragten) und fragt weiter nach den Interessen der Selbsterhaltung und Expansion, welche diese Kaste mit ihrem jeweiligen Volk verbindet. Das Alte Testament zum Beispiel wird dann ganz durchsichtig, erzählt nur einen typisch archaischen Mythos von Gott und Volk. Nach dieser Perspektive macht sich ein Volk durch seine priesterlichen Führer Mut bei der Landnahme, die Unterwerfung, Vertreibung, Ausrottung der dort lebenden Völker einschließt, indem es sich Geschichten erzählt vom Handeln seines Gottes, der den Göttern der übrigen Völker überlegen ist und der gerade dieses sein Volk liebt und fördert, aber auch bestraft, wenn es ihm beziehungsweise seinem Beauftragten, vor allem dem Moses, nicht gehorcht. Kurz gesagt: Ein Volk macht sich die Religion, die es zu seiner Selbstbehauptung braucht. Doch andererseits macht offenbar auch diese Religion erst dieses Volk, ist die Quelle seiner kollektiven Identität. Abstrakt aufklärerische Rationalität übersieht dieses wichtige Faktum und verhält sich so, mit Platon gesprochen, »ungläubig« gegenüber den alten Geschichten und gegenüber der Tatsache, daß ursprünglicher Mythos und Religion nicht nach bestimmten Interessen machbar sind.

Religion wird hier als Oberbegriff genommen, der mythische Religionen mit umfaßt. Doch wäre auch zu unterscheiden zwischen alten mythischen Religionen und neueren Hochreligionen, wobei durchaus anzunehmen ist, daß diese starke mythische Bestandteile haben, auch das Juden- und Christentum. Das ist ein weites Feld, und hier geht es vor allem um das Problem der funktionalen Erklärung der Genese von Religion im weiten Sinne. Im Hinblick auf die These, Religionen seien für bestimmte, menschliche, zumal politische Zwecke machbar, sagt Hegel: »ein so zu Machendes ist die Religion überhaupt nicht, ihr Sich-Machen steckt viel tiefer«.

In dieser Rede vom »Sich-Machen« steckt die Anerkenntnis von etwas, das nicht in der Machens-Macht der Menschen steht, auch wenn sie ansonsten »sich selbst führen« müssen, wie es in Platons entmythologisierendem Mythos heißt. Für das mythische Bewußtsein ist das nicht Machbare, sondern Geschehende der Geschichte das Handeln von Göttern, was dann zu der »heiligen Schrift« der jüdisch-christlichen Kultur geführt hat. Sie ist aber teilweise gar nicht heilig, sondern handelt über weite Strecken von Kämpfen in völkischem Interesse bis hin zum Völkermord und der Aufforderung zu immerwährender Feindschaft. Und prinzipiell ist es gleich mythisch, das heißt erzählend von direkter göttlicher Lenkung, wenn in Homers *Odyssee* Athene zu Odysseus spricht und ihm das Richtige für sein Handeln rät und wenn der Gott des Alten Testaments dem Abraham oder Moses sagt, was zu tun ist. Nach dem *Politikos*-Mythos und seiner *vernünftigen, nicht ungeschichtlich-abstrakt-rationalen Aufklärung* stecken in diesen alten Geschichten die Lehren des Gottvaters Kronos, welche die Welt weiter in Bahnen halten, soweit es bei ihrer natürlichen Korruptibilität möglich ist. Sie bedürfen im Zeitalter des Zeus, wo die Menschen wissen, daß sie sich selbst lenken müssen, der zeitgemäßen Interpretation. Das ist die vernünftige Einstellung zum Mythos und zu den mythischen Bestandteilen der Religionen, wobei nochmals an Hegel zu denken ist, wenn er sagt: »Die Vernunft aber hat ganz andere Ideen als die Abstraktionen des Verstandes.«

In diesem Sinne vernünftig (teilweise freilich mit sehr gewagten Hypothesen) interpretiert der Aufklärer Sigmund Freud die Genese der jüdischen Religion – wie Platon in der *Politeia* das altmythische Konglomerat auseinandernehmend, dabei aber wie Hegel die rätselhafte Großartigkeit der Entstehung von Religionen, einschließlich der jüdischen, betonend. Für die ursprüngliche jüdische Religion nimmt er in *Der Mann Moses* zwei Wurzeln an: Erstens eine bornierte Stammesreligion als Verehrung des Gottes Jahve, ursprünglich ein wütiger Vulkangott, dann »ein roher, engherziger Lokalgott, gewalttätig und blutdürstig; er hatte seinen Anhängern versprochen, ihnen das Land zu geben, in dem ›Milch und Honig fließt‹, und forderte sie auf, dessen gegenwärtige Einwohner auszurotten ›mit der Schärfe des Schwertes.‹« Zweitens die von Moses einem Teil dieses Stammes, den es nach Ägypten verschlagen hatte, gegebene Religion des einen, universalethischen Gottes. Freud vermutet auf Grund einiger Anhaltspunkte, daß Moses ein Ägypter war, ein Anhänger der dort entstandenen, dann aber unterdrückten Aton-Religion, die aus einem Sonnenkult hervorgegangen war. Als religiöser Abweichler mußte er emigrieren und schlug sich auf die Seite der nach Ägypten versprengten Juden, die wegwollten. Er wurde zu ihrem Führer beim Auszug aus Ägypten und brachte ihnen eine neue Religion.

Was immer daran historisch nachweisbar sein mag, Vulkan und Sonne sind treffende Bilder: Einerseits die heiße vulkanische Kraft, die einzelne Berge hervorzuheben vermag, aber verheerend auf die Umgebung wirkt; andererseits die ubiquitäre Sonne, die alles wärmt und wachsen läßt. Freud schreibt: »Einem Teil des Volkes hatte der ägyptische Moses eine andere, höher vergeistigte Gottesvorstellung gegeben, die Idee einer einzigen, die ganze Welt umfassenden Gottheit, die nicht minder alliebend war als allmächtig, die, allem Zeremoniell und Zauber abhold, den Menschen ein Leben in Wahrheit und Gerechtigkeit zum höchsten Ziel setzte.« In der Stiftung einer solchen Religion liegt nach Freud das große, bleibende Verdienst des Mannes Moses: »denn in Wirklichkeit hatte nicht ein unsichtbarer Gott, hatte der Mann Moses sie aus Ägypten geführt«.

Soweit sei hier der Aufklärer Freud referiert mit seiner kritischen, Vernünftiges von Unvernünftigem scheidenden Interpretation einer altmythischen Verbindung von Gott und Volk, von göttlicher Lenkung eines bestimmten Volkes. Des weiteren versucht er von daher zu erklären, wieso dieses bestimmte Volk, also das jüdische, zu dem er zumindest der Abstammung nach selber gehört, allen Unfällen und Mißhandlungen trotzt, besondere Charakterzüge entwickelt »und sich nebstbei die herzliche Abneigung aller anderen Völker« erwirbt. Das ist eine etwas ironische Passage bei ihm, denn »nebstbei« erfolgt die Erwerbung der Abneigung gerade nicht. Das Bewußtsein, etwas ganz Besonderes, wenn nicht gar Absolutes zu sein, nämlich das »Volk Gottes«, das einerseits ungeheure Selbsterhaltungskräfte auch unter den widrigsten Umständen mobilisiert, verursacht andererseits diese widrigen Umstände mit, indem es bei den anderen Völkern Eifersucht und Haß provoziert. Nach Freud ist der Antisemitismus eine *Reaktion* der anderen Völker auf das jüdische Besonderheitsbewußtsein, ursprünglich die religiöse Überzeugung von göttlicher Auserwähltheit, die dann aber auch allerlei säkulare Formen annehmen kann: »sie halten sich für vornehmer, höherstehend, den anderen überlegen, von denen sie auch durch viele ihrer Sitten geschieden sind.«

Wieder reichlich ironisch, da er ja selbst als »aufgeklärter« Mensch nicht an einen so handelnden Gott glaubt, fährt er fort, auf die Entstehung der christlichen Religion anspielend: »Der Verlauf der Weltgeschichte schien dann die jüdische Anmaßung zu rechtfertigen, denn als es später Gott gefiel, der Menschheit einen Messias und Erlöser zu senden, wählte er ihn wiederum aus dem Volke der Juden.« Das freilich führte zur Verstärkung und zu einer neuen, wenn auch im Grunde unchristlichen Fundierung des Judenhasses, da das Christentum viele Völker ergriff, während die meisten Juden diesen Messias nicht anerkannten, zumal nicht als den menschgewordenen Gott und damit als die entmythologisierende, entvölkisierende Transformation ihres Gottes.

Jeder heutige Antisemitismusforscher sollte bei Freud vor allem dieses Kapitel mit dem Titel »Das Volk Israel« lesen. Denn welchen Sinn hat es, die Reaktionen »der Völker« zu erforschen oder gar nur anklagend zu registrieren, wenn man ausklammert, worauf reagiert wird? Wenn der Hinweis auf jüdische Ursachen des Antisemitismus als antisemitisch gilt, dann muß der denkende Mensch wohl in dieser Hinsicht »Antisemit« sein. Freud jedenfalls hält sich hier an keine Denkverbote. Insofern ist sein Moses-Buch jüdisch-selbstkritisch, fragt aber nicht weiter danach, warum die meisten Juden diesen Messias nicht akzeptieren konnten, und was er politisch bedeutete. In aller Deutlichkeit hat es der Philosoph Thomas Hobbes in seinem *Leviathan* herausgearbeitet im Anschluß an den Satz aus dem Johannes-Evangelium »mein Reich ist nicht von dieser Welt«, den er zitiert. Man muß ihn zusammenlesen mit dem Kernsatz der zweiten Hälfte des *Leviathan*: »that Jesus is the Christ« – das heißt: er und sonst niemand. Aus diesem Zusammenhang entwickelt Hobbes eine negative politische Theologie. Sie erklärt alle (zumindest alle direkte) theologische, religiöse, mythische, ideologische Rechtfertigung von Politischem, das sich so ein absolutes Fundament besorgen will, für unstatthaft. Hobbes würdigt die im Alten Testament erzählten Geschichten von göttlicher Lenkung als mythische Präfigurationen dieser nicht bloß einzig-artigen, sondern *einzigen*, jedenfalls für unsere Zeitrechnung einzigen menschlichen Manifestation des Absoluten in der Geschichte. Seitdem gilt: Alle Personen oder Gruppen, auch Völker, die Anspruch auf

Absolutheit, göttlichen Auftrag, »inspiration« machen, sind politisch gefährliche Spinner, »enthousiasts«, Fanatiker.

Hobbes entwickelte diese politikphilosophischen Folgerungen als Interpretation zentraler christlicher Dogmen, stellt also seine säkulare politische Philosophie auf politisch-theologische Grundlage. Zugleich zieht er damit aber das Fazit aus den Erfahrungen, die er selbst im religiösen Bürgerkrieg seiner Zeit machen mußte mit konkurrierenden, fanatisierenden Absolutheitsansprüchen in der Politik. Ist diese Zeit endgültig vorbei? Offenbar nicht. Denn Hitler ist noch nicht lange tot, und daß er und andere Naziführer neomythisch-völkische Fanatiker im Sinne der hier vorliegenden Argumentation waren, liegt auf der Hand. Wo heute Ähnliches vorkommt, wäre zu fragen, und auch die Möglichkeit universalistischer Absolutheitsansprüche im Namen von Demokratie und Menschenrechten ist im Auge zu behalten.

Daß ein Mensch dieses Bewußtsein von sich haben konnte, der »Sohn Gottes« zu sein, kann man nicht ohne die altjüdische Tradition verstehen, die mit ihm zu Ende geht. Von da an kann sich nach Hobbes vernünftigerweise keiner mehr, kein Einzelner und keine Gruppe, auf unmittelbar göttliche Weisung berufen. Was immer Jesus als Christus sonst noch bedeuten mag, nach Hobbes bedeutet es für die Politik genau dieses und bedeutet damit andererseits die Freisetzung menschlicher, stets begrenzter, endlicher Zweckvernunft, die im Politischen gut daran tut, den Staat oder die Gesellschaft möglichst friedlich und gerecht als funktionierende Maschine, aber auch als großen Menschen (also mit Menschlichkeit) zu institutionalisieren, wohl wissend, daß sie stets unvollkommen und bedroht ist, eben nur ein sterblicher Gott, der auch leicht zum Ungeheuer werden kann. Doch auch nur zum relativen Ungeheuer mit relativen Verbrechen, so groß sie auch sein mögen. Denn das Politische ist, zumindest nach Hobbesscher philosophischer und zugleich politisch-theologischer Vernunft, seit Beginn unserer Zeitrechnung der Bereich des Relativen. Unter anderem brachte dieser Messias demnach die Erlösung vom Absoluten in der Politik, und er brachte damit zugleich eine Konvergenz von Theologie (als Christologie) und allgemeinmenschlicher Vernunft auf den Weg, die freilich als solche bereits in den metavölkischen Aspekten des alttestamentarischen Gottes (Freuds Deutung!) angelegt war.

Gegen absolute Politik nach wie vor Auschwitz

Mit Hobbes ist demnach die Einsicht erreicht, daß das Absolute in der Politik und bereits in der politischen Ideologie von Übel ist. Die geschichtliche Realität scheint sich aber nicht danach zu richten: das übliche Schicksal philosophischer Einsichten? Doch folgt aus dieser Einsicht jedenfalls eine These über die eigentliche Ursache des modernen Unheils, das aus dem Versuch hervorgegangen ist, absolute Politik zu betreiben, in Hitlers neomythischem Fanatismus beispielsweise. Wo Hannah Arendt auf diesen Komplex stößt, kann sie sich nur schaudernd abwenden. Er begegnete ihr in einer Hitler-

Rede des Kriegsjahres 1942, in welcher er sprach über die Rolle der Juden in diesem Krieg sowie in der Weltgeschichte überhaupt. In Arendts Worten: Dieser Krieg sei im Grunde »der Krieg zwischen dem übernatürlich guten Volk der Deutschen und dem übernatürlich schlechten Volk der Juden«.[1] Das liegt auf der Linie von Hitlers früher Bemerkung über die Konkurrenz zweier auserwählter Völker. Durch eine nicht mehr christlich aufhebende, sondern völkisch negierende Umkehrung des altjüdischen Selbstbewußtseins von göttlich-guter Auserwähltheit ist bei Hitler die Überzeugung, und zwar eine vernichtungs-fanatische Überzeugung von der Verworfenheit der Juden entstanden. Sie verkörpern so für ihn das Böse in der Weltgeschichte und sind daher auszurotten. Er stilisiert die Weltgeschichte hin auf den Endkampf zwischen zwei Völkern oder vielmehr »Rassen«, einer absolut guten und einer absolut bösen.

Bei Hitler tritt offenbar eine der Herkunft nach religiöse, christliche oder vielmehr pseudochristliche Judenfeindschaft unter die modernen Bedingungen wissenschaftlicher oder vielmehr pseudowissenschaftlicher, sozialdarwinistischer Weltanschauung. Das absolut und welthistorisch Böse wird so biologisch greifbar, angreifbar als »Rasse«, als eine biologisch zu erfassende Anlage, als »Blut«, wie man in dieser Zeit verbreitet mit einer vieldeutigen Metapher sagte. Aus uralten Mythen der besonderen Verbindung von Gott und Volk wird dann bei einem anderen Exponenten der nationalsozialistischen Weltanschauung, bei Alfred Rosenberg, *Der Mythus des 20. Jahrhunderts*, der von der Überlegenheit und heilbringenden Kraft der arischen und nordischen Rasse erzählt.

Arendt reagiert auf alle solche Absolutierungen des Völkischen und Rassischen nur abwehrend, ohne ihnen auf den mythischen Grund zu gehen und ohne zwischen aufzuhebendem Alt-Mythos und trübem, mit »wissenschaftlicher Weltanschauung« vermischtem Neomythos zu unterscheiden. Gegen die ihr bei Hitler begegnende These vom übernatürlich guten Volk der Deutschen und übernatürlich schlechten der Juden macht sie aufklärerisch die grundsätzliche Gleichheit der Völker geltend. Dabei reagiert sie ebenso negativ auf jüdisches Übermaß des Völkischen wie auf deutsches, speziell nazistisches. Die israelischen Staatsbürgerschaftsgesetze bringt sie mit den Nürnberger Rassegesetzen der Nazis in Verbindung. Als Gershom Scholem ihr im Hinblick auf ihr Buch *Eichmann in Jerusalem* einen Mangel an »Liebe zu den Juden« vorwirft, geht sie ein auf ein Gespräch, das sie mit der israelischen Ministerpräsidentin Golda Meir hatte und in dem diese die nach Arendt »verhängnisvolle Nicht-Trennung von Religion und Staat in Israel« verteidigte. In dem Gespräch hat Meir nach Arendt sinngemäß gesagt: »Sie werden ja verstehen, daß ich als Sozialist nicht an Gott glaube, ich glaube an das jüdische Volk«. Dazu Arendt: »Ich bin der Meinung, daß dies ein furchtbarer Satz ist, und habe nicht geantwortet, weil ich zu erschrocken war, aber ich hätte antworten können: Das Großartige dieses Volkes ist es einmal gewesen, an Gott zu glauben ... Und jetzt glaubt dieses Volk nur noch an sich?

[1] Hannah Arendt, *Nach Auschwitz*. Berlin: Tiamat 1989.

Was soll daraus werden? – Also, in diesem Sinne ›liebe‹ ich die Juden nicht und ›glaube‹ nicht an sie, sondern gehöre nur natürlicher- und faktischerweise zu diesem Volk.«

Das ist eine Einstellung zur eigenen Volkszugehörigkeit, die für *alle* Völker vorbildlich sein könnte, und außerdem eine hellsichtige Bemerkung über künftige innen- und außenpolitische Aporien des Staates Israel. Den Gott, an den das alte Judentum geglaubt hat, versteht sie freilich eher im Sinne von Freuds Deutung des Mannes Moses und seines Glaubens an den einen, universalethischen Gott, nicht an den ebenso altjüdischen Stammesgott Jahve. Der Glaube an den volks-transzendenten Gott feit also gegen die Versuchung einer Absolutierung des Völkischen. Arendt distanziert sich so von der fatalen Säkularisierung altmythischer Volk-Gott-Verbindungen, die schließlich dazu führen, daß man ans Volk statt an Gott glaubt. Welche andersartige, prinzipiell metavölkische Geschichtswirklichkeit der transzendente Gott der Juden jedoch durch seine Menschwerdung bekommen (oder nach religiöser Vorstellung sich gegeben) hat, darauf reflektiert sie nicht. Da ihre an den alten Griechen orientierte politische Philosophie weitgehend theologiefrei ist und sie überdies das Christentum für erledigt hält, versucht sie nicht (wie etwa Hobbes oder Hegel), die tatsächlichen geschichtlichen Folgen des christlichen Glaubens philosophisch zu begreifen, des Glaubens nämlich, daß der Messias schon da war und daß er weder ein völkisch noch ein anderweitig politisches Reich Gottes auf Erden begründet hat. In ihrer politischen Philosophie fehlt der Einfluß von Hobbes und damit die prinzipielle Befreiung der Politik von absoluten Ansprüchen, wie dieser sie darlegt in seinen politisch-theologischen Folgerungen aus dem Christentum.

Dennoch wirkt sie in anderer Hinsicht, nämlich im Hinblick auf die Naziverbrechen entabsolutierend und entmythologisierend, zumindest im Fall Eichmann (während sie ansonsten die Einzigartigkeitsthese vertritt). Schon der Untertitel ihres Eichmann-Buches *Ein Bericht von der Banalität des Bösen* weist darauf hin. Gegen israelische und deutsche Tendenzen, den Adolf Eichmann zur Verkörperung des absolut Bösen hochzustilisieren (und mit seiner Hinrichtung einen weiteren Beitrag zur Ausrottung des Bösen zu leisten), beschreibt sie ihn als »subalternen Bürokraten«, ja als »Hanswurst«, dessen Böses »nur« darin lag, daß es ihm ganz egal war, was er für Karrierezwecke, Anweisungen von oben befolgend, organisierte, Ölgeschäfte wie vorher oder die massenhafte Vernichtung von Menschen. Ihm war auch kein ideologischer Fanatismus nachzuweisen wie anderen Nazis, nur jenes banale Böse, das nicht auszurotten sein dürfte, da Menschen immer wieder bereit sind, für Anerkennung und Karriere fast alles zu tun.

Wo ist dann aber das absolut Böse bei den Tätern zu finden? Etwa in der Ideologie der fanatisch Überzeugten wie Hitler und Frank, die eingangs zitiert wurden? Nun, hier wird's zumindest interessant, freilich auf eine Weise, mit der Hannah Arendts teils altgriechische, teils deutsch-humanistische, teils modern aufgeklärte Vernunft nichts zu tun haben will. So entgehen ihr die interessantesten Phänomene einer Verschlingung von deutscher und jüdischer Übertreibung des Ethnischen hin zum Völkischen, einschließlich einer absolutierenden Verbindung des Prinzips Abstammung mit gesamtmenschheitlichen Heilsaufgaben. Das Völkische schaukelt sich seit der Jahrhundertwende gegenseitig hoch bis zum Siedepunkt absoluter, tödlicher Konfrontation von seiten der Nazis.

Eines dieser Phänomene ist die nazistische Verdrehung Nietzsches zu einem arischen oder germanischen Rasse-Ideologen, der merkwürdigerweise ein ähnlicher jüdischer Nietzscheanismus vorausgeht.[2] Der Übermensch oder vielmehr das »Übervolk« sind für diesen keine »blonden Bestien« oder andere Arier, sondern eben die Juden. Und bei dem früheren Hegelianer Franz Rosenzweig, der später sein Judentum wiederentdeckte, kann man in dem zuerst 1921, also vier Jahre vor Hitlers *Mein Kampf* erschienenen Buch *Der Stern der Erlösung* die folgenden Sätze lesen: »Es gibt nur eine Gemeinschaft, in der ein solcher Zusammenhang ewigen Lebens vom Großvater zum Enkel geht, nur eine, die das ›Wir‹ ihrer Einheit nicht aussprechen kann, ohne dabei in ihrem Innern das ergänzende ›sind ewig‹ mitzuvernehmen. Eine Gemeinschaft des Bluts muß es sein ... Während jede andere Gemeinschaft, die auf Ewigkeit Anspruch macht, Anstalten treffen muß, um die Fackel der Gegenwart an die Zukunft weiterzugeben, bedarf die Blutsgemeinschaft allein solcher Anstalten der Überlieferung nicht; sie braucht den Geist nicht zu bemühen; in der natürlichen Fortpflanzung des Leibes hat sie die Gewähr ihrer Ewigkeit. Was vom Volk überhaupt als der Vereinigung der Blutsfamilien gegenüber allen Gemeinschaften des Geistes gilt, das gilt nun in ganz besonderer Weise von dem unsern. Das jüdische Volk ist unter den Völkern der Erde, wie es sich selber auf der allsabbatlichen Höhe seines Lebens nennt: das eine Volk«; und als solches muß es achten auf »seine Selbsterhaltung im Abschluß des reinen Quells des Bluts vor fremder Beimischung«.

Ganz Ähnliches kann man mit Bezug aufs »arische« Blut in nazistischen Publikationen lesen. Mit seinen abschätzigen Bemerkungen über den »Geist« könnte es in direkter Entgegensetzung geschrieben worden sein zu dem, was im Johannes-Evangelium Jesus Christus sagt, nämlich: »Was vom Fleisch geboren wird, das ist Fleisch; und was vom Geist geboren wird, das ist Geist ... Der Geist (pneuma = Geist, Wind) weht, wo er will« (Johannes 3, 6 u. 8). Doch wie dem auch sei, jener krude Ethno-Biologismus (Volk bloß als Abstammungsgemeinschaft oder auch als rein zu erhaltende Rasse), verbunden mit uralten Mythen von Gott und Volk einerseits, von menschheitlichem Heilsgeschehen andererseits, und dies alles zusammengemixt in der dunklen Metapher »Blut«: Dergleichen bildet auch den Grundsumpf der Naziideologie bei einigen ihrer maßgeblichen Exponenten.

Wo steckt nun aber in diesem deutsch-jüdischen Schlamassel das eigentlich Böse, sei es nun absolut oder relativ? Böse ist es auf jeden Fall insofern, als es in der Naziideologie und Nazipolitik auf Vernichtungsfanatismus hinausläuft. Dazu kann man sagen, der jüdische Auserwähltheitsglaube habe sich schließlich nicht zu der Forderung verstiegen, zugunsten des einen Vol-

[2] Vgl. Werner Stegmaier/Daniel Krochmalnik (Hrsg.), *Jüdischer Nietzscheanismus*. Berlin: de Gruyter 1997.

kes müßten die anderen ausgerottet oder versklavt werden. Aber auch wenn ein relativ friedliches Volk solche Absolutheit und Einzigartigkeit für sich in Anspruch nimmt, ist das bedenklich.

Neudeutscher Philosemitismus stärkt diese Position, so etwa Josef Simon in dem Sammelband *Jüdischer Nietzscheanismus*. Dort schreibt er, der Wille zur Nation sei bei den nicht-jüdischen Völkern »gefährlich und aggressiv, weil er seine ›Identität‹ nicht im Absoluten *hat*«. Die Juden dagegen »als ›das‹ (warum noch in Häkchen?) Volk Gottes haben ihre Selbstgewißheit in sich selbst und sind ›das‹ wirkliche Volk unter anderen Völkern, die ›Nationen‹ sein möchten, es aber als ›res facta‹ nicht sind.« Es ist ein erstaunliches Faktum, daß ein Bonner Philosophieprofessor gegen Ende des 20. Jahrhunderts so etwas schreiben kann. Mit dem Projekt Aufklärung scheint irgend etwas schiefgegangen zu sein. Offenbar hat gerade das 20. Jahrhundert einige unverdaute Mythen im Bauch.

Meine These lautet: Nichtaufgehobene Altmythen, vor allem solche, die von Gott und Volk erzählen, sind generell gefährlich, da aus ihnen leicht neomythische Begründungen absolut guter Politik mit zugehöriger Vernichtung des ebenso absolut Bösen werden können, zumal dann, wenn moderne Menschheitsverbesserungsutopien aus wissenschaftlicher oder vielmehr pseudowissenschaftlicher Weltanschauung hinzutreten. Dann entsteht das, was Eric Voegelin im Titel eines *Merkur*-Aufsatzes (Nr. 50, April 1952) *Gnostische Politik* nennt. Das ist Politik mit dem Anspruch aufs Wissen vom Menschheitsheil, absolute Politik in diesem Sinne. Davon gibt es, wie gesagt, zwei Varianten: eine partikularistische, die das Heil der Menschheit von einem Volk und seinem Führer erwartet, und eine universalistische, die direkt im Namen der Menschheit zu agieren vorgibt, auch wenn faktisch zunächst oder für unabsehbare Zeit eine bestimmte Nation oder Rasse oder Klasse dabei führend sein soll. Das Menschheitsheil in beiden Formen ist dabei ein so hehrer Zweck, daß er zur Rechtfertigung von Massenvernichtungen dienen kann. Denn was dem Heil im Wege steht, muß eben weg. Biologisch ausgedrückt handelt es sich dabei lediglich um die Ausmerzung schlechten Erbguts.

Gerade in neuerer Zeit, da auch die Menschheit sich so ungeheuer vermehrt hat, entstand für »gnostische«, absolute Politik das Problem, größere Menschenmengen möglichst glatt beseitigen zu müssen. »Das Technische findet sich ein, wenn das Bedürfnis vorhanden ist«, sagt Hegel in seiner *Geschichtsphilosophie*. Und so erfand man denn zur Zeit der Französischen Revolution zum Zwecke einer eher direkt universalistischen Menschheitsbeglükkung nach Ausschaltung der Bösen die Guillotine. Die Gaskammer steht als potentere Technik der Massenvernichtung genau in dieser Fortschrittslinie, bei den Nazis gerechtfertigt im Rahmen einer partikularistisch, völkisch ansetzenden absoluten Politik. Distanziertere Mittel der Massenvernichtung von Zivilisten sind Bomben, Raketen, Atombomben. Einzigartig waren die Naziverbrechen weder durch Einsatz moderner Vernichtungstechnik noch durch ihre ideologische Rechtfertigung, noch durch beispiellose Grausamkeit. Die Geschichte ist leider angefüllt mit Beispielen desselben. Die Untaten der Nazis sind das altbekannte politische Verbrechen in moderner Gestalt, das heißt: massenhaft, organisiert, technisiert, ideologisch-neomythisch gerechtfertigt. Und auch an dieser Ideologie, der nationalsozialistischen Weltanschauung, ist nichts einzigartig (außer in dem Sinne, wie jede geschichtliche Gestalt einzigartig ist), sondern sie steht in einer Reihe, wie schon Voegelin gezeigt hat. Sie ist eine typische moderne Weltanschauung mit pseudowissenschaftlicher Begründung und unverdautem archaischem Mythos im Hintergrund.

Aus Auschwitz einen neuen Mythos am Ende des 20. Jahrhunderts zu machen, ist nicht besser als entsprechende Versuche in der Mitte dieses Jahrhunderts. Daß die Naziverbrechen der Höhe- und zugleich Endpunkt modern möglicher Massenvernichtung sind, kann man hoffen und kann vor allem versuchen, geeignete Maßnahmen gegen Völkermord und ähnliches im Rahmen internationaler Friedenssicherung vorzusehen. Das ist der Hobbessche, rationale Weg, der verlassen wird, wenn man daraus einen Mythos macht. Damit beschwört man dunkle Mächte und öffnet den Weg für gefährliche Illusionen, Verblendungen, Anmaßungen, indem man verdrängt, wozu *der Mensch*, keineswegs nur der Deutsche, fähig ist, und zwar um so fähiger, je größer die Macht der technischen Mittel. Die These von der Einzigartigkeit der Naziverbrechen durchkreuzt diese nützliche Einsicht, welche die unabdingbare Voraussetzung dafür ist, dergleichen in Zukunft zu verhindern. Die andere Voraussetzung ist, daß man nicht nur erinnert, sondern begreift, wie es zu diesen Verbrechen hat kommen können.

Wenn freilich die Einzigartigkeit der Naziverbrechen als mythisch garantiert gilt und als Einbruch des Absoluten in die Geschichte, dann kann man auf die Idee kommen, dieser Mythos sei nach Kräften zu verbreiten. Dann scheint es angebracht zu sein, aus der Einzigartigkeit der Naziverbrechen eine massenmediale Dauerberieselung zu machen. Die Einzigartigkeit rechtfertigt dieses Verfahren, und das Verfahren erzeugt die Einzigartigkeit durch den direkten Übergang von Erinnerung in Mythos. Das ist ein mythischer Teufelskreis.

Fazit: Erinnerung ist nötig. Man muß wissen, wozu der Mensch fähig ist, und die Geschichte lehrt es. Also Erinnerung, aber in zuträglichem Maß, nicht einseitig, sondern umfassend (also einschließlich der Verbrechen an Deutschen), ohne Mythisierung und mit Begreifen, wie es gekommen ist: welche menschliche Dummheit und welcher ideologische Wahn mit Methode dahinter steckt. Bei der Suche danach hat sich hier das absolut, einzigartig Böse nicht gezeigt. Geschichte und Politik sind durchgängig der Bereich des Relativen mit nur unsicheren, höchst deutungs- und relativierungsbedürftigen Spuren des Absoluten, die von alten Mythen ausgehen. Auch im Selbstverständnis und der Ideologie der fanatisch überzeugten Nazi-Täter, wo es am ehesten zu vermuten war, hat es sich nicht gezeigt. Auch hier ist das Böse etwas Relatives, haben unverdaute, nichtaufgehobene alte Mythen von Volk und Gott unter modernen Bedingungen sozialtechnischen Planens und Machens einen absoluten Anspruch bekommen: mit mörderischen Konsequenzen.

Am Tempel zu Delphi stand unter anderem »Nichts zu sehr«, und Platon sagt im *Politikos*, die praktische Wissenschaft (*téchne*) bemühe sich um die theoretische Kenntnis und praktische Vermeidung von Übermaß und Mangel. Der politischen Wissenschaft und Praxis (*téchne poltiké*) müßte es demnach nicht zuletzt gehen um Übermaß und Mangel im Umgang mit der Realität Volk oder vielmehr Völker. Denn sie kommen bekanntlich im Plural vor. Wenn man diese Realität mit Absolutem in Verbindung bringt, dann doch wohl am besten im Sinne des Satzes »Völker sind Gedanken Gottes« (stammt er von Herder?) – *Gedanken*, also eine wertvolle Vielfalt, die es auch unter den Bedingungen einer erdumgreifenden technologischen Zivilisation zu erhalten gilt.

Christian Geyer

Wohin mit der Heilsanstalt?

Kirche in der Gesellschaft

Während die Kirchen in Deutschland ihre Pforten geschlossen halten (es wird so viel geklaut, heißt es), fordern ihre Vertreter landauf landab dazu auf, sich in die Gesellschaft einzumischen. Das ist schon deshalb sehr merkwürdig, weil sich in eine Gesellschaft strenggenommen ja nur solche Leute einmischen können, die ihr auf irgendeine Weise noch nicht oder nicht mehr angehören. Zwar hat sich die Kirche immer auch als Hort der Ausgestoßenen verstanden, aber ist der Appell, sich einzumischen, eine Weisung an die Künstler, Verbrecher und Obdachlosen im Lande, ihrer Resozialisierung in den Betrieb der Bundesrepublik keine Hindernisse in den Weg zu legen? An die anderen, die in diesem Betrieb via sozialversicherte Planstelle ohnehin schon mitmischen, kann der Appell nicht gerichtet sein. Die Mitmischer zum Einmischen aufzufordern, wäre ja tautologisch. Oder hat man sich das Einmischen von Mitmischern so vorzustellen, daß sich der Christ in der Mittagspause auf eine Apfelsinenkiste stellt und seine Kollegen zur Kandidatur im Zentralkomitee der deutschen Katholiken bewegt? Wie man es auch dreht und wendet, die gesellschaftliche Wirksamkeit des Christentums scheint zu den eher komplizierten Angelegenheiten des Lebens zu gehören.

Wer in dieser *causa* die Bibel um Rat ersucht, wird enttäuscht. Man stößt zwar auf einen Missionsbefehl (macht alle Völker zu meinen Jüngern), aber es fehlt an verwaltungstechnischen Ausführungsbestimmungen, und wer gezielt etwas zum Stichwort »soziale Effizienz« wissen möchte, wird gänzlich allein gelassen. Das Gleichnis vom Sämann gibt Jesus als einen Menschen zu erkennen, der mit der Kategorie der Effizienz eher nachlässig umgeht. Man möge nur einfach aussäen, sagt er, wie ist egal, und was draus wird, soll eure Sorge nicht sein. Ein Teil der Körner fällt auf den Weg, und die Vögel kommen und fressen sie. Ein anderer Teil fällt auf felsigen Boden, wo es nur wenig Erde gibt, und geht sogleich auf; wenn dann die Sonne aufsteigt, wird die Saat versengt und verdorrt, weil sie keine Wurzeln hat. Wieder ein anderer Teil fällt in die Dornen, und die Dornen wachsen und ersticken die Saat. Ein weiterer Teil schließlich fällt auf guten Boden und bringt Frucht, teils hundertfach, teils sechzigfach, teils dreißigfach. Wer Ohren hat, der höre. Trotz der Zahlenverheißung besteht die statistische Erfaßbarkeit nur zum Schein. Denn Jesus hat sein Gleichnis abgeschlossen, ohne ein Kriterium zu hinterlassen, mit dem man eine Frucht als solche erkennen könnte.

Gleichwohl sorgt sich derzeit keine Einrichtung der Gesellschaft so sehr um das, was sie gesellschaftliche Wirksamkeit nennt, wie die Kirche. Über den kirchlichen Diskursen schwebt beständig das Schreckgespenst der Gettoisierung und Privatisierung von Religion. Freilich scheint keiner der Diskursteilnehmer sagen zu können, wie er sich eine nichtgettoisierte und nichtprivatisierte Religion genau vorstellt. Geht es um die Wiederbelebung der antiken Polisidee, das Erstehen einer christlichen Partei, die konfessionelle Quote bei der Besetzung von Planstellen in der Deutschen Bank? All das bleibt im unklaren. Gemessen an der Verve, mit der der Öffentlichkeitsauftrag der Kirche beschworen wird, ist sein gedanklicher Gehalt erstaunlich blaß. Der innerkirchliche Appell, keine christliche Nischenexistenz zu führen, erweist sich als ebenso suggestiv wie nebulös. Sollte er am Ende nur dazu taugen, dem Arglosen, der da still in einer Kirche sitzt und betet, ein schlechtes Gewissen einzujagen?

Tatsächlich kommt das Beten in der christlichen Verkündigung der Bundesrepublik kaum vor. Als der Limburger Bischof seinen diesjährigen Fastenbrief dem Gebet widmete, wirkte das innerkirchlich schon fast wie ein Fremdkörper. Wo blieb denn da der Aufruf zur Aktion, die Anstiftung zur Tat? Das ist das eigentlich Befremdliche an der kirchlichen Gesellschaftsrhetorik: daß sie sich zunehmend um ein geistliches Vakuum zu ranken scheint. Die Marginalisierung von »Privatfrömmigkeit«, oft im Verein mit dem Ressentiment gegen »ontologische Theologeme«, baut auf der unausgesprochenen Vermutung auf, dergleichen passe nicht in die moderne Zeit. Doch in der ausdifferenzierten und individualisierten Moderne ist der christliche Glaube nicht um so präsenter, je kräftiger und fintenreicher die Kirche als gesellschaftliche Großgruppe agiert, sondern je überzeugender und integrer die einzelnen Gläubigen sind, in einem durchaus urchristlichen Sinn. Nicht auf Bischofskonferenzen, in Zentralkomitees und auf den Wertesymposien kirchlicher Akademien wird die Synthese zwischen Glauben und moderner Kultur hergestellt, sondern im Leben des einzelnen Gläubigen. Hier spielt die Musik, die die Welt vom Christentum vernimmt, nicht in den schallisolierten, Papiere produzierenden Laboratorien für christliche Weltverantwortung. Nur der einzelne Gläubige »vor Ort« ist in der Lage, seine Religion mit der Autonomie des von ihm verantworteten Sachbereichs in ein stimmiges Verhältnis zu setzen. Er trägt sein Bekenntnis nicht wie eine Ideologie vor sich her; vielmehr muß er die Welt, von der er ein Teil ist, mit seiner Hoffnung zusammenbringen, daß Christus sein Erlöser ist. Die Gewähr für den unideologischen Charakter dieses Prozesses bietet aber nichts anderes als – die Kontemplation. Die überlieferten Gebetsformen passen gerade deshalb in die Moderne, weil sie nicht an eine gesellschaftliche Korporation oder ein bestimmtes Milieu gebunden sind, sondern auf den einzelnen zielen. Nach klassischem christlichen Selbstverständnis besteht das Gebet nicht aus einem gedanklichen Zusammenstoppeln von Theoriebausteinen, sondern aus der persönlichen Gegenüberstellung mit Gott, bei der man sich über sich selbst und seinen Ort klar wird.

Christen haben in der Welt immer dann eine fruchtbare Spur hinterlassen, wenn sie sich von ihrem spirituellen Nährboden nicht ablösten. Ein Bischof, der nicht Askese übte und aus dem Gebet lebte, würde die sakramentale Tiefendimension seines Amtes über kurz oder lang aus dem Auge verlieren und sich auf der kläglichsten aller Karriereleitern, der kirchlichen, häuslich einrichten. Als Manager des Metaphysischen würde er sich schämen, von der

Gottesliebe zu reden und Ratlosigkeit hervorrufen mehr noch durch das, was er nicht sagt, als durch das, was er sagt. Er würde zum Spielball seiner Gremien werden und seine Richtlinienkompetenz notgedrungen darauf beschränken, in allen Winkeln der Diözese ein Seid-nett-zueinander zu sprechen und die gewachsenen Formen der Volksfrömmigkeit – darauf kommt es doch nicht an! – unter den Verdacht der Innerlichkeit zu stellen. Er würde die Fähigkeit, zuzuhören, mit der Bereitschaft verwechseln, um des lieben Friedens willen alles und jedes abzusegnen. Die kirchlichen Einrichtungen, die er verantwortet, blieben ersichtlich ein Apparat von Funktionären, am Leben gehalten vom Zustrom der Zuschüsse, für die Gesellschaft kein Licht, sondern plapperndes Ärgernis.

Doch sieht es nicht so aus, als sei dies den Kirchenführern durchgängig bewußt. Zumindest in ihrer deutschen Sektion legt die Kirche gesteigerten Wert darauf, in ihrer Botschaft das Abstraktum der Gesamtgesellschaft abzubilden. Der entsprechenden Rhetorik haftet freilich etwas unentrinnbar Milieuhaftes an. Statt der milieufreien Botschaft ihres Mysteriums zu trauen, unterwirft man den Glauben einer Plausibilisierungsstrategie, die das konfessionelle Profil flach hält und unter beträchtlichem religionspädagogischen Aufwand auf die Psyche der Gesamtgesellschaft zielt. So hofft man, im Dialog der Bekenntnisse keine unnötigen Barrieren aufzurichten und sabotiert doch nur den Dialog. Denn statt das Eigene in erweiterter Perspektive genauer sehen zu lernen, läßt man es fahren und entzieht auf diese Weise dem Dialog die Gesprächsgrundlage.

Unter solch herabgesetzten Dialogbedingungen läßt sich ein Glaubensgut nach folgender Formel bestimmen: Man bilde den Mittelwert zwischen den Auffassungen aller Theologieprofessoren, Pastoralvertreter und Kirchenjournalisten und mache sich die gewonnene »humane Religion« als »nichtdiskriminierende Form des Miteinandertuns« zu eigen, wie es von gutmeinenden Kirchenverbesserern vorgeschlagen wird. Die Kinder der Welt scheinen da klüger. Sie werben nicht mit der Austauschbarkeit, sondern mit der Exklusivität ihrer Dienstleistungen. Dabei nehmen sie in Kauf, daß sie nur einen Teil der Menschheit erreichen – eben jenen, der ihren Angeboten Beachtung schenkt. Die Kirche dagegen möchte gesellschaftlich aufs Ganze gehen und befördert gerade dadurch, was sie verhindern will: daß der Adressat durchs Raster fällt und sich niemand angesprochen fühlt.

Hinter dem soziologischen Fehlschluß steckt ein theologisches Modernisierungsproblem: die Hilflosigkeit angesichts der Erfahrung, daß der eigene Glaube in der soziologischen Vogelperspektive nur einer unter vielen ist. In der Moderne hat die Anzahl der Anders- oder Nichtgläubigen, die um einen Gläubigen herum stehen, beständig zugenommen. Das stellt den Christen vor die Herausforderung, seine Religiosität mit der Kontingenz seines historischen Standortes zu vermitteln. Man mag dies die Dezentralisierung der eigenen Perspektive nennen, das Reflexivwerden des Glaubens in postmetaphysischer Zeit. Womit freilich noch nicht geklärt wäre, ob es je so etwas wie eine metaphysische Zeit gegeben hat, in der sich die Gläubigen nicht über ihren Glauben Rechenschaft ablegen mußten. Stand nicht auch Paulus auf dem Areopag ziemlich alleine da? Sein reflexives Bewußtsein ließ es zu, sich mit den Augen der anderen zu sehen und trotzdem in Ruhe weiterzuglauben. Die Kunst besteht denn auch darin, diese Spannung zu stabilisieren, statt sie fundamentalistisch oder gesamtgesellschaftlich aufzulösen. Die fundamentalistische Auflösung erklärt das Eigene zum verbindlich Durchsetzbaren für die anderen und strebt hinter die Religionsfreiheit zurück zum christlichen Staat. Die gesamtgesellschaftliche Auflösung erklärt die anderen zum Maßstab für das Eigene und strebt hinter die Inkarnation zurück zum ausgedachten Mythos. Beides sind Phänomene der Regression angesichts der Unfähigkeit, sich als Gläubiger mit den Augen der anderen zu sehen.

Der illusionäre Bezug zum sozialen Ganzen setzt sich in der Kirche als Verdoppelung dessen um, was es in der säkularen Sphäre ohnehin schon gibt. Ironischerweise hintergeht sie mit dieser narrativen Selbstsäkularisierung die Schrittmacherrolle, die der mythenüberwindende Monotheismus für die Moderne gehabt hat. Indem man das Erste Gebot auf den Taumel der Gesellschaft hin relativiert, wird es in seinem kulturschaffenden Eigensinn geschwächt. Erst das Gebot der Gottes- und Nächstenliebe hat ja, wie Jürgen Habermas im jüngsten *Jahrbuch politische Theologie* feststellt, »durch die gleichmäßig glatte Fläche der narrativ verknüpften kontingenten Erscheinungen hindurchgegriffen und jene Kluft zwischen Tiefen- und Oberflächenstruktur, zwischen Wesen und Erscheinung aufgerissen, die den Menschen erst die Freiheit der Reflexion, die Kraft zur Distanzierung von der taumelnden Unmittelbarkeit geschenkt hat«.

Es wundert bei solcher Einschätzung nicht, wenn ein externer Kirchenbeobachter wie Habermas beim institutionalisierten Christentum den performativen »Ernst« vermißt und in der theologischen Landschaft vergeblich nach einem »Fels in der Brandung zerfließender Religiosität« Ausschau hält. So wird der Diskurstheoretiker zum Verehrer des *doctor angelicus*, obwohl der Aquinate das Unbedingte nicht wie Habermas in eine Argumentationsregel, sondern in eine Krippe plaziert hatte: »Wenn ich in die *Summa contra gentiles* des Thomas von Aquin hineinschaue, bin ich von der Komplexität, dem Grad der Differenzierung, dem Ernst und der Stringenz der dialogisch aufgebauten Argumentation hingerissen. Ich bin ein Bewunderer von Thomas. Er repräsentiert eine Gestalt des Geistes, die ihre Authentizität aus sich selbst heraus verbürgen konnte.«

Weil eine theologische Kapazität wie Thomas in seiner glasklaren Sprache vom didaktischen Jargon des bundesrepublikanischen Kirchenmilieus so weit entfernt ist, kann er bei Kulturkritikern der Bundesrepublik offene Ohren finden. In seiner Sprache ist ein Grad der Skepsis erreicht, die den Raum frei macht für die religiöse Kraft der Distanzierung von kontingenten Erscheinungen. Demgegenüber bevorzugt die deutsche Kirchenverkündigung einen affirmativen Stil, der den Atem nimmt. Ihre auf taumelnde Unmittelbarkeit gerichteten Erlebnismetaphern führen nicht in die Weite des Glaubens, sondern in die Enge des Milieus. Im regressiven Sog der nachmetaphysischen Predigten wird der Vernetzung mehr zugetraut als der Gnade.

Tatsächlich scheint derzeit nichts so sehr aus den theologischen Fugen geraten wie – klassisch gesprochen – das Verhältnis von Natur und Gnade, von Geschichte und Eschatologie. Zwar hat schon Thomas gewußt, daß die Gnade die Natur voraussetzt. Aber ist die Beziehung von Natur und Gnade nach Adams Fall noch richtig bestimmt, wenn beide Sphären umstandslos miteinander identifiziert werden? Genau dies scheint die Grundlage einer Theologie als radikaler Erfahrungswissenschaft zu sein. Deren Vertreter möchten die Spuren Gottes in der Welt so lesen, daß alles, was ist, als solches schon ein Gleichnis für das Himmelreich ist. In der pädagogischen Absicht, an lebensweltliche Erfahrungen »anzuknüpfen«, um an die Menschen »heranzukommen«, wird jedes noch so diffuse Transzendenzbedürfnis als »nichttheistische Form der Zivilreligion« geadelt. Der Versuch, das Geheimnis von der Gottheit und Menschheit Jesu Christi zu vermitteln, läuft dann regelmäßig darauf hinaus, dem Geheimnisvollen die Spitze zu nehmen. Die Menschwerdung Gottes macht so entweder alles gleichermaßen sakral oder alles gleichermaßen profan. Gewiß irrt Emile Durkheim, wenn er das Heilige und das Profane einander gegenüberstellt wie »zwei von Grund auf heterogene Welten«. Läuft dies doch auf einen Rückfall in das Zwei-Stockwerk-Denken hinaus, wonach eine Sphäre der Gnade beziehungslos über einer »natura pura« schwebt. Gleichwohl bedeutet das christliche Ineinander von Zeit und Ewigkeit doch auch, daß es im Sinne Josef Piepers so etwas wie eine abgestufte Dichte der Präsenz Gottes in der Welt gibt – bis hin zu seiner »leibhaftigen« Gegenwart im Sakrament der Eucharistie. Wenn Katholiken nicht mehr wissen, warum sie vor dem Tabernakel eine Kniebeuge machen sollen, ist das nur der Reflex auf das Projekt einer kirchlichen Verkündigung, die die Kategorie des Heiligen dem gesamtgesellschaftlichen Bedarf geopfert hat. Nicht der Aufweis einer logischen Vereinbarkeit von *fides* und *ratio* steht bei diesem Projekt im Mittelpunkt, sondern die Quadratur des Kreises, auch ohne Glauben glauben zu können.

So kommt es zu einer holistischen Überanstrengung der kirchlichen Verkündigung, die sich gern als »neue Mystik« ausgibt, aber nur auf unaufgeklärte Weise dem endlichen Bewußtsein verhaftet bleibt, das zu überwinden sie vorgibt. Da Gottes Wahrheit eine »Beziehungswahrheit« sei, komme es auf das Fürwahrhalten formulierbarer Sätze nicht an. Nicht »Satzglaube«, sondern »Vertrauensglaube« sei angesagt. Doch kann das eine schlecht gegen das andere ausgespielt werden. Ein Glaube, der nicht wüßte, woran er glaubt (im Stil des Credo »Ich glaube, daß …«), wäre ein blinder Glaube, der als Vertrauensbasis nicht trägt. Gewiß hat es eine negative Theologie, die das Bilderverbot auf das Wort überträgt, nicht schwer, sich jedem positiven Aussageversuch überlegen zu fühlen. Aber seitdem das Wort Fleisch geworden ist, trat die Gottesrede aus dem Schweigen heraus und hat eine kirchlich greifbare Gestalt angenommen. In der Perspektive der Inkarnation vollzieht sich das Mystische nicht neben dem Sicht- und Hörbaren, sondern an ihm. Gott macht sich in der Kontingenz der Zeichen präsent. Christlich gesprochen: Die Sakramente bewirken, was sie bezeichnen.

Die Mystiker der christlichen Tradition haben sich denn auch nicht notwendigerweise als Rebellen gegen das Dogma verstanden, wie Johan Huizinga im *Herbst des Mittelalters* schreibt: »Erst wer das symbolisch-ästhetische Wunder der Dogmen und Sakramente völlig durchlebt hatte, war imstande, alle Bildformen abzuschütteln und zum begriffslosen Schauen des All-Einen emporzusteigen.« Daß die Kirche die »zügellose«, die überlieferten Lehrsätze verachtende Sorte der Mystik stets überlebt habe, führt Huizinga auf ihre liturgische Ökonomie des Geheimnisses zurück: »Sie sparte Energie.« Denn schließlich hat – so auch Arnold Angenendt in seinem großen Werk über die *Geschichte der Religiosität im Mittelalter* – die theologische Rede der Kirche immer schon gewußt, daß man im Wort wie in den liturgischen Formen keinen unmittelbaren Zugriff auf Gott hat. Bereits im 6. Jahrhundert zeigte sich Papst Gregor der Große auf der sprachkritischen Höhe, als er über die kirchliche Verkündigung schrieb: »Es wird hierbei hinuntergegriffen zu unseren unzulänglichen Ausdrücken, um aus diesen gleichsam Leitern zu bilden, und sie neben uns hinzustellen, auf denen wir durch Wörter, die für unsere Sicht naheliegen, dann und wann zu göttlicher Höhe aufsteigen können.« Die begriffslose »neue Mystik« indessen meint eine negative Umformulierung der Gottesfrage vornehmen zu müssen, indem sie die Frage, wer Gott ist, konsequent durch jene ersetzt, wo Gott bleibt. Damit nähert sie sich jedoch einer theoretischen Konzeption, die im ganzen dem Deismus ähnlicher sieht als dem Christentum.

Hat man das verkehrte Übersetzungsprogramm erst einmal gestartet, tauchen semantische Gehalte wie Erlösung, Sünde, Sakramente, Auferstehung oder Gottesgebärerin nur noch in Anführungszeichen auf. Die wohlfeile Kritik am Fernsehpfarrer Fliege lenkt davon ab, daß er bloß das Exemplar einer Gattung von Pastorenexistenzen darstellt, die die Sprache der Verkündigung in eine uneigentliche Metaphernsprache verwandeln. Pastoren, die nicht mehr weiterwissen, sagen genau dasselbe wie Fliege: »daß wir unsere Schäfchen nicht mehr erreichen, weil wir die Sprache unserer Schäfchen nicht mehr sprechen«. Umgekehrt wird ein Schuh daraus: Erst das angestrengte Bemühen, die Sprache seiner Schäfchen zu sprechen, macht einen Prediger wie Fliege so nichtssagend. Im Sermon seiner Mimesis vernimmt jedes Schäfchen immer nur sich selbst. Nicht weil die Kirche »schreckliche Probleme hat, ihre Gefühle auszudrücken« (Fliege), entfernt sie sich von den Menschen, sondern wenn sie den Menschen auf seine eigenen Gefühle zurückwirft, statt sie auf ein Absolutes hin zu relativieren. Nichts drückt diese Bankrotterklärung der christlichen Verkündigung so schnöde aus wie Flieges pastorale Erfolgsformel: »Die Menschen brauchen das Echo, das sie bekommen«. Vertrauenerweckender klingt da das Wort des Mailänder Kardinals Martini: »Die Kirche erfüllt nicht Erwartungen, sie feiert Geheimnisse.«

Erst eine solche »objektivistische« Sicht ermöglicht Liturgie. Als öffentlicher Kult zielt sie ursprünglich auf einen überpersönlichen Rahmen, der in einem überlieferten, die jüdisch-christlichen Traditionen der Ost- und Westkirche aufnehmenden Ritual seinen Ausdruck findet. Ihr Träger ist gerade nicht der individuelle Gläubige, sondern die *communio sanctorum* aller Zeiten und Orte. Von daher erklärt sich das traditionelle Formbewußtsein der Liturgie, welche alles Rauschhafte von Naturkulten hinter sich läßt und jene »geistliche Schamhaftigkeit« aufweist, die Romano Guardini in dem maßvoll gestimmten Ton einer jeden liturgischen Handlung entdeckt: »Das Beten der Kirche zerrt die Geheimnisse des Herzens nicht heraus. Es hält sich im Gedanken und im Bild; es weckt wohl zarte Vorgänge, aber läßt sie zugleich im Verborgenen.« Wer indessen aus der Ferne die Kassenschlager kirchlicher Schriftenstände und religiöser Buchhandlungen wahrnimmt, wird mit Habermas erstaunt feststellen, daß die Kirche unter der Fahne ihrer Modernetauglichkeit in der Tat den Rückfall in vormoderne Zeiten riskiert. In ihrem esoterisch auf Identität getrimmten Schrifttum findet sich der »Ausdruck des Versuchs einer unmöglich gewordenen Rückkehr zu mythischen Denkweisen, zu magischen Praktiken und geschlossenen Weltbildern, die die Kirchen in ihrem Kampf gegen das ›Heidentum‹ einst überwunden haben«. Inzwischen halten diese von der Kirche einst überwundenen Denkfiguren in der Kirche selbst Einzug – als eine Art verspätete Revolution zu einer Zeit, da die postmodernistische Vernunftkritik bei den Kulturkritikern schon längst wieder aus der Mode gekommen ist.

Natürlich kann man einwenden, die Theologie habe mit Gott doch so wenig zu tun wie die Ornithologie mit den Vögeln. Gleichwohl hat Habermas recht, wenn er den prinzipiell parasitären Charakter dieser – im Unterschied zur Religionswissenschaft – kirchlich gebundenen Wissenschaft gewahrt wissen will: »Die Theologie würde ihre Identität einbüßen, wenn sie versuchte, sich vom dogmatischen Kern der Religion und damit von jener religiösen Sprache abzukoppeln, in der sich die Gebets-, Bekenntnis- und Glaubenspraxis der Gemeinde vollzieht.« Sofern sich die Kirche bevorzugt als Funktionsträger der Gesellschaft versteht, richtet sie das Design ihrer Glaubensinhalte an den funktionalen Bedürfnissen des bundesrepublikanischen Betriebs aus. »Wir brauchen« heißt dann die Formel moralischer Letztbegründung. Vor allen Dingen brauchen wir Werte. Werte, so heißt es, sind unverzichtbar, weil sie die Gesellschaft auf einer gemeinsamen Basis integrieren und ohne sie also kein Staat zu machen ist. So scheint sich eine Kirche nur als Agentur zur Wertevermittlung andienen zu müssen, um sich als unverzichtbar einstufen zu können.

Der Preis, den sie für eine solche Stellenbeschreibung in der Gesellschaft entrichtet, ist freilich hoch. Denn die Werte-Formel »Wir brauchen« relativiert die religiöse Geltungsgrundlage von Moral auf ihre soziale Wirkung hin. Das wird von säkularen Denkern erheblich schärfer gesehen als im kirchlichen Milieu der Gegenwart, wo man sich offenbar für keinen Denkfehler zu schade ist, wenn er nur die »Nähe zu den Menschen« verheißt. Selbst ein durchweg funktionaler Theoriearchitekt wie Niklas Luhmann hielt es für nötig, die Moraltheologen davor zu warnen, an Luhmann statt an Gott zu glauben: Sie würden »ihre Motivlage zerstören, wenn sie eine systemtheoretische Betrachtung und nicht die Religion für ihre Selbstbeschreibung verwenden würden«. Die Reserve gegen die Moral des guten Menschen ist gerade das Kennzeichen der katholischen Moral, die in ihrer sakramentalen Dimension nie ohne den Kontext von Scheitern und Vergebung steht. Nicht die Übertretung des moralischen Gebots, sondern daß man sich die Übertretung nicht vergeben lassen will, ist die Sünde wider den heiligen Geist.

In einer unlängst vom Berliner Institut für Religionssoziologie veröffentlichten Studie heißt es: »Nach Ansicht der meisten Befragten müssen Gott und Menschen nicht (mehr) miteinander versöhnt werden. Sie gehen vielmehr davon aus, daß Gott auf ihrer Seite ist und ihnen dazu hilft, den sie bedrängenden Lebensproblemen, vor allem den Erfahrungen von Sinnlosigkeit und Gewalt, standhalten zu können.« Aber die Theologie der Erlösung verliert ihren Ort, wenn das Problem, worauf sie antwortet, offenbar gar nicht existiert. Wo es keinen Erlösungsbedarf gibt, wird die Frage, wie Gott den Menschen mit sich versöhnt, schlichtweg unerheblich. Infolgedessen geht es den meisten Gläubigen laut Berliner Studie in der Kirche denn auch weniger um »Heil« als vielmehr um »Geborgenheit«, am Ende um das, was auch ein Fangobad vermittelt: »seelische Ausgeglichenheit«. Über die Wahrheit des Glaubens entscheidet nun allein seine Wirkung auf die *wellness*. Unversehens wird die Kirche zum Sponsor einer spirituellen Unternehmensressource, zum Geheimnis des Erfolgs, zur Energiequelle für geistige Fitneß oder – eher staatstragend – zur Kraft, die den Westen und Osten unseres Landes zusammenhält. Der Theologe, der sich auf eine solchermaßen bedarfsorientierte Rede einläßt, ist von Esoterikgurus und Vitaminpräparatherstellern nicht weit entfernt.

Demgegenüber scheint die Kategorie des Heiligen bei nichtkirchlichen Künstlern und Schriftstellern oft besser aufgehoben zu sein als bei Kirchenvertretern. Sagt nicht selbst der künstlerisch eher schwächere Hitchcock-Film *I Confess* allemal mehr aus über den sakramentalen Status des Beichtgeschehens als die psychologistischen Einebnungen von Theologen? Und was immer der individualmythologisch durchwirkte Goethe persönlich geglaubt haben mag, in *Dichtung und Wahrheit* warnt er nicht im Duktus des deutschen Gremienkatholizismus vor einem »tatabgewandten Liturgismus«, sondern würdigt die Sakramente als »das Höchste der Religion, das sinnliche Symbol einer außerordentlichen Gunst und Gnade«, die erst in ihrer Tatenthobenheit den Funken zur Tat stiften können. Da sie nicht dem »natürlichen Boden« entsprießen, muß man sie »aus einer anderen Region herüberflehen«. Daß es zur Verrichtung solcher heiligen Handlungen einer dem Amtspriestertum vorbehaltenen Weihe bedarf, ist eine weitere Sentenz aus *Dichtung und Wahrheit*, die in den Ohren mancher Gemeindemanager nurmehr den Status eines gesunkenen Kulturgutes einnehmen dürfte. Goethe indes bringt jahrhundertealte kirchliche Tradition auf den Begriff, wenn er zwischen der Figur des katholischen Priesters und dem allgemeinen Priestertum der anderen Getauften eine theologische Differenz behauptet. Dies um so mehr, als es nicht der Priester als Person ist, »den wir verehren, sondern sein Amt, nicht sein Wink, vor dem wir die Kniee beugen, sondern der Segen, den er erteilt, und der um desto heiliger, unmittelbarer vom Himmel zu kommen scheint, weil ihn das irdische Werkzeug nicht einmal durch sündhaftes, ja lasterhaftes Wesen schwächen oder gar entkräften könnte«.

Kant wußte zwischen Dogmatik und Dogmatismus noch penibel zu trennen. Mit seiner Kritik am Dogmatismus, der ohne Reflexion auf die Erkenntnisbedingungen Wesensaussagen trifft, wollte er ausdrücklich »nicht der geschwätzigen Seichtigkeit, unter dem angemaßten Namen der Popularität oder gar wohl dem Skeptizism, der mit der ganzen Metaphysik kurzen Prozess macht, das Wort reden«. Die nachmetaphysische Banalisierung der kirchlichen Verkündigung kontrastiert in auffälliger Weise mit dem Reichtum eines zweitausendjährigen christlichen Nachdenkens über Gott und die Welt. Daß so wenig davon die Schallmauer der Gegenwart durchbricht und in den Kirchen zu vernehmen ist, ist kein Wunder. Das gesamtgesellschaftliche Paradigma scheint den Zugriff zur Tradition zu behindern, zur geschichtlich überlieferten Verkündigung des Glaubens, wie sie zumindest für das Katholische von Anfang an typisch ist.

Das Verfahren ist ein paradoxes: Im Namen der Geschichtlichkeit des Menschen soll die Geschichte der Verkündigung übersprungen werden. Das Ergebnis ist nicht Dynamik, sondern Statik: Ein vermeintlich authentischer Sinn des Anfangs wird gegen seine zweitausendjährige Ausfaltung in der Kirche isoliert. Indem man das einzelne, gleichsam archäologisch rekonstruierte Bibelwort aus dem kirchlichen Traditionsgefüge löst, hat man es freigesetzt, um es von beliebigen Funktionsbedürfnissen der Gegenwart aufsaugen zu lassen. Davor schützt nur eine Auffassung von religiöser Reform und theologischem Fortschritt, die nicht *gegen* die gewachsene kirchliche Tradition, sondern gerade *mit* ihr begründet wird. »Was ist das Glaubensgut?« fragt der im vorigen Jahrhundert zum Katholizismus konvertierte Kardinal John Henry Newman. »Es ist das, was dir anvertraut worden ist, nicht das, was du entdeckt hast; was du empfangen, nicht was du ausgedacht hast; nicht Sache der Schlauheit, sondern der Lehre; nicht des privaten Gebrauchs, sondern der öffentlichen Überlieferung.«

Natürlich kann es nicht darum gehen, die Religion dem – wie es religionsdidaktisch so hübsch heißt – »Risiko der Zeitgenossenschaft«, dem »Wagnis des Jetzt« zu entziehen. Aber soll die auf eine Offenbarung verpflichtete Theologie einen Sinn haben, kann man nicht sämtliche frommen Gedanken strömen lassen. Schließlich scheidet die Bibel als isolierte Berufungsinstanz schon deshalb aus, weil sie selbst ein Resultat mündlicher Überlieferung ist, womit auf katholischer Seite zugleich die Relativität der historisch-kritischen Exegese markiert ist. Ein vom Himmel gefallener »historischer Jesus« ist weniger Botschaft als pure Projektionsfläche für die Gegenwart. Ohne die historische Sicherung durch ein lehramtlich verbürgtes Credo der Gesamtkirche kann Jesus ebenso als erster »neuer Mann« wie als letzter »politischer Rebell« durchgehen.

Doch mit dem römischen Lehramt tut man sich in der deutschen Kirche schwer. Reflektierte Kritik an vatikanischen Papieren erfolgt nicht da, wo man sie aus Gründen der intellektuellen Redlichkeit erwarten würde. So ist das zusammengestoppelte, vordergründig harmonisierende Ökumenepapier zur Rechtfertigungslehre in Deutschland vorwiegend von protestantischer Seite gegeißelt worden. Unter katholischen Theologen indes war während der Entstehungsgeschichte dieses von Formelkompromissen durchsetzten

Dokuments der beinahe komplette Ausfall des kritischen Bewußtseins zu verzeichnen. Dafür kommt es in Deutschland zu den wehleidigsten Affekten, wenn Rom etwa ein Schreiben gegen die Klerikalisierung der Laien veröffentlicht. In solchen Fällen bleibt man diesseits der Alpen einem umgekehrten Ultramontanismus verhaftet und hangelt sich bei der Selektion der Tradition lieber auf noch so krummen deutschen Sonderwegen entlang, als sich einem plausiblen Votum der Universalkirche anzuschließen.

Dabei hat man sich hierzulande an eine Art Juridifizierung der Theologie gewöhnt. In dieser Optik liest sich die Offenbarung als Verfassungstext unter der Auslegungsregel des alten Rudolf Smend. Der hat bekanntlich für seinen Bereich erfolgreich vorgemacht, wie man mit gesamtgesellschaftlichem Paradigma Verfassungswandel durch Verfassungsinterpretation betreibt. Smend relativierte den grundlegenden normativen Gehalt der Verfassung auf ihre Funktion hin, fortdauernd die Integration des Staatslebens zu bewirken. Indem er so an die Inhalte der Verfassung das externe Kriterium der Integration herantrug, ließ sich unter dem Stichwort der »fließenden Geltungsfortbildung« jede Änderung als Interpretation qualifizieren. Der Interpret hat freie Hand, aus der Verfassung das herauszufiltern, was seiner Meinung nach der Integration des zeitgenössischen Staatslebens dient. Damit ist ziemlich genau die hermeneutische Methode umschrieben, mit der man in Deutschland die Tradition der Universalkirche gesamtgesellschaftlich vermitteln will. Mehr Smend und weniger Ratzinger, lautet die rückwärtsgewandte Devise.

Tatsächlich bleibt der gesamtgesellschaftliche Ehrgeiz der deutschen Kirchenführung mit großer Zähigkeit historisch überholten Voraussetzungen verhaftet. Er ist nur von den Anfängen der Bundesrepublik her zu verstehen, als Christentum und Gesamtgesellschaft noch sehr viel enger aufeinander bezogen waren als heute. Bei aller weltanschaulichen Neutralität ist das Selbstverständnis der Bundesrepublik vom spartenübergreifenden Anspruch der Kirchen nicht unwesentlich geprägt. Aber ebenso unübersehbar ist, daß der theokratische Zug, den das Grundgesetz annahm, als es den Kirchen einen privilegierten Status einräumte, die pluralistischen Bedingungen der Gegenwart nicht mehr abbildet. Die Selbstverständlichkeit, mit der die Kirche hierzulande nach wie vor auf einen ihr zukommenden öffentlich-rechtlichen Status pocht, hat eine längst brüchig gewordene Voraussetzung: die prinzipielle Äquivalenz der Interessen von Kirche und Staat. Die politisch gern überspielte Frage ist doch, ob ein Staat in seinem Verhältnis zur Kirche alles beim alten lassen soll, wenn sich die Glaubenshaltungen in der Gesellschaft, auf der er aufruht, dramatisch verändert haben. Soll der Staat, der gegenüber den gesellschaftlichen Wechselfällen immer auch eine beharrende Kraft darstellt, weiterhin das Christliche als Gegenüber besonders stützen in dem Bewußtsein, daß er seine eigenen Grundlagen nicht selbst hervorbringen kann? Oder ist die Diskrepanz zwischen politischer Ordnungsvorstellung und gesellschaftlicher Realität schon so groß geworden, daß das Beharren auf dem Status quo nicht nur die Autorität des Staates, sondern auch jene der von ihm begünstigten Kirchen in Gefahr bringt?

Noch scheint der Staat an solche Fragen ebenso wenig rühren zu wollen wie die Kirche. Immerhin profitieren beide Seiten von der öffentlich-rechtlichen Chimäre: Die Kirche kann ihren geschwundenen geistlichen Einfluß auf die individuelle Lebensführung verdecken und mit ihrer staatlich gestützten Verbandswirtschaft gesellschaftliche Präsenz vortäuschen. Und der Staat muß nicht damit rechnen, daß sich die moralische Autorität der Kirche einmal ernsthaft gegen ihn kehrt. So hat eine Adenauersche Politikversicherung die Ära Kohl überlebt und ist nun bei Schröder angekommen. Dabei ist gerade am jüngsten Beispiel der Querelen um die Abtreibung deutlich geworden, in welchen gesellschaftspolitischen Schlingerkurs die Bundesrepublik gerät, wenn sie um jeden Preis an einer unzeitgemäßen Verquickung von Staat und Kirche festhält.

Wer noch immer rätselt, warum das kirchliche Wort so wenig gilt, sollte bei diesem Beispiel einen Moment verweilen. Die Bischöfe stellen einen die Abtreibung ermöglichenden Schein aus und schreiben auf ihn das Gegenteil: »Die Bescheinigung kann nicht zur Durchführung straffreier Abtreibungen verwendet werden.« Das eigentliche Opfer dieser Karambolage von »kann nicht« und »kann doch« ist die Sprache. Die Scheinlösung hat eine Botschaft freigesetzt, die alle anderen Botschaften der Kirche zu vergiften droht: Nehmt unsere Worte nicht für bare Münze, setzt sie in Anführungszeichen, versteht sie als poetisches Schmieröl für den Betrieb der Republik. Es bedarf schon eines Übermaßes an kirchenpolitischer Weltentrücktheit, um den Schaden, den solch starrer Kurs für die Glaubwürdigkeit der deutschen Kirche bedeutet, nicht wahrhaben zu wollen. Die von einigen Bischöfen anfangs gar als »Wunder« bestaunte Scheinlösung hat nur offenbart, welch exorbitanten Grad von Fäule ein Kompromiß in ihren Augen erreichen darf, wenn es darum geht, im Boot des Staates zu bleiben. Was ist eine Einheit von Episkopat, Laienfunktionären und Regierungsvertretern wert, die auf einer solch maroden Basis gründet?

Aber der Tanz der Integration, den das bundesrepublikanische Kirchenmilieu um die Abtreibung aufführt, ist nur eine besonders zugespitzte Konsequenz aus der gouvernantenhaften Schau auf die Gesamtgesellschaft. Statt in Wort und Tat einen unzweideutigen Standpunkt zu vertreten und sich damit abzufinden, daß er aufs Ganze der Gesellschaft gesehen nur ein partikularer ist und dies immer mehr sein wird, verschleudert man sein symbolisches Kapital in der kleinen Münze der gesamtgesellschaftlichen Verantwortung. Lieber zieht man die betroffenen Frauen in den Sog der eigenen Doppelmoral, als ihnen die Chance zu geben, sich zu einer klaren Aussage frei verhalten zu können. Daß hier der Kompromißbogen überspannt wurde, hat die beinahe einhellige Ablehnung der kirchlichen Scheinlösung im säkularen Umfeld eindrucksvoll bestätigt. Im Kirchenhochdeutsch: Die Lösung ist nicht »angenommen« worden. Da die Bischöfe die Grenze zwischen Moral und Doppelmoral nicht ziehen wollten, mußte sie eben durch die Umfrageinstitute der Bevölkerung gezogen werden. Der rot-grüne Staat käme auf den Boden der gesellschaftlichen Wirklichkeit zurück, wenn er die Fristenregelung von der Zumutung der kirchlich forcierten Zwangsberatung befreien würde, die nie etwas anderes gewesen ist als eine Farce zur Scheinbefriedigung moralischer Bedürfnisse und eine Brücke für die juristische Systemlogik des Bundesverfassungsgerichts. Nicht ohne Grund ist der funkenschlagende Kurzschluß zwischen staatlichem und kirchlichem Regelkreis unter prononcierter Assistenz des früheren Verfassungsrichters Ernst-Wolfgang Böckenförde zustande gekommen. Was dieser als Verfassungsrichter eintütete, packt er als juristischer Vordenker der Bischofskonferenz wieder aus. Ein diskreter Fall von juridifizierter Theologie, der Kirchengeschichte schreiben wird.

Böckenförde selbst ist nun darum bemüht, die Spuren seiner Autorenschaft zu verwischen. Auf die Feststellung der *Süddeutschen Zeitung*, er hätte das Modell für die Scheinlösung der Bischöfe entworfen, schrieb er in einem Leserbrief, er habe das Modell nur »skizziert«, nicht aber »empfohlen«. Als würde ein Berater ein Modell als möglich skizzieren, das er von vornherein ablehnt. Die Weltfremdheit, die sich in solch spitzfindiger Verteidigungsrede äußert, ist dieselbe, die aus dem Modell des »Schummelchristentums« *(Zeit)* spricht, das Böckenförde den Bischöfen in Gestalt der Scheinlösung nahegelegt hat – nach seinen eigenen Worten pikanterweise im klaren Wissen darum, daß mit ihr »ersichtlich das ausgehebelt wird, was mit der Entscheidung des Papstes intendiert sei«. Tatsächlich stellt das von Böckenförde als eine von fünf Möglichkeiten vorgeschlagene Modell nicht nur die Intention, sondern auch den Wortlaut der päpstlichen Vorgabe auf den Kopf. Aber Papst hin, Nuntius her. Eine Romfixierung hilft hier nicht weiter. Fatal ist die von den Bischöfen zu verantwortende falsche Entscheidung in der Sache und ihre Apologie mit juristisch-politischen Scheinargumenten.

Daß die Kirche durch die Mittel, mit denen sie dem Getto entkommen will, sich ihr Getto erst schafft, ist der blinde Fleck dieser Argumentation. Gewiß kann sich die Kirche nicht auf eine Variante von der Privatheit der Religion einlassen, die in die Innerlichkeit von Brüdergemeinden wie den Herrnhutern führt. Zu Recht nimmt sie für sich in Anspruch, etwa mit der Verkündigung der Menschenrechte nicht nur katholisches Sondergut zu vertreten. Um so weniger im Recht ist aber eine Verkündigung, die den Wahrheits- und Öffentlichkeitsanspruch des christlichen Glaubens mit einer gesamtgesellschaftlichen Verbindlichkeit verwechselt und darum ohne staatstragende Rolle nicht auszukommen meint. Nicht minder irreführend ist, wenn sich eine symbiotische Fehlentwicklung im Verhältnis von Kirche und Staat durch Berufung auf das Zweite Vatikanische Konzil rechtfertigt. Denn die Anfang der sechziger Jahre in Rom zusammengekommene Universalkirche war trotz mancher euphorischer Untertöne doch um einiges nüchterner als ihre bundesrepublikanische Filiale. In dem vielzitierten Schreiben *Gaudium et Spes* (Nr. 76) finden sich auch prophetische Sätze wie diese: »Wer sich dem Dienst am Wort Gottes weiht, muß sich der dem Evangelium eigenen Wege und Hilfsmittel bedienen, die weitgehend verschieden sind von den Hilfsmitteln der irdischen Gesellschaft. Das Irdische und das, was am konkreten Menschen diese Welt übersteigt, sind miteinander eng verbunden, und die Kirche selbst bedient sich des Zeitlichen, soweit es ihre eigene

Sendung erfordert. Doch setzt sie ihre Hoffnungen nicht auf Privilegien, die ihr von der staatlichen Autorität angeboten werden. Sie wird sogar auf die Ausübung von legitim erworbenen Rechten verzichten, wenn feststeht, daß durch deren Inanspruchnahme die Lauterkeit des Zeugnisses in Frage gestellt ist, oder wenn veränderte Lebensverhältnisse eine andere Richtung erfordern.«

Die Skepsis gegenüber der staatlichen Macht hat sich die Kirche in langen Kämpfen mühsam errungen. In seinem Buch *Die Entzauberung der Welt* beschreibt Marcel Gauchet die Säkularisierung der öffentlichen Sphäre als historische Chance für die Kirche, die ohnmächtige Macht des Wortes wiederzuentdecken. Er schildert, wie die Religionen über Jahrtausende hinweg die soziale Ordnung begründeten. Das Christentum indes hat den römischen Staat nicht begründet, sondern vorgefunden. Erst mit Konstantin tritt die Kirche in jenen Begründungsprozeß ein, mit dem sie ursprünglich nichts zu tun hatte. Damals begann die Beziehung einer doppelten Instrumentalisierung: kirchliche Salbung zugunsten der kaiserlichen Institution, kaiserliche Sanktionsgewalt zugunsten der kirchlichen Institution. Doch schon im Mittelalter hat die Kirche ihre Verbindung mit dem Staat erheblich reflektierter gestaltet als noch in der konstantinischen Ära.

Es ist darum nicht ohne Ironie, wenn es heute so aussieht, daß im Namen einer Zeitgemäßheit hinter dieses früh erreichte Niveau zurückgegangen wird. Daß das Konzept »Schlanke Kirche« nicht nur unter dem Marxismus segensreiche Auswirkungen für die Kirche hat, legte Leszek Kolakowski bereits Anfang der siebziger Jahre dar. »Die Faktoren der Laizierung wecken ein schöpferisches Element in den religiösen Gemeinden, weil sie zu größeren Anstrengungen zwingen, wenn diese Gemeinden ihre Existenz bewahren wollen«, schrieb er in *Geist und Ungeist christlicher Traditionen*. Ein Katholizismus, »der mit den staatlichen Einrichtungen verwachsen ist, der über gewaltige finanzielle Mittel verfügt«, werde kulturell steril. Ein Katholizismus indes, »der sich bis zu einem gewissen Grad in Opposition zur politischen Struktur befindet, in der er lebt, wird in mancher Hinsicht – nicht an Zahl und Macht, aber an kulturellen Mitteln – kräftiger, er bringt eine bedeutend bessere Intelligenz und viel wertvollere Kulturschöpfungen hervor«.

In Deutschland zeigt sich, welch schlechte Figur eine auf ihr Bekenntnis festgelegte Kirche immer dann macht, wenn sie als Integrationsfaktor einer pluralistischen Gesellschaft fungieren will. In gehöriger Überschätzung ihrer meinungsbildenden Funktion weisen sich Kirchenvertreter den Auftrag zu, im »kälter gewordenen Gemeinwesen« (Johannes Rau) für die gezielte Stimulierung von wärmenden Werten zu sorgen und so die Lücken auszufüllen, die der Betrieb der Bundesrepublik reißt. Glaubensgehorsam heißt dann nichts anderes als reibungsloses Einfügen in diesen Betrieb und lammfrommes Mitmachen bei moralischen Sprachspielen. Mit ihrem Drang, als Schmieröl statt als Salz im Ganzen aufzugehen, verschenkt die Kirche aber gerade die Möglichkeit, sich als eine Stimme unter vielen bemerkbar zu machen. Marx hat ihr eine große Zukunft vorausgesagt, als er schrieb: »Sie ist nicht mehr das Wesen der Gemeinschaft, sondern das Wesen des Unterschieds.« Statt sich von Marx belehren zu lassen, propagiert sie das Gemeinwesen als eine Art moralische Schicksalsgemeinschaft, deren Auflösung für den Fall beschworen wird, daß nicht alle aus den Wurzeln einer gemeinsamen Leitkultur leben. Gegen alle soziologische Evidenz wird der Zerfall der Gesellschaft an die Wand gemalt, nur um der Kirche als Moralagentur für Demokratien eine staatstragende Legitimation zu sichern.

Bei aller Beschwörung der Bürgergesellschaft lassen sich maßgebliche Kirchenvertreter noch immer von der Vorstellung des Staates als umfassender politischer Gemeinschaft leiten. Man pflegt eine obrigkeitsbetonte Vorstellung von gesellschaftlicher Präsenz und besetzt das Beziehungsfeld von Kirche und Staat durch Gremien und deren Leitungsorgane. Auf diese Weise legt man die Böckenförde-Doktrin, wonach der Staat von Voraussetzungen lebt, die er selbst nicht garantieren kann, im paradox-etatistischen Sinne ihres Autors aus. Wenn Böckenförde davon spricht, daß es in einer Demokratie eine »relative Homogenität« geben müsse, steht ihm dabei vor allem die »staatliche Dimension« vor Augen. *Integration im pluralistischen Staat als Regierungsaufgabe* heißt ein Buchtitel, den er zustimmend zitiert. Gesellschaftliche Eigenverantwortung des Laienchristen hin oder her: Der theologisierende Verfassungsrechtler geht auf Nummer Sicher und plädiert für die überkommene etatistische Spielart von Integration, für »politisch initiierte aktive Bewußtseinsbildung, die vom Staat getragen wird«. So stellt der Staat einen Garantieschein für seine Voraussetzungen aus, auf dem geschrieben steht: Dieser Garantieschein kann nicht die Voraussetzungen des Staates garantieren. Am Ende wird die »Religion als homogenitätsverbürgende Kraft« (Böckenförde) nicht der unberechenbaren Gesellschaft überlassen, sondern wie in schlechten alten Zeiten möglichst eng an den Staat gebunden. Eine Strategie, mit der sich unter großem Getöse vielleicht noch ein paar Rückzugsgefechte führen lassen. Aber wie sagt es uns der Christen Glaube? Auch die Betriebspforten der Bundesrepublik werden die Kirche nicht überwältigen.

Berndt Ostendorf

Das Religiöse in der amerikanischen Demokratie

Eine Delegation von Kongreßmitgliedern, die eine Verbesserung der belasteten chinesisch-amerikanischen Beziehungen in die Wege leiten sollte, war kürzlich in Peking. In einer Tischrede beim Festessen entwickelte der chinesische Vizeaußenminister die Grundzüge der Außenpolitik und schloß mit der Hoffnung auf eine Normalisierung der Beziehungen. Anschließend stellte er sich den Fragen der Besucher. Ein Kongreßabgeordneter meldete sich: »I just want to know if you've accepted Jesus Christ as your personal savior.« Der chinesische Politiker rang sich, sichtlich verwirrt, ein »No« ab.

Als Yassir Arafat im Februar dieses Jahres beim Präsidenten zu Gast weilte, wurde er von diesem in einen Ballsaal eines Washingtoner Hotels entführt, wo 2600 Vertreter des politischen Establishments an einem Gebetsfrühstück teilnahmen. Arafat wußte nicht so recht, wo in seinem politischen Koordinatensystem er diese Geste einordnen sollte.

Am 17. August und 11. September 1998 äußerte sich Clinton zur Lewinsky-Affäre. Beim ersten Datum gab er zu, eine Beziehung mit Miss Lewinsky gehabt und die Öffentlichkeit darüber unzureichend informiert zu haben, meinte aber, daß es sich sowohl religiös als auch juristisch um eine Privatangelegenheit »zwischen meinem Gott, meiner Familie und mir« handle. Nur einen Monat später gestand er anläßlich eines Prayer Breakfast, diesmal mit führenden protestantischen Klerikern, daß er »gesündigt« habe und daß er »das amerikanische Volk um Vergebung bitte«. Offensichtlich sprach er das amerikanische Volk nicht als den politischen Souverän, sondern als eine Glaubensgemeinschaft an. Präsident Clinton endete seine Ansprache in Anlehnung an Ronald Reagan mit »God bless you and God bless America«.

Und schließlich kommentierte der Sohn des russischen Premiers Chruschtschow, der noch 1960 den Kapitalismus zu beerdigen versprach, seine kürzlich vollzogene Einbürgerung als Amerikaner mit den Worten: »Ich fühle mich wie wiedergeboren.«

Wie bringt man diese tagtäglichen Verwischungen der religiösen und politischen Dimensionen der Öffentlichkeit mit der von der Verfassung vorgeschriebenen Trennung von Kirche und Staat auf die Reihe? Bekanntlich hat das oberste Verfassungsgericht der USA 1962 die säkulare Intention der Verfassung so radikal interpretiert, daß ein neutrales Gebet, das an ein »supreme being« gerichtet war, in der Schule verboten wurde. Warum kommt es in den USA zu dieser Koexistenz der Extreme: ein säkularer Verfassungsanspruch einerseits und eine zivilreligiös durchsetzte politische Wirklichkeit andererseits? Wie erklärt sich die kontinuierliche Aufladung des politischen und zivilen Kräftefelds mit moralischer, transzendenter und chiliastischer Rhetorik und religiöser Energie? Und wie kommt es, daß es in den USA so viele militante, libertäre Atheisten gibt?

Diese Durchsäuerung der ersten großen säkularen Demokratie mit religiöser Rhetorik mutet europäische Beobachter zu Recht sonderlich an. Dahinter verbirgt sich eine lange Geschichte der *checks and balances* gegenläufiger Kräfte und widersprüchlicher Entwicklungen, die sich zum sogenannten amerikanischen Exzeptionalismus bündeln. In diesem Wort verbergen sich alle jene Sonderwege der Neuen Welt, über die sich die Vereinigten Staaten von europäischen Vorbildern gelöst haben. Diese Eigenarten haben im Laufe der Beziehungsgeschichte von Staat und Religion in den USA eine erhebliche dialektische Unruhe und Spannung entwickelt, vor deren spalterischer Kraft immer wieder gewarnt wurde. Und doch haben die Spannungen zwischen den auseinanderstrebenden politischen, wirtschaftlichen und religiösen Entwicklungen trotz oder gerade wegen ihrer Radikalität in den letzten Dingen das politische System stabilisiert.

Die wesentlichste Spannung, nämlich die zwischen der gleichzeitigen Säkularisierung und Sakralisierung der politischen Öffentlichkeit, läßt sich nur historisch erklären. Die Säkularisierung schritt als Konsequenz der Modernisierung stetig voran, die sich seit der Aufklärung gleichzeitig über die Bundesverfassung und über den Markt durchgesetzt hat. Die Geschwindigkeit dieser Modernisierungsprozesse allerdings entwickelte sich ungleich im feudalen Süden und progressiven Norden, im strukturstarken Osten und strukturschwachen Westen, auf dem traditionsgeleiteten Land und in der kosmopolitischen Stadt, und eine flächendeckende Wirksamkeit war in diesem großen, ethnisch wie religiös territorialisierten Land mit seinen ideologisch und lebensweltlich so unterschiedlichen Inseln einfach nicht zu erwarten. Im Laufe der rapiden Entwicklung ab dem frühen 19. Jahrhundert blieben immer wieder andere und neue Teile der Bevölkerung bei der Modernisierung zurück, und es bildeten sich Inseln des populistischen Ressentiments, die dann die Entwicklungen anderswo im Lande und vor allem im Zentrum der Macht als eine Bedrohung ihrer traditionellen Werte erfuhren.

Dieses der Modernisierung inhärente Dilemma rief zu allen Zeiten eine Gegenreaktion zur gerade stattfindenden Modernisierung auf den Plan, die zu einer permanenten (wenn auch regional differenzierten) religiösen »Wiedererweckung«, Refundamentalisierung und Evangelikalisierung führte. Je stärker die Säkularisierung als realhistorische Tatsache (etwa in den zwanziger Jahren) oder als politische Agenda (in den siebziger Jahren) wirkte, desto emphatischer meldete sich der antimoderne Fundamentalismus zu Wort. Als Reaktion auf die Frühindustrialisierung (1815–1840) traten die prämillenaristischen Darbyisten auf den Plan; auf die vom Bürgerkrieg erzwungene Modernisierung folgte ein Erstarken der Holiness-Bewegung; auf die progressive Reform zu Anfang unseres Jahrhunderts wurden in Princeton die »fundamentals« formuliert, die in den zwanziger Jahren als Waffe gegen Frauenbewegung, Rassengleichheit, Darwin und Alkohol eingesetzt wurden; und als Reaktion auf die Liberalisierung der sechziger Jahre folgte die Mobilisierung der Evangelikalen, der Eintritt der Fundamentalisten in die Politik und der Ausbau der elektronischen Kirche. Diese öffentlich ausgetragenen Spannungen fanden ihren Abdruck im Nationalcharakter, den ein Sozialhistoriker so charakterisierte: Die Amerikaner lieben den Fortschritt, aber fürchten den gesellschaftlichen Wandel.

Trennung von Kirche und Staat auf amerikanisch

Die in den USA praktizierte Trennung von Kirche und Staat basiert auf dem ersten Zusatz zur Verfassung und hat folgenden Wortlaut: »Congress shall make no law respecting an establishment of religion, or prohibiting the free exercise thereof, or abridging the freedom of speech, or of the press; of the right of the people peaceably to assemble, and to petition the Government for a redress of grievances.«

Einige Dinge fallen sofort auf: Erstens ist nur vom Kongreß, nicht von der Exekutive und Judikative, geschweige denn von den Länderparlamenten die Rede (Massachusetts erhob noch bis 1833 eine Kirchensteuer). Zweitens wird diese Nichteinmischung der Legislative in religiöse Angelegenheiten von einer Reihe individueller, bürgerlicher Rechte abgestützt und eingekreist: dem Recht auf freie Religionsausübung folgt das Recht auf freie Meinungsäußerung. Gerade diese Wahlverwandtschaft im Liberalismus kritisierte Carl Schmitt, als er von der »*Religion* der Redefreiheit« sprach. Dazu kommen Presse- und Versammlungsfreiheit und das Recht, bei ungerechter Behandlung vom »government« Gehör erwarten zu können. Letzteres erinnerte die Regierenden an ihre Dienstleistungsaufgabe. Der Gesamttenor läuft auf eine Stärkung individueller Freiheiten bis hin zum Dissens und auf eine Schwächung obrigkeitlicher Willkür hinaus. Letzteres urrevolutionäre Motiv spielt in der zeitgenössischen Diskussion der neuen christlichen Rechten eine erhebliche Rolle. Denn der Vorbehalt gegen jede zentrale Gewalt sitzt tief im populistischen Bewußtsein eines Volkes, das sich mittels einer Revolution von der »Tyrannei« der Monarchie und Staatskirche losgesagt hatte. Den Fundamentalisten gilt heute immer noch die Zentralgewalt sowohl in der Politik als auch in den etablierten Religionen als *original sin*. Daher zielt eine erhebliche fundamentalistische Energie, die oft paranoide und verschwörungstheoretische Blüten treibt, auf die Entmachtung Washingtons. Zudem ist es sicherlich kein Zufall, daß gerade die neue christliche Rechte bei der Wahrnehmung ihrer verfassungsmäßig verbrieften juristischen Freiräume in letzter Zeit sehr erfolgreich gewesen ist.

Hier ist auf eine Differenz zwischen der religiösen Praxis in Europa und den USA hinzuweisen, nämlich auf die wesentliche Unterscheidung zwischen staatlich gestützten etablierten Kirchen und freier, individueller Religiosität. Der Prediger Lyman Beecher, Vater von Harriet Beecher Stowe, hatte gefürchtet, daß die vom ersten Zusatz zur Verfassung vorgeschriebene Demontage einer etablierten Staatskirche den Untergang der Religion in Connecticut bedeuteten werde. Er mußte aber zu seiner eigenen Überraschung feststellen, daß der Wegfall der institutionellen Stützung der Kirchen das Beste gewesen war, was der amerikanischen Religiosität hatte passieren können. Denn durch das sogenannte Disestablishment der Kirchen und durch ihre Zurückstufung vom Rang einer staatstragenden Kirche zur bloßen Denomination wurden jene persönlichen religiösen Energien freigesetzt, die zu den populistischen Erweckungen im Laufe des 19. Jahrhunderts, zur Expansion der amerikanischen religiösen Landschaft und damit erst zur Schaffung eines *protestant empire* führten.

Die amerikanische Religion ist im Gegensatz zur europäischen in erster Linie eine populäre, die letztlich individuell verankert ist und die nur über den Transmissionsriemen der Freiwilligkeit und des Marktes aktiviert werden kann. Da das eigentliche Geschäft der Religion die Sinngebung ist, haben klare und eindeutige Sinnprogramme zu Zeiten einer Sinnkrise auf dem populären Basar der Religionen einen Vorteil. Da der Gläubige in seiner Funktion als Kunde in Erscheinung tritt, kann er tagtäglich sanften Druck ausüben, Dienstleistungen in Form von neuer und zeitgemäßer Sinnstiftung verlangen. Das erklärt den Schwund der Gläubigen in den etablierten Kirchen und das immer neue Entstehen von Sekten. Das Wort von Ernest Renan, daß sich die Nation mittels eines täglichen Plebiszits immer neu konstituiert, läßt sich auf die amerikanische Religion ausweiten: Religiosität findet als tägliches Plebiszit der Sinnstiftung statt – allerdings nicht verfügt von oben, sondern *from the bottom up*.

Und das Plebiszit wendet sich nach innen: Statt fremdbestimmter Doktrin steht die Erfahrung der »Gnade der persönlichen Wiedergeburt« im Mittelpunkt des religiösen Kräftefelds. Sie stellt damit auch eine fleischgewordene Absage an die etablierte Kirche dar, deren Legitimationsdefizit sich im Maße der persönlichen Erweckungen erhöht.

Die erste Konsequenz der Individualisierung der Religion hatte bereits in einigen Kolonien zur Organisationsform des *congregationalism* geführt, das heißt die Gemeinschaft der Gläubigen konstituierte sich und wählte ihre Priester selbst. Kurzum, je radikaler die Graswurzeldemokratie, desto unabhängiger war der einzelne Gläubige, aber auch stärker in der Pflicht. In der radikalsten Form des *congregationalism* galt die universelle Berufung aller Mitglieder zum Priesteramt. Dieser höchste Grad der *stewardship* kennzeichnet etwa die Quäker, deren persönliche Verpflichtung ihren überproportional starken Einfluß in den amerikanischen Reformbewegungen (Antisklaverei, Pazifismus) erklärt. Religion nimmt den einzelnen in die Pflicht, und deshalb wird sie so ernst genommen: Nicht nur glaubt die Mehrheit der Amerikaner an Gott, sondern sie traut der gesellschaftspolitischen Führungskraft der Religionen mehr als der Sozialisationsfunktion des Schulsystems. Diese religiöse Ausstattung der Identität des Bürgers vermittelt dem einzelnen jene Berufung in zivile Pflichten, die tagtäglich ihren Erfolg an den manifesten Werken messen kann. Das Disestablishment hatte also auch den Reform- und Missionsgeist und einen politischen Aktivismus verantwortlicher Bürger zur Folge. Von hier aus ist es allerdings auch nicht weit zur Vorstellung vom Kapitalismus als einer gottgewollten, ja natürlichen gesellschaftlichen Ordnung, denn in ihr kann sich die innerweltliche Askese am eindrucksvollsten bewähren. Die Legitimation des Kapitalismus manifestiert sich also tagtäglich in der innerweltlichen Selbstverwirklichung eines jeden Amerikaners.

Insbesondere junge aktivistische Sekten, die »lean and mean« sind, jagen in Zeiten der Krise den etablierten und »verbeamteten« Kirchen ihre Kunden ab, eine Beobachtung, die heute sowohl in Nord- als auch in Südamerika zu machen ist. In diesen Überlebenskämpfen um die Gunst und Loyalität einer populären Öffentlichkeit kommt es zur Überlappung, ja zum Austausch religiöser und politischer Rhetoriken (im Sinne einer gegenseitigen Instrumentalisierung); denn erfolgreiche Politik wird auf dem gleichen Markt und mit ganz ähnlichen Strategien der Mobilisierung gemacht. Die für Deutschland typische institutionelle Arbeitsteilung im Konkordat hat eine beamtete Kirche entstehen lassen, die die Verwaltung ihrer Kasse und ihrer Symbole vom Staat absichern läßt. Im Gegenzug legitimiert die Ecclesia das politische System der christlichen Demokratie. Und die Gläubigen können, da die *res mixtae* gut geregelt sind, getrost zu Hause bleiben. In der institutionellen Stärke liegt die religiöse Schwäche der Kirchen. Ganz anders in den USA: Dort lassen sich die aktivistische Zivilreligion und die vollen Kirchen aus dem Disestablishment der Ecclesia und der freigesetzten Konkurrenz um »Kunden« erklären.

Durch diese Wahlverwandtschaft zwischen Liberalismus und Religion entsteht in den USA allerdings ein Nebeneffekt, der wiederum die Säkularisierung fördert. Denn die Vermarktung der Religion als Ware höhlt gerade im Zeitalter der Mediatisierung deren religiöse Substanz aus. Auch auf diese Tendenz im Liberalismus hat Carl Schmitt aufmerksam gemacht. Beobachter der amerikanischen Religionen haben festgestellt, daß die Denominationen »doctrinally weak« seien. Denn in der amerikanischen Marktöffentlichkeit entsteht ein gewisser ökumenischer Druck, die Gemeinsamkeiten des praktischen, also zivilen Christentums und nicht die religiösen oder dogmatischen Differenzen hervorzuheben. Wie drückte es Eisenhower aus: »Amerika macht nur Sinn mit einem tiefen Glauben an Gott. Und mir ist es wurscht, um welchen Glauben es sich handelt.« Also auch hier ein Pendelschlag oder eine Spannung: Einerseits verlangt der populäre Markt eine Vereinfachung und Fundamentalisierung der Sinnstiftung (vor allem hinsichtlich der nicht kompromißfähigen »letzten Dinge«), andererseits kassieren sowohl die zivilreligiösen Kompromisse als auch die mediale Selbstvermarktung der Religionen ihren dogmatischen Biß. Hochmoderne Werbungs- und Vermarktungsstrategien und popkulturelle Inszenierungen werden in den Dienst einer heilsgeschichtlichen, antimodernistischen Eschatologie gestellt, so daß man bald Pat Robertsons Show kaum noch von der Oprah Winfreys unterscheiden kann.

Eine weitere Besonderheit in der amerikanischen Gewaltenteilung wird oft vergessen: Selbst wenn im ersten Zusatz zur Verfassung von 1789 in den Worten Jeffersons eine »Trennwand« zwischen Politik und Religion aufgebaut wurde, galt diese zunächst nicht auf lokaler oder staatlicher Ebene, sondern nur für den Bund. Und auch dort in erster Linie für die Legislative und Judikative, weniger für den Präsidenten der Republik: Die zivilreligiösen Funktionen sind stärker am Amt des Präsidenten hängengeblieben als am Kongreß oder der Judikative. Letztere galt den Fundamentalisten häufig als gottlose Instanz. Der Präsident ist der Pontifex Maximus, und von ihm erwartet die Öffentlichkeit das nationale Gebet in Krisenzeiten. Schon der erste amerikanische Präsident Washington hatte vor dem Auseinanderbrechen der diversen Interessengruppen in der neuen Republik gewarnt und war daher bewußt als heilender, zivilreligiöser Priester der Nation aufgetreten. Seine Apotheose als Christusfigur war dann nur eine Frage der Zeit. Man denke an Abraham Lincolns berühmte Ansprache in Gettysburg zur Erinnerung an die Toten des Bürgerkriegs, die ein Musterbeispiel eines zivilreligiösen Gebets darstellt.

Wie steht es aber mit dem Kongreß? Immerhin hat er eine Stelle für einen »congressional chaplain« etatisiert, die abwechselnd von Protestanten, Katholiken und Juden besetzt wird. Ist nicht der Kongreß allein schon über die Zusammensetzung seiner Mitglieder, die die religiösen Energien des Volks populistisch umsetzen, der allgemeinen Religiosität hörig, wie das Beispiel des Abgeordneten im chinesischen Porzellanladen zeigte? Befindet sich der Kongreß, vor allem seit der Fundamentalisierung der amerikanischen Politik nach Nixon nicht bereits in einer zweiten Stufe, nämlich der Sakralisierung des Politischen? Der Einfluß der neuen christlichen Rechten in der Politik läßt sich allenthalben spüren, man sollte ihn aber auch nicht überschätzen. Hier wird eine Spannung zwischen der Religion des Privatmanns und dem Amt des Kongreßabgeordneten deutlich, eine Grenzziehung zwischen öffentlich und privat, zwischen Bürger und Gläubigem, die immer wieder Anlaß zu einer öffentlichen Debatte wird und über deren Einhaltung der Supreme Court nach wie vor mit Argusaugen wacht.

Zivilreligion und weltpolitische Sendung

Zu den Grundmustern im öffentlichen Leben der Amerikaner gehört, wie Gustav Blanke schreibt, ein bemerkenswertes Sendungsbewußtsein, stabilisiert von einem »leidenschaftlichen Patriotismus« (Tocqueville).[1] Beide sind aus den Gründungsmythen der neuenglischen Kolonie ableitbar. Der radikale Protestantismus der Gründungsväter, die im Dissens zur etablierten Religion von Europa geschieden waren, baute auf einem freiwilligen Bund zwischen Gott und den Erwählten zur demonstrativen Gründung einer *city upon a hill*, die, so der erste Gouverneur Winthrop, als leuchtendes Beispiel für die Menschheit fungieren solle. Es sei nun an den einzelnen Mitgliedern dieses Bundes, die Mission dieses neuen Jerusalem mit Leben zu füllen. Denn erst der Erfolg ihrer Werke mache eine Ratifizierung dieses Bundes durch Gott manifest. Aus dieser Vergemeinschaftung mittels Verpflichtung und aus der Verlagerung der Beweislast auf das Individuum entstanden diverse Muster des amerikanischen Verhaltens: erstens der Auftrag, das Projekt der Reformation zu vollenden; zweitens der Gedanke der nationalen Mission, die

---

1 Gustav Blanke, *Das amerikanische Sendungsbewußtsein.* In: Klaus-M. Kodalle (Hrsg.), *Gott und Politik in USA.* Frankfurt: Athenäum 1988.

Menschheit zu erlösen; drittens die innerweltliche Askese und Pflicht des einzelnen zum vollen Einsatz bei diesen Aufgaben.

Im Maße der Sezessionsgelüste der Kolonie und des Wachstums einer revolutionären Identität mutierte die religiöse Aufgabe bald zu einer zivilen. Zu Beginn der Revolutionsperiode kam es, wie John Adams, einer der Gründungsväter der Republik und ihr zweiter Präsident, schreibt, zu einer »glücklichen Vermählung von christlichem und aufklärerischem Gedankengut«. Aus der religiösen Sendung wurde der »große Plan der Vorsehung«, der, postmillenarisch gewendet, auf dem Territorium Amerikas über die Revolution seine *weltliche* Vollendung finden werde. Sein Sohn und der sechste Präsident, John Quincy Adams, stellte am 4. Juli 1837 die Gründung der Republik in eine direkte welthistorische Beziehung zur Geburt Christi und zu den biblischen Prophezeiungen und nannte die USA eine »Erlösernation«. Diese religiöse Vorstellung fand sinnigerweise auf der Dollarnote ihren Platz, und zwar in der säkularen Verkleidung eines Zitats aus Virgils vierter Ekloge (»annuit coeptis, novus ordo saeclorum«), gestützt vom Motto *In God We Trust*.

Spätestens hier wird die Frequenz soteriologischer Heldenfiguren in der populären Kultur Amerikas, die einen Abklatsch zivilreligiöser Sehnsüchte darstellen, erklärbar. Die kontinentale Expansion bis zum Pazifik konnte dann auf der Schiene des *manifest destiny* weiterlaufen. Immer wieder meldeten sich aber auch kritische Stimmen, die im Tenor der Jeremiade daran erinnerten, daß Amerikas moralische Sendung nicht in der Eroberung fremder Territorien bestehen könne, sondern der Auftrag laute: »to build a model nation« (Henry Adams, Enkel von John Quincy Adams), die nur durch freiwillige Nachahmung des amerikanischen Beispiels global wirken dürfe. Amerika solle nicht durch Siege – wie gegen Mexiko –, sondern nur durch sein gutes Beispiel vorangehen, mahnte der Südstaatler John Calhoun in Vorausahnung des Sezessionskonflikts. Das Kriegsziel der USA im Ersten Weltkrieg sei, so Präsident Wilson, die Welt für die Demokratie sicher zu machen. Zwischen den Kriegen stabilisierte sich der Gedanke, daß die wirtschaftliche Ordnung des Kapitalismus gottgewollt und der Kommunismus des Teufels sei. Im Zweiten Weltkrieg kam es zur Waffenbrüderschaft zwischen den USA und der Sowjetunion, doch kurz nach Kriegsende setzte bereits die Metaphorik des »evil empire« ein. Ausgerechnet Richard Nixon, der den Vietnamkrieg realpolitisch entsorgen mußte, warnte in seiner Inauguralrede, Amerika habe »an einem Fieber von Worten gelitten, an einer aufgeblähten Rhetorik, die mehr verspricht, als sie halten kann, an einer bombastischen Rhetorik, die sich in Positur wirft, anstatt zu überzeugen«.

Der mediengewandte Ronald Reagan setzte neue Standards in der politischen Handhabung zivilreligiöser Rhetorik, und auch hinter George Bushs »Neuer Weltordnung« bleiben die Konturen dieser Sendungsrhetorik sichtbar. Ganz im Sinne der nationalen Eschatologie wurde der Untergang des Sowjetreichs von vielen evangelikalen Amerikanern als manifeste Bestätigung des Bundes *(covenant)* durch Gott gesehen. Zwar wird Clinton, wenn auch *born-again*, wohl kaum behaupten, daß die USA Gottes Werk auf Erden vollenden müsse, aber die Strukturen dieser Denkmuster, die bisweilen in zwanghaft überhöhter Form den Charakter einer umfassenden politischen Religion annehmen können, bleiben ein fester Bestandteil zivilreligiöser Vorstellungen, die in Wahlkämpfen und öffentlichen Ritualen bis in die Außenpolitik hinein weiterhin eine erhebliche Rolle spielen werden. Die Europäer sollten bei aller berechtigter Kritik nicht vergessen, daß der Marshallplan ohne dieses Sendungsbewußtsein wohl kaum vom Kongreß ratifiziert worden wäre.

Den Strukturwandel in der Beziehung von Religion und Politik kann man folgendermaßen zusammenfassen: Was die politischen Einstellungen betrifft, so ist heute der Graben zwischen liberalen und konservativen Mitgliedern der Katholiken oder zwischen liberalen und konservativen Mitgliedern der Methodisten tiefer als der zwischen den Religionsbekenntnissen selbst. Es hat sich quer über die Religionsgemeinschaften hinweg sowohl eine liberale als auch eine konservative Ökumene entwickelt. Heute verläuft die neue Trennlinie daher zwischen säkularisierten kosmopolitischen Eliten und fundamentalistischen Lokalpatrioten. Das gleiche Phänomen ist in der politischen Landschaft zu beobachten. Die politische Distanz zwischen den »cosmopolitans and locals« innerhalb der beiden Parteien ist größer als die zwischen kosmopolitischen Demokraten und Republikanern einerseits oder zwischen evangelikalen Demokraten und Republikanern andererseits.

Ohne Frage haben die Wellen der Säkularisierung vor allem die liberalen Kreise in allen Religionsgemeinschaften ergriffen. Amerikanische Religionswissenschaftler sprechen daher von einer *elite secularization thesis*. Unterhalb der Sichtbarkeit jedoch schreitet zudem jene bereits erwähnte stille Säkularisierung der Öffentlichkeit fort, die auch die Fundamentalisten nicht ungeschoren läßt. Die durch die Konsum- und Mediengesellschaft bewirkte Liberalisierung der Religion, Familie, Disziplin, Sexualität scheint selbst in totalitären Gesellschaften unumkehrbar geworden. Aber genau gegen diese Tendenzen machen allenthalben die neuen Konservativen mobil; denn ihre fundamentalistischen Positionen geraten durch jene Vermittlungsformen, die der Markt ihnen abverlangt, immer wieder in neue Gefahr.

J. A. Coleman definierte die amerikanische Zivilreligion als einen »set of beliefs, rites and symbols which relates a man's role as citizen and his society's place in space, time and history to the conditions of ultimate existence and meaning«. Zivilreligion verbindet die politische Ordnung mit einer transzendenten Präsenz, die aus der religiösen Substanz, aus der die politischen und gesellschaftlichen Strukturen entstanden sind, gewonnen wird. Die Zivilreligion beschränkt sich allerdings auf die politische Ordnung. Im Gegensatz dazu stellt eine politische Religion nach Christopher G. A. Bryant die Sakralisierung einer existierenden politischen Ordnung dar; sie ist total und fordert Autorität über die ganze Lebenswelt bei einer schwach ausgebildeten Zivilgesellschaft. Während also die Zivilreligionen in der Sprache Durkheims aus den *représentations collectives* entstehen und auf der Basis individueller Bürgerrechte einer Zivilgesellschaft sich formieren und diese aus dem Zusammenspiel der in einer Demokratie freigelassenen intersubjektiven

Energien und Kräfte erwachsen, wird die politische Religion vom Staat, der Partei oder Nomenklatura einem Volk präsentiert oder diesem übergestülpt. Die eine ist historisch verwurzelt, die andere wird politisch instrumentalisiert.

In Amerika war die Zivilreligion dominant und identitätsstiftend, wenn auch Tendenzen der Bevormundung und ein Hang, durch populistischen Druck bestimmte zivilreligiöse Besitzstände zu hypostasieren, in der amerikanischen Geschichte nicht unbekannt sind. Daher mag in Krisenzeiten die Zivilreligion zur politischen Religion erstarren – wie etwa in Zeiten des militanten christlichen Antikommunismus. Und doch stimmt nach wie vor: Zivilreligion entsteht als eine Folge der Graswurzeldemokratie, politische Religion als Folge eines korporatistischen Staats oder eines Parteienstaats. Die Differenz muß trotz ganz ähnlicher ikonographischer und ritueller Inszenierungsformen beachtet werden, auch wenn öffentliche Rituale, etwa bei Nationalfeiertagen oder Beerdigungen, in beiden Gesellschaftsformen eine herausragende Rolle spielen. Denn Rituale haben in beiden Systemen die Funktion, die Unantastbarkeit bestimmter Interpretationen des politischen und gesellschaftlichen Lebens zu artikulieren.

Ganz anders stellt sich die Situation in Deutschland dar. Die Trennung von Kirche und Staat hat bei uns aus historisch gewachsenen Gründen eine andere Logik und Rechtsbasis, deren politische Ausführung vom Verfassungsrecht, Konkordats- beziehungsweise Kirchenvertragsrecht minuziös geregelt ist. Man kann von einer politischen und juristischen Bestandsgarantie der Kirchen für den Staat und des Staats für die Kirchen sprechen, damit die gemeinsamen Angelegenheiten als *res mixtae* einvernehmlich verwaltet werden. Es gibt also keine institutionelle Bereichstrennung wie in Amerika. Statt dessen einigten sich Staat und Kirche auf eine doppelte Vermeidung: sowohl einer Staatskirche als auch einer laizistischen Staatsideologie. Herausgekommen ist eine institutionell gesicherte Bereichsverschmelzung. So wirken etwa in der Bildung Staat und Kirche zusammen, ohne ihre je eigene Souveränität und Zielsetzung aufgeben zu müssen. Statt von einer Trennung von Staat und Kirche auszugehen, ist es angemessener, von einer »Koordinations- und Kooperationsbeziehung« zu sprechen. Zwar hatte noch Pius X. eine Festlegung der katholischen Kirche auf die Demokratie verboten, aber nach dem Krieg ergab sich die Notwendigkeit eines Ausgleichs zwischen Kirche und Demokratie, die eine Sonderform der kirchen- und verfassungsrechtlich kodifizierten Zusammenarbeit ermöglichte. Aus dieser Beziehung, vornehmlich zwischen Katholizismus und der demokratischen Regierungsform, ergab sich zunächst in Frankreich, dann in Italien und Deutschland jener Kompromiß zwischen Religion und Politik, der in den christlich-demokratischen Parteien eine synergetische Konvergenz erfuhr.

Beide Systeme haben ihre offensichtlichen Vor- und Nachteile. Man darf mit der transatlantischen Frage schließen, ob die politisch gefesselte und marktwirtschaftlich ökumenisierte Zivilreligion eine Stabilisierung des politischen Systems des globalen Hegemonen darstellt, um das wir die Amerikaner beneiden sollten, oder eine Sonderform einer patriotischen Glorifizierung nationaler Eigenarten ist, die sich im Zeitalter der Globalisierung und des Transnationalismus überholt hat. Handelt es sich vielleicht sogar, wie manche deutschen Kritiker vermutet haben, um eine nationale Idolatrie, die instrumentalisiert wird, um die Sünden des Imperialismus (und der globalen Amerikanisierung) als göttliche Vorsehung zu nobilitieren? Anlaß zu dieser Sorge war sicher zu allen Zeiten begründet. Man erinnert sich an Kardinal Spellman, der die Meinung vertrat, daß Gott in Vietnam auf »unserer Seite« sei. Offensichtlich hat in den USA eine Konvergenz zwischen religiösen Mythen und außenpolitischen Zielen stattgefunden, die sich als Sendungsbewußtsein innerhalb eines manichäisch geprägten Weltbilds weltpolitisch artikuliert. Trotz all dieser kritischen Vorbehalte gegen diese zivilreligiöse Stabilisierung der Politik drängt sich die Frage auf, wer wohl heute auf die außenpolitische Rolle Amerikas als Hegemon verzichten wollte, eine Rolle, die innenpolitisch nur durch ein Sendungsbewußtsein stabilisiert werden kann.

Zwei Vignetten mögen als Warnung dienen, keine allzu extremen Schlüsse aus der Dominanz des Religiösen im öffentlichen Leben und in der politischen Rhetorik der USA zu ziehen. In seiner zweiten Inauguralrede meinte Abraham Lincoln angesichts der Tatsache, daß sowohl die Südstaaten als auch die Nordstaaten Gott für ihre Sache beanspruchten: »beide lesen die gleiche Bibel und beten zum gleichen Gott ... Die Gebete beider konnten nicht gleichermaßen gewährt werden, keinem von beiden wurden alle Wünsche erfüllt. Der Allmächtige verfolgt offensichtlich seine eigenen Ziele.« Vielleicht, so grübelte er ebenso salomonisch wie selbstkritisch, war die lange Dauer des Kriegs eine Strafe für die Sünden der Sklaverei, die beide Seiten auf sich geladen hatten. In den späten fünfziger Jahren pflegte ich eine Bar irisch-deutscher Arbeiter in East-Dubuque zu frequentieren, die ihren Kunden den feinen Unterschied zwischen Sakralisierung und Säkularisierung plausibel vermittelte. Über der Bar verkündete ein Plakat in großen Lettern: IN GOD WE TRUST. Darunter stand kleingedruckt: All others pay cash.

Manfred Henningsen

Der Aufstand der Fundamentalisten

Die Sehnsucht nach der heilen Welt und die amerikanische Gegenrevolution

Die erfolgreiche Etablierung eines neuen politischen Regimes im Frankreich der Revolution von 1789 führte nicht nur zu den dramatischen Veränderungen der politischen Landschaft, die Bewunderung und Nachahmung fanden. Die französischen Revolutionäre erschufen sich durch die Strukturveränderungen, die als unmäßig empfunden wurden, zugleich einen unversöhnlichen Feind. Dieser Feind war die Gegenrevolution, die sich von 1789 bis weit ins 20. Jahrhundert hinein in immer neuer politischer Form gegen die Revolution und ihre linken Erben stemmte. Sie war für die Instabilität der französischen Verfassungsgeschichte mitverantwortlich, die sich in bislang fünf republikanischen und mehreren monarchischen und autoritären Regimen niederschlug. Die Geschichte der Französischen Revolution war untrennbar mit jener der Gegenrevolution verbunden, deren Dynamik sich erst, wie François Furet es ironisch anläßlich der Zweihundertjahrfeier formulierte, mit der schließlichen Hinnahme der Revolution durch die französische Gesellschaft erschöpfte.

Der Kontrast zur Erfolgsgeschichte der Amerikanischen Revolution zeigt sich in der Abwesenheit einer Gegenrevolution in den USA und dem erstaunlichen Phänomen, daß die Verfassung von 1789 noch immer in Kraft ist. Die amerikanische Gegenrevolution verließ nach der Niederlage des englischen Kolonialregimes im Unabhängigkeitskrieg in der Gestalt von mehr als 60 000 enteigneten Loyalisten die revolutionäre Gesellschaft. Mit diesem Exodus in die kanadischen Kolonien des englischen Monarchen endete die Möglichkeit einer amerikanischen Gegenrevolution. Kanada wurde das andere, nichtrevolutionäre Amerika, das sich allein in Quebec als ideologische Gegenrevolution zur Französischen und Amerikanischen Revolution inszenierte und als provinzielle Idylle von der Weltgeschichte verabschiedete.

Die Gegenrevolutionäre in Frankreich waren alles andere als idyllisch. Sie waren besessen von der Opposition zum Projekt der Revolutionäre, das der Anglo-Ire Edmund Burke bereits 1790 in seinen *Reflections on the Revolution in France* als »totale Revolution« charakterisiert hatte. Burkes radikale Kritik wurde jedoch von den gegenrevolutionären Intellektuellen im nachnapoleonischen Europa noch überboten. Die meist katholischen Schriftsteller der französischen, aber auch der österreichischen und deutschen Romantik sahen in der Französischen Revolution nicht allein die Grundlegung eines neuen politischen Regimes. Mit der Legitimierung des Regimes verband sich für sie der Umsturz einer Ordnung, die durch katholische Kirche, Monarchie und Stände auf ewig festgeschrieben schien. Isaiah Berlin hat über den konsequentesten Denker der Gegenrevolution, Joseph de Maistre, einen Essay geschrieben, der ihn mit den Ursprüngen des Faschismus verknüpft. De Maistre hat »mit viel Kühnheit und oft zum erstenmal zentrale Wahrheiten aufgedeckt (und heftig übertrieben), die seinen Zeitgenossen unangenehm waren, die von seinen Nachfolgern entrüstet zurückgewiesen und erst in unserer Zeit als solche erkannt wurden – allerdings nicht, weil wir über mehr Verständnis, mehr Selbsterkenntnis, mehr Aufrichtigkeit verfügen, sondern weil eine Ordnung, die de Maistre das einzige Mittel gegen die Auflösung des gesellschaftlichen Zusammenhangs zu sein schien, zu unserer Zeit in ihrer scheußlichsten Gestalt entstanden ist. Auf diese Weise wurde die totalitäre Gesellschaft, die de Maistre im Gewand der historischen Analyse hat sichtbar werden lassen, zur Wirklichkeit«.[1]

Carl Schmitt hat dieser Gegenrevolution zwei seiner frühen Bücher gewidmet, *Politische Romantik* (1919) und *Politische Theologie* (1922). In ihnen enthüllt er die existentiellen Motive seiner Kritik am Liberalismus. Schmitts Auseinandersetzung mit dem liberalen Parlamentarismus der Weimarer Republik wird aus den Quellen der Gegenrevolution gespeist, die sich gegen die zivilisatorische Formation der westlichen Moderne wendet. Das gegenrevolutionäre Pathos seiner Politik, das später zur Rechtfertigung des deutschen Faschismus mutierte, wird geflissentlich von den postmarxistischen und postmodernen politischen Theoretikern heruntergespielt, die heutzutage in Amerika mit Schmitts Dezisionismus flirten: In einer neuen amerikanischen Ausgabe (1996) von Schmitts *Der Begriff des Politischen* schreibt der postmoderne Theoretiker Tracy B. Strong zum Beispiel in seinem Vorwort, daß es die Einsicht in die existentielle Gegenüberstellung politischer Opponenten als Freund und Feind sei, »die die nichtliberale Linke und Rechte an Schmitt anzieht. Gerade weil die Liberalen verneinen, daß der Einsatz der Politik so hoch ist, wehren sie sich gegen Schmitt.« Strong hält es sich zugute, bereits vorurteilsloser über Schmitt denken zu können, weil die Homogenisierung der politischen Sprache durch die Distanz zu den dreißiger Jahren und der »Nazi-Erfahrung« abzuklingen beginnt. Der amerikanische Erfolg (1998) von Giorgio Agambens Buch *Homo Sacer*, das Carl Schmitt als Theoretiker der politischen Souveränität für die postmoderne globale Wirklichkeit einführte und feierte, bestätigt diesen Trend.

Das zunehmende Interesse an Schmitt reflektiert nicht nur die Dürftigkeit der amerikanischen politischen Theorie, sondern die Krisensymptome der amerikanischen Gesellschaft, für die der deutsche Denker als Interpret hinzugezogen wird. Die ideologische Botschaft der Gegenrevolution, die in den vergangenen zweihundert Jahren in der öffentlichen Sphäre der Republik keine Chancen gehabt hat, war immer präsent im reichhaltigen Angebot der diversen Fundamentalismen. Die Sehnsucht nach der heilen Welt, die im Zentrum der europäischen Gegenrevolution stand und sich vehement in anderen Zivilisationskreisen als fundamentalistischer Aufstand gegen die

[1] In: Isaiah Berlin, *Das krumme Holz der Humanität*. Frankfurt: Fischer 1992.

westliche Moderne in Szene setzt, beginnt heute in den USA die politische Debatte zu beeinflussen und damit die Distanz zum Rest der Welt zu verringern.

Die Gegenrevolution, die in Europa ihr eigenes Milieu politischer Sozialbewegungen kreierte, hat traditionell in den USA keine große Resonanz gefunden. Die revolutionären Verfassungsväter hatten den Amerikanern mit dem ersten Zusatzartikel von 1791 Denk-, Rede-, Publikations- und Versammlungsfreiheit gewährt und damit gleichsam alle Bedingungen der Aufklärung für den mündigen Bürger einer Republik erfüllt. Zugleich wurde in diesem ersten Amendment das Verbot dekretiert, eine Religion als Staatsreligion zu etablieren oder zu privilegieren. Im Gegensatz zu den französischen Revolutionären, die das Christentum durch eine aufklärerische Ersatzreligion zu verdrängen suchten, wollten sich die Gründer nicht in das Heilsleben der Bürger einmischen. Diese Haltung richtete sich nicht primär gegen die Revolutionäre in Frankreich, sondern basierte auf dem kritischen Verständnis des katholischen Mittelalters und des nachreformatorischen Europa. Die Gründer hatten aus der europäischen Geschichte die Einsicht gewonnen, daß weder die doktrinäre Glaubenseinheit des Mittelalters noch das arbiträre Religionsdiktat des Augsburger Friedens von 1555 *(cuius regio, eius religio)* die Gesellschaft befriedet hatten. Zum Freiraum der bürgerlichen Zivilgesellschaft, den die Gründer durch die Verfassung garantierten, sollte das Recht auf freie Religionsausübung gehören.

Mit dem Recht auf Religionsfreiheit und der Verbannung jeglicher Staatsreligion wurde europäischen Revolutionären und Gegenrevolutionären der ideologische Boden unter den Füßen fortgezogen. Die Forderungen der Gegenrevolution waren sinnlos angesichts einer Situation, in der die Revolution aufklärerische Bürger- und Menschenrechte mit Religionsfreiheit verband. Wenn dem politischen Regime der Republik jegliche Einmischung in die Glaubenswelt der Bürger aus Gründen bürgerlicher Glaubensmündigkeit verfassungsmäßig untersagt wird, dann verspricht eine Rückkehr zu mittelalterlicher Glaubenseinheit keine größere Sinnerfüllung. Die europäischen Angebote zur Überwindung der modernen Sinnkrise, die von der Romantik bis zur konservativen Revolution in den zwanziger Jahren offeriert wurden, fielen in Amerika meist auf taube Ohren. Die Versuchungen der Gegenrevolution waren in den USA nicht an die Symbolwelt des Mittelalters gekoppelt, sie besaßen dafür millenarische Züge. Die Sehnsucht nach der heilen Welt richtete sich nicht auf die Vergangenheit, sondern die Zukunft.

Der millenarische Charakter des nichtkatholischen Christentums hat deutliche Spuren in der säkularen Zivilreligion der amerikanischen Republik hinterlassen. Diese weltlichen Heilserwartungen auf ein *novus ordo seclorum* jedoch, die seit der Revolution in unzähligen Varianten aufgetaucht sind, haben die religiösen Hoffnungen auf eine prä- oder postmillenarische Wiederkehr Christi nicht zum Schweigen gebracht. Im Gegenteil, die Abschwächung des weltlichen Millenarismus als Folge der materiellen Verwirklichung des American Dream im Herrschaftsbereich der einzigen globalen Supermacht hat bei einigen zu einer Intensivierung der spirituellen Heilserwartungen geführt. Man könnte geradezu sagen, daß der säkulare Erfolg der USA am Ende des 20. Jahrhunderts für die apokalyptischen Christen Amerikas zur self-fulfilling prophecy zu werden beginnt. Je grandioser die weltliche Macht und Herrlichkeit der USA auf Nichtgläubige und Nichtamerikaner zu wirken beginnt, um so näher wissen sich die Apokalyptiker dem Ende. Denn diese Supermacht wird in den Visionen der apokalyptischen Gläubigen zum Endreich, dem vierten Reich der Apokalypse, mit dessen Untergang die eigentliche Heilsgeschichte beginnt. Das Schauspiel des Clinton-Impeachment, das die Welt in Staunen versetzte, erhält vor dem Hintergrund der apokalyptischen Phantasie einen völlig neuen Sinn.

Der Eindruck, der anfänglich in Europa über das Impeachment-Drama gegen den Präsidenten entstand, entsprach weitgehend dem Muster des europäischen Antiamerikanismus. Als der Präsident nach den Lewinsky-Enthüllungen plötzlich ohne Hosen gesichtet wurde, amüsierten sich die Europäer über die Aufregung kleinbürgerlicher Puritaner. Diese Klischeevorstellungen über Amerika mußten aber sehr bald aufgegeben werden, weil die positiven Umfrageergebnisse für den Präsidenten andeuteten, daß Amerikaner so aufgeklärt sind wie Europäer. Die Mehrheit fühlte sich offensichtlich nicht repräsentiert von der Anti-Clinton-Fronde im Repräsentantenhaus. Die Motive dieser Fronde und die Unterstützung, die sie in ihren eigenen Wahlbezirken fanden, sind bis heute nicht untersucht worden.

Selbstverständlich reagierten die ausschließlich republikanischen Mitglieder dieser Fronde auf die sexuellen Eskapaden des Präsidenten mit heiligem Zorn. Die Enthüllungen aber über vergleichbare Affären republikanischer Kongreßabgeordneter, vor allem auch der Mitglieder des Justizausschusses, der die Anhörungen durchführte, einschließlich des Vorsitzenden Henry Hyde, demonstrierten, daß es weniger um Sex als den gegenwärtigen Präsidenten Bill Clinton ging. Dieses wichtige Detail wurde auch von dem pornographischen Candide der Republik, Larry Flynt, übersehen, als er in einer Anzeige in der *Washington Post* bis zu einer Million Dollar in bar anbot für das Geständnis ehebrecherischer Begegnungen mit gegenwärtigen Kongreßabgeordneten oder Regierungsbeamten. Der Herausgeber des Sex-Magazins *Hustler* wurde zwar fündig und torpedierte erfolgreich die Wahl des Speaker of the House Bob Livingston; er konnte zudem Affären anderer Republikaner belegen. Diese Sittengeschichte der Republikaner im Kongreß beendete aber nicht das Impeachment, weil der Haß auf Clinton, der die Ankläger vorantrieb, nur wenig mit seinem eher peinlichen Liebesleben zu tun hatte.

Dieses Mißverständnis über die angebliche Sexobsession der christlichen Fundamentalisten wäre übrigens vermeidbar gewesen, wenn Beobachter sich an die eher generöse Haltung fundamentalistischer Gemeinden gegenüber den häufigen Fehltritten ihrer charismatischen Prediger wie zum Beispiel Jimmy Swaggart und Jim Bakker erinnert hätten, die Kontakte zu Prostituierten hatten. Für die Gemeinden gehörte dieses pastorale Verhalten zum Bild des von der Erbsünde gezeichneten Menschen. Bekennenden Sündern wird deshalb immer vergeben. Daß Clinton als praktizierender Baptist aus dem Süden über die Bedingungen dieses Sühnerituals Bescheid wußte und sich dementsprechend vor, während und nach dem Impeachment verhielt, verstärkte den Haß der Fronde. Sebastian de Grazia brachte die Strategie Clintons auf einen Nenner (*Times Literary Supplement*, 4. Juni 1999): »Für den Präsidenten der Vereinigten Staaten aber, umgeben von einer Versammlung von Predigern, das amerikanische Volk um Vergebung für seine Sünden zu bitten, das bedeutet, das Volk als Gemeinde zu behandeln. Die Verfassung spricht nicht von Gemeinde. Sie spricht vom Volk als Bürgern.« Den Präsidenten der amerikanischen Supermacht als devoten Christen zu erleben, der öffentlich seine Sünden bekennt und das amerikanische Volk als Gemeinde um Vergebung bittet, gestattete es christlichen Gruppen, den positiven Umfrageergebnissen gleichsam eine seelsorgerische Dimension hinzuzufügen. In afroamerikanischen Kirchen wurde Clinton nach diesem Sündenbekenntnis mit noch größerer Sympathie empfangen als zuvor. Ob er jedoch Skeptiker eher entwaffnete oder abstieß, bleibt unentschieden. Der Haß der Gegner indes wurde durch dieses präsidiale Verhalten zu neuen Höhen getrieben. Clinton hatte es zugleich geschafft, seine Präsidentschaft zu retten und zum erstenmal im 20. Jahrhundert im Zentrum der politischen Kultur selbst eine genuin gegenrevolutionäre Bewegung hervorzurufen.

Diese gegenrevolutionäre Bewegung wurde nicht ausgelöst durch das Scheitern des Impeachment-Prozesses im Senat oder die Vorgänge, die zu diesem Prozeß geführt hatten. Die gegenrevolutionären Tendenzen haben die Clinton-Präsidentschaft seit ihrem Anfang begleitet. Sein sozialreformerisches Programm, so minimal es auch angelegt war, wurde durch Versuche wie die Anerkennung von Homosexuellen im Militär und die Einführung einer nationalen Krankenversicherung von Konservativen als revolutionär verstanden. Gegen dieses revolutionäre Regierungsprogramm und die Intellektuellen, Juden, Schwarzen, Hispaniker, asiatischen Amerikaner, Feministinnen und Schwulen, die es repräsentierten, mußte deshalb resolut vorgegangen werden. Die Konservativen, die erfolgreich viele Gesetzesinitiativen und Nominierungen für Regierungsämter zu Fall brachten, hatten allerdings nicht mit Clintons erstaunlichen Fähigkeiten gerechnet, mit der amerikanischen Gesellschaft auf allen diskursiven, rhetorischen und rituellen Ebenen zu kommunizieren. Die offenkundige Hilflosigkeit der Konservativen erreichte nach dem Impeachment bemerkenswerte Grade.

Der konservative Ideologe Paul Weyrich bekannte: »Ich glaube nicht mehr, daß es eine moralische Mehrheit gibt. Ich glaube nicht, daß eine Mehrheit der Amerikaner unsere Werte teilt.« Er ging soweit vorzuschlagen, »aus dieser Kultur auszusteigen« oder sich zumindest von »dieser feindlichen Kultur zu trennen«. Diese Selbstanalyse war nicht auf den Ideologen Weyrich beschränkt. William Bennett, der frühere Erziehungsminister unter Reagan, beschuldigte die amerikanische Mehrheit der »Komplizenschaft mit der Korruption«. Er würde die Mehrheit unter keinen Umständen akzeptieren, da sie unrecht habe. Der republikanische Senator Bob Smith aus New Hampshire nannte den Freispruch des Präsidenten einen »traurigen

Kommentar über die vorherrschenden Werte im heutigen Amerika«[2] – und erklärte seine eigene Kandidatur für die Präsidentschaft.

In diesen frustrierten Kommentaren der Konservativen wird das Unversöhnliche der Auseinandersetzung deutlich, die sich während der neunziger Jahre, den Jahren der Clinton-Präsidentschaft, angebahnt hat. Diese Qualität der Freund-Feind-Dichotomisierung, die Schmitt in den Krisenjahren der Weimarer Republik in seinem Essay *Der Begriff des Politischen* entwickelt hat, ist neu für die amerikanische politische Öffentlichkeit. Sicher, die radikalen Randgruppen, die es in allen Schattierungen auf der Linken und Rechten gegeben hat und die in den letzten Jahren rapide gewachsen sind, haben die Wahnlogik der totalen Identität schon immer praktiziert. In den neunziger Jahren dringt dieses Denken aber in das Zentrum der politischen Kultur vor und ortet die Gegner der Auseinandersetzung als Feinde. Newt Gingrich gebrauchte am Anfang seiner steilen politischen Karriere den Vergleich mit der deutschen Wehrmacht, um die Republikaner auf seinen kriegerischen Stil einzuschwören. Für Gingrich diente der Vergleich primär als Organisationsmodell, das er bewunderte und imitieren wollte. So bizarr diese Anleihe auch war, sie war nicht gedacht, um Politik in Krieg zu übersetzen. Diese Übersetzung wird von dem gegenwärtigen Einpeitscher der Republikaner im Repräsentantenhaus, Tom DeLay, geleistet, der als führender politischer Kopf alle Fäden in der Hand hält und als der eigentliche Organisator des Impeachment gilt. Sein politisches Verständnis reduziert sich auf die Freund-Feind-Konstellation, wird aber durch sein fundamentalistisches Christentum vom völligen Abgleiten in einen amerikanischen Faschismus abgehalten. Nach dem durch die *Hustler*-Enthüllungen provozierten Rückzug der Kandidatur Livingstons zum Speaker am 19. Dezember 1998 artikulierte Tom DeLay seine Position, als er die Debatte im Repräsentantenhaus, die am selben Tag zur Annahme von Impeachment-Artikeln geführt hatte, »auch als eine Debatte über Relativismus versus absolute Wahrheit« bezeichnete.

DeLays »absolute Wahrheit« basiert auf zwei Texten, der Bibel und der amerikanischen Verfassung. Er bekannte öffentlich, einst ein junger »Blödian« gewesen zu sein, der »Gott zur Seite geschoben« habe. Inzwischen aber hätte er sein »Leben wieder Christus zugewandt«. Für einen fundamentalistischen Christen bedeutet das, daß er an die Irrtumsfreiheit der Bibel glaubt und sie für einen Text hält, der keiner Interpretation bedarf, sondern wörtlich genommen werden muß. Einen ähnlichen Literalismus möchte er zusammen mit anderen Konservativen mit Blick auf die Verfassung praktizieren, obgleich die göttliche Verbalinspiration dort nur indirekt eine Rolle spielt, wenn die konservativen Verfassungsjuristen von der »strikten Interpretation« *(strict construction)* reden. Die bewußte Abwesenheit der Gleichheitsformel in der Verfassung wird von den Konservativen oft in zeitgenössischen politischen Diskussionen erwähnt. Natürlich vermeiden sie es, den Grund

---

2 Vgl. Richard L. Berke, *The Far Right Sees the Dawn of the Moral Minority*. In: *The New York Times*, 21. Februar 1999.

für das Fehlen der Gleichheitsthese in der Verfassung zu nennen, weil in der Diskussion des Themas Sklaverei – deren Akzeptanz war der Preis für die Einheit – ihr eigener weißer Milieurassismus durchbrechen würde.

Der Mehrheitsführer der Republikaner im Senat, Trent Lott, wurde zum Beispiel im Januar während der Impeachment-Debatte im Kongreß als Ehrenmitglied einer nach Tausenden zählenden Organisation in Mississippi identifiziert, die als »Rat konservativer Bürger« unter anderem auf folgende Thesen eingeschworen ist: »Die westliche Zivilisation, in all ihrer Macht und ihrem Ruhm, würde niemals ihre Größe erreicht haben ohne die führende Hand Gottes und den schöpferischen Genius der weißen Rasse. Jeder Versuch, diese Rasse mit der Beimischung von schwarzem Blut zu zerstören, ist ein Versuch, die westliche Zivilisation selbst zu zerstören.« Trent Lott, der mit Freunden und Verwandten seit Jahren dieser Organisation angehört hat, behauptete, deren ideologische Positionen nicht zu kennen.

Daß der ursprüngliche Verfassungstext, an dem die meisten Fundamentalisten so hängen wie an der verbalinspirierten Bibel, seit dem Bürgerkrieg, den beiden Weltkriegen, der schwarzen Bürgerrechtsbewegung und den sich anschließenden Sozialbewegungen der Frauen, Homosexuellen und Behinderten mehrmals emendiert und vom Supreme Court schöpferisch interpretiert worden ist, findet DeLay als politischer Führer der entstehenden amerikanischen Gegenrevolution irritierend, wenn nicht gar skandalös. Die Hoffnung auf einen republikanischen Präsidenten, der Kenneth Starr zum Bundesjustizminister, dem Attorney General, ernennen würde, wächst deshalb unter Konservativen mit dem Nahen der Präsidentschaftswahlen. Starr hat inzwischen den bisherigen Wunschkandidaten der Konservativen für den Posten des Justizministers, Robert Bork, ersetzt.

Starrs Untersuchungsbericht über Präsident Clinton und die Lewinsky-Affäre, der am 11. September 1998 vom Kongreß ungelesen veröffentlicht wurde, brachte eine Lawine ins Rollen, von der die Konservativen hofften, daß sie die Clinton-Präsidentschaft vorzeitig beenden würde. Daß Clinton politisch überlebte, gehört für Starr und die Zeloten im Kongreß zum Syndrom der geistigen Krise Amerikas. Starrs Karriere wird auf alle Fälle keinen Schaden nehmen. Seine juristische Verfolgung von Bill und Hillary Clinton hat ihn in die Elite der Gegenrevolution aufsteigen lassen. Das Angebot, Dekan der juristischen Fakultät der Pepperdine University in Südkalifornien zu werden, die von einem der vermögendsten Clinton-Hasser, dem Milliardär Richard Mellon Scaife, finanziell unterstützt wird, ist nicht zurückgezogen worden. Diese Law School lehrt amerikanisches Recht aus einer christlichen Perspektive, übersetzt also schon das gegenrevolutionäre Projekt in die professionelle Erziehung von Eliten. Die knappe Entscheidung des Repräsentantenhauses im Juni 1999, es Schulen zu erlauben, die Zehn Gebote als zivilisatorischen Verhaltenscode deutlich sichtbar für Schüler und Lehrer zu plazieren, entsprang diesem fundamentalistischen Glaubensmilieu. Die Entscheidung wird unabwendbar zu unzähligen Klagen und Gegenklagen führen, bei denen christliche Juristen eine wichtige Rolle spielen werden. Diese Glaubensjuristen werden nicht nur in Pepperdine, sondern auch an anderen christlichen Law Schools erzogen. Starr war zum Beispiel im Oktober 1996, einen Monat vor den letzten Präsidentschaftswahlen, beim zehnjährigen Gründungsjubiläum von Pat Robertsons Law School prominenter Gast und hatte seine engen Bande mit dem TV-Evangelisten und seiner täglich millionenfachen Zuschauerschaft bewiesen, die auf Anti-Clinton-Tiraden und eine tiefverwurzelte antiliberale Weltanschauung eingeschworen ist. Robertson hat seine Version der gegenrevolutionären Verschwörungstheorie 1995 in dem Buch *The New World Order* entwickelt, in der Freimaurer, Juden, Kommunisten, Liberale, Bankiers, Schwule, Feministinnen und die Trilateralisten von Davos sich gegen ein christliches Amerika verbünden. Für den Autor war die Gründung der USA bereits eine freimaurerische Verschwörung, die von ihm auf abenteuerlichen Umwegen bis zum bayrischen Illuminatenorden des Adam Weishaupt im 18. Jahrhundert zurückgeführt wird.

Mittlerweile stürzen sich auch katholische Intellektuelle intensiv in die Schlacht um die geistige Identität Amerikas. Der fundamentalistische Sohn eines fundamentalistischen Predigers in Texas, Starr, könnte den Thesen der sogenannten Theocons ohne Schwierigkeiten zustimmen. Der Journalist Jacob Heilbrunn hatte im Dezember 1996 im liberalen Magazin *The New Republic* einen Artikel über *Neocons v. Theocons* veröffentlicht, in dem er die liberalen Neokonservativen mit den neuen Gegenrevolutionären kontrastierte. Im Gegensatz zu den Neokonservativen behaupten die Theokonservativen, daß die USA vor allem eine christliche Nation sind, deren Verfassungsordnung auf einem thomistisch verstandenen Naturrecht beruht. Dieses »göttliche Naturrecht transzendiert«, so faßt Heilbrunn die Theokonservativen zusammen, »die arbiträren und tyrannischen Verordnungen des von den Theocons zunehmend so genannten amerikanischen Justizregimes«. Der katholische Priester und Spiritus rector dieser Gruppe, Richard John Neuhaus, behauptete, daß es »keine Übertreibung sei, daß wir an einem Punkt angekommen sind, an dem Millionen pflichtbewußter amerikanischer Bürger darüber nachdenken, ob dieses Regime rechtmäßig ist. Dies ist der ernste Augenblick, den wir erreicht haben.« Heilbrunn summierte die Haltung der Theocons in einer Sprache, die an Deutlichkeit nichts zu wünschen übrigläßt und unbeabsichtigt zugleich einen interessanten deutschen Vergleich heraufbeschwört. Für die Theocons ist »die Regierung der Vereinigten Staaten ... so heruntergekommen – wesentlich unchristlich und deshalb illegitim –, daß es die Existenz der USA als einer Nation unter Gott gefährde und daß diese Krise einer revolutionären Antwort bedürfe. Das letztliche Paradox: eine konservative Revolution.«

Im Falle Amerikas wirkt die Formulierung »konservative Revolution« so paradox, weil sie zweihundertzehn Jahre nach der Ratifizierung der republikanischen Verfassung auftaucht. Diese Verfassung garantierte eine Ordnung, die auf der Versklavung von annähernd zwanzig Prozent der damaligen Bevölkerung basierte, die Korrektur dieser institutionalisierten Verweigerung der Gleichheit aber nach dem blutigsten Krieg der amerikanischen Geschichte, dem Bürgerkrieg von 1861–1865, erreichte. Die Verfassung war so flexibel, daß sie die Integration von Millionen von Einwanderern aus allen

Weltregionen erlaubte und das erstaunliche Wachstum der Bevölkerung von vier Millionen 1790 auf 265 Millionen heute überdauerte. Die konservativen Revolutionäre Amerikas werden deshalb Fragen beantworten müssen, die die Substanz dieser außergewöhnlichen Geschichte berühren: Ist ihr Aufstand gerichtet gegen die Gründung selbst; gegen die Überwindung der Sklaverei und die Gleichheit für Schwarze; gegen die Emanzipation und Gleichheit der Frauen; oder gegen die Öffnung der Zivilgesellschaft für alle nichtweißen Amerikaner? Eine positive Antwort auf diese Fragen würde bedeuten, daß sich die konservative Revolution in den USA irgendwann in der Zukunft zum Faschismus verhärten oder von einem autochtonen Faschismus überrollt werden wird. Ein Blick auf Deutschland ist angebracht, weil der Ausdruck konservative Revolution auf die deutsche Vorgeschichte des Faschismus hindeutet.

Die konservative Revolution in Deutschland war weder konservativ noch revolutionär, sondern das Projekt intellektueller Ästheten, die vom Erlebnis des Ersten Weltkrieges überwältigt waren. Es war, wie Stefan Breuer diese Bewegung charakterisiert hat, ein »Konservativismus, der nicht in Verteidigung und Abwehr bestand, ja offenbar überhaupt keinen Grund mehr besaß, auf dem sich stehen ließ, war, wenn Sprache nicht völlig inhaltsleer sein soll, kein Konservativismus mehr, allenfalls eine Art Zombie, ein im Leben herumgeisternder Leichnam«.[3] Breuers revolutionärer »Zombie« geisterte zwar für einige Zeit durch die deutsche Ideen- und Geisteswelt, erhielt dann aber durch die Rede Hugo von Hofmannsthals *Das Schrifttum als geistiger Raum der Nation* 1927 eine festere ideologische Bestimmung. Am phantastischen Charakter änderte sich dadurch aber nichts, da auch für den österreichischen Schriftsteller weder die politische Gesellschaft noch die Ordnung, die bewahrt werden sollte, irgendeine Rolle spielte. Die deutsche konservative Revolution fand in einem Niemandsland statt. Das hielt indes die Intellektuellen, die an ihre revolutionäre Bestimmung glaubten, nicht davon ab, den Aufstand unentwegt in theatralischen Parallelaktionen zu proben.

In *Ästhetischer Fundamentalismus* (1995), Breuers Studie über den George-Kreis, der den ästhetischen Kern der Bewegung bildete, fällt immer wieder auf, wie konsistent sich die narzißtischen Intellektuellen in ihren Konventikeln gegen die USA und die drohende Amerikanisierung wehrten. Amerika repräsentierte für sie die Zivilisation eines neuen Barbarentums, in der die geistige Kultur Europas durch Kapitalismus, Demokratie, Massenproduktion und Massengeschmack, Technologie, Materialismus, Frauenemanzipation und Rassenmischung zerstört wurde. Die deutsche konservative Revolution, die im Gegensatz zur Gegenrevolution der Romantik mit dem Christentum nicht viel verband, definierte sich politisch durch einen Antiamerikanismus, den die republikanische Verfassung und die Dynamik der amerikanischen Geschichte nicht interessierte. Politik war die Domäne des Staates und ging die Intellektuellen deshalb nichts an. Das Schicksal der

3 Stefan Breuer, *Anatomie der konservativen Revolution*. Darmstadt: Wissenschaftliche Buchgesellschaft 1993.

konservativen Revolutionäre im Dritten Reich unterscheidet sich so auch nicht gravierend vom Rest der deutschen Intelligenzia. Das ideologische Projekt wurde von den Nazis einkassiert, während die konservativen Revolutionäre selbst als Ideologen überliefen und an der symbolischen Legitimierung des Regimes überzeugt oder opportunistisch mitmachten; freiwillig ins Exil gingen oder gejagt wurden; im Militär oder in sonstigen öffentlichen oder privaten Institutionen untertauchten; als Widerständler verhaftet, eingesperrt und umgebracht wurden. Oder sie starben wie Stefan George rechtzeitig im Ausland, ohne sich öffentlich für oder gegen das Regime erklärt zu haben. Die deutsche konservative Revolution hat nicht das Dritte Reich geschaffen. Das hätte ihren unterentwickelten Wirklichkeitssinn überfordert. Die Nazis legitimierten sich selbst. Sie waren auf die intellektuelle Hilfe konservativer Ästheten nicht angewiesen.

Ob die konservative Revolution in Amerika sich zum amerikanischen Faschismus entwickeln oder eine solche politische Formation an die Macht bringen wird, bleibt abzuwarten. Der Unterschied zur deutschen konservativen Revolution wird aber sein, daß die Gegenrevolution in Amerika an der Zerstörung einer politischen Kultur arbeitet, die seit über zweihundert Jahren nicht Phantasie, sondern historische Wirklichkeit gewesen ist.

Ekkehard Klausa

Die deutsche Gedenkreligion des Holocaust

Das deutsche Gedenken des Holocaust ist jenseits der erprobten Ritualformen ein gefährliches Gelände, wie der Sturz des Bundestagspräsidenten Jenninger nach einer ungeschickten Rede zum fünfzigsten Jahrestag des Kristallnachtpogroms und jüngst die erbitterte Debatte um Martin Walsers Paulskirchen-Rede zeigten. Meine These lautet, daß das Holocaust-Gedenken in Deutschland und die Auseinandersetzung darüber religiöse oder quasireligiöse Züge tragen. Ich werde daher versuchen, beobachtetes Verhalten im Holocaust-Gedenken mit möglichst konkreten religionsgeschichtlichen Parallelen zu verknüpfen, um alsdann nach möglichen psychogenetischen Zusammenhängen zwischen beiden zu fragen.

Als erste Orientierung ist ein umfassender soziologischer Religionsbegriff hilfreich. Der Wissenssoziologe Peter Berger sieht Religion als Schutzwall gegen das Chaos: Die Gesellschaft errichtet angesichts schmerzlicher Grenzerfahrungen über der brüchigen sozialen Welt einen heiligen Kosmos, eine absolut sinnvolle Ordnung. Menschliche Sinnhaftigkeit wird in die Leere des Universums ausgeweitet.[1] Wie aber sollte Sinnhaftigkeit in die schreckliche Grenzerfahrung des Holocaust gebracht werden? In der Tat ist die sinnhafte soziale Ordnung auch noch ein halbes Jahrhundert nach dem Holocaust vom Chaos bedroht: Eine staatliche und gesellschaftliche Ordnung, die den Holocaust nicht nur ermöglicht, sondern mit teuflischer Effizienz organisiert hat, ist aus der Sinnhaftigkeit herausgefallen und bedarf in einer Weise der »Erlösung«, die vielleicht nur mit religiösen Mitteln möglich ist.

In Israel und in der jüdischen Diaspora in den USA läßt sich der Holocaust noch in gewisser Weise heilsgeschichtlich integrieren: Zionistisch gesehen bewies die gnadenlose Judenverfolgung der Nazis, daß der Zionismus im Recht, daß der jüdische Staat historisch notwendig war. Damit werden die Opfer des Völkermordes zu »Märtyrern«, die Warschauer Ghettokämpfer zu »Helden« des neuen Zion: Die israelische Gedenkbehörde Yad Vashem nennt sich auf englisch »The Holocaust Martyrs' und Heroes' Remembrance Authority«. Freilich haben auch in Israel traditionelle Religionsformen die

---

1 Peter Berger, *Zur Dialektik von Religion und Gesellschaft*. Frankfurt: Fischer 1973. Berger betont, daß Religion wissenschaftlich nur als »menschliches Unternehmen« zu definieren sei, weil sie sich nur als solche empirisch manifestiere; die Frage, ob sie mehr als ein menschliches Unternehmen sei, müsse jeder wissenschaftlichen Behandlung offen bleiben. Freilich müßte man hinzufügen, daß man wissenschaftlich begründen könnte, weshalb Gott, falls es ihn nicht gibt, aus Gründen des gesellschaftlichen Bedürfnisses erfunden worden ist. Bemerkenswert ist immerhin, daß eine neuere christliche Religionsauffassung sich der soziologischen stark annähert: Nach dem Theologen und Religionsphilosophen Don Cupitt (*The Sea of Faith*, London: SCM Press 1998) wenden sich moderne Christen zunehmend vom Glauben an Gott als »externe Realität« ab und kommen dem Gottesbegriff von C. G. Jung nahe, der Gott als »Gottes-Inbild der Seele« deutet.

Kraft verloren, den Holocaust in einen heiligen Kosmos zu integrieren: für eine säkularisierte Gesellschaft garantiert die Berufung auf einen transzendenten Gott diesen Kosmos nicht mehr. Obwohl religiöse Machtgruppen in Israel eine große Rolle spielen, kann Religion die Gesellschaft nicht integrieren. Denn die meisten Bürger sind nichtreligiös, andere sind liberal-religiös, und radikale Minderheiten sind fanatisch-orthodox, unduldsam und politisch oft das Zünglein an der Waage. Die Transzendentalreligion der Tradition eint also nicht mehr, sondern spaltet. Gerade wegen dieser Spaltung ist die gemeinsame Erfahrung des Holocaust als »Zivilreligion« so wichtig. Zivilreligion bedeutet hier: Bau eines religionsartigen heiligen Kosmos ohne wesentliche Transzendenz. Gott ist abgetreten oder wird nur noch formelhaft zitiert, aber die Andacht, die heilige Scheu, das heilsgeschichtliche Telos sind noch da.[2]

Daß der Holocaust für Israel zum Religionsersatz wird, ist häufig bemerkt worden. Drastisch formuliert es Michael Wolffsohn: »Für die nichtreligiöse Mehrheit der Israelis ist der Holocaust fast so etwas wie ein Religionsersatz, eine Art Götze geworden. Die Orthodoxen benötigen keinen Götzen als Ersatz für Gott, weil sie an Gott glauben« (*Tagesspiegel*, 26. April 1998). Noch stärker ist das Bedürfnis nach einem Religionsersatz für die Juden der Diaspora, die sich nicht über einen Staat vergemeinschaften können. War es seit der Zerstörung des Zweiten Tempels die gemeinsame Religion, an der Juden sich selbst definierten und einander erkannten, so verliert sie ihre Bindekraft immer mehr, wie überall in der säkularisierten Zivilisation.

Nun ist die Judenheit mehr als eine religiöse Bekenntnisgemeinde: Sie ist darüber hinaus eine kulturelle Traditionsgruppe. Zu ihr bekennen sich auch Menschen, die jene (oder gar jede) Religion längst verlassen haben. Sigmund Freud sagte in seiner Vorrede zur hebräischen Ausgabe von *Totem und Tabu*, er empfinde bei sich selbst »die Hauptsache«, also das Kernstück seiner Identität, als jüdisch; freilich könne er nicht benennen, was dieses Jüdische sei; weder verstehe er die heilige Sprache, noch bekenne er sich zur Religion der Väter oder zu nationalistischen Idealen. Gleichwohl empfinde er seine »Eigenart als jüdisch« und habe die »Zugehörigkeit zu seinem Volk« nie verleugnet. Andere wurden, zumal in antisemitischen Gesellschaften, durch Fremdwahrnehmung in die Judenheit zurückgestoßen, obwohl sie aus der Konfession ausgetreten waren und ihre Herkunft gern vergessen hätten oder überhaupt nicht mehr kannten.

---

[2] »Zivilreligiös sind die … als universalkonsensfähig unterstellten religiösen Orientierungen, die in unsere politische Kultur integriert sind«: Hermann Lübbe, *Staat und Zivilreligion.* In: Heinz Kleger / Alois Müller (Hrsg.), *Religion des Bürgers*. München: Kaiser 1986. Im Verhältnis zum artikulierten konfessionellen Bekenntnis ist dieser als gemeinsam unterstellte religiöse Nenner naturgemäß nur auf einer »Schwundstufe« möglich, muß deswegen aber durchaus nicht marginal sein. Wegen der mangelnden »Verfaßtheit« wird laut Lübbe der Religionsbegriff hier allerdings unscharf; man treffe die Sache genauer, wenn man sie als »das religiöse Implement herrschender politischer Kultur« beschreibe. Die Herausgeber nennen als »Handlungsform« der Zivilreligion »öffentlich-repräsentative Handlungen: politische Reden und mythisierende Vergegenwärtigung von Geschichte«.

Für die jüdische Diaspora und ihren Zusammenhalt mit dem Staat Israel hat das Gedenken an den Holocaust zunehmend die Funktion übernommen, die Durkheim der Religion zuweist: Stiftung sozialer Solidarität. Ginge es allein um Totengedenken, es gäbe nicht so viele Holocaust-Gedenkstätten in Amerika: Es geht vor allem um die Identität der Lebenden, der Überlebenden des Holocaust, der Angehörigen der Opfer und derjenigen, die sich weltweit durch Antisemitismus bedroht fühlen. Diese negative Identitätsbestimmung schafft ein Paradox. Wenn nicht mehr ein positives religiöses Bekenntnis den Zusammenhalt stiftet, sondern der in Nazitum und Völkermord kulminierende Haß der Außenwelt, dann verkehrt sich die traditionelle Gefahr für den Bestand der Gemeinschaft in ihr Gegenteil: Nicht mehr der Antisemitismus bedroht die Judenheit mit Auflösung, sondern sein Verschwinden. Es ist also weder Zufall noch wunderliche Einzelmeinung, wenn ich kürzlich von je einem britischen und einem amerikanischen Funktionär jüdischer Einrichtungen unabhängig voneinander dieselbe Sorge hörte: Der Antisemitismus sei in England lange schon so schwach und in den USA so sehr auf dem Rückzug, daß die jungen Leute immer mehr nichtjüdische Partner heirateten und das Judentum in wenigen Generationen zu verschwinden drohe.

Um so wichtiger ist die Etablierung des Holocaust als Ersatz für die alte Religion, als »Gedenkreligion«. Die Solidarität von Staatsvölkern benötigt keine Religion, im Gegenteil: Das weltliche Staatsgefühl, ob ethnisch fundiert wie in Spanien oder durch Verfassungspatriotismus wie in den USA, ist realer, weil es sich auf greifbare Gemeinsamkeiten des Alltags bezieht; damit ist es viel weniger von Dogmenstreitigkeiten und Schismen bedroht als ein religiöses Bekenntnis. Für eine Diaspora ohne Gebiets- und Spracheinheit genügt aber ein »weltliches« Bindemittel nicht, auch nicht das negative des gemeinsamen Kampfes gegen den Antisemitismus. »Gegen Anti-« zu sein, genügt nicht zur Identität; man muß auch das »Pro« definieren können, also den positiven Inhalt, der den jüdischen Deutschen, Italiener und Amerikaner nach dem Verblassen der Religion und der Erinnerung an die Ghetto-Gemeinschaft miteinander verbindet – und sie alle mit dem Staat Israel.

Dieses Positive konnte Freud schon nicht mehr deutlich beschreiben, aber es war für ihn und seine Generation, Juden wie Nichtjuden, noch fraglos da. Jedoch ist ein kulturell derart Greifbares mit den geographischen Siedlungsräumen der Juden in Osteuropa und ihren sozialen Lebenswelten in Deutschland und im besetzten Westeuropa von den Nazis fast völlig zerstört worden. Aber auch in England und Nordamerika führt die Assimilation zur Auflösung oder Ausdünnung jüdischer Lebenswelten. In den USA, wo der Antisemitismus viel länger wirksam war, haben sich mannigfaltige jüdisch geprägte kulturelle Biotope erhalten. Durch den Zustrom von Holocaust-Überlebenden wurden die amerikanischen Juden – zunächst nur für ein oder zwei Generationen – zur Schicksalsgemeinschaft mit besonderem Auftrag. Diese erlebte Identität gilt es nun sozialpsychologisch auf Dauer zu stellen. Hier setzt die Heiligung des Holocaust und seiner Opfer als gemeinsam verpflichtendes Erbe ein, als Zivilreligion der jüdischen Diaspora und zugleich als Bindeglied zum Staat der Überlebenden.

Eine instrumentelle Erklärung genügt aber nicht, um zu zeigen, wie der Holocaust zum Herzstück einer Religion wird: Die Religionssoziologie hat es längst aufgegeben, Religion auf eine zweckgerichtete Erfindung der Priester zu reduzieren. Vor allem aber hätte eine solche instrumentelle Hypothese für die deutsche Gesellschaft keine Erklärungskraft; weder muß diese noch kann sie durch eine Gedenkreligion des Holocaust zusammengehalten werden. Ganz im Gegenteil: Die verpflichtende kollektive Erinnerung an die größte Schande des Kollektivs, den Holocaust als singulären Zivilisationsbruch in der Geschichte Europas, erschwert gerade die übliche Art der gesellschaftlichen Integration: Denn deren Mittel sind staatlich gepflegte positive Traditionen. Erinnern doch praktisch alle Staaten und Gesellschaften rituell fast nur an ihre – wirklichen oder mythischen – Helden und Großtaten, um ihre Mitglieder zu vergemeinschaften. An der Mall in Washington, der Prachtmeile der US-Identität, findet man die Tempel der größten Präsidenten, aber kein Mahnmal für die umgebrachten Indianer. Auf dem Trafalgar Square die riesige Nelsonsäule, aber keine Gedenkstätte für das Kolonialmassaker von Amritsar.

Die Monstrosität des Holocaust verbietet den Deutschen solche freundlichen kollektiven Gedächtnislücken, zwingt zu symbolischer Repräsentation. Aber sie erklärt noch nicht die Wendung ins Religiöse. Dies vermag am ehesten die anthropologische These von René Girard in *Das Heilige und die Gewalt*: Sie sieht in der Angst vor Gewalt, vor dem Krieg aller gegen alle, den universellen Entstehungsgrund von Religion. Um die fortzeugende Gewalttätigkeit, die ständig weiter züngelnde Blutrache zu bannen, entsteht das gemeinsame religiöse Opfer. Es domestiziert die chaotische Gewalt durch kultische »Mimesis«, durch einen Akt ritualisierter legitimer Gewalt gegen das »versöhnende Opfer«. Auch hier haben wir es nicht mit einer instrumentellen Erfindung von Priestern oder Sozialingenieuren zu tun, sondern mit einem sozialpsychologischen Wirkungszusammenhang. Die daraus entstehende Religion heiligt stets das rituell dargebrachte Opfer, den Sündenbock, der die lauernde gesellschaftliche Gewalt auf sich zieht und neutralisiert. Diesen Mechanismus glaubt Girard in den archaischen Mythen Griechenlands ebenso nachweisen zu können wie in den Opfer- und Initiationsriten akephaler Stammesgesellschaften.

Umgekehrt könnte aus der barbarischen, atheistischen Gewalt des Holocaust mit seinen Opferzahlen, die nicht mehr in Hekatomben, sondern in Hekatomben von Hekatomben zu messen sind, nachträglich die kollektive Angst vor drohender Rache und das Bedürfnis nach religiöser Domestizierung der Gewalt durch Heiligung der Opfer entstanden sein. Nicht nur im lateinischen Begriff »sacer« gibt es die Doppelbedeutung von »heilig« und »verflucht«; dasselbe finden wir im polynesischen »Tabu« und in weiteren Kulturen. Die Heiligung der Opfer leitet sich ab aus der »verfluchten Gewalt« des Völkermordes und soll sie bannen; so kann sich Kultur nach dem Kulturbruch wieder stabilisieren. Nach Girard ist der Mechanismus des versöhnenden Opfers Fundament jeder kulturellen Ordnung. Vielleicht deshalb wird der Völkermord in »Holocaust« umbenannt, was in der Bibel ein religiöses Brandopfer bedeutet. Girards Modell einer Geburt des Heiligen aus der Gewalt bietet eine plausible, aber sicherlich nicht die einzig mögliche soziologisch-anthropologische Erklärung für das Entstehen der Gedenkreligion des Holocaust. Es geht hier aber weniger darum, letzte Ursachen dingfest zu machen, sondern darum, offenkundig religiöse Erscheinungsformen des Holocaust-Gedenkens und ihre Folgewirkungen zu analysieren.

Das Tabu des Holocaust

Unser Umgang mit dem Holocaust weist viele Züge auf, die Völkerkundler und in ihrem Gefolge die Tiefenpsychologie Freuds im grundlegenden Phänomen des Tabus gesehen haben. Wir kennen es zunächst durch völkerkundliche Studien aus Polynesien. Aber der psychische Mechanismus ist, wie Freud in *Totem und Tabu* gezeigt hat, auch in unserer Gefühlswelt und mithin in der Gesellschaft wirksam und für zahlreiche religiöse Verhaltensformen konstitutiv. Gemeint ist hier das Tabu nicht im umgangssprachlichen Sinne: Dinge, die man nicht tut oder über die man nicht oder nur indirekt spricht. Tabus markieren nicht immer eine religiöse Sphäre, sondern können auch »innerweltliche« soziale Vermeidungsnormen ausdrücken. Je größer aber das dahinterstehende Angst- und Schuldgefühl, desto näher rücken die Tabus dem religiösen Ursprung des in Naturvölkern beobachteten Motivs: durch übernatürliche Macht bewirktes Unheil zu vermeiden.

Ein Tabu in diesem elementaren Sinn ist ein gleichzeitig schreckenerregender und ehrfurchtgebietender, heiliger Gegenstand, dessen Berührung dem Normalmenschen verboten ist. Träger oder Quelle des Tabus in seiner ursprünglichen, stammesgeschichtlichen Ausprägung kann ein hervorgehobener Mensch sein, etwa ein Häuptling oder Priester, ein heiliges Totemtier oder eine Örtlichkeit. Sie haben eine geheimnisvolle und gefährliche Zauberkraft, die sich wie eine elektrische Ladung durch Berührung mitteilt. Diese bringt jedem Menschen den Tod oder schweren Schaden, wenn er nicht selbst durch eine ähnliche elektrische Ladung, eine Kraft oder »Mana«, davor geschützt ist. So kann der Unterhäuptling den tabuierten Häuptling berühren, während es dem einfachen Stammesmitglied Verderben brächte.

Die Schrecklichkeit des Holocaust ist nur durch Tabuierung ertragbar, und darin liegt auch ein Stück Heiligung. Eigentlich müßten wir nicht »Holocaust« sagen, sondern »die Massenabschlachtung von sechs Millionen Männern und Frauen, Kindern und Greisen«. Es wäre aber geradezu unzüchtig, einen so direkten Ausdruck für eine »unaussprechliche« Scheußlichkeit, für das »Unsägliche« (Adorno), ständig im Munde zu führen oder gar in den routinemäßigen bürokratischen Schriftverkehr einzuführen: denken wir an Memoranden zur Gründung eines »Holocaust Memorial Council« oder an Schulprogramme für »Holocaust-Unterricht« – sollte man da etwa, unverstellt-tabufrei, »Massenabschlachtungs-Unterricht« sagen?

Erst seit den siebziger Jahren gibt es eine breite öffentliche Diskussion über den Holocaust – davor wurde er nicht nur in Deutschland, sondern auch in Israel und den USA weithin beschwiegen. Seitdem das Unsägliche in aller Munde ist, gibt es den verschleiernden und heiligenden Begriff Holocaust. Ursprünglich bedeutet er »biblisches Brandopfer«. Was da vollständig verbrannt wird, ist ein Opferlamm. Viele lehnen das Wort ab, weil es dem sinnlosen Massenmord einen religiösen Sinn unterschmuggele. Eberhard Jäckel gar findet das Wort nicht nur »unangemessen, sondern geradezu anstößig. Denn es meint ein Gott dargebrachtes Opfer«.[3] Aber »Holocaust« ist eben kein historisch-deskriptiver Begriff, sondern ein religiöser im Sinne der Achtung eines Tabus: Er hält keuschen sprachlichen Abstand. Außerdem ebnet er den Weg, die »Katastrophe« (das ist die Bedeutung des hebräischen Äquivalents »Shoah«) in einen heilsgeschichtlichen Zusammenhang einzuordnen.

Das Tabu des heiligen und furchterregenden Namens kennen wir aus dem Alten Testament: »Du sollst den Namen des HERRN deines Gottes nicht eitel aussprechen«. So will es das biblische dritte (in christlicher Zählung: zweite) Gebot. Dieselbe Scheu gilt für den Namen des absoluten Bösen. Viele Christen sprachen früher nicht vom Teufel, sondern vom »Leibhaftigen« oder »Gottseibeiuns«. Das Tabu des Holocaust überträgt sich nun, ganz im Sinne seiner ethnologischen Urbedeutung, auf Personen und Gegenstände, die mit dem Tabu in Berührung stehen. Deren besondere Beziehung zum Tabu kann heiligen oder verfluchen. Geheiligt sind durch das Holocaust-Tabu die Opfer und die Angehörigen sowie das verfolgte jüdische Volk insgesamt. Dieses erfährt eine heiligende Wirkung, während Täter und Tat dem Fluch verfallen. Tabu ist neben dem Holocaust auch der Antisemitismus insgesamt. So wie der Priester mit seinem »Mana« in einer privilegierenden Beziehung zum Tabu steht, so sind die Juden durch den Holocaust geheiligt, mit positivem »Mana« ausgestattet. Wie soll das geschehen? Wie kann man durch das absolute Böse geheiligt werden? Vielleicht ähnlich Siegfried, der dadurch unverwundbar (oder fast unverwundbar) wurde, daß er vom Blute des erlegten Drachen benetzt war? Wie immer diese positive Tabuierung genau zustande kommt, aufgefallen ist sie schon Hannah Arendt unmittelbar nach dem Krieg, drei Jahrzehnte vor Einführung des Holocaust-Begriffs und der Gedenk-Konjunktur. Im August 1946 schrieb sie an Karl Jaspers: »Die Deutschen sind mit Tausenden oder Zehntausenden oder Hunderttausenden (Schuldigen) belastet, die adäquat innerhalb eines Rechtssystems nicht zu bestrafen sind; und wir Juden sind mit Millionen Unschuldiger belastet, aufgrund deren sich heute jeder Jude gleichsam wie die personifizierte Unschuld vorkommt«.

Eine religionsgeschichtliche Assoziation: Eine Kluft tat sich auf zwischen dem jüdischen Volk und seinen Verfolgern. Der Gott des Alten Testamentes strafte das Ägyptervolk, das sich an seinem auserwählten Volk versündigt hatte, mit zehn Plagen. »Und es wird ein großes Geschrei sein in ganz Ägyp-

---

[3] Vgl. Eberhard Jäckel/Peter Longerich/Julius H. Schoeps (Hrsg.), *Enzyklopädie des Holocaust*. Band 1. München: Piper 1995, S. XIX.

terland, wie nie zuvor gewesen ist noch werden wird; aber gegen ganz Israel soll nicht ein Hund mucken, weder gegen Mensch noch gegen Vieh, auf daß Ihr erkennt, daß der HERR einen Unterschied macht zwischen Ägypten und Israel« (2 Mose 11, 6-7). Muß nicht ein Angehöriger des Tätervolkes befürchten, daß er sich alle zehn Plagen an den Hals holt, wenn er gegen Israel »muckt«? Nach solchen Ängsten sieht es oft aus, wenn man die Behandlung jüdischer Tabu-Themen in Deutschland beobachtet. Der emigrierte jüdische Berliner Michael Blumenthal bemerkt dazu kopfschüttelnd: Wenn immer in Deutschland die Rede auf Jüdisches komme, auf »Jüdische Gemeinde, Herr Bubis or things like that«, sei »kollektive Verkrampfung« angesagt (*Spiegel*, Nr. 49, 1997). Daß ich jetzt bei der Berührung dieses Tabuthemas einen jüdischen Gewährsmann mit seinem schützenden Mana gewissermaßen als »Relaisstation« eingeschaltet habe, ist kein Zufall.

Arten des Gedenkens

Ein Beerdigungsgast wirft am offenen Grabe die Frage auf, ob der Verstorbene tatsächlich so vorbildlich gewesen ist, wie die Grabredner ihn dargestellt haben. Damit verstößt er gegen ein Tabu. Seine Erwägung war nicht falsch, aber sie war »fehl am Platze« – nämlich am offenen Grab. In einem biographischen Artikel wäre dieselbe Frage zulässig gewesen. Ja, hier würde ein Übermaß an Weihrauch ebenso deplaziert wirken wie am Grabe die kritische Charakteranalyse. Mit diesen beiden Diskursarten, der Andacht und der kritischen Analyse, haben wir es auch beim Gedenken zu tun, also bei der Vergegenwärtigung der Naziherrschaft und ihrer Opfer. Sofern es um Gedenkrituale geht, stehen wir gewissermaßen immer von neuem am offenen Massengrabe des Naziterrors. In einem geschichtswissenschaftlichen Diskurs dagegen, der ebenfalls zum Gedenken gehört, ist analytisches Reden erlaubt. Das Grenzgebiet zwischen beiden ist tabu-vermint.

Im Gedenken als Andacht sind Tabus richtig und notwendig, ebenso wie Rituale zur »Bewältigung« des metaphysischen Grauens. Der kritische Diskurs ist im Gedenkritual ebenso unpassend, wie wenn jemand mitten im Gebet der Gläubigen in der Kirche lauthals die Frage aufwirft, ob es denn einen Gott überhaupt gibt. Anderswo ist die Frage durchaus zugelassen, selbst im theologischen Diskurs. Diese Doppelnatur des »Gedenkens«, wie sie in modernen Gedenkstätten institutionalisiert ist: nämlich die historisch-kritische Dokumentation auf der einen Seite und die Andacht für die Opfer auf der anderen, führt immer wieder zu Irritation und Kontroverse, zum Blasphemievorwurf.[4] Diese spannungsreiche Doppelnatur ist aber fruchtbar: Engagierte

[4] So wurde zum Beispiel der Gedenkstätte Deutscher Widerstand in Berlin immer wieder vorgeworfen, sie verletze die Pietät, indem sie in ihrer Dokumentationsausstellung neben gedenkwürdigen Vorbildern wie Stauffenberg auch Stalinisten wie Pieck und Ulbricht (als exilierte Lenker des kommunistischen Widerstandes) zeige. Bundespräsident Herzog traf den Kern, als er am 20. Juli 1994 auf dem Höhepunkt der Kontroverse in einer Ansprache erklärte, er könne sich an Ulbricht erinnern, aber seiner nicht »gedenken«. Insofern ist eine moderne Gedenkstätte mit ihrem dokumentarischen Ansatz, anders als eine Walhalla bei Regensburg, eben eine »Gedenk- *und* Erinnerungsstätte«.

Diskussion über Zeitgeschichte bewirkt mehr für die Zukunft als Kranzniederlegung an Gedenktagen.

Eine merkwürdige Mischung zwischen religiöser Andacht und wissenschaftlichem Diskurs zeigt sich in Daniel Goldhagens Weltbestseller *Hitlers willige Vollstrecker*. Historisch-fachwissenschaftlich gesehen ist wohl dem Resümee von Eberhard Jäckel zuzustimmen, der als einer der Hauptverfechter eines Holocaust-Denkmals in der deutschen Hauptstadt nicht im Verdacht steht, den Holocaust verharmlosen zu wollen. Gleichwohl ist Goldhagens Werk für den Historiker Jäckel »einfach ein schlechtes Buch«.[5] Goldhagens Grundthese, der singuläre, rabiate, eliminatorische deutsche Antisemitismus sei Ursache des Holocaust gewesen – die »normalen« Deutschen hätten Jahrhunderte nur auf die Erlaubnis zur Judenausrottung gewartet –, ist unhaltbar. Der Verzicht auf eine vergleichende Analyse dieses angeblich singulären deutschen Antisemitismus zum Beispiel mit dem (in Wahrheit viel rabiateren) in Osteuropa ist unseriös. Dennoch ist dies ein kraftvolles und wichtiges Buch, das uns zu denken gibt. Es ist ein moralisches, genau genommen ein religiöses Buch, das mit dem heiligen Eifer eines alttestamentlichen Propheten uns zuruft: »Ihr, die ganz normalen Deutschen, wart solcher Taten fähig – schiebt nicht alles auf Hitler und Himmler!« Mit predigerhafter Wucht hämmert der Autor die Entsetzlichkeit der massenhaften Einzelmorde in die Leserherzen; in der Tat war der Holocaust in den Leserköpfen unter Daten, Zahlen und Strukturanalysen der Fachhistoriker mitunter zu Papier geworden. Wenn man so will: Das Buch ist ein wichtiger Beitrag des Nicht-Historikers Goldhagen zur Gedenkreligion.

In einer scharfsinnigen Analyse rechnet Norman G. Finkelstein dieses Buch zur »Holocaust literature« im Gegensatz zur »Holocaust scholarship«, also zur quasi-religiösen Holocaust-Erbauungsliteratur außerhalb der Geschichtswissenschaft. In diese Kategorie gehört nicht etwa jedwede Memoiren- und Erlebnisliteratur. Vielmehr handelt es sich um eine neuere, prominent durch Elie Wiesel repräsentierte Literaturgattung, die den »ewigen Antisemitismus« als Hauptereignis der Weltgeschichte deutet und den Holocaust monokausal daraus ableitet. Dadurch, so Finkelstein, solle Israel gegen Kritik immunisiert werden; der zionistische Staat sei nach dem Sechstagekrieg »now the religion of the American Jews« geworden. Selbst jüdische Häretiker gegen diese Israel-Religion werden vom Friedensnobelpreisträger Wiesel exkommuniziert: »If you are against Israel today you are *ipso facto* anti-Jewish. And if you are a Jew and against Israel, you are a renegade. The Jewish kids in the New Left ... should not be part of the Jewish people. They are not«.[6]

---

5 So der Titel seines Beitrags in: Julius H. Schoeps (Hrsg.), *Ein Volk von Mördern?* Hamburg: Hoffmann und Campe 1996.

6 Vgl. Norman G. Finkelstein / Ruth Bettina Birn, *A Nation on Trial*. New York: Henry Holt 1998. Die »holocaust scholarship« sei vor allem ein Zweig der europäischen Geschichte; die »Holocaust literature« (mit großem »H«) dagegen »primarily a branch of Jewish studies«. Goldhagens Buch versuche, die Grenze zu überschreiten »and comes at a time when Holocaust literature is trying to entrench itself as a reputable area of scholarly inquiry«.

Das Holocaust-Tabu hat 1994 Gesetzesform angenommen. Auch vor diesem Gesetz gegen die »Auschwitzlüge« (Ausweitung des Volksverhetzungs-Paragraphen 130 des Strafgesetzbuches) machten sich Rechtsextreme in aller Regel strafbar, wenn sie den Holocaust leugneten, etwa die Existenz der Gaskammern in Auschwitz oder den millionenfachen Völkermord abstritten. Denn fast immer geht es bei solchen Lügen nicht allein um eine historische Tatsachenfrage, sondern zugleich um Ehrverletzung gegen Juden, Demokraten oder das Andenken Verstorbener (etwa: »Die Juden wollen uns erpressen, indem sie die Gaskammern erfinden«). Demnach waren solche unappetitlichen Äußerungen auch vor dem »Auschwitzlügen«-Gesetz fast immer schon als Volksverhetzung oder Verleumdung strafbar. Diese praktisch durchweg gegebene Strafbarkeit genügte jedoch der Gedenkreligion nicht. Sie stellte in einem einmaligen Sondertatbestand die bloße Leugnung einer Tatsache unter Strafe. Es ist die einzige Wahrheitsverletzung, die ohne Verletzung eines anderen Rechtsguts unter Strafe gestellt ist. Mit Recht bemerkt der Philosoph Peter Furth dazu: »Heute (wird) die Leugnung des Holocaust wie vormals Gotteslästerung in der Theokratie oder Majestätsbeleidigung in der Monarchie inkriminiert. Offenbar geht es dabei um die Abwehr eines Angriffs gegen das Zentrum der Legitimität im gegenwärtigen Deutschland« (*Berliner Debatte INITIAL,* Nr. 3, 1997). Im Mittelalter wurde Gottesleugnung als Gotteslästerung bestraft; aber seit der Aufklärung hat der Herrgott auf diese Art des strafrechtlichen Schutzes verzichten müssen. Für den Schutz des Holocaust ist dieses erneut gezückte mittelalterliche Schwert weder dem Gesetzgeber noch dem Bundesverfassungsgericht zu scharf.

Diesen ungewöhnlichen Eingriff in das Grundrecht der Meinungsfreiheit und freien Meinungsbildung rechtfertigt das höchste deutsche Gericht mit folgendem Argument: Die Meinungsfreiheit gelte nur für Äußerungen, die Ansichtssache seien, nicht aber für Tatsachenbehauptungen. Eine so schwerwiegende Einschränkung des Grundrechts mit so dürftiger juristischer Begründung wäre außerhalb des heiligen Bezirks des Holocaust kaum denkbar. Daß diese Begründung erkenntnistheoretisch unhaltbar ist und juristisch sich an der liberalen Grundordnung reibt, weist zum Beispiel Simone Dietz in der *Kritischen Justiz* (1995, S. 210 ff.) nach. Hier kann das ausführliche Argument nicht referiert werden. Aufschlußreich aber ist: Viele der von mir befragten engagierten Linksliberalen, darunter mehrere Leiter von Gedenkstätten für NS-Opfer, halten das Gesetz für überflüssig und gefährlich. Denn es ist ein Präzedenzfall für den Umgang mit staatlich mißbilligten Meinungen. Gemacht wurde das Gesetz von Parlamentariern, die ihren gedenkreligiösen Glaubenseifer auf diese Art meinten beweisen zu sollen.

Der Streit Mitte der achtziger Jahre um die Unvergleichbarkeit des Holocaust war eigentlich keine historische, sondern eine religionsdogmatische Auseinandersetzung (»Du sollst keine fremden Völkermorde neben mir haben«). Aber auch der Diskurs um das rechte rituelle Gedenken, um die angemessene Form der Andacht für die Opfer, darf nicht dem Klerus des Holocaust-Gedenkens zur Alleinentscheidung überantwortet werden. Zu ihm gehören einmal die Vertreter der organisierten Judenheit (als »geborene« Mitglieder), zum anderen zahlreiche publizistische Hüter und Mehrer der politischen Korrektheit (als selbsterkorene). Ihre Macht zeigte sich in der Debatte um das Holocaust-Mahnmal: Verantwortliche Politiker erklärten 1992, sie seien eigentlich für ein gemeinsames Mahnmal für alle Opfer, aber der Zentralrat der Juden in Deutschland lehne dies ab.

Daß sich die Mahnmalsdebatte danach erheblich differenzierte, lag nicht daran, daß die Politiker mittlerweile ihrem eigenen Kopf folgten und ihre Eigenverantwortung wahrnahmen. Vielmehr hat sich das Mana »pluralisiert«: Unter die heftigsten Kritiker der vom Zentralrat gewünschten Lösung haben sich mehrere prominente jüdische Debattenredner eingereiht. Vor allem der Akademie-Präsident György Konrád nannte den von der Politik favorisierten Denkmalsentwurf »gnadenlosen Kitsch« und löste damit so manche fromme Zunge. Von Stund an war die Mahnmalsdebatte von vielen Denkhemmungen und Diskussionsverboten befreit. Aber das ist natürlich nicht genug: Auch ohne den Vortritt von Manaträgern muß kritische Diskussion in der Demokratie – und auch im Gedenken – gewagt werden. Dabei muß man auch das Risiko eingehen, etwas »Falsches« zu sagen, was in der nachfolgenden Diskussion nicht standhält. Fromme Leisetreterei führt zu Heuchelei und diese zum Mißtrauen vor allem der jungen Generation gegen das Gedenken überhaupt.

Ziehen wir Bilanz: Eine Gedenkreligion bleibt berechtigt – als Andacht für die Opfer der Gewaltherrschaft und insbesondere des Holocaust; aber auch als eine wichtige Säule für reflektierte deutsche Identität. Dieser Gedenkreligion täte es freilich gut, wenn sie vom »katholischen Modell« ein wenig ab- und dem »Quäkermodell« ein wenig näher rückte. Denn im Quäkergottesdienst liegt die Glaubensautorität nicht beim bestallten Klerus, sondern im geistgeleiteten Gespräch der Gläubigen untereinander.

Dieses Unbehagen an der Übermacht des »Gedenk-Klerus« war wohl der Grund für den Beifall, den Martin Walser 1998 für seine berühmt-berüchtigte Friedenspreisrede in der Paulskirche bekam. Walsers Rede war in mancher Hinsicht fragwürdig. Die Gleichsetzung von privatem Gewissen und öffentlichem Gedenken ist verfehlt: Wer sich persönlich keine Naziverbrechen vorzuwerfen hat, ist als Erbe gleichwohl mitverantwortlich für das Erinnern und für die symbolische Wiedergutmachung. Er genießt ja auch die Vorteile seiner deutschen Abstammung, etwa Wohlstand und soziale Sicherheit; er kann nicht die positive Erbschaft in Anspruch nehmen und die Schulden des Erblassers ausschlagen. Mit Recht ist die Rede auch als ungenau und zum Teil nebulös kritisiert worden: Sie nennt nicht Roß und Reiter, sondern äußert mit Peitschenknall ein vielfältig interpretierbares Unbehagen. Sie benutzt Versatzstücke wie »Moralkeule«, die schon vorher von anderen Autoren geprägt waren, und integriert sie nicht in eine stringente Analyse. Deshalb fand Marcel Reich-Ranicki die Rede weniger inhaltlich anstößig als rhetorisch mangelhaft. Daß so viele Deutsche sich auf eine mäßig zubereitete und angerichtete, dazu noch überwürzte Speise stürzten, verrät Heißhunger.

Offenbar war diese Rede nötig. Sie wirkte trotz ihrer Mängel befreiend, weil sie die Decke über dem Muff gedenkpolitischer Frömmelei wegzog; unter ihr hatten sich gefährliche Ressentiments zusammengebraut. Daß diese nunmehr entwichen, nicht immer unter Wohlgerüchen, war eine hygienische Notwendigkeit. Viele dieser Ressentiments richteten sich durchaus nicht gegen das Gedenken oder gar gegen die Juden, sondern gegen das, was Peter Glotz (in *Ein Volk von Mördern?*) an den Ritualen der Gedenkreligion als »liebedienerisch, feige« empfindet. Völlig zu Recht befürchtet er, daß dadurch nicht die Verantwortung zum Erinnern, sondern nationalistische Ressentiments gestärkt werden.

Ignatz Bubis war Widerspruch nicht gewöhnt und schlug zornig zurück. Er nannte Walser einen »geistigen Brandstifter«. Aber diesmal verfing die Bannbulle nicht. Daß Bubis derart überzogen reagierte, ist nicht zuletzt denen anzulasten, die ihm und seinen Vorgängern jahrzehntelang die Rolle des Pontifex der Gedenkreligion geradezu aufgedrängt hatten. Dadurch erblickte Bubis in jeder Gegenrede, auch in der des mit allen demokratischen und antifaschistischen Ölen gesalbten Klaus von Dohnanyi, nur noch »latenten Antisemitismus«. Doch sah er bald ein, daß dieses scharfe Schwert des Antisemitismus-Vorwurfs abstumpft, wenn man derart damit um sich schlägt. Man ging einen Schritt aufeinander zu. Ein Stück Normalisierung ist erreicht - genauer: ein Stück Säkularisierung.

Dabei ist zu betonen, daß ein offenes Wort durchaus nicht von Nichtjuden, die »vor Kühnheit zitterten« (so eine selbstbezügliche Formulierung Walsers), »den Juden« abgetrotzt werden mußte. Vielmehr mahnen jüdische Diskussionsredner schon seit Jahren die Nichtjuden zu größerer Offenheit. Schon 1991 machte Charlotte Knobloch zum politisch korrekten Begriff »Jüdische Mitbürger« folgende Anmerkung: »eine Art ›Untermensch‹ mit umgekehrtem Vorzeichen, also eine Spezies von ›moralischem Übermenschen‹, vergleichbar nur mit dem Herrenmenschen, den man sich vorher apostrophiert hatte ... Wir Juden sind weder das eine noch das andere, wir sind nicht moralisch unfehlbar und wollen auch nicht das gute Gewissen dieses Landes sein, unser größter Wunsch ist die Normalität ... Dann könnte endlich ein fruchtbarer Austausch zwischen Juden und Nichtjuden in diesem Lande entstehen. Wir deutschen Juden wollen heraus aus dem Ghetto des heuchlerischen Wohlwollens«.[7] Im gleichen Jahr schreibt der Romanautor Rafael Seligmann, er fühle sich vom deutschen Philosemitismus kaum weniger verfolgt als vom Antisemitismus. Und er nennt das einzig vernünftige Heilmittel gegen kollektive Verkrampfung, ein Heilmittel sowohl für den Alltag zwischen Juden und Nichtjuden als auch für die Gedenkkultur: »Das Rezept ist das *ehrliche* Gespräch«.[8]

---

7 Charlotte Knobloch, *Zur Lage der jüdischen Minderheit in der Bundesrepublik*. In: Wolfgang Benz (Hrsg.), *Zwischen Antisemitismus und Philosemitismus*. Berlin: Metropol 1991.

8 Rafael Seligmann, *Mit beschränkter Hoffnung*. Hamburg: Hoffmann und Campe 1991.

Rudolf Burger

Ein neues Zentralgebiet?

Kultur als Zivilreligion

I

Kein Begriff ist heute so verwahrlost wie der Begriff »Kultur«, keiner so hoch valorisiert. Er bezeichnet lobend alles und jedes und ist daher nur eines: eine sinnentleerte Phrase. Gerade deshalb hat er politische Virulenz: als Joker im Spiel demagogischer Begriffe. Man verwendet das Wort doxologisch (»Dieser Mensch hat Kultur!«) und ethnologisch (»Die Kultur der Sinti und Roma«), wobei die Bedeutungen nie ganz getrennt sind, sondern die Doxologie immer auch ethnologisch gemeint ist und die Ethnologie doxologisch, so daß der Sinn je nach Kontext und Laune fast beliebig changiert. Man spricht von der Kultur der Hopi-Indianer und von der Erhöhung oder Kürzung des Kulturbudgets, man spricht von politischer Kultur und von Kulturpolitik, vom Kulturleben und vom »Kampf der Kulturen«, von Streitkultur, von Hochkultur und von Freikörperkultur, von Subkultur, Betriebskultur und Jugendkultur, sogar von einer »Haßkultur« konnte man schon lesen; ein englischer Autor schrieb unlängst eine *Kultur des Krieges*. Was die »Cultural Studies« antreibt, ist das Bemühen um Diskussionskultur – zwischen den Kulturen.

So hat es den Anschein, als gäbe es kein Jenseits der Kulturen, weil alles immer schon Kultur ist, und alle Differenzen, auf die es ankommt, seien je schon solche der Kulturen, Binnendifferenzen einer Großkultur, die als Kultur aller Kulturen sich selber als Element enthält und daher eine Außengrenze nicht kennt. Verhält es sich so? Wenn ja, so ist der Begriff »Kultur« durch Inflation allen Sinnes beraubt (denn jeder Sinn entspringt aus einer Verneinung), und man sollte aufhören, ihn zu gebrauchen. Auch ist, wenn alles Kultur ist und jede Kultur gut, ohnehin alles gut, und man braucht es nicht auch noch zu loben. Wenn aber nicht alles gut ist, und nicht alles »Kultur«, was ist dann der Gegenbegriff zu »Kultur«?

»Omnis determinatio est negatio«, sagt Spinoza. Durch welche Negation also wird Kultur bestimmt, und was negiert sie selber? Ist es die Barbarei? Sicher nicht, denn wie die aufgeklärte Ethnologie uns versichert, ist auch sie Kultur, Unkultur nur aus der bornierten Sicht der je eigenen Kultur, die Kultur des Anderen, des Fremden, aber als solche immer noch, und erst recht, Kultur. Wenn man »Kultur« ex negativo über »Barbarei« definiert, so wechselt man nur das moralische Vorzeichen, und »Kultur« hört endgültig auf, ein Begriff zu sein und wird, wie Jacob Burckhardt gesagt hat, zu einer Nervensache. Eine solche relativistische Auffassung von Kultur entspricht, so paradox es klingt, dem Zustand unserer eigenen Kultur. Denn in einem moralisch erschöpften und ästhetisch überreizten Europa macht eine hedonistische Bourgeoisie alle denkbaren exotischen Kulturen zum Gegenstand ihres ästhetischen Konsums – sie findet sie »interessant« und moralisch gleichberechtigt. Oder besser gesagt: Sie stellt die Frage nach der Berechtigung gar nicht mehr, sie findet vielmehr die Frage nach der Berechtigung selber unberechtigt. Der konsequente Kulturalismus, der der herrschende liberale ist, ist ein Relativismus, der objektive Standards nicht erlaubt.

Nun kann man versuchen, den Begriff »Kultur« über gleichsam »schwache« Gegensätze zu definieren, wie es etwa Ernest Gellner getan hat, als er schrieb: »So wie der Begriff ›Zivilgesellschaft‹ praktisch die um den Staat gekürzte Gesellschaft meint, bezeichnet Kultur mittlerweile die um das Erkennen im strengen Sinn gekürzte Geistestätigkeit. Und so wie der Begriff Zivilgesellschaft sich sinnvoll nur verwenden läßt, wenn die Funktion Staat genau festgelegt, umgrenzt und eingeschränkt ist, ergibt auch der Begriff Kultur erst dann einen wirklichen Sinn, wenn das strikt referentielle, wachstumsorientierte Erkennen sich unter dem Namen ›Wissenschaft‹ abgesondert hat.«[1] In einer einfacheren, vormodernen Gesellschaft läßt die Aufrechterhaltung der Ordnung sich von anderen Einrichtungen kaum abtrennen, und deshalb könne man auch kaum von so etwas wie »Zivilgesellschaft« sprechen. Und ebensowenig mache es Sinn, Kultur und Erkennen auseinanderzuhalten, solange das letztere sich nicht als Wissenschaft abgesondert hat und noch mit allen möglichen sozialen Funktionen belastet ist.

In diesem Zusammenhang erinnert Gellner auch daran, daß nach Emile Durkheim die Menschen immer schon in Gestalt ihrer rituellen und später doktrinär-religiösen Kulte ihre eigene politische Gemeinschaft und Kultur verehrten und damit deren Aufrechterhaltung ermöglichten. Aber sie taten dies nicht, so muß man hinzufügen, reflexiv über die Verehrung der Kultur selber, sondern projektiv über veräußerlichte Idole. Seit dem 19. Jahrhundert sind jedoch Lehren, die der Kultur unmittelbar das Wort reden, gang und gäbe: Die Politisierung des Kulturellen ersetzt die Politisierung des Religiösen. Die Adoration der Kultur als gesellschaftliches Integrations- und soziales Distinktionsmerkmal begleitet den Aufstieg der europäischen Nationalismen. Als zentrale Voraussetzung für die politische Legitimation des Nationalstaats, für das ritualisierte soziale Zusammenleben und als haltgebende moralische Instanz für das Individuum wird nicht mehr eine transzendente Macht bemüht, die Theorie als Ideologie dreht sich nunmehr um die innerweltliche Kultur. Insofern der Religion noch Bedeutung zuerkannt wird, geschieht dies nicht mehr, weil sie den Glauben an eine substantielle transzendente Wirklichkeit zum Inhalt hat und weil die Berichte der Heiligen Schriften für sachlich wahr gehalten werden[2], sondern weil ihre Lehren *funk-*

---

1 Ernest Gellner, *Pflug, Schwert und Buch*. Stuttgart: Klett-Cotta 1990.

2 Die »sachliche Wahrheit« der Heiligen Schriften im Sinne eines historiographischen Realberichts löst sich unter dem Druck der Religionskritik auf in ein System theologischer Metaphern, um den überweltlichen Sinn der Lehre zu retten: Die Geschichte der religiösen Verkündigungen und Lehren *ist* die Geschichte ihrer Metaphorisierungen, ist das Ensemble von Ausflüchten und Eingeständnissen, daß ihre Wahrheiten »von anderer Art« sind als die der Natur- und Geisteswissenschaften, von Eingeständnissen, die ihre Vertreter, und dazu

tionelle Wahrheit haben: als moralisches Sinnstiftungsunternehmen.[3] Damit aber wird Religion durch andere Ideologien prinzipiell ersetzbar, insbesondere durch das säkulare Symbolsystem »Kultur«; metaphysisch depotenziert, wird sie deren rituellem Bestand einverleibt. Unter funktionellen Gesichtspunkten gehört zu diesem postreligiösen Inventar der Kultur auch die Kunst, insofern sie in einer säkularen Gesellschaft frei flottierende Bedürfnisse nach Transzendenz befriedigt.[4] Was das wissenschaftliche Erkennen übrigläßt, sagt Gellner, ist eine Art von kultureller Molke, der die Butter des referentiellen Wissens entzogen ist.

Nun gibt es in der Praxis aber nicht nur eine Vielzahl verschiedener Molken, sondern in der Butter ist immer ein wenig Molke und in der Molke ein wenig Butter. Wie aus der Wissenschaftssoziologie bekannt ist – ich nenne nur Autoren wie Stephen Toulmin und Thomas S. Kuhn –, gibt es so etwas wie nationale Stile selbst in den strengsten Wissenschaften (sogar in der Mathematik), das heißt auch sie sind kulturell überformt; man spricht mittlerweile ja auch von »Wissenschaftskulturen«. Gellners Entgegensetzung von Kultur (mit Kunst als ihrem selbstrepräsentativen Versammlungsort), Wissenschaft und Zivilgesellschaft hat zwar das Verdienst, der »Ausdifferenzierung der Wertsphären« (Max Weber) in der modernen Gesellschaft terminologisch Rechnung zu tragen, aber gerade indem es sich dabei durchwegs eben um Wertsphären handelt, bilden diese keine radikalen, in einem starken Sinn polemische Gegensätze, also auch keine eigentlichen Gegenbegriffe zu dem Wertsphärenbegriff schlechthin, nämlich zu dem liberalistischen Universalbegriff »Kultur«. Dieser ist vielmehr – logisch und historisch – das *genus proximum*, durch dessen differentielle Spezifizierung die engeren Begriffe sich bestimmen. Was also ist – noch einmal gefragt – der starke Gegenbegriff zu einem derart weit gefaßten Kulturbegriff?

Will man in dieser Frage Boden unter die Füße bekommen, so ist es geraten, nach der politischen Bedeutung eines solchen universalistischen und zugleich relativistischen Kulturbegriffs zu suchen. Diesem herrschenden Kulturbegriff zufolge sind nicht erst die einzelnen »Kulturprovinzen« (Paul Natorp) in ihrem Verhältnis zueinander, sondern ist zuvor schon die Kultur als Ganzes »autonom«, die souveräne Schöpfung, die reine Erzeugung des menschlichen Geistes. Durch diese pankulturalistische Auffassung wird aber – wie Leo Strauss in seiner Auseinandersetzung mit Carl Schmitts *Der Begriff des Politischen* schreibt – in Vergessenheit gebracht, daß »Kultur« immer etwas voraussetzt, das kultiviert wird: »Kultur« ist immer *Kultur der Natur*.

---

gehört der Großteil des heutigen Klerus, vor ein paar Jahrhunderten noch auf den Scheiterhaufen gebracht hätten. Was man »Fundamentalismus« nennt, ist nichts anderes als die Zurücknahme der Metaphorisierungen.

3 Im Zeitalter des bürgerlichen Utilitarismus wird auch der Gottesbeweis utilitaristisch: Du sollst glauben, weil es gut ist, einen Glauben zu haben, förderlich dem Wohlbefinden und dem gesellschaftlichen Zusammenleben. »Wahr« ist das, was nützlich ist. Religion wird zur Instanz der sog. »Wertebewahrung«. In theologisch prägnanter Form findet sich diese Denkfigur schon in Pascals »Wette« von etwa 1660.

4 Affirmativ dazu George Steiner, *Von realer Gegenwart*. München: Hanser 1990.

Wie immer Kultur und Natur dabei näherhin verstanden werden – Natur als äußere oder als innere Natur des Menschen, Kultur als sorgfältige Pflege oder als listiger Kampf gegen die Natur –, in jedem Fall ist »Kultur« Kultur der Natur.

»Kultur«, sagt Leo Strauss, »ist so sehr Kultur der Natur, daß sie nur dann als souveräne Schöpfung des Geistes verstanden werden kann, wenn die Natur, die kultiviert wird, als *Gegensatz* des Geistes vorausgesetzt und *vergessen* worden ist. Da wir nun unter ›Kultur‹ vorzüglich die Kultur der *menschlichen* Natur verstehen, so ist die Voraussetzung der Kultur vorzüglich die menschliche Natur, und, da der Mensch seiner Natur nach ein animal sociale ist, so ist die der Kultur zugrunde liegende menschliche Natur das *natürliche Zusammenleben* der Menschen, das heißt die Art und Weise, wie sich der Mensch *vor* aller Kultur zu den anderen Menschen verhält. Der Terminus für das so verstandene *natürliche* Zusammenleben heißt: *status naturalis*. Man kann also sagen: Das Fundament der Kultur ist der status naturalis.«[5]

Was aber ist dieser *status naturalis*? Wie ist er seinerseits zu bestimmen? Nach Thomas Hobbes, dem bedeutendsten, weil grundlegenden politischen Denker der Neuzeit, ist er der *status belli* schlechthin: Der reine Naturzustand ist der Stand des Krieges aller gegen alle, des »bellum omnium contra omnes«, wobei zu bedenken ist, daß »the nature of warre, consisteth *not in actual fighting*, but in the known *disposition* thereto.« Im Naturzustand, und *nur* im Naturzustand, sind alle Menschen einander gleich: Weil jeder jeden töten kann! (»Jeder kann dieses Größte«, sagt auch Hegel.) Diese »condition of warre one against another« beschreibt Hobbes im *Leviathan* (1651) mit dem berühmten Satz: »In such condition, there is ... continuall feare, and danger of violent death; And life of man, solitary, poore, nasty, brutish and short.« Aus den Erfahrungen seiner Zeit, die auch wieder die Erfahrungen unserer Zeit geworden sind, und zwar mit einem Nachdruck, daß man sich über die humanistische Selbstgefälligkeit nur wundern kann, mit der heute wieder kulturphilosophisch über sie hinweggelogen wird, bestimmt Hobbes den Menschen als gefährliches, und das heißt zugleich: als durch seinesgleichen gefährdetes Wesen. Dieses sein Wesen tritt im (fiktiven beziehungsweise hypothetischen) Naturzustand in sozusagen unschuldiger Reinheit zutage. Der Satz von der naturhaften Gefährlichkeit des Menschen ist die tiefste Voraussetzung jeder ernsthaften Theorie des Politischen.

In diesem Sinn haben die großen Staatsphilosophen des 17. Jahrhunderts – Hobbes, Spinoza, Pufendorff – den Menschen des Naturzustands als »böse« bezeichnet: nämlich als böse wie die von ihren Trieben und Affekten (Hunger, Gier, Angst) bewegten Tiere; »böse« also nicht in einem moralischen Sinn, sondern unschuldig böse, weil sie den Menschen als von Natur aus frei, das heißt als *unverpflichtet* verstanden (»frei« in moralischer Hinsicht, nicht in ontologischer: Hobbes und Spinoza waren Deterministen!), insbesondere als keinem göttlichen Gebot unterworfen – Hobbes und Spino-

---

[5] Leo Strauss, *Anmerkungen zu Carl Schmitt, Der Begriff des Politischen*. In: Heinrich Meier, *Carl Schmitt, Leo Strauss und »Der Begriff des Politischen«*. Stuttgart: Metzler 1998.

za waren nicht umsonst als Atheisten verschrien. »Homo homini lupus«: Das meint die unschuldige, weil tierhafte, Bösartigkeit des Menschen und verweist auf seinen bestialischen Wesenskern.

II

Die Menschen sind freilich auch idealistische und intelligente Tiere, was sie einerseits noch gefährlicher werden läßt – es geht ihnen um Ruhm, Ehre, Anerkennung, also um ideelle Güter, von denen man nie genug haben kann, an denen man nie satt wird –, andererseits aber auch lernfähig macht: Sie können durch Schaden klug, also auch gezähmt, »kultiviert« werden. Dafür aber ist es wichtig, daß sie wissen, daß das einzige, was sie von Tieren unterscheidet, das Wissen ist, daß sie Tiere sind. Hobbes hebt die natürliche und darum unschuldige Bösartigkeit nicht zuletzt deshalb so hervor, damit sie bekämpft, damit sie überwunden, zumindest im Rahmen des Möglichen begrenzt und in Latenz gehalten werden kann. Hobbes' Bestimmung des Naturzustandes ist daher *polemisch* gemeint: Die Tatsache, daß der Naturzustand der Zustand des Krieges aller gegen alle ist, soll ja die Preisgabe des Naturzustandes als einer Lage der »misery« motivieren: »In einem solchen Zustand gibt es keinen Platz für den Fleiß, denn seine Früchte sind ungewiß, und folglich keine Kultivierung des Bodens, keine Schiffahrt oder Nutzung der Waren ..., keine Werkzeuge zur Bewegung von Dingen ..., keine Kenntnis über das Antlitz der Erde, keine Zeitrechnung, keine Künste, keine Bildung, keine Gesellschaft, und, was das allerschlimmste ist, es herrscht ständige Furcht und die Gefahr eines gewaltsamen Todes.«

Nun ist die Klage über die Schlechtigkeit der Welt und des Menschen ein uralter Topos der Philosophie und der Prophetik; ihr folgt fast immer ein mahnender Appell zur Ein- und Umkehr, womit freilich contre cœur eingestanden wird, daß es mit der Klage gar so ernst nicht gemeint war: Denn nur an ein Wesen, das man für verbesserungsfähig hält, kann man sinnvollerweise moralisch appellieren; ist es aber verbesserungsfähig, so ist es nicht ganz so schlecht, wie der Eingangsbefund diagnostizierte.

Hobbes nimmt die Diagnose wirklich ernst, und das macht seine Größe aus. Er setzt nicht auf Moral und auf Agape, sondern auf Eigeninteresse und auf Verstand; jeder »kommunitaristische« Zug ist seinem Individualismus fremd. Die Überwindung des Naturzustandes will er daher auf ganz anderem Wege erreicht wissen: Nicht wie alle politischen Denker vor ihm in aristotelischer Tradition durch eine Moralisierungskampagne zur Erreichung des »summum bonum«, des »guten Lebens«, sondern durch den *Gesellschaftsvertrag* zur Vermeidung des »summum malum«, des gewaltsamen Todes[6]; durch den Gesellschaftsvertrag, mit dem die Individuen ihre Souveränität dem Staat, dem »sterblichen Gott«, delegieren und damit zu Bürgern werden. Der letzte Grund des Staates ist die Sicherung des Lebens, seine primordiale Aufgabe die Herstellung des *status civilis*, der die Voraussetzung jeder

---

[6] Vgl. Eric Voegelin, *Die Neue Wissenschaft der Politik*. Freiburg: Alber 1991.

Kultur im engeren Sinn, das heißt der Pflege der Künste und Wissenschaften ist und der im weiteren, liberalen Verständnis selbst schon »Kultur« ist: Kultur »sans phrase«, gewissermaßen. Der bellizistischen Bestimmung des *status naturalis* setzt Hobbes die pazifistische Bestimmung des *status civilis*, und damit letzten Endes den liberalen Kulturbegriff, polemisch entgegen. Gegen eine immer noch übermächtige, schon mit John Locke einsetzende Interpretationsgeschichte, die Hobbes in eine politisch rechte, autoritäre Traditionslinie stellt, kann man daher sagen, daß Hobbes der eigentliche, ursprüngliche Begründer der liberalen Tradition ist.[7]

Hobbes unterscheidet sich vom ausgebildeten politischen Liberalismus nur dadurch und allerdings dadurch, daß er weiß und sieht, wogegen das liberale, zivilisatorische Ideal durchzukämpfen ist: nicht bloß gegen korrupte politische Einrichtungen, gegen religiösen Aberglauben und gegen den bösen Willen einer herrschenden Klasse, sondern gegen die natürliche Bösartigkeit des Menschen selber. Er setzt daher weder auf Moral noch auf eine objektive Vernunft, sondern auf das Eigeninteresse und die Intelligenz der Individuen (die Vernunft ist bei dem Materialisten Hobbes radikal subjektiviert), und schafft so in einer feindseligen Welt gegen die bösartige Natur des Menschen die theoretischen Grundlagen des Liberalismus, während die Späteren, von Rousseau bis zur Neuen Linken, ihre tiefsten Hoffnungen in eine Verbesserung der menschlichen Natur legten, zu denen die Erfahrungen des Menschen über sich selbst kein Recht geben.

Tatsächlich ist der scheinbar voraussetzungslose, aprioristische Rationalismus des 17. Jahrhunderts, in der Staatstheorie am prägnantesten ausgeprägt bei Thomas Hobbes, in höchstem Maße erfahrungsgesättigt und alles andere als voraussetzungslos: Er ist vielmehr als philosophische Reaktionsbildung auf die Erfahrungen der konfessionellen Bürgerkriege des 16. und 17. Jahrhunderts zu begreifen; er verdankt sich nicht einem Erlahmen der theologischen Energien, wie oft immer noch angenommen wird, sondern im Gegenteil der Verschärfung religiös angeheizter und legitimierter Konflikte, die große Teile Europas, Deutschland, England, Frankreich in jahrzehntelange Massaker stürzten und ganze Landstriche entvölkerten: Das war in der frühen Neuzeit die Realität der »multikulturellen«, und das hieß damals, in einem theologischen Zeitalter: der gemischtkonfessionellen Gesellschaft; einer Gesellschaft, innerhalb deren einander ausschließende absolute Wahrheitsansprüche konkurrierend aufeinander stießen und sich blutig bekämpf-

---

7 Tatsächlich scheint die via Gesellschaftsvertrag dem (parlamentarischen oder monarchischen) Souverän übertragene Macht total zu sein. Doch ist die Legitimität an gewisse Kautelen gebunden. Der Staat hat seine Macht einzusetzen, um den Frieden seiner Bürger gegen äußere Feinde und gegen inneren Aufruhr zu schützen; er hat die Lasten des Gemeinwesens gleichmäßig zu verteilen und er hat der Armut vorzubeugen, denn diese mache zum Aufruhr bereit, kurz, es gilt das Prinzip: *Salus populi suprema lex*. Verletzt der Staat seine Schutzfunktion, so verliert er seine Legitimität. Spezifisch liberale Elemente seiner Theorie sind darüber hinaus der Gewissensvorbehalt, die Ablehnung des Gebots der Todesbereitschaft für den Staat und die Verwerfung der Tapferkeit als Tugend – Elemente, die selbst moderne liberal-demokratische Staaten realiter nicht übernommen haben.

ten. Theologisch waren die Konflikte nicht lösbar und militärisch über Jahrzehnte auch nicht, im Gegenteil, spätestens seit der Bartholomäusnacht 1572 zog die Furie der Verwüstung immer weitere Kreise bis zur Aufhebung des Edikts von Nantes 1685, die, nach dem Westfälischen Frieden 1648, nur eine neue Phase der Vertreibungen einleitete – eine konfessionelle Vorform des »ethnic cleansing«, wenn man so will, allerdings in ungeheuren, gesamteuropäischen Dimensionen; dazwischen liegt die Ermordung des um Verständigung bemühten Heinrich IV. von Frankreich durch einen katholischen Fanatiker 1610, die in ganz Europa als Fanal verstanden wurde, dazwischen liegt der Bürgerkrieg in England und der Dreißigjährige Krieg in Deutschland. Mit welcher Inbrunst die katholische Gegenreformation wütete, zeigt das Gelöbnis, das Ferdinand II. von Österreich bei seinem Regierungsantritt ablegte: »Lieber über eine Wüste herrschen, lieber Wasser und Brot genießen, mit Weib und Kind betteln gehen, seinen Leib in Stücke hauen lassen, als ein Unrecht gegen die Kirche, als die Ketzerei dulden.«

Wenn es in Europa vor 1933 je eine »Kulturkrise« gab, dann war es die Krise des 17. Jahrhunderts. Dazu Otto Kallscheuer: »Das konfessionelle Zeitalter bedeutete freilich zugleich einen wichtigen – mit Schwert und Bibel, mit Gewalt und Predigt, durch Raumordnung und Bildungsordnung vollzogenen – Schritt zur kulturellen Homogenisierung der großen Territorialstaaten Europas. Das Ergebnis war eine mehr oder minder erzwungene Integration von Bekenntnis und Obrigkeit ... Mit der Territorialisierung der Bekenntnisse ... leitete die Raumordnung der europäischen Mächte zugleich massenhafte ›religiöse Säuberungen‹ ein. Sie provozierte Völkerwanderungen, vor allem protestantischer Christenmenschen: von Deutschland nach Osten, von Frankreich nach Norden, aus Europa gen Westen, in die Neue Welt. Und diese ›westfälische‹ Glaubens- und Staatsordnung bildete dann auch die Voraussetzungen der politischen ›Nationenbildung‹ des 18. und 19. Jahrhunderts.«[8]

Der einzige geistige Ausweg aus der Krise des 17. Jahrhunderts erschien den großen Denkern dieser Zeit in der Depotenzierung der Macht des Theologischen dadurch, daß ein absolut sicherer Punkt jenseits der hermeneutischen Disputationen über den Wahrheitsgehalt von Offenbarungstexten gefunden werde (man hat die konfessionellen Bürgerkriege des 16. und 17. Jahrhunderts mit Recht »hermeneutische Bürgerkriege« genannt) – und genau dies versprach der Rationalismus mit seiner aprioristischen Erkenntnisweise »more geometrico«. Der »Terror der Vernunft« (Foucault) war zunächst ein Pazifizierungsunternehmen. Was gesucht und in dem am Vorbild der Mathematik orientierten Rationalismus auch gefunden wurde, war eine kultur – und konfessionsunabhängige, dekontextualisierte Form von Wahrheit. Es ist die abstrakte und axiomatische Form mathematischer Sätze, welche seit dem 17. Jahrhundert ihren gnoseologischen Vorrang vor anderen Formen der Erkenntnis, narrativer oder hermeneutischer, begründet: *Ihre* Wahrheit können alle Menschen einsehen, und sie müssen ihr, kraft aprio-

[8] Otto Kallscheuer (Hrsg.), *Das Europa der Religionen*. Frankfurt: Fischer 1996.

rischer Überzeugung, zustimmen, gleichgültig welcher Kultur, Religion, Nation oder Ethnie sie angehören, gleichgültig ob sie Deutsche, Italiener, Spanier, Franzosen oder Engländer sind, ob sie Katholiken, Protestanten, Juden oder Muslime sind: Das Abstrakte verbindet die Menschen, nicht das Konkrete! Die Kulturen trennen die Menschen, die Zivilisation vereint sie. Die aus der kulturellen Krise des 17. Jahrhunderts entspringende, dekontextualisierte mathematisch-naturwissenschaftliche Denkweise schuf tatsächlich die Grundlagen für die erste globale Zivilisation der Menschheit, die alle Kulturen überformt: die moderne Industriegesellschaft.

Wie Stephen Toulmin in luziden Untersuchungen gezeigt hat, bestimmt dieses letztlich politische Motiv der Überwindung einer religiösen Kulturkrise noch den innersten Kern der cartesianischen Erkenntnistheorie, mit der gemeinhin der Beginn der philosophischen Moderne datiert wird, und deren wissenschaftliche Erben – im Guten wie im Schlechten – wir immer noch sind.[9] Und es bestimmt vor allem auch, worauf wiederum Carl Schmitt aufmerksam gemacht hat, den axiomatischen Aufbau der Hobbesschen Staatstheorie. »Denken ist rechnen«, sagt Hobbes, und schreibt nach dieser Maxime seinen *Leviathan*. Jener »absolut sichere Punkt jenseits der hermeneutischen Disputationen«, von dem ich gesprochen habe, jene »Sphäre der Neutralität«, von der Carl Schmitt spricht und der die Aufgabe zufällt, vermöge eines Machtmonopols die Virulenz der – zunächst theologisch-religiös bestimmten, in der Folge ethnisch-kulturell definierten – Partikularitäten zu entschärfen und in der Tendenz zu homogenisieren, ist bei Hobbes der »Leviathan«, der absolutistische Staat.

Hobbes spricht vom Staat als dem »sterblichen Gott«, womit zweierlei angezeigt ist: Erstens, daß es durchaus möglich ist, ihn zu ruinieren, mit der Folge, daß der »Behemoth«, der Bürgerkrieg, sein schreckliches Haupt erhebt und die Gesellschaft zerreißt, und – zweitens – daß es eben deshalb keine normativ höhere Macht im Weltlichen geben darf als eben den Staat: Die Hobbessche Staatsvergottung hat ihr Motiv in der historisch begründeten Angst vor dem Bürgerkrieg. Diese primordiale Staatsfunktion wird in ruhigen Zeiten nur allzuleicht vergessen. Und vergessen wird auch, daß alle religiös, ethnisch, national oder kulturell definierten Partikularitäten schlafende Bürgerkriegsparteien sind, die zum Beispiel unter bestimmten ökonomischen Disparitätsbedingungen geweckt werden können, und daß andererseits erst der laizistische republikanische Verfassungsstaat, der egalitäre Grundrechte garantiert und gegenüber der buntscheckigen kulturellen Wirklichkeit prinzipiell »farbenblind« ist, eine friedliche Koexistenz kultureller, religiöser, ethnischer usw. Partikularitäten ermöglicht: Die basale Ho-

---

9 Toulmin argumentiert allerdings in *Kosmopolis* (Frankfurt: Suhrkamp 1991) gegen den dekontextualisierten Rationalismus der Moderne als Erbe des 17. Jahrhunderts und für den kontextuellen, »multikulturellen« Skeptizismus des 16. Jahrhunderts, freilich auf Basis des durch den Rationalismus zuallererst geschaffenen Universalismus der Moderne. Insofern ist sein skeptischer Multikulturalismus ein Luxusunternehmen, das von der rationalistischen Substanz lebt.

mogenität des säkularen Rechtsstaates ist die Bedingung der Möglichkeit kultureller Pluralität bei Bewahrung individueller Freiheit. Denn im Unterschied zu den traditional legitimierten Herrschaftsformen ist der aus dem Rationalismus hervorgehende Verfassungsstaat nämlich durchaus zur reflexiven Selbstkorrektur seiner terroristisch-homogenisierenden Auswüchse in der Lage, ja diese Fähigkeit definiert ihn überhaupt erst zum modernen liberalen Rechts- und Kulturstaat auf der Basis individueller, naturrechtlich begründeter Freiheitsrechte.

Hören wir noch einmal Leo Strauss: »Wenn es wahr ist, daß das schließliche Selbstbewußtsein des Liberalismus die Kulturphilosophie ist, so dürfen wir ... sagen: Der Liberalismus, geborgen und befangen in einer Welt der Kultur, vergißt das Fundament der Kultur, den Naturzustand, d.h., die menschliche Natur in ihrer Gefährlichkeit und Gefährdetheit.« Mit anderen Worten: Er vergißt den Ernst der Politik! Indem ihm alles und jedes zu einer Kulturerscheinung wird, insbesondere auch das Politische selber zu einer »Kulturprovinz«, vergißt er die Voraussetzung des Kulturellen, die in der potentiell gewaltförmigen Sicherung des *status civilis* liegt. Deren Logik aber folgt politischen Regeln, nicht kulturellen; diese werden von jenen erst ermöglicht. Kultur ist keine Garantie für Zivilisation, für den *status civilis*, sondern dieser die Voraussetzung von jener, und er ist nur politisch zu sichern. Marx paraphrasierend kann man sagen: Das Politische ist das Reich des Ernstes und der Notwendigkeit, auf dem das Kulturelle als das Reich der Spiele und der Freiheit erst erblühen kann. Das Politische ist keine Kulturprovinz, es macht vielmehr alle Kulturprovinzen als befriedete Provinzen erst möglich.

III

Aber was ist »das Politische«? In spiegelbildlicher Homologie zum Kulturellen ist das Politische kein Gebiet, kein Bereich, es ist thematisch weder a priori bestimmbar noch a posteriori fixierbar. Kein Gebiet, kein Thema, kein Sujet *ist* als solches politisch, doch jedes Gebiet kann politisch werden. Das Politische, sagt Carl Schmitt, ist eine polemische Intensität.[10] Ein Thema politisieren heißt immer zweierlei: Es heißt erstens, ihm eine hohe Intensität in der öffentlichen Aufmerksamkeit verleihen, und es heißt zweitens, in ihm einen polemischen Gegensatz konstituieren, um den herum ein Freund/Feind-Verhältnis sich gruppiert. »Kultur« auf Basis des *status civilis* ist niemals polemisch; sie ist allenfalls »agonal« im musischen Wettstreit ihrer Provinzen. Sie ist als solche so wenig polemisch wie die Religion, die Metaphysik, die Moral oder die Ökonomie – aber sie wird es in dem Augenblick, in dem sie politisiert wird!

Wir haben diese Felder nicht willkürlich als Beispiele genannt. Denn wie Carl Schmitt in seinem Text *Das Zeitalter der Neutralisierungen und Entpoliti-*

---

[10] Carl Schmitt, *Der Begriff des Politischen. Text von 1932 mit einem Vorwort und drei Corollarien.* Berlin: Duncker & Humblot 1987.

sierungen gezeigt hat, wandert das, was er das thematische »Zentralgebiet« der politischen Auseinandersetzungen nennt, seit dem 16. Jahrhundert, also seit jener Zeit, in welcher der moderne europäische Staat entsteht, in historischer Abfolge über genau diese Bereiche, in genau dieser Reihenfolge, wobei das jeweils folgende Gebiet zunächst als Neutralisierungssphäre für die politisch unlösbar gewordenen Konflikte des in einer bestimmten Zeit dominanten Zentralgebiets fungierte, um daraufhin seinerseits zum Zentralgebiet zu avancieren: Auf die konfessionellen Bürgerkriege des 16. und frühen 17. Jahrhunderts folgte die Zeit der rationalistischen, am Vorbild der Mathematik orientierten Metaphysik und Staatstheorie des 17. und frühen 18. Jahrhunderts, die ihrerseits vom Moraldiskurs des revolutionären Bürgertums abgelöst wurden. Nach dem Zwischenspiel der Politischen Romantik – »Der Weg vom Metaphysischen und Moralischen zum Ökonomischen geht über das Ästhetische, und der Weg über den noch so sublimen ästhetischen Konsum und Genuß ist der sicherste und bequemste Weg zur allgemeinen Ökonomisierung des geistigen Lebens und zu einer Geistesverfassung, die in Produktion und Konsum die zentralen Kategorien des menschlichen Daseins findet« – scheint die spätestens seit der Julirevolution 1830 einsetzende Epoche der Politischen Ökonomie, welche bis vor kurzem als Zentralgebiet der Moderne die politischen Freund/Feind-Verhältnisse zwischen Kapitalismus und Sozialismus (ideologisch zwischen Liberalismus und Marxismus) definierte, mit dem Zusammenbruch des sozialistischen Lagers an ihr Ende gekommen. Schmitt modifizierend (er spricht vom Zentralgebiet des »Technischen«) und weiterführend ist es nicht unplausibel (wenn auch vorläufig weitgehend spekulativ) zu vermuten, daß der aus dem Ost/West-Konflikt als ideologische Neutralisierungssphäre erwachsene »Kulturalismus« – man erinnere sich an die Konvergenztheorien, die in Form des Kulturalismus der »Industriegesellschaft« die Neutralisierungssphäre der politökonomischen Konfliktlinie während des Kalten Krieges darstellten – sich als neues Zentralgebiet der Politik im postkommunistischen Zeitalter herausbilden könnte.

In einer posttheologischen Zeit, in der es keine glaubwürdige transzendente Macht als haltgebende Instanz mehr gibt, und nach dem Zusammenbruch des Ost/West-Konflikts tritt jedenfalls immer deutlicher die innerweltliche »Kultur« als identitätsstiftendes und gemeinschaftsmobilisierendes Konstrukt hervor, das als »Zivilreligion« den Charakter eines moralischen Verpflichtungssystems besitzt, welches bis zur Todes- und Tötungsbereitschaft seiner Adepten führen und Gegenstand einer bewußten Verehrung, ja eines regelrechten Kults werden kann: des Kults der »kulturellen Identität«. Denn die Zugehörigkeit zu einer begrenzten und begrenzenden Kulturtradition verschafft in einer säkularen Massengesellschaft einen Distinktionsprofit und damit so etwas wie einen die individuelle Existenz übergreifenden »Lebenssinn« für eine imaginierte Gemeinschaft. (»Imaginiert« deshalb, weil die meisten Leute dieser »Gemeinschaft« einander ja gar nicht kennen.)

Diese kulturellen Selbstrechtfertigungen sind freilich, wie Ernest Gellner schreibt, durchwegs falschmünzerisch. Denn der echte Traditionalist weiß nicht, daß er einer ist; wer sich selber für einen Traditionalisten erklärt, ist keiner mehr: Die Hopi-Indianer lebten in keiner Hopi-Kultur, sondern in einer »Welt«. In einer Hopi-Kultur lebten sie nur für den Ethnologen. Für sich selbst leben in einer Hopi-Kultur nur jene Hopi-Indianer, die keine mehr sind, sondern sich selbst und anderen vorspielen, Hopi-Indianer zu sein. Das gleiche gilt für die Tiroler (und für die Kroaten, die Serben, die Wiener ...).

Als die Kultur noch wirkliche Verbindlichkeit hatte, galt sie entweder für etwas Naturgegebenes, oder sie wurde mit Hilfe einer Theologie gerechtfertigt, die den Menschen als substantielle Wahrheit galt und von ihren Anhängern respektiert wurde. Die Dogmen und Gebote, aus denen solche Glaubenslehren bestanden, stellten eine massive Verpflichtung für die Gläubigen dar und setzten enorme soziale und politische Energien frei. Genau dagegen wurde, wie gezeigt, der moderne säkulare Staat errichtet. Der heutige politische Kulturalismus ist insofern ein Spiel mit dem Feuer: Denn auch säkulare Kulturen haben, als Säkularisate religiöser Systeme, einen nie ganz erkalteten theologisch-metaphysischen Kern, der reflexiv angeheizt werden kann. Was dabei herauskommt, nennt man dann »Fundamentalismus«. Fundamentalismen sind aggressiv, gerade weil sie Reflexionsprodukte sind, Reaktionsbildungen auf die Moderne, und ihre Dogmen von ihren Anhängern selbst nie ganz geglaubt werden: Nicht die Ideen leiten die Praxis, sondern die Intransigenz der Praxis beglaubigt die Richtigkeit der Ideen. »Hast du dein Ziel aus dem Auge verloren, so verdopple deine Anstrengungen« (Santayana), ist die Devise jedes Fundamentalismus.

Samuel Huntingtons vieldiskutierte Thesen vom *Clash of Civilizations* in der postkommunistischen Ära ziehen die Konfliktlinien zwischen den Kulturen nicht zufällig entlang der traditionellen Religionsgrenzen. Auch wenn man Huntingtons Schema zur Prognose und Erklärung künftiger Globalkonflikte für überzogen hält, hat es doch starke empirische Plausibilität zumindest in bezug auf innerstaatliche »ethnische« Konflikte – der lange Zeit als die Schweiz des Nahen Ostens gepriesene Libanon, das ehemalige Jugoslawien, Armenien und Aserbeidschan, Tschetschenien, wie überhaupt die gesamte Südregion der GUS, der Maghreb, Somalia und der Sudan, Nordirland usw., sind binnenstaatliche Exempel für seine Thesen; nicht zu vergessen Indien nach der Entkolonialisierung. Die schauerliche Liste ließe sich fast beliebig verlängern. Übrigens: Zu sagen, hier würden ökonomische Konflikte bloß ethnisch/religiös/kulturell kodiert, führt in eine offene Diallele. Denn warum sollten ökonomische Disparitäten sich kulturell ausdrücken, wenn nicht die Kultur ihrerseits ökonomische Implikationen hätte?

Erfahrungen dieser Art machen skeptisch gegen jedes gutmenschliche Lob der Multikulturalität. Sie sind insbesondere eine Warnung davor, Multikulturalismus von einer Theorie der Pädagogik und Hermeneutik in ein politisches Programm der kulturellen Differenz zu transformieren: Die Unausweichlichkeit einer Entwicklung anzuerkennen, ist eines. Sie argumentativ und praktisch zu unterstützen, ist immer noch etwas anderes. Als hermeneutisches und pädagogisches Unternehmen zum besseren kognitiven Verständnis und zur wechselseitigen praktischen Anerkennung von kulturellen (ethnischen oder religiösen) Gemeinschaften ist Multikulturalismus in höchstem Maße notwendig und wünschenswert; ein solches Programm entpathetisiert die kulturellen Identitäten und läßt sie tendenziell aufgehen in einer gemeinsamen zivilisatorischen Basis. Multikulturalismus als Politik der Differenz jedoch, welche die Unterschiede begrüßt, forciert und festschreibt, ist in ebenso hohem Maße bedenklich und gefährlich, insbesondere dann, wenn es sich um Differenzen innerhalb einer staatlich verfaßten Gesellschaftsformation handelt; eine solche Politik unterminiert mit der zivilisatorischen Basis die Voraussetzung des gesellschaftlichen Zusammenlebens selber, die in der Aufrechterhaltung von Mindeststandards der Homogenität von »Weltbildern« liegt.

Freilich, nimmt man die Innenperspektive einer diskriminierten Gruppe ein, so zeigt sich eine unangenehme Dialektik des Problems: Denn wie wehrt man sich gegen eine gesellschaftlich aufgezwungene Kategorie, wenn nicht, indem man sich um diese herum organisiert? Die Gleichbehandlung aller Bürger vor dem Gesetz, unabhängig von ethnischen oder kulturellen Selbst- oder Fremdzuschreibungen, bedeutet ja noch lange nicht die Abwesenheit von gesellschaftlicher Diskriminierung. Alexis de Tocqueville hat schon vor 1840 davor gewarnt, daß der Rassismus, wenn er aus den Gesetzen entfernt wird, sich in den Sitten einnistet. Andererseits: Wie kann man historische Diskriminierung auf Basis von Rasse, Ethnie oder Kultur überwinden, wenn die Heilmittel selbst die zu überwindenden Kategorien benutzen und damit fixieren? Darin liegt ein logisch unauflösbares Dilemma, das sich am deutlichsten in der Geschichte des Antisemitismus zeigt. Denn wie definiert sich ein agnostischer Jude als Jude, wenn nicht über die Geschichte seiner Verfolgung, das heißt letztlich dadurch, daß er die Kategorien seines Feindes, des Antisemiten, übernimmt? Die abgewiesene Assimilation zwingt ihn in eine Rolle, gegen deren soziale Folgen er sich nur wehren kann, wenn er sie mit anderen solidarisch übernimmt. Er *macht* sich kulturell zum Juden, um als Mensch zu überleben. Damit aber unterwirft er sich der Definitionsgewalt des Antisemiten.

Gegen diese wahrhaft »negative Dialektik« gibt es kein anderes Mittel als die permanente hermeneutische Hinterfragung und Dekonstruktion kultureller Differenzen und die Schaffung eines interkulturellen Klimas wechselseitiger Anerkennung. Festzuhalten ist dabei an den universalistischen und zugleich individualistischen Prinzipien der europäischen Aufklärung. Das klingt trivial, ist aber heute nicht unumstritten und hat weitreichende praktische, unter Umständen militante Konsequenzen. Denn politisch folgt aus dieser Position ein eindeutiger Primat von Individualrechten vor Gruppenrechten, von »Antidiskriminierungsgesetzen«, vor allem Maßnahmen des »Minderheitenschutzes«, die notwendigerweise jene Diskriminierungen festschreiben und reifizieren, die sie zu lindern beabsichtigen.

»Diskriminieren« heißt ja zunächst nichts anderes als »unterscheiden«. Daß aber in der Unterscheidung als solcher immer schon Überheblichkeit und Verachtung, unter Umständen Verfolgung lauern, zeigt die gesamte Geschichte des Rassismus. Rassistisch ist schon die Behauptung der Existenz von Rassen, die Einteilung der Menschen nach phänotypischen Kategorien, die Hierarchisierung ist nur ein Sekundärphänomen, das sich freilich unausweichlich einstellt – welches Interesse gäbe es sonst an der Einteilung? Und vergessen wir nicht: Der biologische Rassismus hat nicht nur immer eine kulturalistische »Aura«, sondern ging seinerseits historisch erst aus einem Kulturalismus hervor, als dessen pseudowissenschaftliche Fundierung. Daraus folgt – nur scheinbar paradox – ein prinzipielles Mißtrauen vor allem gegen die aktiven Formen des Minderheitenschutzes, also gegen Förderungsprogramme, wie sie etwa in den USA unter dem Namen »affirmative action« betrieben werden. Vertretbar sind sie, wenn überhaupt, nur nach zeitlich streng limitierenden Kriterien. Was nämlich als gut gemeintes und ursprünglich durchaus plausibles, ja notwendiges Programm zur Förderung lange unterdrückt gewesener Populationen gedacht war (Zielgruppe waren zunächst die Schwarzen), entwickelte in der Folge eine durchaus gefährliche Dialektik.

Denn um zu entscheiden, wer in den Genuß der »affirmative action«, der Sonderprogramme, der Hilfsmittel und der Quotenregelungen kommen sollte, mußte die Gesetzgebung von kulturalistisch definierten Kriterien ethnischer und rassischer Differenz ausgehen. Sie schrieb den Rassismus also in gewisser Weise gesetzlich fest, auch wenn sie ihn positiv umcodierte. Wenn das, was bisher als negative Zuschreibung und rassistische Abwertung so viel Unheil angerichtet hat, nunmehr von ethnischer Identitätspolitik als positives Merkmal kultureller Differenz reklamiert wird, dann wird ein Rassismus mit negativem Vorzeichen nicht nur stabilisiert, sondern sogar legalisiert; politisch wird die zu fördernde Gruppe ghettoisiert, auch wenn das Ghetto ein Treibhaus ist. Ein neuer »Ethnochauvinismus« ist die Folge. Analoges gilt, mutatis mutandis, für den segregierenden Feminismus: Genderpolitik schlägt um in einen feministischen Neosexismus. In einer multikulturellen Gesellschaft setzt das eine Spirale des »Narzißmus der kleinen Differenzen« in Gang, vor der schon Sigmund Freud gewarnt hat.

Philosophisch liegt dieser Position der universalistischen Aufklärung, die auf dem absoluten Vorrang von Individualrechten vor kulturellen Gruppenrechten besteht, die letztlich nur kantianisch argumentierbare Überzeugung zugrunde, daß der in den Institutionen des Rechtsstaates sedimentierte europäische Rationalismus eben nicht gleichrangig ist mit den traditionellen Kulturen. Er ist, wenn überhaupt, eine »Meta-Kultur«, der den empirisch vorfindlichen, sich historisch legitimierenden Kulturtraditionen gegenüber eine gleichsam transzendentale Stellung einnimmt. Der unentscheidbare Streit der Kulturen war ja gerade, wie gezeigt, sein historischer Entstehungsgrund. Eben deshalb kann er sie alle als Kulturen definieren, beschreiben und anerkennen. Kommt es innerhalb eines Staates zur Kollision zwischen universalistisch definierten Individual- und kulturell definierten Gruppenrechten, so ist die Entscheidung eindeutig: Die Gruppe (als Gruppe!) hat kein Recht zu überleben.

Analoges gilt von den Religionen. Religionsfreiheit für konkurrierende Glaubenssysteme (vor allem für solche monotheistischen Typs) ist innerhalb eines politischen Gemeinwesens nur möglich, wenn ihr Wahrheitsanspruch im Weltlichen nicht mehr wirklich ernst genommen wird, wenn sie ihre politisch relevante Letztverbindlichkeit eingebüßt haben, also in einem Zustand fortgeschrittener Säkularisierung des Massenbewußtseins. Ansonsten gilt das klassische brutale »cuius regio, eius religio«. Die Alternative wäre der konfessionelle Bürgerkrieg, und das hatten wir schon. Erst wenn Kulturen, Religionen oder Praktiken der ethnischen Zuschreibung zu einer Art folkloristischen Brauchtums heruntergekommen sind, wenn ihr metaphysischer Glutkern erkaltet ist, ist eine multikulturelle Gesellschaft möglich. Dann mag man in ihr ästhetisch die Vielfalt genießen, weil sie harmlos ist: die Vielfalt der Moden, der Spleens und der Gebräuche; nicht zu vergessen die Bereicherung der Küche.

Multikulturalismus an sich ist weder eine Norm, noch ist er ein Wert. Er ist eine Tatsache, in fast allen westlichen Ländern, Ergebnis demographischer Verschiebungen und politischer Verwerfungen, vor allem aber auch, was meistens übersehen wird, der Eigenproduktion der Moderne: Das meiste an Multikulturalität ist kein Import, sondern Produkt der pluralistischen Dynamik moderner Industriegesellschaften selber (man denke nur an gewisse Erscheinungen der Jugendkultur und an das Sektenwesen). Kulturelle Vielfalt kann eine ästhetische Bereicherung sein, aber ebensosehr eine politische Gefahr. Denn lange Zeit schritt die Säkularisierung scheinbar unaufhaltsam voran. In letzter Zeit mehren sich in weiten Teilen der Welt die Zeichen einer Umkehr – im Namen von »Kultur« als Zivilreligion. Das Wort Adornos: »Abgestorbene Zellen von Religiosität in einer säkularen Gesellschaft werden zu Gift«, sollte als Warnung davor gelten, dem Frieden zu trauen.

Gunter Gebauer

Bewegte Gemeinden

Über religiöse Gemeinschaften im Sport

Im Sport ist seit einiger Zeit viel die Rede von Unsterblichkeit. So soll der Rennfahrer Schumacher durch seinen Sieg in Monte Carlo unsterblich geworden sein. Jetzt hängt sein Bild am Turm der Berliner Gedächtniskirche. Jedem, der über den Vorplatz kommt, wird sofort klar, daß er zu den Heiligen aufgestiegen ist. Sein Reich gehört zu einer anderen Gemeinde als zur Evangelischen Kirche Berlins; es ist von *dieser* Welt: Er wirbt für das Haarshampoo der Kosmetikfirma L'Oréal; der Turm ist vorübergehend vermietet worden. Geldnot bringt die alte Kirche dazu, ihr Wahrzeichen für die Verkündigung neuer Heiliger herzugeben. Ist sie durch die vielen Kirchenaustritte so verunsichert, daß sie meint, sich bei den neuen Kulten anbiedern zu müssen? John Lennons Feststellung in den sechziger Jahren, die Beatles seien bekannter als Jesus, wurde damals von den amerikanischen Kirchenvertretern noch instinktsicher als Kriegserklärung begriffen; sie führte für die Popgruppe fast zur Katastrophe.

Inzwischen wird um die Gedächtniskirche eine Art ökumenischer Kohabitation kultiviert. Ihr Vorplatz dient der Sammlung neuer Gemeinschaften in der *inner city*, ein Treffpunkt und Theater religiöser Bewegungen, die hier ihre Rituale zelebrieren: Skateboarder, Inlineskater, HipHopper, Rapper, Biker und samstags Fußballfans. Ein Ort vieler Gemeinden mit vielen Heiligen, die Körper und Seele junger Leute umwerben. L'Oréal macht den Glauben an den Körper leicht: Neben den Heiligen der Raserei plaziert sie Claudia Schiffer als drakonische Priesterin des Gesichts; nur wenn der Wind unter die schöne Fahne faßt, zeigt es etwas Bewegung.

Von den neuen Gemeinschaften wird die alte Kirche nichts mehr abschöpfen oder in ihre eigenen Gewässer umlenken können, wie sie es früher noch mit Erfolg versucht hat. Es sind neue Gebilde, anders organisiert, nicht mehr greifbar, mit neuartigen Ritualen, auf viele Orte verstreut, aber spektakulär sichtbar in aufblitzender Präsenz. Ihre Mitglieder sind junge Leute, von der Pubertät aufwärts bis zum offenen Ende des Jugendalters; ihr Glaube entsteht aus der Teilhabe an Körperbewegungen, ihre Gemeinden aus einer Gemeinschaftsmotorik. Auch die christlichen Kirchen besitzen spirituell erfüllte Choreographien, bestehend aus Aufstehen, Beten, Niederknien, Segnen, gemeinsamem Singen. Die neuen Kulte überwältigen ihre Gläubigen durch Dynamik und Intensität; sie kennen nicht die Gemessenheit und Feierlichkeit der Messen, sondern bieten heftige Beteiligung der ganzen Gemeinde an den Tätigkeiten ihrer Heiligen. Rappen und Skaten fordert die ganze Person. Als Jünger eines barbarischen Motorkults setzen »Schumis« Nachahmer auf den Bundesstraßen vielfältig Leben aufs Spiel. Gewiß sind Gesichtsstyling, Haut- und Haarpflege niedere Rituale, um Schönheit zu feiern, aber sie werden täglich am eigenen Körper vollzogen und können angelegentlich ergänzt werden durch das schmerzhafte Anbringen eines Tattoos, ein kleines Facelifting oder eine gefällige Busenvergrößerung. Von der eigenartigen religiösen Atmosphäre, die in den vielen unterschiedlichen Gemeinschaften vorherrscht, soll im folgenden die Rede sein: von der Bereitschaft, an etwas zu glauben.

I

Vor der Glaubensbereitschaft sind alle Religionen gleich. Bei den Skatern geht es inbrünstiger zu als im Kirchenraum. Sie bilden eine Art urchristlicher Gemeinde; sie haben keine Priester, höchstens *opinion leaders*. Ihr Gemeinschaftsritual ist auf viele einzelne Schauplätze verstreut. In kleinen Grüppchen stehen oder sitzen sie herum, weithin erkennbar an ihrer gesucht unglücklichen Kleidung und ihren Brettern, mit denen sie lässig umgehen, als wollten sie deren liturgischen Charakter verbergen. Bei näherer Beobachtung erkennt man die hohe innere Regulierung, die feine Hierarchie, die versteckten Autoritäten ihrer Gemeinschaft. Es ist eine in sich geschlossene Welt, ein Orden junger Männer – Mädchen sind nur als Zuschauerinnen zugelassen –, ein *ora et labora* auf kurvenden Brettern, auf der Suche nach dem rechten Weg. Wer zu ihnen gehören will, hat viele versteckte, nur für Expertenaugen erkennbare Kriterien vorzuweisen. Vor allem haben sie *cool* zu sein, hart gegen sich selbst bei ihren oft sehr schmerzhaften Stürzen.

Ein noch härteres, unermüdlicheres Leben führen die Fußballfans. Die Gegner der örtlichen Heiligen, der Hertha, kommen in Nachtzügen nach Berlin, in denen sie den Dienst an ihrem Verein aufgenommen haben, ihre Vereinslieder singend, die mitgebrachten Paletten Bierdosen leerend, rohe Sprüche ausstoßend. Nach dem Marsch durch die Stadt werden sie im Stadion, in ihrem »Fan-Block«, erst richtig zeigen, was sie sind: etwas Großes, ein übermächtiges Gebilde, das jeder einzelne von ihnen als ein machtvolles Gefühl in sich heranwachsen spürt. Sie werden mit einer einzigen übermenschlichen Stimme ihren Spielern auf dem Rasen Kraft geben. Der Ort ihrer Liturgie, das Olympiastadion, ist ebenso wie die benachbarte Waldbühne eine Art religiöser Hain für Feiern der Gemeinsamkeit – die Olympischen Spiele 1936 wurden hier zelebriert, das erste Rock'n'Roll-Konzert in Deutschland, die Pokalendspiele, die Stones, Hertha BSC, Bob Dylan. Was immer diesen Ort einzunehmen vermag, wird hier zum Kultereignis.

Kulturkritiker sind blind für das religiöse Engagement, die Bindung an Werte, das Gefühl der Verpflichtung und die freiwillige Hingabe in diesen Gemeinschaften; sie sehen in deren Aufführungen nichts anderes als Massenspektakel. Über Massen ist viel geschrieben worden: Gefügig und weiblich seien sie, ohne eigenen Willen, entgrenzt, total auf einen Führer, eine Art idealisiertes Über-Ich gerichtet. Massentheorien heben den Ichverlust hervor, die Unterwerfung unter einen mächtigeren Willen. Vieles spricht dafür, daß sich tatsächlich solche Prozesse in der Zeit des Nationalsozialismus abgespielt haben, als es einen Führer gab, der die emotionale, symbolische und politische Herrschaft über ein Volk durch Massenspektakel befestigte. Für die Gemeinschaften des Sports und der Popkultur wird man andere theoretische Instrumente suchen müssen. Gewiß gibt es auch hier ein Oben und Unten: Auf dem Boden der Alltagswelt stehen die Begeisterten, die Fans, die Gläubigen – oben, getrennt von der Gemeinde, thronen die Idole, Heiligen, Götter, unnahbare Objekte der Verehrung. Aber was die meisten Massentheorien, von Le Bon bis Moscovici, über die Erfahrungen der einzelnen zu sagen haben, greift auf seltsame Weise daneben.

Keinem der Beteiligten an den Sport- und Popkulten geht es um Auslöschung des eigenen Ichs. Ein Fußballfan will *sich fühlen*: seinen Körper und seine Macht. Dieser Wunsch spornt ihn zur Verschwendung seiner Aktivitäten an, zum Singen, Anfeuern, Trinken, Schmähen. Nur scheinbar eine Selbstaufgabe, sind sie Akte der totalen Verausgabung. Hingabe. Gemeinschaftsgefühle und Ergriffenheit sind nicht als Verlust, sondern als Gewinn einer neuen Erfahrungsdimension der eigenen Person zu fassen, von der man im Alltag nichts ahnt. In den Selbstbeschreibungen der Fans ist ständig die Rede davon, daß sie alles geben, alles hinnehmen, daß sie während der ganzen Kampagne Opfer bringen. Aber damit ist nicht eine Entleerung der Person gemeint, sondern dadurch, daß sie ihr Bestes geben, errichten sie Gebilde der Macht und der Ehrfurcht, von denen sie selbst wiederum aufs höchste inspiriert werden.

Als erstes fällt bei den Fans die Erzeugung von Gemeinsamkeit auf. Ähnlich vereinigend wie gemeinsames Trinken wirkt das Absingen von Fußballhymnen, unterstützt von gleichen Bewegungsweisen. Bei den sangeskundigen englischen Fußballfans wird der religiöse Charakter der Gesänge deutlicher als bei den deutschen. Der berühmteste aller Fangesänge *You'll never walk alone* wurde nach dem Ersten Weltkrieg während der englischen Cup-Finals im Wembley-Stadion in Erinnerung an die gefallenen Fans gesungen.[1] Beim Absingen dieser Hymne ist eine strikte rituelle Ordnung einzuhalten (die auch auf deutschen Fußballplätzen gilt). Die Schals werden mit beiden Händen über den Kopf gehalten und im Rhythmus der Musik langsam hin und her bewegt, wie die Fahnen einer Prozession. Zum Heiligen halten die Fans engen Kontakt. In Marseille pilgerten sie vor dem UEFA-Pokalendspiel zur Wallfahrtskirche Notre Dame de la Garde, um dort eine Kerze zu entzünden. Der FC Sankt Pauli gibt eine »Fan-Bibel« heraus, unter dem Titel *Glaube, Liebe, Hoffnung*. Wissentlich oder nicht hat er die göttlichen Tugenden aus dem Katechismus der katholischen Jugenderziehung zu seinem Wahlspruch gewählt, durchaus passend zu seinen Fanartikeln, vom Wimpel bis zur Unterhose und Pauli-Gartenzwerg.

Unwiderstehlich werden die Fußballkulte, wenn sie alten lokalen Religionen auflagern. Selbst seriöse Ortskenner vertreten die Meinung, Maradona

---

1 Der Song ist ein Musterbeispiel für die überschwenglichen Gefühlsäußerungen, die nur scheinbar im Gegensatz zu der demonstrativ gezeigten Härte der Fans stehen: »When you walk through a storm, hold your head up high and don't be afraid of the dark. At the end of the storm, there's a golden sky and a sweet silver song of a lark … «

habe während seiner Tätigkeit für den Fußballclub Neapel die Wunder des Stadtheiligen San Gennaro fortgesetzt und die Identität der Stadt von neuem erschaffen. Nach dem Gewinn des italienischen Meistertitels erschien über Nacht an der Mauer des städtischen Friedhofs die Inschrift: »Was ist euch entgangen!« Am nächsten Tag stand von unbekannter Hand darunter geschrieben: »Was wißt ihr denn schon davon!« Gewiß lieben es Journalisten und Fans, Anleihen aus der Sprache des Katholizismus für ihre Kulte einzusetzen, oft mit einem ironischen Augenzwinkern. Die spielerische Verwendung von christlichen Ritualisierungen drückt keine Distanzierung vom Religiösen überhaupt aus; den Anhängern ist ihre Sache bitter ernst; man sieht dies in Augenblicken der Niederlage ihres Teams. Vielmehr verfügen sie über keine anderen liturgischen Ausdrucksmittel als die christlichen; auf diese sind sie angewiesen, wenn sie ihrer Sache mit Hilfe von Symbolen und Ritualen eine religiöse Dimension geben wollen. Spiel und Ironie markieren die Distanz zu den ursprünglichen christlichen Bedeutungen.

II

Im Stadion sind die Fans in *ihrem* Raum. Es ist ein realer und symbolischer Innenraum; wer sich in ihm befindet, gehört zu den Erwählten und ist diesseits der Grenze, die ihn vom Profanen trennt. Im Innenraum gibt es noch eine zweite Untergliederung, in Unten und Oben, in Gemeinde und Heilige. An dieser Zweiteilung mit den vielen unbekannten, unbedeutenden Gläubigen auf der einen Seite und den exquisiten Stars auf der anderen wird meistens übersehen, welche Macht die Gemeinde besitzt. Geblendet vom Glanz der Heiligen hält man die Fans für unwichtige Gefolgsleute. Doch die Macht der Heiligen wird nicht von diesen selbst hervorgebracht. Alle symbolischen Kräfte ihres Körpers und ihrer Handlungen sind ihnen durch die Aktivität der Gemeinde zugeflossen. Man begreift dies, wenn man den Mechanismus der Erzeugung des Religiösen rekonstruiert. Am besten kann man diesen Prozeß beschreiben, wenn man dabei auf eine Theorie zurückgreift, die auf transzendierende Elemente wie Schuld, Offenbarung, Erlösung, Auferstehung verzichtet. Eine theologische Konstruktion im engeren Sinne wäre angesichts der Sport- und Popkulte überzogen. Im Sport und in der populären Musikkultur werden Heilige und religiöse Erfahrungen in kollektiven sozialen Praktiken, symbolischen Gesten und rituellem Zusammenwirken einer Gemeinschaft hervorgebracht.

Es gibt bestimmte Bedingungen, unter denen sich gesellschaftliche Vorgänge in ein *religiöses Leben* wenden können. Dieser Begriff Durkheims hat den Vorteil, daß er nicht auf ein Jenseits, sondern strikt auf innerweltliches gesellschaftliches Handeln bezogen ist.[2] In Durkheims Deutung wird das Religiöse von und in *dieser* Welt erzeugt. Was an ihm als jenseitig erscheint, wird in Wirklichkeit von der Gesellschaft hervorgebracht, in der die Gläubigen leben. Ganz gewöhnliche Menschen bringen im Diesseits die Vorstel-

---

2 Emile Durkheim, *Die elementaren Formen religiösen Lebens*. Frankfurt: Suhrkamp 1981.

lung von etwas Höherem auf. »Die Aufteilung der Welt in zwei Bereiche, deren einer alles, was heilig, deren anderer alles, was profan ist, umfaßt – das ist der Zug, der das religiöse Denken kennzeichnet; die Glaubensweisen, die Mythen, die Dogmen, die Legenden sind entweder Repräsentationen oder Repräsentationssysteme, die die Natur der heiligen Dinge, die ihnen zugeteilten Wirkungen und die Fähigkeiten, ihre Geschichte und die Verhältnisse ausdrücken, in denen sie zueinander und zu den profanen Dingen stehen.«[3] Mit dieser grundlegenden strukturellen Unterscheidung von Heiligem und Profanem verbindet Durkheim den Gedanken, daß die Differenz dieser beiden Kategorien *absolut* ist. Es gebe in der Geschichte der Menschheit keinen anderen Fall, in dem zwei Kategorien von Dingen in einer so radikalen Weise einander entgegengesetzt sind.

Grundsatz der Durkheimschen Theorie des Religiösen ist, daß dieses seine Formen und Ausprägungen von der Gesellschaft erhält, die es praktiziert: zum einen von der Struktur der Gesellschaft, zum anderen durch die Aufführung gemeinschaftlicher Handlungen, durch gemeinsames körperliches Ritualhandeln. Durkheim selbst spricht relativ undifferenziert von »kollektiven Handlungen« oder »kollektivem Leben«; er meint damit weit mehr als das, was eine Ansammlung von Menschen gleichzeitig tut. Damit aus einer Gesellschaft eine religiöse Gemeinschaft entstehen kann, muß sich eine besondere Form des sozialen Zusammenhangs herstellen. Eine Gemeinschaft hat ihren Ursprung darin, daß in den üblichen sozialen Beziehungen zwischen Individuen besondere Veränderungen eintreten, so daß sie mit Emotionen und Bedeutungen aufgeladen werden, die sie weit über die Alltagsvollzüge erheben. Die Veränderungen entstehen spontan und lokal; sie ereignen sich in Handlungen mit ritualisiertem Charakter, die zu festgelegten Zeitpunkten, an typischen Orten zyklisch wiederholt, von den einzelnen freiwillig und in gemeinsamen Bewegungen vollzogen werden.

In der französischen Diskussion ist es ein vertrauter Gedanke, daß rituell wiederholte Gemeinschaftsbewegungen eine *innere Form*, einen Glauben und religiöse Gefühle entstehen lassen. Zum ersten Mal hat ihn Pascal formuliert: Der Imperativ »Knie nieder und bete« und seine Befolgung in einer rituellen Körperpraxis ruft einen Zustand des Glaubens hervor. Dieser entsteht aus Bewegungen, nämlich dadurch, daß dem Körper eine bestimmte äußere Form gegeben wird, die eine innere Haltung hervorruft, also genau andersherum, als man es sich normalerweise vorstellt. »Glauben ist ein Zustand des Körpers« (Pierre Bourdieu). Diesen ersten Hinweis auf die Erzeugung eines Glaubenszustands aus physischen Handlungen haben Theoretiker wie Althusser, Barthes, Foucault, Bourdieu aufgenommen und in einer Reihe von Arbeiten gezeigt, wie innere Zustände in gemeinschaftlichen körperlichen Praxen hervorgebracht werden. Durkheim ist jedoch in einer Hinsicht weiter gegangen als seine Nachfolger, insofern er die Strukturierung und imaginäre Ausgestaltung des Raums, in dem sich Heiliges und Profanes gegenüberstehen, als Ergebnis gesellschaftlicher Prozesse dargestellt hat.

---

3 Carsten Colpe, *Über das Heilige*. Frankfurt: Hain 1990.

Der erste Schritt bei der Erzeugung eines religiösen Lebens ist die Transformation von ursprünglich normalen Gesellschaftsmitgliedern in eine durch gemeinsame Handlungen und Gefühle geeinte Gemeinschaft, die durch vertiefte Beziehungen, Gemeinsamkeit der Handlungen und Ziele sowie durch ein Zusammengehörigkeitsgefühl hervorgehoben ist. Seit Ferdinand Tönnies' unverwüstlicher früher Schrift *Gemeinschaft und Gesellschaft* (1887) ist dieser Begriff ideologisch mit schweren Wertungen belastet: Mit ihren Merkmalen Freiwilligkeit, Unmittelbarkeit und Affektualität wird die Gemeinschaft der Gesellschaft gegenübergestellt, die den sozialen Wesen durch Zwang, Zweckrationalität und Vermitteltheit auferlegt wird. Mir geht es hier nicht darum, den Gemeinschaftsbegriff für die Soziologie generell zu retten, sondern ihn für die Beschreibung von spezifischen Formen der Vergesellschaftung einzusetzen: von spontan entstehenden, informellen sozialen Zusammenschlüssen, verbunden mit Gefühlen der Verpflichtung und des Engagements, mit affektiven und symbolischen Aufladungen, wie sie gerade im Sport und in populären Kulturen vorkommen.

Jede Gesellschaft entwickelt Idealvorstellungen über sich selbst. Die Tätigkeit der sozialen Imagination gehört zu den Mechanismen, die ihr in einem unablässigen Prozeß der Erneuerung Bestand geben. Insbesondere religiöse Gemeinschaften übernehmen diese Aufgabe: Aus ihrer Mitte entwikkeln sich Idealvorstellungen darüber, wie die Gesellschaft *sein soll*. Sie zeigen mit Hilfe von gemeinsamen Handlungen alle jene Merkmale, welche der ganzen Gesellschaft idealerweise zukommen; sie führen vor, was laut Durkheim »in einer Gesellschaft wesentlich ist«: »Die Idee, die sich die Gesellschaft von sich selbst macht, ist der Kern der Religion.« Aufgrund ihrer Vorstellungs- und Aufführungstätigkeit erwirbt sich die Gemeinschaft eine besondere Stellung und herausgehobene Bedeutung.

In dieser Perspektive wird die außerordentlich wichtige Rolle des Religiösen für die Gesellschaft deutlich. Religion bewirkt eine Intensivierung der Gefühle und des Zusammenhalts der Gesellschaft; zugespitzt gesagt: Die Steigerung des sozialen Seins wendet sich ins Religiöse. Man kann diesen Gedanken, über Durkheim hinaus, verallgemeinern: So läßt sich von Gemeinschaften der Popkultur und des Sports annehmen, daß sie ein – jeweils ihr entsprechendes – Konzept einer idealen Gesellschaft entwerfen, in ihren Aufführungen verkörpern und in ihrem spezifischen religiösen Leben sichtbar machen. Gewiß kann man über deren Dignität streiten – ein philosophisch oder politisch fundierter Entwurf hat ungleich mehr Tiefe als irgendwelche Vorstellungen, die in Clubs der Technoszene und Fangruppen gelebt werden. Aber es gibt keine zentrale Instanz in der Gesellschaft, die zur Bewertung und Selektion ihrer idealen Entwürfe ermächtigt ist. Ob eine Idealvorstellung Einfluß auf die Gesellschaft hat oder nicht, ist abhängig von der Macht der jeweiligen Gemeinschaft, die sie ausdrückt.

Wenn eine Gemeinschaft des Sports oder der Popkultur ihre Gesellschaftsvorstellung in den Rang eines religiösen Phänomens zu erheben vermag, dann ist dies ein untrügliches Indiz für ihre soziale Wirksamkeit, so daß ihre eigenen Mitglieder, von der Wirkung, die sie selbst mit hervorgebracht haben, beeindruckt, inbrünstig an sie glauben. Sie ist es, die Zugang zum Heiligen verschafft und als Quelle des religiösen Lebens wirkt. Mitgliedschaft in einer solchen Gemeinschaft wird als Auszeichnung erfahren. Nicht jeder kann ihr zugehören, sondern nur diejenigen Personen, die sie aufgenommen hat und an die sie besondere Anforderungen für ihr Verhalten in der Gemeinschaft stellt. Es ist nicht anzunehmen, daß die einzelnen den Erzeugungsmechanismus des Heiligen durchschauen; aber man kann erwarten, daß sie die Macht der Gemeinschaft anerkennen und sich ihr für die Dauer ihrer Mitgliedschaft unterstellen.

III

Jede Gemeinschaft besitzt eine explizite oder implizite Prozedur der Aufnahme, eine Phase, die als Überschreiten einer Schwelle gekennzeichnet und oft mit besonderen Prüfungen gekoppelt ist. In einer idealtypischen Rekonstruktion kann man mehrere Schritte unterscheiden: Wunsch der Mitgliedschaft – Herantreten an die Gemeinschaft – Bitte um Zulassung – Prüfung – Aufnahme und Eintritt des neuen Mitglieds. Bei den informellen Gruppen des Sports und der Popkultur wird die ganze Prozedur oft blitzschnell entschieden; es genügt ein Austausch von Blicken, Beachtung von Symbolen und Körperhaltung, die richtige Kleidung, dies alles mit hoher Trennschärfe analysiert, und der Neue wird zugelassen oder abgewiesen. In der Technoszene ist die Aufnahmeprozedur des Hineinkommens in einen öffentlichen Club zwar sehr einfach: Schlangestehen und Prüfung durch den Türsteher. Mit diesem Ritual wird Kontrolle ausgeübt, aber in erster Linie geht es um das »Gefühl der Zugehörigkeit. Wer die Prüfung bestand, gehörte zum gefakten Zusammenhang dazu.«[4] Aber echte Zugehörigkeit ist damit noch nicht erworben. Dazu gehört, daß die Mitglieder einer Clubcrowd durch informelle Kanäle über das aktuelle Programm informiert werden. Informationen werden über Plattenläden und andere Clubs ausgestreut; sie erreichen nur diejenigen, die zum »Zusammenhang der Party« gehören. Bunz: »Der Club ist ein ›extended Wohnzimmer‹, in dem das gleiche Interesse an der Musik, am Ort, an den Leuten geteilt wird, wodurch ein Zusammenhang entsteht, der durch zu viele Neugierige ... zerstört wird«. Im Club »E-Werk« erhielten die Freunde über besondere Karten bevorzugten Eintritt, wurden »in eine professionelle Vip-Lounge« geschleust, eine Galerie über der Tanzfläche, wo »inmitten der normalen Party eine exklusive Party« veranstaltet wurde.

Bei den Fußballfans ist die Aufnahmeprozedur eindeutiger: Der »Novize«, wie er von den Insidern genannt wird, begibt sich in Einsteigerkluft in die Stehplatzkurve seiner Mannschaft und benimmt sich so, wie sich ein jun-

---

[4] Als Grundlage für die Darstellung von Ritualen der Berliner Clubszene dienen mir Seminarpapiere von Mercedes Sabine Bunz; vgl. auch ihren Aufsatz *My House Is Your House*. In: Marius Babias / Achim Könneke (Hrsg.), *Die Kunst des Öffentlichen*. Amsterdam: Verlag der Kunst 1998.

ger Fan auf der untersten Hierarchiestufe zu benehmen hat – er stellt sich mit den anderen auf die Sitzbänke, schmäht die gegnerische Mannschaft, beteiligt sich an den Anfeuerungen der eigenen, stimmt in die Gesänge ein, wenn das Zeichen dafür gegeben wird, zeigt Aggressionssymbolik gegenüber feindlichen und Sympathiegesten zugunsten der befreundeten Fans; er hat seine Lieder gelernt und schwenkt seinen Schal, wenn die ranghöheren Fans damit begonnen haben. In seinem eigenen Erleben fühlt sich der »Novize« angesprochen, er folgt einer Vokation. Seinem Aufnahmegesuch geht ein wichtiger Schritt voraus, nämlich seine mehr oder weniger explizite Entscheidung, bei den Fans mitzumachen. Seine Teilnahme ist vollkommen freiwillig und unterliegt keinerlei gesellschaftlichem Zwang; sie entsteht aus dem Wunsch, die Anforderungen der Gemeinschaft zu erfüllen. Die Fangemeinschaft antwortet darauf mit bestimmten Sollensanforderungen an sein künftiges Verhalten in der Gemeinschaft. Erfüllt er diese, wird er stillschweigend als neues Mitglied anerkannt; er ist aufgenommen. Bei Bewährung kann die Höhe der Anforderungen gesteigert werden und der Fan auf die Hierarchiestufe der »Kutten« aufrücken.

In die Gemeinschaft wird aufgenommen, wer bestimmte Anforderungen erfüllt. Die Zugehörigkeit wird auf der Grundlage eines an die (zukünftigen und tatsächlichen) Mitglieder gerichteten Sollens entschieden, also mit Hilfe einer moralischen Ordnung. »Die Moral beginnt ... dort, wo die Bindung an irgendeine Gruppe beginnt.«[5] »Moral« reguliert die *mores*: In diesem Sinn sind die Verhaltensweisen der Mitglieder der Fangemeinschaft Gegenstand moralischer Beurteilungen. Gewiß handelt es sich um eine Sondermoral, die auf sehr spezifischen Ansichten, Idealen und Gebräuchen eines eigentümlichen sozialen Verbunds gegründet ist – verschroben, skurril, pedantisch und abseits der herrschenden gesellschaftlichen Gruppen, aber durch und durch mit Anforderungen getränkt.

Gemeinschaften werden durch das Prinzip des *Du sollst* konstituiert, auf welches das Subjekt mit einem *Ich will* antwortet. Aus dem gewollten Sollen schöpfen sie ihr Pathos und ihre Berufung auf eine oft veraltete, von ihnen mit neuen Inhalten ausgestattete Wertordnung (»Ehre« und »Treue«). Aufgrund ihrer moralischen Anforderungen unterscheiden sie sich von der umgebenden Gesellschaft: Sie sind etwas Besonderes, etwas Besseres, jedenfalls in den Momenten, in denen die Gemeinschaft aktiv ist. Freilich existieren sie nur in Zeiten der Aktivität; sie besitzen keine Dauer, sondern leben in einer diskontinuierlichen Zeit, mit vielen aufeinanderfolgenden Energiepunkten, an denen das Spannungspotential immer wieder von neuem aufgebaut und entladen wird. Die Fußballfans leben ihre Religion der Mobilisierung in einer energetischen Welt. Die geheime Triebfeder der Gemeinschaft, die Moralisierung des Verhaltens, bringt die Fans dazu, sich gemeinsam zu bewegen, anzufeuern, zu singen und die eigene Mannschaft für gut, die Gegner für schlecht zu erklären. Sie gibt jedem einzelnen Mitglied das Gefühl, aus-

---

[5] Emile Durkheim. *Détermination du fait moral*. In: *Sociologie et philosophie*. Paris: PUF 1996 (zuerst: 1924).

gezeichnet zu sein, dem Verein zu dienen, sich in die Gemeinschaft einzuordnen, den vorgesehenen Rang einzunehmen und die damit verbundenen Verpflichtungen zu erfüllen. Auf diese Weise wird die Gemeinschaft groß, und so wächst ihre Macht. Von außen gesehen mag ein Fanhaufen das Spektakel wüster Unordnung und abstoßenden Gehabes abgeben; von innen gesehen ist das gesamte Verhalten von einer wohl verstandenen Moral geordnet, durch ein Sollen geregelt, das die einzelnen freiwillig und gern auf sich nehmen. So darf man ihren Zustand der Erhebung nicht verkennen, wenn ein versprengter Haufen von Jugendlichen und Männern im Zustand des Rausches, abgekämpft, heiser geschrien, müde den Weg zum Bahnhof sucht, um den Heimweg anzutreten. Die Pflicht, die sie getan haben, erscheint ihnen, wie Durkheim in einem analogen Kontext schreibt, »als *begehrenswert*«. Sie sind nicht allein, sie sind nur scheinbar eine kleine Gruppe, in Wirklichkeit bilden sie einen Teil einer großen Gemeinschaft, eines mächtigen Chores, der sich in seiner Gesamtheit seine Heiligen erzeugt.

IV

In der Gemeinschaft schließen sich die vielen Mitglieder zu einem großen Wesen zusammen, das mehr, höher und mächtiger ist als die einzelnen Subjekte. Wer innerhalb der Grenzen der Gemeinschaft lebt, nimmt Platz in einer Über-Person, die er gemeinsam mit den anderen bildet. Dieses überpersönliche Gebilde ist die *eine* entscheidende Instanz des religiösen Lebens im Sport und in der Popkultur; sie ist das durch die Idealisierungen der Beteiligten erzeugte Profane, eine Art Selbstschöpfung als höheres Wesen. Das Heilige ist die *andere* Instanz, die von der Gemeinde, als Quelle alles Religiösen, mit Hilfe ihrer Imaginationen hervorgebracht wird. Aus der Mitte der mächtigen Gemeinschaft werden ihre Anforderungen gegenüber den Heiligen formuliert. Sie artikulieren die Idealvorstellungen, denen ihre Stars entsprechen sollen. In ihren Phantasien entwerfen die Fans von Arsenal London ihre Spieler als schwer schuftende Arbeiter-Heilige. Tatsächlich gehört niemand auf dem Rasen der *working class* an, aber das ist vollkommen egal – sie *sollen* solche Helden sein, die die Tugenden der Männlichkeit, Härte, Unerbittlichkeit, des Ackerns bis zur äußersten Grenze als ideale Darsteller der Arbeiterklasse verkörpern. Wenn sie diese Tugenden vermissen lassen, werden sie von den Fans zurechtgewiesen, ein wütender Chor, der sie an die Verpflichtung ihrer Existenz roh erinnert: »Earn your money!« Die imperative Tugendzuweisung durch die Fans wird von allen anderen Anhängern des Clubs, von den Tribünenbesuchern und den Sitzplatzinhabern der Gegengeraden, übernommen. So kommt es, daß die Heiligen auf dem Rasen eine rüde, aggressive Männlichkeit aufführen, die nach dem Muster der Klassenzugehörigkeit interpretiert wird: Als »proletarisch« gilt direktes und robustes Spiel; für die sozialen Mittelklassen steht hinterhältige, als »cool« bezeichnete effiziente Kälte. Feine Kleidung, exzentrischer Lebensstil, Gefährtinnen aus dem Showbiz (Beckham und sein Spice Girl) oder Verfehlungen im bürgerlichen Leben (Gascoigne und seine verprügelte Verlobte) haben die Fans noch nie gestört, aber ein schlapper Auftritt, mangelnde Arbeitsauffassung, schlechte Moral sind selbstzerstörerisch für die Heiligen des Rasens.

Nicht gemeine Fouls, Niederlagen oder ein schlechter Tabellenstand sind die Gründe für die Enttäuschung der Anhänger von Borussia Dortmund über Andi Möller, sondern sein Versagen gegenüber den Anforderungen, die von der Fankurve formuliert werden. Hier steht die moralisch konstituierte Gemeinde und gibt gegenüber dem großen Publikum den Ton an (von *Bild* zur Volksmeinung verstärkt). Vor ihr zittert der Präsident, wenn er einen beliebten Trainer feuern oder einen unbeliebten halten will. Die maßlose Enttäuschung über die deutsche Nationalmannschaft 1998 erklärt sich nicht zuletzt aus der gewaltigen Höhe, die die Idealvorstellungen ihrer Fans erreicht haben. In der Vergangenheit war ihre Treue reich belohnt worden: Kampf bis zur Selbstverleugnung, Aggressivität bis zur Körperverletzung, weite Angriffsschläge bis tief in das Territorium des Gegners unter dem Kommando eines Stabsunteroffiziers (Fritz Walter 1954) oder eines Feldherrn (Franz Beckenbauer 1972). Von den Medien werden diese vergangenen Fähigkeiten als »deutsche Tugenden« bezeichnet und, in völliger Unkenntnis des Heiligenmechanismus, als *wirkliche* Eigenschaften der Deutschen geglaubt. Es sind nichts anderes als die Tugendvorstellungen, die Deutsche, als Fans von sich selbst, über ihre eigenen moralischen Qualitäten phantasieren. Genauso wie diese Fußballer sollen die Deutschen sein, und genauso wie sie selbst wollen sie ihre Fußballer.

Es gab Zeiten, in denen die Heiligen auf dem Rasen der Gemeinde der Deutschen ihre Wünsche erfüllten. Dies war möglich mit Spielern, die trunken waren von ihrem eigenen Wunsch, Heilige zu werden, die sich dem Imperativ ihrer Gemeinde bedingungslos unterstellten und sich Arme und Beine ausrissen, um diesen zu erfüllen. Was daran »deutsch« ist, kann man daran erkennen, wie ernst die von der Fangemeinde eingeforderte moralische Aufgabe der Selbst-Heiligung genommen wurde – das ist der tiefere Sinn von Beckers Hechtsprüngen, Grafs brutaler Zähigkeit und Uwe Seelers Rakkern. Auf die Selbst-Idealisierung der Fans antworteten die Athleten mit dem Hunger nach Heiligkeit. Beides war typisch für die deutschen Verhältnisse: eine Fangemeinde mit Größenphantasien ihrer selbst, deren Gebote die Sportheiligen mit einer hohen moralischen Verpflichtung bitter ernst nahmen. In den kläglichen Spielen der Fußball-Nationalmannschaft der jüngsten Vergangenheit zeigt sich eine moralische Verwahrlosung der Spieler. Sie sind, von den Fans mit feinem Gespür bemerkt, träge Heilige, die sich in faulem Zauber gefallen, unfähig, ein Verständnis für die Anforderungen ihrer Gemeinde zu entwickeln.

V

Betrachten wir den Gesamtraum des religiösen Lebens, der von der Gemeinschaft erzeugt wird. Diese selbst entwickelt sich unter der Pression ihrer Sollensforderungen zu einer Art Über-Person; ihr gegenüber stehen die überlebensgroßen Einzelpersonen der Heiligen, die von ihr erzeugt werden. Auf beiden Seiten gibt es eine Vergrößerung der Person, ausgestattet mit Eigenschaften, die sich exakt aufeinander beziehen. Am Anfang ist die Gemeinschaft, aber wenn beide Über-Personen erst einmal ausgeformt sind, halten sie sich gegenseitig ein Bild von der jeweils anderen Über-Person vor: das Bild der Heiligen, wie sie nach den Vorstellungen der Gemeinde sein sollen; und das ideale Bild der Gemeinschaft, verkörpert von den Heiligen. Zwei leibhaftige Phantasien, die weit über das hinausgehen, was in unserer Kultur eine Person ist.

In zwei Richtungen wird das Konzept der Person umgebaut: Mit den Heiligen wird es in die Höhe errichtet, mit Macht und Wundertätigkeit ausgestattet, ein absolut autonomes Wesen, das von den Beschränkungen des normalen Lebens entlastet, allerdings den Geboten und Anforderungen der Fangemeinde unterworfen ist. Diese selbst, als Schöpferin der Heiligen, will sich in ihnen wiedererkennen. Für ihre Mitglieder bedeutet die Verwirklichung der ersehnten Eigenschaften durch die Heiligen Erfüllung und Belohnung für die übernommenen moralischen Verpflichtungen. Fans leben in ihrer Sicht in einer Welt des Guten. Die Sollensanforderungen, die sie in ihrer Gemeinschaft erfüllen, sind gut. Die Heiligen sind nicht nur gut aufgrund ihrer Tugenden; sie besitzen eine noch höhere Eigenschaft, die man – mit Blick auf Durkheim – erkennt: Zwar ist die Gemeinschaft Schöpferin der Heiligen, aber sie hat durch ihre Schöpfung, die nichts anderes ist als eine Objektivierung ihrer selbst in Gestalt der Heiligen, ihre eigene Macht an diese abgetreten, und zwar genau jene Macht, das Gute hervorzubringen. Nachdem die Gemeinde sich ihre Objekte der Anbetung geschaffen hat, besitzen *in ihren Augen* die Heiligen die Macht, das Gute hervorzubringen. Sie sind es, die Handlungen, Eigenschaften und Personen gut machen. Was sie berühren, wird gut. Sie haben gottähnliche Fähigkeiten erhalten.

Nach dem Triumph Schumachers in Monte Carlo wurde von seinen Fans das Plakat hochgehalten: »Blick auf zum Himmel – nur er ist stärker als du«. Durch den Sieg des Heiligen ist die Welt besser geworden. Auch die Fans werden geheiligt; sie werden ergriffen, sie haben sich durch große Leistungen der Ausdauer, des Ertragens von Strapazen bewährt. Auf alle erdenkliche Arten sucht die Gemeinde die Nähe zu ihrem Heiligen: durch Autographen, Fanpost, Anfassen, Nachahmungen, durch das Tragen »seines Trikots« mit seiner Rückennummer und seinem Namen. In der Welt der Fans herrscht der intensive Wunsch, die Heiligen mögen sie gut machen. »Das Gute« ist strikt auf die Gemeinschaft der Fans bezogen; es hat nicht das geringste mit dem Guten im ethischen Sinn zu tun. Im Gegenteil steht es oft genug im diametralen Gegensatz zum ethisch gebotenen Verhalten. Auch die Welt der Fans kennt das Böse; es tobt sich im Raum des Profanen aus, ist direkt gegen die Gemeinde, gegen ihre Sehnsucht nach dem Guten gerichtet: Wie Kirchenräuber treten die Hooligans auf; ihre Wirkungen erzwingen sie dadurch, daß sie gewaltsam in das Spiel, von unten, eindringen. Mit ihren wüsten Akten machen sie auf die Gewalttätigkeit des Sports aufmerksam und überbieten diese in einer Medienshow, die nur ein Ziel hat, den Sport insgesamt böse zu machen. Man versteht ihre Aktionen erst dann, wenn man sie als Gegenbewegung gegen die Heiligen des Sports sieht: als eine wütende Attacke gegen die Haltung der Verehrung und gegen den Wunsch, im Sport das Gute zu suchen. Ihre Botschaft lautet: »Der Sport ist böse, er ist Krieg, er ist Verachtung und Entwürdigung!«

Im Unterschied zur Ethik der Gesellschaft wird die Sondermoral von der Fangemeinschaft als selbst gegeben erlebt. Kein Wunder, daß sie auf Jugendliche wirkt, die empfänglich für hohe Ansprüche sind unter der Bedingung, daß sie sie selbst gesucht und akzeptiert haben. Dieselben Jugendlichen kehren den explizit erhobenen Geboten von Pfarrern und Lehrern den Rücken zu. Als Vertreter der Erwachsenenwelt haben diese nichts als die traditionellen Gemeinschaftsformen anzubieten, bei denen der normative Rahmen unverrückbar feststeht; sie werden heute zunehmend als von außen gesetzte Forderung empfunden. Aus dem Sport und der Popkultur beziehen Jugendliche Erlebnisse von freiwillig übernommenen Verpflichtungen, auch wenn diese noch so veräußerlicht und lächerlich wirken. Es ist nicht der Erfahrungshunger nach einer jahrmarktähnlichen »Erlebnisgesellschaft«, den man bei ihnen beobachten kann. Vielmehr lassen sie die Suche nach einer Idealvorstellung erkennen, die sie für die Verständigung über sich selbst und ihre Gesellschaft brauchen, aber in keinem der von Erwachsenen organisierten und kontrollierten öffentlichen Bereiche vorfinden. Tatsächlich können der Sport und die Popkultur nur eine kurze Lebensspanne lang für eine Antwort in Frage kommen. Sie formulieren keine langfristig wirksamen Idealvorstellungen, sondern stimulieren Jugendliche bei einer aktionistischen, von Ereignis zu Ereignis voranjagenden Suche nach immer wieder neuen Erlebnissen. In dieser Sicht ist es nicht allein in finanziellen Interessen begründet, daß die internationalen Fußballverbände die Menge der Spitzenereignisse dichter und dichter machen wollen, bis endlich kein Jahr mehr ohne Weltmeisterschaft und kein Tag in der Woche ohne irgendwelche wichtigen Spiele vergeht. Die Warnung vor einer drohenden Übersättigung geht an der Sache vorbei; Fußball ruft kein Völlegefühl hervor, sondern erzeugt ein Verlangen nach immer neuen Erlebnissen von Gemeinschaft – er tendiert zu einer Pilgerfahrt in Permanenz.

Im Vergleich zu traditionellen Institutionen sind solche Gemeinschaften auf eine Beteiligung ihrer Mitglieder hin angelegt. Was die Gemeinschaft ist, was sie sein *soll*, entscheidet sich im gemeinsamen Handeln; es ist nicht von vornherein definiert, es ist ständig im Fluß. Es kann variiert, erneuert, sogar grundlegend verändert werden – darin liegt eine hohe Attraktivität für die jüngeren Generationen. Mit Enttäuschung sehen die Älteren, wie wenig das Politische, von den Kirchen ganz zu schweigen, von den Jüngeren als eine Quelle von Idealvorstellungen über die Gesellschaft und die eigene Person angenommen wird. Nicht mehr die Bürgerinitiativen, die Friedensbewegung, die Jusos, die Stadtteilaktionen, erst recht nicht die ökumenischen Gottesdienste und Kirchentage oder das Deutsche Turnfest bilden für die nachwachsende Generation die großen Ereignisse für idealisierende Vergemeinschaftungen. Man muß diese heute an anderen Orten aufspüren, insbesondere an jenen wechselnden, flüchtigen *spots*, an denen Bewegungen, körperliche Aufführungen, Sport und Musik eine Symbiose eingehen. Dieses Zusammenspiel ist so wichtig geworden, daß sie nicht mehr nur als Zutaten, sondern als das Ferment des ganzen religiösen Lebens in der Popkultur anzusehen sind.[6] Gewiß sind die Fußballfans ein Zerrspiegel; aber dieser zeigt die Umrisse von sozialen Gebilden, die Erfahrungen von Selbst und Gemeinschaft möglich machen. Man findet sie in den Stadien, Skatinghallen, Streetballplätzen, bei Reggaekonzerten, auf dem Dancefloor, in Offplattenläden, Surfshops und Clubs. Verstreut über die Stadt gibt es an vielen Orten lokale Energiepunkte, überall dort, wo es zur Bildung von Gemeinden und Heiligem kommt und sich das Körperliche mit inneren Bewegungen paart, wo das Konkrete von Symbolischem überlagert wird und neue Verständigungsformen entstehen.

VI

An einer Tankstelle bei Madrid fand ich im letzten Sommer eine Musikcassette mit Songs von John Lennon. Die meisten Titel kannte ich, aber nicht diese Zusammenstellung (»Lennon Legend«). Als ich auf dem Weg zum Wallfahrtsort Guadalupe gegen Abend durch die Berglandschaft der Estremadura fuhr, legte ich die Kassette ein. Bei den ersten Tönen war, noch bevor ich den Titel nennen konnte, sofort ein altes vertrautes Gefühl da. »Imagine«, natürlich; ich reagierte unmittelbar auf die Musik. Ich war nicht mehr allein, und ich antwortete nicht als einzelner. Auch früher, wenn ich das Stück allein hörte, hatte ich immer das Gefühl, daß andere anwesend waren; das kam mir nie mysteriös oder schwülstig vor, sondern es war eher der Eindruck, die Gewißheit sogar, die von dem Sound ausgedrückte Stimmung mit anderen zu teilen. Aus dem Abstand würde ich heute sagen, »Imagine« war ein wunderbar sentimentales Glaubensbekenntnis zu einer besseren Gesellschaft, das den Optimismus der Rockgeneration ein letztes Mal (1971) zusammenfaßte. Eine solche von Musik hervorgerufene Präsenz anderer und das Gefühl, zu einem größeren Ganzen zu gehören, konnte einem vorher auch bei Bob Dylans Songs der sechziger Jahre und der Rockmusik gegen den Vietnamkrieg passieren; es war *unsere* Musik, wir waren gegen den Krieg, auf jeden Fall für eine andere Welt, eine bessere natürlich.

Jedes Konzert, jedes Abspielen der wichtigen Songs damals brachte Idealvorstellungen in die Gegenwart, als würde ein Versprechen immer wieder erneuert. Niemals stellte sich dabei ein kollektives Wir her – jeder blieb bei seinem Ich, in seiner Person. Vielmehr führte die Hinwendung zu den Vorstellungen und den Gefühlen, die sie auslösten, zu einem gesteigerten Individualismus, aber die Individuen blieben in einem größeren Ganzen aufgehoben, in einer Hülle, die viele solcher Ichs umschloß. Bei der Suche nach einer Beschreibung für diesen Zustand stoße ich immer wieder auf die Vor-

---

[6] Dieser Gedanke liegt der Arbeit von Robert Schmidt »Pop – Sport – Kultur« zugrunde (unveröffentlichtes Manuskript, Graduiertenkolleg »Körperinszenierungen«, FU Berlin 1999).

stellung einer *imaginären* Gemeinschaft. Es gibt in diesem Fall eine emotionale Verbundenheit mit Menschen, die man gar nicht kennt, die aber zu derselben Gemeinde gehören, die in Raum und Zeit nicht lokalisierbar ist. Zusammengehalten werden alle potentiellen Mitglieder, über das Emotionale hinaus, von gemeinsamen Wertvorstellungen, ausgedrückt in Musik und Texten, auch von Gegnerschaften und schließlich von der Anerkennung bestimmter Sollensforderungen. Sie alle befinden sich innerhalb meines Raums und könnten mit mir eine Gemeinschaft bilden. Ihnen hätte ich meine Bücher und Platten geliehen; mit ihnen hätte man gemeinsame Aktionen unternehmen und eine Wohngemeinschaft bilden können. In dieser imaginären Gemeinschaft fühlt sich jeder gut; jeder einzelne fühlt sich beim Hören der alten Rocksongs besser: besser durch die Vorstellung einer besseren Welt. Woher kommt diese Vorstellung, daß »man besser geworden ist«? Früher haben die Väter, dann die Lehrer gesagt: »Du mußt dich bessern«. Ihnen haben wir das nicht abgenommen, aber geglaubt haben wir es trotzdem.

Wie Gemeinschaften funktionieren, kann man in Guadalupe leicht begreifen. Im Innern des Heiligtums der Hispanidad ist die Schwarze Madonna aufgestellt. Columbus ist zu ihr gepilgert, nachdem sie ihn aus Seenot errettet hat; nicht anders der spanische König, als er nach Francos Tod in sein Amt eingesetzt wurde. Das Bild der Madonna wird in den Fanshops um die Kathedrale herum verkauft; die Devotionalien sind eher noch unsäglicher als jene von Fußballvereinen. Sie selbst steht unnahbar, nur den Blicken erreichbar, oberhalb des Altars, mit kostbaren Stoffen, Gold und Edelsteinen über und über bedeckt, ein Prunkleib, ein spanischer Traum, geträumt in einer Zeit der frenetischen Bereicherung und katholischen Herrschaft über die Gefühle und Triebe, ein Bild der beherrschten Unersättlichkeit. Mit ausdruckslosem Blick, niemanden ansehend, von allen angesehen, steht sie bewegungslos in der Höhe. Mit einem Schlag ist sie fort. Auf den Knopfdruck eines Priesters ist sie umgedreht worden, hineingeschwenkt in ein inneres Gemach des Klosters, in dessen Intimität die privilegierten zahlenden Gäste einer Guidetour auf sie gewartet haben, um ihr aus der Nähe gegenüberzutreten. Ungeachtet ihrer vorübergehenden physischen Abwesenheit beten und singen die Pilger unablässig weiter; die Madonna wirkt, ob sichtbar oder gewendet.

Der religiösen Erhöhung tut die schäbige kommerzielle Umgebung keinen Abbruch. In den umliegenden Bars und Restaurants herrscht Hochstimmung, die Weingläser klirren, bei Tische werden die körperlichen Anstrengungen der Wallfahrt als Lizenz für deftige Tafelfreuden interpretiert. Ein kurioser Chiasmus hat sich ergeben: Während der Sport sich immer mehr religiöse Züge gibt, wird das Wallfahrten immer sportlicher. Beim tausendsten Jubiläum des heiligen Jakob von Compostela sah man Pilger zu Rad und als Power-Walker, ständig auf die Uhr sehend, offenbar in Rekordjagd auf dem Weg zum Heiligen. Ich fuhr damals in die entgegengesetzte Richtung; mir kamen Scharen von Pilgern entgegen, die jedem Citymarathon Ehre gemacht hätten. Selbst die Wallfahrer nach Altötting, eher etwas betagte Gläubige, sind neuerdings einer »kleinen körperlichen Anstrengung« nicht abgeneigt. »Fromme Weltkinder reißen sich zusammen und werden sportlich, d.h.: strapazierfähige Männer und Frauen suchen geheiligte Stätten auf.« (*FAZ*, 25. Mai 1999) Die Hostie ist wichtig und die Brotzeit auch, desgleichen die Innerlichkeit und das Gemeinschaftserlebnis.

Im Stadion von Nou Camp, das ich am Tage zuvor besichtigt hatte, befindet sich eine *Hall of fame* des FC Barcelona; dort hatte ich einen ganz ähnlichen Eindruck wie im Heiligtum der Schwarzen Madonna. Ergriffenheit herrschte bei den Wallfahrern, ehrfürchtige Bewunderung vor den Europacups und anderen Trophäen vergangener Siege, Beweise der Macht des Vereins. In Form von Reliquien war ein Domschatz ausgestellt, bestehend aus originalen Bällen, Trikots, Schuhen aus unvergeßlichen Spielen. Beim Verlassen der dämmerigen Ausstellungsräume wirkten die Fans heiter und gelöst wie eine Gemeinde nach der Messe: Die Welt hatte sie wieder, sie hatten sich einer heiligen Pflicht unterzogen und wandelten wie verbesserte Menschen in die Stadt zurück. In Guadalupe wird mit dem Kult der Schwarzen Madonna die Hispanidad gefeiert, in Barcelona ist es der Kult Katalaniens. Alles, was zur höheren Glorie Katalaniens beizutragen vermag, wird in das Spektakel um die Fußballmannschaft integriert: Miró und Tàpies entwarfen die Plakate des Vereins, vor wichtigen Spielen singt Montserrat Caballé die Hymne Katalaniens, selbst der Papst ist Mitglied des FC Barcelona.[7]

VII

In den Gemeinschaften des Sports und der Popmusik ist den alten Kirchen eine junge, kräftige Konkurrenz entstanden. Was diese anzubieten hat, ist eine grundlegende Umgestaltung des Ichs, begleitet von einem intensiven Gefühl des Besser-Werdens. In den neuen Gemeinschaften hat sich das einzelne Ich einer Gemeinde zugewandt, ist nach eingehender Prüfung aufgenommen worden, erhält einen Platz innerhalb ihrer Organisation zugewiesen und wird Teil der von ihr gebildeten Über-Person. Mit seinen Handlungen erfüllt es bestimmte Sollensanforderungen und macht sich selbst wertvoll und gut, wobei es diese Effekte dem Wirken eines Heiligen zuschreibt. Statt eines Ichverlusts erfährt der einzelne im religiösen Leben seiner Gemeinschaft eine verstärkte Hinwendung zu seiner Person und deren Höherbewertung. Es kommt so zu einer intensiven Erfahrung von Individualisierung, die das genaue Gegenteil von Bindungslosigkeit ist, nämlich gerade eine Einbindung in die Gemeinschaft.

In diesem Prozeß werden die Bindungen, die das Ich vorher hatte, stark verändert: Vor dem Eintritt des einzelnen in die Gemeinschaft war es meist fest in die Familie und in die Schule eingebunden. Eltern und Lehrer sind traditionell die Instanzen, die die moralische Entwicklung von Jugendlichen zu

---

[7] Diese Informationen verdanke ich der Magisterarbeit von Fritjof Lühr »Die Bedeutung des Fußballs als Ausdruck regionaler Identitäten in Spanien« (Institut für Sportwissenschaft, FU Berlin 1997).

steuern versuchen. Aber mit zunehmendem Alter verlieren die traditionellen Erziehungsinstanzen ihren Einfluß auf die Jugendlichen, soweit sie überhaupt noch einen Anspruch darauf erheben. Eltern, Schule, politische Parteien, Sportvereine und Tanzschulen erreichen ihre Zielgruppe kaum noch mit ihren Moralvorstellungen. Was die Jugendlichen suchen, ist nicht jenes Gute, das die von Erwachsenen dominierten und organisierten Institutionen anbieten oder sogar vorschreiben. Deren Idealvorstellungen (falls vorhanden) und Sollensanforderungen werden von vielen Jugendlichen nicht mehr innerlich angenommen. Was nicht zu einer generellen Ablehnung aller von Erwachsenen offerierten Angebote führt; nach wie vor wollen Jugendliche elterliche Zuneigung, haben Interesse an bestimmten Schulfächern und Lust an sportlichen Wettkämpfen. Aber den Kern der von den Älteren erhobenen moralischen Anforderungen, den Imperativ »Verbessere deine Person!«, den sie in der Regel akzeptieren, verwirklichen sie lieber in ihren eigenen Gemeinschaften. Was mit diesen Forderungen verlangt wird, wann und wo sie zu erfüllen sind, wollen sie selbst bestimmen.

Nicht anders verhält es sich mit den familiären affektiven Beziehungen. Zugehörigkeit zu einer Familie ist nicht veränderbar; sie ist auferlegt: Ob man seine Eltern liebt oder nicht, ist keine freie Entscheidung. Ganz anders ist die *Family* als Vergemeinschaftungsform; hier werden die Beziehungen frei gewählt und selbst gestaltet. In der Popkultur wimmelt es geradezu von *Families*, es gibt sie im HipHop, im Reggae, in der Clubkultur, und natürlich gibt es auch *Fan-Families*. Alle positiven Merkmale der Institution Familie – intime Gefühlsbindungen, die Empfindung von Sicherheit, Vertraulichkeit und Nähe des täglichen Umgangs, Fürsorge füreinander –, alles dies wollen die Jugendlichen noch einmal haben, diesmal aber frei gewählt und selbst bestimmt.

Vermutlich ist eines der wichtigsten Merkmale religiöser Gemeinschaften, daß sie die biologische Verwandtschaft durch einen der Familie ähnlichen Verbund ersetzen; Louis Gernet hat dies in *Recherches sur le developpement de la pensée juridique et morale en Grèce* (1932) schon für die antiken griechischen Mysterien konstatiert. Über die Mithrakulte schreibt Emile Meyerson: An ihrem Modell lasse sich erkennen, welche Beiträge die Religionen für die Genese des Begriffs der Person leisten können. Als internationale Kulte richteten sie sich, anders als die nationalen Religionen, an *alle* Menschen, sie nahmen alle Menschen auf, die glauben wollten. Sie erzeugten Emotionen und modellierten Empfindungen. Für moralische Probleme stellten sie Lösungen bereit, ließen aber auch neue moralische Probleme entstehen. Sie richteten die Anstrengungen der Gläubigen auf ein ideales Ziel und stärkten auf diese Weise den Willen der einzelnen. »Der tägliche Kult flößte das Gefühl einer persönlichen Bedeutsamkeit ein, insbesondere bei den Unteren, die sich mit einem Schlag auf derselben Stufe wie die Oberen befanden, die sie sogar durch innere Anstrengungen überflügeln konnten. Schließlich und vor allen Dingen gaben diese Religionen, aufgrund der Hoffnung auf persönliche Unsterblichkeit und auf den Zugang zum Heiligen schon in diesem Leben, dem Begriff der Seele eine Fülle, eine Intensität und Dichte, die dem antiken römischen Heidentum unbekannt war.«[8] Meyersons Analyse der Mithrakulte läßt sich in vielen Punkten auf die Gemeinschaften in Sport und Popkultur übertragen: Auch sie sind international, im Prinzip egalitär, aber mit feinen Abstufungen, die nicht aus den üblichen sozialen Werten gebildet werden, sondern nach Kompetenz und Stil des Auftretens in der Gemeinschaft.

Ursprünglich bedeutet das Wort Mitra »Vertrag«; der indo-iranische Gott Mitra war eine Personifizierung des Vertrags. Der Vertrag ist ein Konzept, das man in diesem Zusammenhang nicht vermutet hätte. Aber gibt es nicht eine Art Vertrag, der bei Eintritt in eine Gemeinschaft wirksam wird, freilich ein Vertrag ganz anderen Inhalts als der Gesellschaftsvertrag? Mit diesem treten die einzelnen ihre Rechte an eine souveräne Institution, den Staat ab. Der Gemeinschaftsvertrag hingegen konstituiert die einzelnen als Teil der von der Gemeinde gebildeten Über-Person. Als ein solcher Bestandteil hat das neue Mitglied ein Recht auf die Profite, die der Gemeinschaft aus dem Wirken der Heiligen zukommen. Und es erhält das weitere Recht, sich an der Veränderung des religiösen Lebens zu beteiligen. Was die Gemeinschaft ist, was sie tut und was sie glaubt, steht nicht fest. Es gibt sie nicht außerhalb der Aktionen ihrer Mitglieder. Im Begriff des Vertrags ist auch enthalten, daß jeder Beteiligte im Prinzip weiß, daß das Heilige eine Fiktion ist und daß die gemeinsame Welt nur solange zusammengehalten wird, wie die Beteiligten ihre Anforderungen erfüllen. Ist es ein Trost und eine Hoffnung für die alte Kirche, daß die L'Oréal-Fahne, die an ihrem Turm hängt, für die Vorübergehenden, die sie heute noch begeistert grüßen, morgen vielleicht keine Bedeutung mehr haben wird?

---

8 Emile Meyerson, *Les fonctions psychologiques et les œuvres*. Paris: Albin Michel 1995 (zuerst 1948).

Katharina Rutschky

Kinderkult und Kinderopfer

Protoreligiöse Aspekte des Kinderbildes der Gegenwart

Die christliche Zeitrechnung setzt ihren Nullpunkt bei einem vergleichsweise trivialen Ereignis, der Geburt eines Kindes. Zugegeben, es ist ein besonderes Kind: Zwar hat es irdische Eltern, ist aber überirdischer Herkunft, ein göttliches Kind, ja, ein Gott. Von Anfang an wird es verfolgt, vorläufig aber gerettet, im Unterschied zu vielen anderen, die beim sogenannten Bethlehemitischen Kindermord von Herodes' Soldaten ermordet werden. Sie suchen das besondere, das göttliche Kind, können es aber nicht erkennen und töten deswegen sicherheitshalber alle. Diese unschuldig ermordeten Altersgenossen des göttlichen Kindes bilden von Anfang an eine eigentümliche Gloriole vor dem Jesuskind. Auf längere Sicht entgeht zwar auch dieses Kind nicht einem unschuldig erlittenen gewaltsamen Tod; die Konstellation ist nun aber eine andere. Jetzt wird der Sohn als Opfer dem göttlichen Vater dargebracht, ein Opfer, dessen Christen im Abendmahl nicht nur symbolisch gedenken. Die Lehre von der Transsubstantiation behauptet ja die Verwandlung von Wein in Blut, von Brot in Fleisch. Dieses wiederholte Menschenopfer ist aber, auch wenn es von einem Erwachsenen freiwillig erbracht wurde, letztlich ein Kinderopfer; denn es erinnert deutlich an ein anderes, auf das der Vater im letzten Augenblick verzichtet hat. Zerlegt in einen göttlichen und irdischen Vater, tritt in der Geschichte von Abraham und Isaak ein Widder an die Stelle des Sohns.

Anders als im Christentum sind seither im Judentum Menschen- und Kinderopfer unbekannt. Selbst der Umgang mit dem Blut und Fleisch von Tieren unterliegt einer Vielzahl ritueller Abwehrhandlungen. Wenn es einmal für den Zweck der Deutung unseres modernen und hochambivalenten Kinderkults erlaubt ist, alle vergeistigten Interpretationen des christlichen Opferdenkens beiseite zu lassen, dann erscheint das Christentum gegenüber dem Judentum ganz real wie eine Regression unter modernen Vorzeichen. Warum modern? Immer wieder ist seit dem ersten Kreuzzug im 11. Jahrhundert Juden und ganzen Judengemeinden nicht nur der Vorwurf gemacht worden, die Hostie, das Fleisch Jesu, zu schänden und zum Bluten gebracht zu haben - ohnehin galten die Juden ja vielfach als Christusmörder -, man warf ihnen auch vor, zur Osterzeit, in zeitlicher Nähe zum Passah, Christenkinder zu entführen und zu rituellen Zwecken zu schlachten. Wiewohl weltliche und kirchliche Autoritäten diese Ritualmordlegende wiederholt verwarfen, war sie Auslöser unzähliger Pogrome und hat sich bis in die jüngste Gegenwart erhalten. Die Behauptung des epidemischen sexuellen Mißbrauchs von Kindern spitzte sich in dem Verdacht zu, satanische Sekten, tätig in der Nachbarschaft oder in Kindertagesstätten, würden Kinder zu abscheulichen Ritualen mißbrauchen und Säuglinge opfern. Aus bekannten

Gründen stehen Juden und Judengemeinden als Täter zwar heute nicht mehr zur Verfügung entlastender und handlungsmotivierender Projektionen, das Schema hat sich aber wenig verändert. Es speist sich auch in einer säkularisierten Gesellschaft aus einer Tradition, die das Opfer in Fleisch und Blut gleichzeitig heiligt und perhorresziert.

Zum blutrünstigen Opferdenken, das im Kern um Kinder, ob klein oder groß, kreist, kommt ein zweites Moment. Die unvorstellbare Unschuld und damit Göttlichkeit des Kindes Jesus wird durch seine Asexualität bewiesen. Sie ist schon in den biblischen Texten angelegt, hat aber im Laufe der Jahrhunderte eine penible Ausarbeitung erfahren. Jesus ist schließlich das Urkind, das Kind sui generis, ohne Mutter und Vater, das erst heutigen Diskutanten um Kindeswohl und Kinderrechte klar vor Augen steht. Die sexuelle Beziehung zweier Menschen, von Vater und Mutter, ist im Falle Jesu schon so obsolet wie heutigen Familienrichtern manchmal, vielen Kinderschützern ganz generell, welche die Familie als überflüssig, wenn nicht als Kern des Übels definieren. Die christlichen Kirchen gelten zwar eher als konservativ, besonders die katholische imponiert seit langem als Reservat bürgerlicher Konventionen. Von ferne und von außen betrachtet, scheint es aber plausibler, gerade in den dogmatischen Reaktionen die Vorgeschichte der Gegenwart zu entdecken. Das Dogma von der unbefleckten Empfängnis (1854) Marias, ihre weitere sprichwörtlich gewordene Josephsehe mit Joseph, dem Nominalvater, dann ihre leibliche Himmelfahrt als Gottesmutter (1950) bekräftigen nicht nur die Singularität der Ereignisse und Personen im Heilsgeschehen – sie deuten vielmehr voraus auf Überzeugungen, die heute Common sense sind. Der Vater, von Anfang an eine schwache Besetzung, ist seit langem verschwunden. Für die Beseitigung der Mutter braucht es etwas länger: Die allmähliche Vergöttlichung Marias ist von ihrer Entmenschlichung nicht zu trennen.

Diese lange Entwicklung, hier nur als Schema reproduziert, macht auch die Schwierigkeiten plausibel, die bis heute die katholische Kirche mit der Anerkennung der Frau hat. Von der Heiligen Jungfrau und Gottesgebärerin konnten gerade keine Rückschlüsse auf die Körper irdischer Frauen gezogen werden, die weiter den Evasfluch zu tragen haben. Konsequent ist deshalb auch die Ablehnung der modernen Reproduktionsmedizin, die inzwischen ja sogar die »Jungfrauengeburt«, die Zeugung eines Kindes ohne sexuelle Handlungen seiner Eltern, tatsächlich möglich gemacht hat. Wie die Begründungen auch lauten mögen, Fernerstehenden fällt nur auf, daß mit jedem effektiven Eingriff in eine so lange tatsächlich geltende Schöpfungsordnung die Wunder, die die Geburt des göttlichen Kindes umgaben, mehr und mehr zum Alltag werden. Kinder werden heute, um nur ein Beispiel zu nennen, nicht bloß geplant, sondern faktisch verkündigt und erwartet wie das göttliche Kind, jedenfalls dann, wenn sie eine günstige Lebensprognose haben und die Hoffnungen, die in sie gesetzt werden, erfüllen sollen. Auch gegen den expliziten Willen von Institutionen, die sie einmal entwickelt haben, werden die alten Traditionen in neuen Formen fortgesetzt. Die Perinatalmedizin hat die Tendenz, die künftige Mutter zu entmächtigen und mit zahllosen Ge- und Verboten ganz in den Dienst des Kindes zu stellen. Die Neuerung, Väter an der Geburt teilnehmen zu lassen, wirkt sich ebenfalls in diese Richtung aus, zumal bei niedrigen Geburtenraten solche Erlebnisse im Leben des einzelnen kaum zweimal vorkommen. Es ist genau so, wie im Bild der Heiligen Familie vorgezeichnet, die ja, salopp gesagt, ein Kuckuckskind ins Nest bekam: Die Eltern haben Pflichten, die das göttliche Kind ihnen gegenüber nicht hat. Die biblisch überlieferte Kritik Marias an der Berufung ihres Sohnes hat denn auch die Theologen einige Interpretationsanstrengungen gekostet.

War das 20. Jahrhundert also das »Jahrhundert des Kindes«, wie es der erfolgreiche Titel eines heute selten gelesenen Buches der schwedischen Sozialreformerin Ellen Key weniger behauptet, sondern an seinem Anfang mit Verve gefordert und mit praktischen Ideen erfüllt hat? Eine oberflächliche Betrachtung legt eigentlich nahe, dieses Jahrhundert der Jugend und dem Jugendalter zuzusprechen. Die Entdeckung der Kindheit und des Kindes hat nämlich bereits im 18. und 19. Jahrhundert stattgefunden und ist auch in dieser Zeit organisatorisch und institutionell umgesetzt worden. Der Kindergarten, den ich Mitte der vierziger Jahre vorübergehend besuchte, sah so aus, wie Friedrich Fröbel ihn sich vorgestellt hatte – die Kreisspiele und papiernen Flechtaufgaben inklusive, welche Schwester Mathilde mit uns veranstaltete. Natürlich wäre das Jugendalter ohne die vorherige Ausarbeitung des Kindheitskonzepts der Aufklärer und Romantiker nicht möglich gewesen. Es war die immer extensivere Auslegung von Kinderschutz- und Bildungsideen, die das Jugendalter als eine zweite Entwicklungsstufe vor dem Erwachsenendasein plausibel gemacht hat. Demographische Entwicklungen, die schon die Kindheitsidee gefördert hatten, wurden von der politischen Entwicklung vom Obrigkeitsstaat zur Demokratie unterstützt. Die bürgerliche Jugend klagte gegenüber Schule und Familie einen Freiraum ein, den sie »jugendbewegt« gestalten wollte. Im Laufe des Jahrhunderts ist das Jugendalter immer weiter verlängert worden: Einesteils hat sich der Eintritt der Geschlechtsreife ins Kindesalter zurückverschoben, andererseits sind Heranwachsende immer länger in Schul- und Ausbildungsverhältnissen untergebracht.

Wie dem auch sei, das Phänomen ist ins allgemeine Bewußtsein gedrungen und hat zu der Behauptung geführt, wir frönten einem sehr problematischen Jugendkult. Genauer betrachtet, entpuppt sich der aber als ein Kult des rein äußerlichen jugendlichen Habitus: Gesundheit, Schönheit und physische Leistungskraft werden geschätzt, und Fitneß wird bis ins gesetzte Alter auch von jedem erwartet. Andere wesentliche Merkmale des jugendlichen Alters wie Leichtsinn, Radikalismus, Bereitschaft zum Heldentum und anderen Risiken werden dagegen keineswegs geschätzt und geben das ganze Jahrhundert hindurch Anlässe für Sorgen und Klagen, bei denen die Jugend nicht gut wegkommt. Zwischen Eduard Spranger vom Beginn des Jahrhunderts und Wilhelm Heitmeyer am Ende reißt die Kette derer nicht ab, die hochgradige Selbst- und Fremdgefährdung diagnostizieren, so daß man statt von Jugendkult richtiger von einem latenten Jugendhaß ausgehen muß.

Deutliche Spuren eines Jugendkults finden sich dagegen in der Literatur, im Sport und seit einigen Jahrzehnten auch in der Popmusik – ohne daß daraus irgendwelche Veränderungen in der Wahrnehmung und Interpretation der Jugend gefolgt wären. Hier gibt es Helden und Halbgötter jeder Art und ein Publikum, das sich in ihnen ehrt und begeistert, auch wenn der Devise »live fast, die young« nur die wenigsten folgen. Nicht von ungefähr erinnert sie an das griechische Sprichwort von den Göttern, die früh zu sich nehmen, wen sie lieben. Kurz gesagt liegt die Jugendforschung so darnieder, weil Jugend ein heidnisches, antikes Konzept ist. In einer bis heute wirksamen Tradition, die das unschuldige Opfer als Helden favorisiert, findet es keine Anknüpfungspunkte.

Die wenigsten Anhänger des heutigen Kinderkultes sind gläubige Christen oder auch nur Kirchgänger aus Konvention. Vielmehr handelt es sich um Pädagogen, Psychologen, Kinderschützer, Sozialpolitiker und andere Menschen mit guten Absichten. Will man den Kinderkult analysieren, darf man sich natürlich nicht von den offenbaren Wahrheiten einschüchtern lassen, von denen er zehrt. Wollen wir annehmen, daß neben Narren und Betrunkenen Kinder einen privilegierten Zugang zur moralischen Wahrheit haben? Müssen wir glauben, daß, wenn Menschen hungern, Kinder mehr hungern, wenn Menschen sterben, Kinder mehr sterben? Zweierlei gilt es zu beweisen und anschaulich zu illustrieren: Mit welchen Ritualen, sprich medialen Inszenierungen wird heute der Kinderkult zelebriert und plausibel gemacht, und warum sollte uns diese Entwicklung ebenso beunruhigen wie der religiöse Fundamentalismus in anderen Weltgegenden?

In einer liberalen und pluralistischen Gesellschaft wie der unserigen liefert der Kinderkult den moralischen Kitt, zu dem alle Fraktionen und Denominationen einen Beitrag leisten können. Nur am Rande sei vermerkt, daß Rechtsstaat und Grundrechte keineswegs nur vom Großen Lauschangriff gefährdet werden, mit dem der sogenannten organisierten Kriminalität begegnet werden soll. Gerade im Zusammenhang mit der Verfolgung von Sexualverbrechen, verübt an Kindern, ist es zu problematischen Gesetzes- und Verfahrensänderungen gekommen. Die Strafbarkeit des Besitzes von kinderpornographischem Text- und Bildmaterial erlaubt es, die Phantasie vor Gericht zu ziehen, was offenbar nur deshalb nicht weiter stört, weil es um Belange des Kinderschutzes geht.

Einigermaßen bezeichnend ist es auch, daß der Opferschutzgedanke im Strafverfahren zum erstenmal in einem Prozeß praktiziert wurde, bei dem die vielen Kinder eben nicht von Eltern und Verwandten sexuell mißbraucht und traumatisiert worden waren. Nicht vor den späteren Angeklagten hätte man sie rechtzeitig schützen müssen, sondern vor einem enragierten Kinderschutzklüngel mit besten Beziehungen zum zuständigen Ministerium und einer Staatsanwaltschaft, die auch von allen professionellen Geistern verlassen worden war. Wollte man das Worms-Mainzer Verfahren, das mit Freisprüchen für alle Angeklagten endete, mit einem Ritualmordprozeß vergleichen, dann fiele einem natürlich sofort auf, daß es in diesem Verfahren, von einer Großmutter abgesehen, die in der Untersuchungshaft ihren Kreislaufproblemen erlag, keine Toten gegeben hat. Andererseits kennen wir die Todesstrafe ohnehin nicht mehr – vielleicht ist der soziopsychische Kahlschlag unter den fälschlich angeklagten und ihrer Kinder beraubten Personen aber doch ein ungefähres und in die Zeit passendes Äquivalent. Tragödien von griechischem Format – man denke an Jason und Medea – folgen längst aus modernen Vorstellungen über Partnerschaft und realen Gegebenheiten des Scheidungs- und Familienrechts.

Mag nüchtern betrachtet der Jugend das 20. Jahrhundert gehören, weil sie es als historische Innovation bereichert hat, so bleibt die Kindheit, weil sie an eine Tradition anknüpfen, sie variieren und modernisieren kann, sehr viel wirkungsmächtiger. Ja, die Erfindung der Psychoanalyse und die Popularität der Psychotherapie haben dieses Jahrhundert zu dem des Kindes gemacht, aber nicht zu dem, das Ellen Key vorschwebte. Sie dachte an wirkliche Kinder und ihre Eltern, während die therapeutische Seelenforschung in der Retrospektive das Kind zutage förderte, das der Patient einmal gewesen war und an dem er in Teilen noch immer litt. Hat die Psychoanalyse auch die Empathie für wirkliche Kinder gefördert, so sind die komplizierten Wechselverhältnisse von Innen und Außen, die sie im Auge hat, in der volkstümlichen Fassung schnell unter den Tisch gefallen. Eine Art Realismus des Unglücks trat an die Stelle, wofür die Bücher von Alice Miller als Beispiel gelten mögen. Vordergründig laden sie das therapeutische Kind im Leser zu Mitleid und Selbstmitleid ein, und es kommt zu einer paradoxen Verklärung des Kindes gerade in seiner Hilflosigkeit und Gottverlassenheit. Es sind die Affektkonstellationen des Schauerromans, mit dem Kind in der Rolle der einfallsreich verfolgten Unschuld, die mit dieser scheinbar realistischen Kindheitserzählung bedient werden.

Der Unschuld des Kindes, das zu seinem Schutz auf eine Heilige Familie angewiesen ist, gesellt sich im heutigen Kinderkult sein Privileg auf Wahrheit und Menschlichkeit bei. Wer erinnert sich da nicht an seinen Kindergottesdienst, wo er gelernt hat, wie der zwölfjährige Jesus die Schriftgelehrten durch Weisheit und Wissen beschämte? Gehört hat man auch vom erwachsenen Jesus, der zum Erstaunen der Leute auch die Kindlein vor sich lassen wollte, weil zum Hören der Botschaft kindliches Vertrauen besser disponierte als erwachsene Skepsis. Wir kommunizieren nicht mehr in der Sprache und den Geschichten der Bibel, aber der christliche Gehalt wird weiter transportiert. An die Stelle der Zehn Gebote sind die Menschen- und Kinderrechte, vielleicht bald die Tier- und Umweltrechte getreten. Und man denke an das Kinderfest beim Bundeskanzler und allgemein die Sitte, großen Chefs Kinder mit und ohne Blumen zu präsentieren.

Kürzlich qualifizierte sich eine blinde Sängerin für den Grand Prix Eurovision mit dem Liedtitel »Hört den Kindern einfach zu«. Das klang vor Jahren bei Herbert Grönemeyer ziemlich militärisch, meinte aber dasselbe: »Gebt den Kindern das Kommando«. Als Kinderkitsch im Unterhaltungsgewerbe der seichten Sorte läßt sich so ein Votum nicht abtun, denn es wiederholt sich auf den höheren Etagen des Kulturlebens und wird auch anderswo von den Leitstellen der Gesellschaft, befassen sie sich nun mit Politik, Rechtsprechung oder Information, fleißig abgegeben. Deshalb muß man sich wohl entschließen, alle diese Verlautbarungen über den privilegierten, direkten Zugang des Kindes zu Recht und Wahrheit und Menschlichkeit als Äußerung eines kollektiven, unhinterfragten Glaubens zu verstehen.

Für eine der millenaristischen Stimmung Rechnung tragende Serie des *Zeit-Magazins* mit dem Titel *Mein Foto des Jahrhunderts* wählte die Schauspielerin Katja Riemann ein Foto von Hilmar Pabel aus. Es stammt aus dem Jahr 1964, wurde in Vietnam gemacht und zeigt eine Szene im Krankenhaus. Ein amerikanischer Colonel mittleren Alters hält die linke Hand eines Kindes, das, in weiße Laken gehüllt, neben ihm auf einem Bett liegt. Sein Blick scheint in eine unbestimmte Ferne zu schweifen. Den rechten Arm hat das Kind quer über die Brust gelegt. Man wird darüber informiert, daß es sich bei diesem Kind um das Opfer eines Bombenanschlags des Vietcong handelt. Das Kind ist ein dreizehn Jahre altes Mädchen mit dem Namen »Kleine Orchidee«, dem die Medizin nicht mehr helfen konnte. Mitgeteilt wird auch noch, daß Hilmar Pabel auf den Auslöser drückte, »wenige Sekunden« nachdem der Tod eingetreten war.

Den Gehalt von Riemanns Bildkommentar resümiert die Überschrift: »Die Szene am Totenbett symbolisiert die Absurdität des Krieges«. Es geht also nicht um einen bestimmten, ungerechten, vermeidbaren Krieg, sondern um den Krieg als solchen, und dieser, wiewohl gewöhnlich genug, stellt eine Absurdität dar, entzieht sich also dem Verstehen und jeder Analyse. »Kleine Orchidee, nein, sie schläft nicht«, assoziiert Riemann. »Es ist Krieg. Ein Krieg gegen die Schwachen, denn diese werden getötet. Was haben sie getan, daß man sie so haßt? Ein Krieg gegen Kinder, die Kriege zu keiner Zeit, an keinem Ort der Welt wollten, ungefragt blieben, mit Fragen auf den Lippen starben. Immer wieder. Immer noch. Immer fort.«

Riemanns zweiter erheblicher Einfall bezieht sich auf die kriegführenden Chefs. Waren in ritterlichen Zeiten die Könige selbst bereit, für »ihren eigenen Krieg« zu kämpfen und zu sterben, so verschanzen sich heutige »Könige« feige in Bunkern und lassen andere für sich sterben. Da liegt es dann drittens doch nahe, zur Stiftung des ewigen Friedens das aufzurufen, was alle Menschen verbindet, die Liebe zu den Kindern. Fast aussichtslos, gegen diese Litanei, zentriert um das unschuldige Kinderopfer im Krieg, Beobachtungen anzuführen, welche die Fähigkeit zu Haß und Gewalt auch und gerade bei Kindern zeigen. In der modernen, neureligiösen Auffassung seit Rousseau sind Kinder keine Menschen mehr, die an allen menschlichen Möglichkeiten auf ihre Art teilhaben, sondern moralisch gesprochen Übermenschen, die von der erwachsenen Umwelt peu à peu korrumpiert werden. Aufwallungen der öffentlichen Meinung über kindliche Übeltäter – darunter manchmal sogar Mörder – leben von einer eigentümlichen Naivität, ohne die es keine Religion gibt.

Daß die konkreten Kinder heute von solchen Projektionen nicht profitieren, sondern verkannt und belastet werden, läßt sich leicht beweisen. Fast noch schlimmer ist die Hysterie, von der gerade das politische Denken befallen ist, das sich explizit dem Fortschritt der Humanität verschrieben hat. Der maghrebinische Autor Tahar Ben Jelloun hat als Dialog mit seiner Tochter in einem Buch die Frage abgehandelt *Papa, was ist ein Fremder?*. Die Botschaft, die bei guten Menschen ohnehin, bei Kindern aus natürlichen Gründen weit offene Türen einrennt, lautet schlicht: Rassismus ist etwas für Dumme. Nicht genug damit, ließ man zum Beispiel in Berlin, in Stellvertretung des Vaters, eine junge Frau dessen Rolle lesen und ein echtes neunjähriges Kind die Rolle der Tochter. Die Moderation hatte der Chefredakteur einer Berliner Tageszeitung übernommen. Das Publikum war begeistert und applaudierte, weil es seine Meinungen im Maßstab eins zu eins beim Hören und Sehen wiedererkannte. So klar und einfach liegen die Verhältnisse beim Problem des Rassismus und anderen ebenso schwierigen Themen aber nur da, wo Kinder sich willig vorführen lassen – Kinder, die artig Fragen stellen, im Prinzip aber der menschheitlichen Aufklärung keinerlei Widerstand entgegensetzen; denn im Kind steckt ja neben anderen guten Gaben noch die Menschlichkeit, die wir oft eingebüßt haben. Von hier bis zur Verwechslung des universalistischen Charakters der Menschenrechte mit ihrer ganz selbstverständlichen Geltung allüberall ist es dann nicht weit. So wie das Gute dem Kind angeboren ist, nur das Böse gelernt wird, so soll eine Gesellschaft, welche die Menschenrechte respektiert und durchsetzt, als Normalfall betrachtet werden, nicht als prekäre Ausnahme, zu deren Erhalt bewußte Anstrengungen immer nötig bleiben.

Wie jeder Kult erzeugt auch der Kinderkult seine Parodisten und Blasphemiker. Als 1876 einige sechs- bis achtjährige Mädchen beim Beerenpflücken in das Industriedorf Marpingen zurückkehrten, berichteten sie den Erwachsenen von einer Erscheinung in Weiß, die sich bei weiteren Erscheinungen als die Jungfrau Maria zu erkennen gab. Pilger begannen zu strömen, Kirche und Obrigkeit befaßten sich mit der Angelegenheit; ein deutsches Lourdes schien manchen in den Bereich der Möglichkeit gerückt. Mit erschöpfender Ausführlichkeit hat der britische Historiker David Blackbourn in seinem Buch *Wenn ihr sie wieder seht, fragt wer sie sei* die Chronik der Ereignisse geliefert und sie in die verschiedenen Rahmen der Kirchen-, Sozial- und preußischen Herrschaftsgeschichte im Saarland gespannt. Für die Vorgeschichte des heutigen Kinderkults interessant sind die Hinweise Blackbourns auf den Wandel der katholischen Frömmigkeit seit Mitte des 19. Jahrhunderts. Politische Umwälzungen im großen Maßstab, Verunsicherung durch Wissenschaften, soziale Herausforderungen durch den Prozeß der Industrialisierung machten dem aufgeklärten Katholizismus den Garaus und führten zu einer Renaissance der einfachen Frömmigkeit – und das war mehr und mehr die Frömmigkeit von Frauen und Kindern. Marienerscheinungen haben zwar schon seit dem 15. Jahrhundert Laien, Frauen und Kinder – keine Kleriker – gehabt; aber erst im 19. Jahrhundert überwiegen die Kinder, meist weiblichen Geschlechts.

Bernadette Soubirous lieferte in Lourdes 1858 das Vorbild, dem hundertfach nachgeeifert wurde. Es ist auch banal genug: Einem einsamen, wegen komplizierter Familienverhältnisse emotional bedürftigen Kind erscheint die Mutter Gottes zum Trost. Banal ist auch, was die Mutter Gottes in der Vision sagt und zu tun befiehlt: Eine Kirche soll gebaut werden, eine heilkräftige Quelle den Gläubigen Heilung bringen. Wichtig ist die Erscheinung als solche, nicht das Wie und Warum. Das Marienbild, das den Kindern erscheint, ist klischiert nach den Bildern, die sie in der Kirche oder im Firmungsunterricht zu Gesicht bekommen haben. Natürlich waren auch in Marpingen Flugblätter über Lourdes verbreitet …

Man muß wohl die Marpingener Mädchen genauso wie die zahlreichen Nachfolger, die sie damals fanden, aber ebenso auch die heute bekennenden Opfer ausgesuchter Gemeinheiten im Kindesalter (an die Stelle der Erscheinung des Göttlichen ist die des Teuflischen getreten) der Spezies der Hochstapler zuordnen. Ein Hochstapler ist kein berechnender Krimineller, sondern ein Mensch mit gesteigerter narzißtischer Bedürftigkeit, der intelligent genug ist, sich soziale Lagen nutzbar zu machen. Ohne es zu beabsichtigen, gibt ein Hochstapler deshalb Auskunft über die Tagträume, denen große Gruppen der Gesellschaft sich haltlos überlassen. Ehedem frönte man dem Militär- und Adelsfimmel, es folgte in Zeiten der demokratischen Leistungsgesellschaft der Akademikerfimmel, dem neben älteren Damen auch die Bürokratie gern erlag. An die Stelle des Hauptmanns von Köpenick, eines falschen Preußenprinzen und einer falschen Überlebenden aus der Dynastie der Romanows mit Namen Anastasia und zahlloser falscher Ärzte sind heute Hochstapler mit anderer Tendenz getreten. Wenn sie sich nicht geradezu auf sexuellen Mißbrauch und andere Traumatisierungen berufen, die sie in der Kindheit erlitten haben, dann doch immer auf eine kindliche Vorvergangenheit, die jeden schaudern läßt, der davon erfährt.

Die falschen Erinnerungen eines Schweizer Heimkindes, das endlich von einem netten Ehepaar adoptiert wurde, nachdem die unverheiratete Mutter es abgestoßen hatte, haben die Feuilletonseiten des Jahres 1998 hinreichend aufgewühlt. Bruno Doessekker alias Binjamin Wilkomirski hatte begriffen (und das macht das Genie des Hochstaplers aus), daß eine traurige und exotisch traumatische Kindheit heute nicht mehr wie in den siebziger Jahren das sympathetische Echo auslöst, auf das es dem liebes- und geltungssüchtigen Traumtänzer ankommt. Damals traten Franz Innerhofer und viele andere mit Kindheitserzählungen primär aus armen, ländlichen Familien- und Schulhöllen auf. Von heute aus gesehen begleiteten diese Texte eben jene Schul- und Sozialpolitik der optimistischen Reformära, die ihnen ihre Plausibilität schließlich genommen hat.

Wenn dagegen heute von dringend nötigen Reformen gesprochen wird, dann geschieht das in einem Klima der Bedrohung und Angst. Aus einem Objekt der Fürsorge und Vorsorge, für das Erwachsene die Verantwortung tragen, wird das Kind zu einem mit allen in der Tradition aufgehäuften Attributen ausstaffierten Wesen, das doppeldeutig zwischen Retter und Opfer schillert. Bezeichnend für diese Ambivalenz sind zwei kurrente Überzeugungen. Bemängelt man gewisse Zahlenspiele, die Kinderlobbies in die Welt schicken, reagieren die Ertappten gern mit der Floskel: »Ein Kind ist schon ein Kind zuviel« (das sexuell mißbraucht, geschlagen oder verunfallt wird). Zum anderen werden Leiden und Qualen, insbesondere der gewaltsame Tod eines Kindes, nie als sinnlos, sondern im Gegenteil als hochbedeutsames Ereignis für die menschheitliche Sammlung und Erneuerung wahrgenommen. Auf der einen Seite werden viel schneller, als es sonst üblich ist, Gesetze geändert; auf der anderen gestalten sich die Beerdigungen kindlicher Opfer von sexuell motivierten Verbrechen zu wallfahrtsähnlichen Aufläufen. Erinnert sei in diesem Zusammenhang an den Versuch, den historisch begründeten Politfilz in Belgien mittels der Empörung über einen Psychopathen wegzuschaffen, der mehrere Mädchen entführt, in Kellerverliesen gefangengehalten und dort schwer mißhandelt hat. Daß es still geworden ist um den Fall Dutroux, ist vielleicht ein gutes Zeichen – könnte es doch bedeuten, daß Kripo und Justiz inzwischen unbehelligt von einer protoreligiösen Bürgerbewegung ihre Arbeit tun können.

Doch zurück zum Fall des Hochstaplers Wilkomirski. Er hat erfolgreich fingiert, teils in Form von Erinnerungen, teils in Form von Auftritten auf internationalen Kongressen und freudiger Entgegennahme von verschiedenen Preisen, er sei ein Kind, das Auschwitz überlebt hat. Ein angesehener Verlag hatte keine Lektoren, die beim Lesen des später so erfolgreichen Manuskripts ins Wundern gerieten. Der Verleger selbst las auf der Lesereise aus dem Buch, während der Autor Flöte blies ... Wie war das möglich? In den Feuilletondebatten wurde erörtert, ob es wohl statthaft sei, Erinnerungen an Auschwitz, der guten Sache wegen, auch zu erfinden. Oder, gaben andere zu bedenken, ob nicht die Qualität des Textes entscheidender sei als seine buchstäbliche Wahrheit. Von den Enthüllungen über seine Lebensgeschichte in die Enge getrieben, stellte Wilkomirski/Doessekker es seinen Lesern plötzlich frei, den Rahmen für ihre Lektüre selbst zu wählen: hier die Literatur, deren Imagination keine Grenzen gezogen ist – dort die Zeugenschaft des Holocaust, dessen buchstäbliche Wahrheit nicht rezipiert werden kann, weil es für ihn nur Raum in einer von sadomasochistischen Phantasmen bevölkerten Unterwelt gibt.

Vielleicht ist es so, daß mit dem Holocaust die literarische Imagination ihre Unschuld verloren hat, die so lange gegen eine Zensur zu verteidigen war, welche beharrlich Phantasien und Handlungen in eins setzte. Andererseits ist auch der Begriff der Wahrheit angeschlagen; denn es gibt ja nicht bloß die zwangskranken Leugner von Auschwitz. Viel beunruhigender sind jene, die freiwillig als Abschaum sich gerieren, und es ist der bekannte Nazismus mit allen seinen Konsequenzen, der ihnen die Folie für ihre Selbstdarstellung liefert.

Wie bei der Ritualmordlegende hat man auch in der Debatte um Wilkomirski übersehen, daß hier wie dort ein Kind die wesentliche Rolle spielt. Die Kritiklosigkeit vieler aufgeklärter Leute gegenüber diesem Hochstapler leitet sich von ihrer Unfähigkeit her, dem aktuellen Kinderkult ebenso zu widerstehen wie dem abgelebten Fimmel für Prinzen, Menschen in Uniform oder Ärztekitteln. Es war ein Leserbriefschreiber in der *Süddeutschen Zeitung*, der sich als Psychotherapeut zu erkennen gab, dem es vorbehalten war, die Wogen um Wilkomirski zu glätten mit folgender These: Wer Kinderhöllen irgendwelcher Art kenne, Höllen, die um uns herum stattfinden, aber verleugnet werden, könne die »grauenvollen Todesängste und Höllenqualen der Kinder von Auschwitz und Treblinka« sehr wohl nachfühlen und beschreiben. Ob Wilkomirski in Auschwitz war oder nicht – der Schreiber akzeptiert die Tatsache, daß er es nicht war –, spielt keine Rolle mehr; denn »ein Kind, das von der Mutter verstoßen, im Waisenhaus aufwuchs, kann sich da einfühlen«. Dabei ist von Mißhandlung im Waisenhaus und schon gar nicht in der wohlsituierten Familie, in die Wilkomirski bald überführt wurde, keine Rede, nirgends. Der Höhenflug eines erfolgreichen Hochstaplers hat zur negativen Voraussetzung zwar die Verwerfung durch die Eltern, zur positiven Voraussetzung aber auch die freundliche Pflege durch andere Menschen. Die Diskrepanz von enormer sozialer Kompetenz auf der einen und moralischer Verwahrlosung auf der anderen Seite, die der Hochstapler zeigt, läßt sich ziemlich leicht erklären. Viel schwerer ist es, einer Gesellschaft auf die Schliche zu kommen, die im Glauben an Ideale temporär verblödet – Ideale, welche der Hochstapler besser vertritt als jeder andere.

Wer die Visionen der Mädchen von Marpingen dubios fand (es waren innerhalb und außerhalb der Kirche nicht wenige), der hätte öffentlich auch alles anzweifeln müssen, was mit dem Namen Lourdes zusammenhing. Wenn in Marpingen nicht möglich war, was in Lourdes möglich gewesen war – dann war in Lourdes vielleicht auch nicht geschehen, was in Marpingen nicht geschehen war? Warum sollte sich die Mutter Gottes mit einsamen Hirtenmädchen und Kindern beim Beerenpflücken ein Stelldichein geben – mit viel interessierteren und leidenschaftlichen Verehrern aber keineswegs? Die Suspendierung der Kritik im Fall von Lourdes damals und im Fall von Wilkomirski heute sollte einen dazu animieren, sich nicht mit den letztlich schrecklich banalen Protagonisten zu befassen, sondern mit ihrer Umwelt. Die Frage lautet also schlicht, was wir davon haben, wenn wir gutgläubig einem Kind lauschen, das Auschwitz nicht nur überlebt, sondern quasi geheiligt verlassen hat. Wer Wilkomirskis Buch gelesen hat, wird Zeuge sadistischer Orgien, teuflischer Ereignisse, die der Marquis de Sade wohl imaginiert, aber erst die Nazis realisiert haben. Wilkomirskis genialer Einfall war es, die Kinderperspektive in dieses Szenario einzubeziehen, das er selbst aus Büchern und Filmen kannte. Das 18. Jahrhundert gehörte der verfolgten weiblichen Unschuld – das 19. dem sozialen Underdog und Outcast; das 20. gehört tatsächlich dem Kind.

Ein Kind, das Auschwitz überlebt hat (wie Wilkomirski/Doessekker es von sich behauptet oder imaginiert), erscheint dem anteilnehmenden Publikum einesteils als Opfer unvorstellbarer Verbrechen, zum anderen aber auch als Retter und Held. Es ist durch die Hölle gegangen und auf der anderen Seite menschlich unbeschädigt, ja eigentlich geheiligt wieder herausgekommen. Dieses Kind ist nicht, wie jener Sohn vor zweitausend Jahren, von den Toten auferstanden, sondern hat, in der Sprache der Psychologie, die für die

Seele im 20. Jahrhundert zuständig ist, seinen »Seelenmord« überlebt. Wilkomirski/Doessekker war auch so gewitzt, am Rande seiner Reise durch die frommen Phantasien seines Publikums eine Therapie zu nennen, die ihm das Auftauchen aus der Hölle erleichtert hat: Wie andere, die in den letzten Jahren populär geworden sind, verspricht auch er Heilung und Erlösung durch sprachliche Reinszenierung von Realereignissen, denen der Klient als unschuldiges, passives Kind zum Opfer gefallen ist. Die *folie à deux* zwischen Therapeut und Klient ist damit programmiert; denn als Traumen mit seelenmordender Konsequenz können natürlich nur die scheußlichsten und unwahrscheinlichsten Brutalitäten dienen. Ist dieses Setting ausgereizt und bleibt der Heilerfolg aus, folgt immer (therapeutisch schon oft eingeplant als Konfrontation mit dem Täter) der Schritt in die Öffentlichkeit, wo der Schauerroman der Kindheit schon durch das schiere mediale Echo eine zweite, aber ebenfalls prekäre Realität gewinnt.

Im vergangenen Jahr wurde in Düsseldorf ein Hochstapler verurteilt, der die klassische Methode seiner Zunft – Namens- und Titelusurpation – mit dem romantischen Element – Engagement für eine gute Sache – erfolgreich zu verbinden wußte. Dieser sogenannte Dr. Jung hatte 1994 eine Initiative mit dem Titel »Kinder sind tabu« gegründet und seither geleitet. Der Verein sah es als seine Aufgabe, den unbekannten Skandal des Kindesmißbrauchs öffentlich zu machen – 1994! Eigentlicher Anreger dieses Unternehmens war der damalige Außenminister Kinkel, der auch gleich die Schirmherrschaft übernahm. Andere Prominente wie die Tagesthemen-Moderatorin Sabine Christiansen und der Fernsehstar Max Schautzer wurden schnell hinzugewonnen. Als sachkundig auf dem Gebiet des Kinderschutzes war keiner der Beteiligten bisher aufgefallen, und ausnahmsweise folgte die Blamage ja auch auf dem Fuß. Nachgetragen hat man sie ihnen nicht. Christiansen ist heute als UNICEF-Botschafterin aktiv, und zu ihren Aufgaben gehört es, für ein hohes Spendenaufkommen zu sorgen. Die Frage lautet, ob Berlin das Traumergebnis von München aus dem Jahr 1997 wiederholen kann: Dort waren 4,5 Millionen gesammelt worden ...

Nur wenn man einen protoreligiösen Kinderkult als Realität zu sehen bereit ist, kann man erklären, warum die Blamage des Vereins »Kinder sind tabu« niemanden irritiert hat und München so exorbitante Summen an die UNICEF überweisen konnte. So wie schlechtes Personal und gelegentliche Irrtümer die ewigen Wahrheiten des Glaubens nicht erschüttern können, so entzieht sich ein Engagement im Zeichen des Kinderkults leicht jeder sachlichen Kritik. Weil es auf die Praxis kaum ankommt, das Gewicht auf der Missionierung liegt, entfällt jede Realitätsprüfung. Schließlich kann man dem Kinderbild nicht widersprechen, das nicht nur Kinkels Verein, sondern auch Ministerien in den vergangenen Jahren in Umlauf gebracht haben, schon weil Bilder anderen Regeln folgen. Nur eine große Kampagne warb fürs Kinderkriegen mit einem positiven Kinderbild: Kinder, so der Tenor, kommen billiger, als mancher denkt, und machen wirklich viel Freude ... Alle anderen popularisierten das Kind als Opfer und damit gleichzeitig als

Objekt der Rettung. Solche Vorzeigekinder können ernst, sogar sehr traurig aussehen – beschädigt sind sie nie. Auf den phantastischen Hintergrund von Verletzung und Grausamkeit bringt den Betrachter immer der Text. Die Obszönität solcher Konstellation erschließt sich wohl nur dem Ungläubigen, der Kindesmißhandlung für ein Problem professioneller Sozialarbeit und gegebenenfalls der Strafjustiz hält.

Längst hat der Kinderkult auch seine Bigotten, wie jede Religion. Man könnte zwar auch von Leuten sprechen, die dem Taumel der moralischen Eitelkeit erliegen – aber das wäre zu optimistisch gedacht. Die neue Bigotterie lebt von Platitüden, die allgemein akzeptiert, nun aber noch einmal als persönliches Bekenntnis, mutiges und selbstloses Engagement für die Schwächsten und Kleinsten öffentlich zelebriert werden – so, als habe vor Kinkels Verurteilung des Kindesmißbrauchs die Menschheit keine Ahnung von seinem verbrecherischen Gehalt gehabt.

Die Soziologie des Kinderkults erhellt sich mit dem Blick auf die Sammlungsergebnisse von München. Hier leben überdurchschnittlich viele gutverdienende Singles, die in Benefizveranstaltungen gehen und sich außerdem gern und ausführlich mit sich selbst, ihrer eigenen unglücklichen Kindheit und anderen Entwicklungsstörungen befassen. Kinderlieb zu sein, aber keine zu riskieren, ist ein Muster für moderne Menschen mit hohem Verantwortungsbewußtsein. Schon deshalb ist es falsch, unsere Gesellschaft mit dem Attribut »kinderfeindlich« zu belegen. Neben der schieren Ignoranz, die man als heilbare Kinderfremdheit abbuchen kann, imponiert sie vor allem mit einer Bereitschaft zur Hysterie. Man kann nicht wissen, was Kinkel sich dabei gedacht hat, seinen Verein »Kinder sind tabu« zu betiteln, aber sprechend ist er allemal. Tabu ist etwas, das sowohl heilig wie unheilig, anziehend und verführerisch wie abstoßend und verboten erscheint. Wenn Kinder tabu sind, wie Kinkel meint, dann hat man es mit einem Berührungsverbot zu tun, das doppeldeutig ist. Als unschuldig und schutzbedürftig werden Kinder im Kinderkult aus den Verwicklungen des Lebens ausgeklammert – andererseits scheinen sie gerade deshalb die Überschreitung zu provozieren.

Tatsächlich spiegelt die veröffentlichte Meinung diese Ambivalenz wider. Familienpolitiker machen im guten Glauben, für Kinder zu wirken, Rechnungen auf, in denen Kinder als nichts anderes denn als Schadensfall für die Eltern auftauchen. Kinder sind teuer und rentieren sich nicht für die Erzeuger, nur für die Gesellschaft im allgemeinen. Auf der anderen Seite sind Kinder, in die privat und öffentlich so viel investiert wird wie nie zuvor, Flops. »Jedes zweite Kind in Berlin ist krank«, kommentierte eine Tageszeitung die Ergebnisse des obligaten Schuleignungstests 1997. Eine Elternumfrage über das Kinderbenehmen wurde zu der Information hochgerechnet, daß 600 000 zwischen vier und achtzehn als ausgeprägt aggressiv, ja bösartig wahrgenommen werden. Das wären sechs Prozent aller Buben, drei Prozent der Mädchen. Brandschutzexperten wiesen darauf hin, daß jeder dritte Brand von Kindern unter vierzehn Jahren gelegt werde – mit beträchtlichen Personen- und Sachschäden, die in die Milliarden gingen. Andere Meldungen über Kinderfehler jeder erdenklichen Sorte heben mehr auf die passive Opferrolle ab und bringen damit stärker das Helfersystem ins Spiel. Ob als unverantwortlicher Täter oder gleich als Opfer, vom Idealzustand bleibt das Kind allen Bemühungen zum Trotz aber immer gleich weit entfernt. Wie hat man sich den zu denken? Deutet man das Berührungsverbot im Namen des Kinkelschen Vereins mit Seitenblicken auf die Ethnologie, dann folgt daraus, daß die ängstliche Vermeidung sich auf die krudesten Phantasien der Überschreitung beruft. Der Kinderschützer starrt auf das Bild des mißhandelten Kindes.

Seit langem werden Kinder nicht mehr erzogen, sondern gebildet, aufgeklärt und in ihrer sozialen und geistigen Entfaltung gestützt und gefördert. Da fragt man sich, wo die Gewalt geblieben ist, die das Generationenverhältnis so lange auch bestimmt hat. Heute sind die Anforderungen an Erzieher aller Art enorm gestiegen, und für Mißerfolge gibt es längst keine Entschuldigungen mehr – wohin also mit den Frustrationen? Der Kinderkult zehrt auch davon, daß er imstande ist, die Gewalttätigkeit in der direkten Aktion, auf die zivilisierte Menschen verzichtet haben, in Phantasien und Projektionen zu binden. Man läßt es sich doch gern gesagt sein, daß Deutschland das kinderfeindlichste Land Europas ist! Während die Kindheit als gewaltfreie Zone konzipiert wird, muß man die Eltern als Gewalttäter denunzieren können. In einer fast endlosen Debatte taten Kinderpolitiker so, als ob die körperliche Mißhandlung von Kindern unter dem Namen »Züchtigungsrecht« zu den gefährlichen Privilegien von Leuten gehört, die bloß die Biologie auf ihrer Seite haben.

Anderswo alarmiert man die Öffentlichkeit damit, daß Sekten 200000 Kinder im Griff haben. Es geht wohlgemerkt nicht darum, daß hier Jugendliche, deren Selbstbestimmungsrecht man zu respektieren gelernt hat, von Sekten angeworben werden – nein, bei den 200000 handelt es sich um sorgsam Betreute, deren Eltern keine Kosten und Mühen scheuen, um sie entsprechend ihren eigenen Ideen und Idealen zu erziehen – notfalls im Ausland. Kinderschützer machen daraus, solche Eltern würden das Recht der Kinder auf natürliche Entfaltung völlig mißachten, sie von klein auf in Ideologien zwingen, die sie unserer demokratischen Gesellschaft völlig entfremden. Sei dem, wie ihm sei, im Zusammenhang mit dem Thema des Kinderkults in der christlichen Tradition ist der Entschluß bemerkenswert, das Band zwischen Eltern und Kindern zu zerschneiden und den Kindern, wie Wesen, die vom Himmel gefallen sind, ganz eigene Rechte zuzugestehen und ihre Verflechtung mit der Erzeugergeneration als irrelevant, tendenziell eher schädlich anzusehen. Geht Gewalt gegen Kinder in der überwiegenden Zahl der Fälle nicht von Personen im sozialen Nahraum aus? Müßig, dagegen die kultivierende und inspirierende Kraft intimer Beziehungen aufzurufen, die keine noch so gut alimentierte öffentliche Erziehung erwecken kann. Jede vernünftige Argumentation blamiert sich vor dem nächsten Bild, das ein geschändetes Kind zeigt.

Die psychohistorische Lesart des Ritualmords behauptet, daß Eltern, die bei Unglücksfällen ihrer Kinder Juden verdächtigten, damit auf verdrehte

Art ihrer Verantwortung gegenüber dem Nachwuchs gerecht wurden. Erst wenn ein Kind in den Brunnen gefallen war (das ist öfter wörtlich zu nehmen), seien sie sich ihres Schmerzes, aber auch ihrer vernachlässigten Verantwortung bewußt geworden. Die sozial und kirchlich vorbereitete Projektion der Schuld auf die Juden entlastete die Eltern, die tatsächlich ihre Kinder links liegen gelassen hatten, obwohl sie es schon besser wußten. Die Abwehr von Schuld, vor allem aber die Benennung von Schuldigen und Ursachen stellt eine primitive Form der Rationalität dar.

Die heutige Szenerie schickt sich der psychohistorischen Deutung nicht und wird plausibler, wenn man direkt auf Freud zurückgreift. Zum wiederholtenmal beschäftigen »Quietscheentchen« wegen ihres Anteils an möglicherweise krebserzeugenden Stoffen die Parlamente. Viele Tausende von Substanzen müssen in nächster Zukunft noch geprüft werden - wegen ihres krebserzeugenden Potentials speziell bei Kindern. Dahinter steht eine zwanghafte Sicherungsstrategie, neben der sich die Lust an der Gemeinheit und Destruktion immer bestens entwickelt. Freud hat behauptet, daß das moderne Schuldgefühl nicht auf reale Verfehlungen zurückzuführen ist. Es sei vielmehr ein Resultat unterlassener Sünden, die als gefürchtete, nicht begangene Taten zum moralischen Amoklauf animierten. Es scheint, als habe der Kinderkult hinter seiner sozialen Fassade es auf Antworten auf die Frage abgesehen, ob Kinder Heilige oder ganz normale Menschen sind. Man tendiert zum Heiligen und setzt es lieber der Schändung als der banalen Hilfe aus.

Sigrun Anselm

Religion und Religionen in New York

Wahrscheinlich hat keine Stadt dieser Erde eine größere und buntere Vielfalt an Religionen aufzuweisen als New York. Und es werden von Jahr zu Jahr mehr, Abspaltungen der etablierten Konfessionen ebenso wie Importe aus den letzten Winkeln der Welt. Die Vereinigten Staaten von Amerika sind das Geschöpf von Einwanderern, und bis heute wurde die Attraktion dieses Landes für Einwanderer aus aller Welt von keinem anderen Land übertroffen. Je nach Jahrhundert, ja selbst nach Jahrzehnt kommen die großen Einwanderungsströme aus immer anderen Teilen der Welt und siedeln in unterschiedlichen Teilen des Landes. Die meisten der Einwanderer aus Ostasien, die in den letzten zwanzig Jahren ihre Heimatländer verlassen haben, bleiben in den Großstädten der Westküste, während die Mexikaner schon aus historischen Gründen besonders den Süden Kaliforniens vorziehen. Einzig New York, so sieht es aus, zieht Menschen jedweder Herkunft an, und sie alle bringen ihre Religion mit.

In jedem deutschen Schulbuch zur Geschichte der Vereinigten Staaten kann man lesen, daß die ersten Siedler und die späteren Gründer des Staates Flüchtlinge waren, die in Neu-England jenseits des Atlantik ihre Vorstellungen von freier Religionsausübung verwirklichen wollten. Daß die religiös motivierte Gründung bis heute der amerikanischen Gesellschaft ihren Stempel aufdrückt, ist schon keiner Erwähnung mehr wert. Wir stellen uns die Vereinigten Staaten als den großen Schmelztiegel vor, in dem Ethnien und Nationalitäten sich auflösen, mischen und verwandeln und über kurz oder lang zu waschechten Amerikanern mutieren. Ganz falsch ist diese Vorstellung nicht. Solange die Einwanderer weiß waren und sich innerhalb des protestantischen Spektrums ansiedeln konnten, das aufgrund der Einwanderung immer vielfältiger wurde, war die Assimilation an die Gesellschaft ziemlich problemlos. Für den europäischen Beobachter war die Religion auch deshalb aus dem Blick geraten, weil die Einwanderung in diesem Jahrhundert zumeist politisch und wirtschaftlich motiviert war und kaum noch religiös. Zugleich war all den vielen Amerikareisenden bekannt, daß die großen Städte ihr Schwarzenghetto, ihr Chinatown, ihr Little Italy hatten. Wahrgenommen als die Arabesken einer reichen Wohlstandsgesellschaft konnte kaum jemand darin ein strukturelles Element der amerikanischen Gesellschaft erkennen. Natürlich gibt es in dem riesigen Land bis heute Gegenden und selbst Großstädte, deren Einwohner sich kaum unter dem Aspekt ihrer ethnischen Herkunft betrachten, nicht zuletzt aus Gründen ihrer religiösen Homogenität, da die protestantischen Denominationen einander doch als gleichartig wahrnehmen und anerkennen. Aber das Land insgesamt ist ein Flickenteppich aus Ethnien und Religionen, die einander aufgrund ihrer räumlichen Separierung nicht berühren müssen und dann auch nicht konfligieren. New York ist neben Los Angeles der einzige Ort, wo sich fast alle Ethnien und Religionen ein Stelldichein geben. Ihre Mischungen, Reibungen, Konflikte und Konfliktlösungsmodelle prägen die Stadt nicht minder als der Kommerz, die Kunst, das Wasser und der Tourismus.

Als bevorzugtes Ziel im Einwanderungsland USA war New York der Ort, an dem ethnische und religiöse Toleranz zuallererst auf der Tagesordnung stand. Die protestantischen Denominationen der frühen Kolonialzeit – Reformkirche, Anglikaner, Presbyterianer – hatten sich eine gegenseitige Akzeptanz abgerungen, die wegweisend wurde. Natürlich blieb New York lange eine Ausnahme, doch das Modell, durch Toleranz dem Konkurrieren zivile Formen abzuverlangen, bleibt eine der zivilisatorischen Leistungen New Yorks. Das übrige Land unterschied sich von Bezirk zu Bezirk, von Stadt zu Stadt, so daß die einzelnen Konfessionen in ihren Bereichen lange die einzigen oder die maßgeblichen waren. Doch alle hatten sich den gleichen Bedingungen zu fügen: freie Religionsausübung, ohne staatliche Unterstützung oder Einmischung. Religionsfreiheit war das Schibboleth des jungen Amerika. Ursprünglich war damit keineswegs jede Religion gemeint, vielmehr die Unabhängigkeit vom Staat und die Entscheidungsfreiheit der einzelnen Kirchengemeinde gegenüber jedweder möglichen Hierarchie. Wie intolerant, ja fanatisch manche der Konfessionen in ihren Gemeinden vermeintliche Ketzer bestraft und unterdrückt haben, braucht hier kaum erwähnt zu werden. Gleichzeitig mit den lokalen Borniertheiten vervielfältigten sich die Konfessionen im Land, neue Einwanderergruppen brachten ihre Religion mit, oder sie bildeten zunächst Gemeinden innerhalb der etablierten Konfessionen, die sich später eigenständig machten. Die Toleranz, die sich dabei langsam überall herausbildete, hatte zunächst ihre Grenze nicht nur an den nichtchristlichen Religionen, sondern am Katholizismus, insofern er das Prinzip der eigenständigen Gemeinde nicht anerkennt, auf dem das frühe religiöse Amerika beruht. Den Religionsflüchtlingen aus Europa war der katholische Zentralismus mit seiner Metropole Rom ein dauernder Stein des Anstoßes.

Ohne staatliche Garantie wäre religiöse Toleranz undenkbar gewesen. Sie erhielt den Rang eines Verfassungsgrundsatzes, als in Europa noch das »cuius regio, eius religio« maßgeblich war. In der Praxis zeigte sich dann, daß Toleranz eine soziale Tugend ist, die immer erneut erkämpft werden mußte. Die europäischen Immigranten waren innerhalb des Protestantismus, ja selbst der einzelnen Spielarten des Protestantismus von Nation zu Nation verschieden, nicht zuletzt, weil sich die Religionen mit den kulturellen Traditionen amalgamiert hatten. Da kamen Calvinisten aus Holland, Anglikaner aus England, Lutheraner aus Deutschland und den skandinavischen Ländern – eben nicht Holländer, die Calvinisten sind, sondern holländische Calvinisten, die sich nicht unbedingt mit den Genfer Calvinisten vertragen würden. Für alle anderen gilt das gleiche. Ohne institutionellen Schutz in einem fremden Land war ihre Neigung groß, sei es mit der eigenen Nation, sei es mit der herkömmlichen Religion, idealiter aber mit einer Gruppe, die beides teilt, zusammenzubleiben.

Und diesem Bedürfnis kamen die USA in jeder Hinsicht entgegen. Sämtliche Einwanderer zuvor hatten sich nach dem gleichen Modell organisiert. Zwar versuchten die etablierten Konfessionen sich der Neulinge anzunehmen, und auch mit Erfolg. Da es aber keinerlei institutionelle Verpflichtung gab und alles das, was die Bürger und Untertanen in Europa durch die Ehe von Thron und Altar an Loyalitätszwängen ertragen mußten, in den USA wegfiel, war die Möglichkeit, die eigene Version einer Konfession eigenständig zu institutionalisieren, prinzipiell gegeben. Man brauchte nur genügend Anhänger, um einen Gebetsraum und einen Prediger finanzieren zu können. Gleichwohl ist die kaum noch überschaubare Vervielfältigung eigenständiger konfessioneller Gruppen Resultat der letzten Jahrzehnte. Sie hat ebenso mit dem gewandelten religiösen Stil wie mit den Umstrukturierungen der kirchlichen Communities zu tun. Bis dahin hat das Bedürfnis, einer etablierten Denomination anzugehören, die Konfessionswahl beeinflußt und tut es wahrscheinlich noch immer. Deshalb spielen die Spaltungen innerhalb der großen Denominationen die wichtigere Rolle. Paradigmatisch dafür sind die Baptisten, die allein in New York elf eigenständige Kongregationen gebildet haben.

Durch ihre Vielfalt und ihre Unabhängigkeit vom Staat haben die Kirchen als bürgerliche Institutionen bis heute politische Macht. Im Einwanderungsland USA, in dem weder der Staat noch der Amerikanismus identitätsstiftend wirken, hat der Protestantismus bis in die Anfänge dieses Jahrhunderts die Stelle des Nationalismus vertreten, ohne je die Rolle einer Staatsreligion zu spielen. Zumindest ihrem Anspruch nach haben die Kirchen die Spannung zwischen individueller Freiheit und normativer Grenzziehung des Kollektivs nie preisgegeben. Da andere soziale und kulturelle Vereinigungen wie Gewerkschaften, Volksparteien, patriotische Wandervereine sich nie langfristig etabliert haben, bleiben die Kirchen die einzigen überdauernden Institutionen, deren Mitglieder sich als gleichgesinnte Gruppe verstehen. Zwar ist die Mitgliederzahl der Kirchen insgesamt geschrumpft, aber die Tatsache, daß die Kirche als einzige Institution ihren Mitgliedern einen kollektiven Rahmen und einen schützenden Innenraum bietet, macht sie für viele zum Spiegel des modernen Kapitalismus und seiner Lebensformen. Zudem erschöpft sich die kulturelle Vereinigung »religiöse Gemeinschaft« in keinem politischen oder sozialen Interesse; das gibt ihr im Verhältnis zu anderen Interessengruppen mehr Freiheit und mehr Anpassungsfähigkeit zugleich. Trotz der Aufspaltung der Wertsphären bleibt die Religion in den USA daher allgegenwärtig. Die Kirchen und ihre Vertreter sind in den Medien omnipräsent. Damit ist nicht der Tele-Evangelismus gemeint, dessen Einfluß in New York gering scheint, sondern die Fernseh- und Zeitungsberichterstattung, die fast täglich kirchliche Themen behandelt.

Ein Dauerthema, das die religiösen und die profanen Gemüter erregt, ist das Verhältnis von Kirche und Staat. Der erste Verfassungszusatz, der nicht nur Religionsfreiheit, sondern den Schutz der Religionsfreiheit garantiert, wird in jeder politischen Wende neu interpretiert. Ein Beispiel aus New York zeigt, wie aufgeladen das Thema ist. 1965 wurde ein landesweites Gesetz erlassen, das Schulkindern bis zum vierzehnten Lebensjahr, die den Erfordernissen des Bildungssystems nicht gerecht werden, in den Fächern Lesen und Mathematik Nachhilfeunterricht garantiert, der staatlich bezahlt wird auch dann, wenn die Kinder eine Privatschule besuchen. Das betrifft meistens die Kinder der Armen, die nicht selten in kirchliche Schulen gehen. Zwanzig Jahre lang gaben staatlich bezahlte Lehrer Nachhilfeunterricht in den Räumen der kirchlich geführten Schulen, bis schließlich 1985 eine Gruppe von New Yorker Steuerzahlern einen Prozeß anstrengte, dessen Urteil der nun als verfassungswidrig geltenden Vermischung von kirchlichen und öffentlichen Aktivitäten ein Ende setzte. Zwölf Jahre lang mietete die Stadt für insgesamt mehr als hundert Millionen Dollar Wohnwagen, in denen außerhalb des kirchlichen Geländes die Kinder der kirchlichen Schulen ihren Nachhilfeunterricht bekamen. Im Juni 1997 wurde in einem argumentativ höchst komplizierten Verfahren den staatlichen Lehrern wieder die Arbeit in den Räumen kirchlicher Institutionen erlaubt.

Auch in New York geht nur ein beschränkter Teil der Gesamtpopulation in die Kirche, wie in allen Großstädten der westlichen Welt. Dagegen ist die Institution Kirche, die allgemein als Statthalterin für ethisch-soziale Fragen gilt, ein tragendes Element der Gesellschaft geblieben. Ein Blick in die Geschichte macht das verständlich. Sämtliche Institutionen der ersten Jahrhunderte – Universitäten, Schulen, Krankenhäuser, das gesamte Sozialwesen – waren kirchliche Gründungen oder wurden religiös geführt, und es ist aufschlußreich, welche Institutionen geblieben und welche dem gesellschaftlichen Wandel anheimgefallen sind. Alle Universitätsgründungen vor der Jahrhundertwende gingen von einzelnen Denominationen aus. Einzig Fordham, die römisch-katholische Universität, ist kirchlich geblieben, wie auch die Yeshiva-Universität, die jüdisch-orthodox ausgerichtet ist. Um die Jahrhundertwende ging die kirchliche Prägung aller anderen Universitäten verloren, teils als Effekt der Säkularisierung auch durch die Wissenschaften, teils wegen der Religionsvielfalt der Studenten. Gleiches gilt für Schulen und Krankenhäuser. Während jedoch Universitäten in ihrer Funktion, Eliten zu bilden, nur in den gesellschaftlichen Zentren gebraucht werden, müssen Schulen für jedermann da sein, also auch für die, deren Horizont mit der Säkularisierung kaum erweitert wurde, sondern eher geschrumpft ist, da kein bürgerliches Aufklärungspathos die Errungenschaften der Moderne interpretiert hat und nur selten ein Arbeiterbildungsverein in die Bresche gesprungen ist.

Für die Mittelschicht, die Wohlstand, Fortschritt und Bildung in eins setzt, gehört die Trennung der Sphären zur Bedingung ihres bürgerlichen Erfolgs; Religion schrumpft für sie zur ernsthaften Beschäftigung an Sonn- und Feiertagen. Die Unterklassen und Armen dagegen werden nicht zuletzt von Kirchen und Religionen, die von den Mainline-Protestanten bis zu den Voodoo-Kulten reichen, vor psychischer und sozialer Verelendung gerettet. An den Rändern in jedwedem Verständnis sind Kirche und Religion daher überall präsent, und die traditionellen großen Kirchen nehmen die Bildungsaufgabe wahr, die in Europa seit Einführung der allgemeinen Schulpflicht im 19. Jahrhundert zur Herzensangelegenheit der Nationalstaaten wurde und auch heute nicht aus der Obhut des Staates entlassen ist. In New York sind es die Katholiken, die in den Vierteln der Armen, der Schwarzen und der Einwanderer, besonders also in Harlem und Queens, Schulen in großer Zahl unterhalten. Obwohl die Trennung von Kirche und Staat mit Zähnen und Klauen verteidigt wird, ist es jedermann selbstverständlich, daß die Kirchen gesellschaftliche Aufgaben wahrnehmen, die in Europa dem Staat zufallen.

Bis in die Anfänge dieses Jahrhunderts hat der landesweite Protestantismus seine Hegemonie auch in New York zäh verteidigt. Dann haben Katholizismus und Judentum an öffentlichem Einfluß gewonnen. Doch erst mit der Vervielfältigung der Denominationen innerhalb des Protestantismus war die Macht der Mainline-Denominationen gebrochen, deren große Bedeutung in der moralischen Unterstützung der amerikanischen Zivilreligion lag. 1958 wurde das Interchurch Center eröffnet. Angesichts der zunehmenden Unübersichtlichkeit fungiert es als Organisations- und Vermittlungsinstanz. Es beherbergt den National Council of Churches und – weit wichtiger für das religiöse Leben in New York – den Council of Churches of the City of New York (CCCNY); die meisten Mainline-Denominationen haben in dem Gebäude ihre Hauptverwaltung. Dem CCCNY gehören 33 Denominationen an, Protestanten und Orthodoxe (griechisch, armenisch, russisch), die mehr als zweitausend Kirchen umfassen. Nicht die Katholiken. Da nun keine Kirche gegenüber ihrer Denomination, keine Denomination gegenüber dem CCCNY weisungsgebunden ist, hat sich ein diffiziles Geflecht von Absprachen und Allianzen gebildet; nicht nur zwischen den Mitgliedern des Councils. So wurde ein »Schwarz-Jüdischer-Dialog« etabliert, der sich bei den Crown-Heights-Ereignissen als sehr hilfreich erwiesen hat.

Das Interchurch Center wie der CCCNY stellen die Kehrseite des amerikanischen Denominationalismus dar, der sich in den letzten zwanzig Jahren durch eine Vielzahl neuer Zentren weiter differenziert hat. Die Mainline-Protestanten – die Reformierten, die Episcopalen, die Presbyterianer, die Kongregationalisten, die Herrnhuter, die Baptisten, die Methodisten, die Lutheraner – sind nach der Anzahl der Kirchen für Mitte der 1990er schon leicht unterlegen, nämlich mit 1122 zu 1359; dazu kommen 539 katholische und orthodoxe Kirchen, 437 Synagogen und 77 Tempel und Moscheen. Nun darf man die Zahl der Kirchen und Gebetshäuser nicht mit der Zahl der Mitglieder verwechseln. Gerade innerhalb der Pfingstlergruppe gibt es viele winzige Kirchen. Zugleich haben die großen Mainline-Kirchen in Brooklyn, Queens und Harlem, die zu afrikanisch-amerikanischen Kongregationen gehören, mit den traditionellen Mainline-Kirchen Manhattans nicht mehr viel zu tun. Die identische Konfession unterscheidet sich in New York von Stadtteil zu Stadtteil, und auch die Mitglieder einzelner Kirchen und ihrer Communities setzen sich nach immer anderen Kriterien zusammen.

Im traditionellen Zentrum unterscheiden sich die Denominationen nach der sozialen Schicht. Die Reformkirche war in New York immer die Kirche der Oberschicht, die Episcopalkirche wird von der Mittelschicht dominiert.

Ihre Kirchen strahlen eine bürgerliche Gediegenheit aus. Zu ihren Attraktionen, wie sie keine andere amerikanische Stadt kennt, gehört die Musik. Die Chöre während des Gottesdienstes und die fulminanten Orgeldarbietungen zu seinem Ausgang haben meist ein künstlerisch hohes Niveau. In den Stadtvierteln, in denen die »coloured people« die Mehrheit bilden, trennt nicht die soziale Schicht, sondern die ethnische Zugehörigkeit die Gläubigen. Natürlich gibt es Religionsgemeinschaften, in denen mehrere Ethnien vertreten sind, wie umgekehrt manche Ethnien sich auf verschiedene Konfessionen verteilen, etwa die Koreaner, die sich presbyterianisch, katholisch oder buddhistisch orientieren. Der Vorrang der ethnischen gegenüber der sozialen Differenzierung bleibt davon unberührt. Die Einwanderergruppen haben meist auf der untersten Stufe der sozialen Hierarchie begonnen, sich dann aber innerhalb der Gruppe ökonomisch und sozial differenziert, so daß sie mittlerweile ihr eigenes Oben und Unten hervorbringen. Trotzdem bleibt die Ethnie das Kriterium der Konfessionswahl. Selbst alteingesessene Immigranten aus Europa bleiben zuweilen über ihre Kirche verbunden, auch wenn dieser Zusammenhang nicht mehr das Zentrum ihres Lebens bildet. So findet sich in Brooklyn eine letzte lutherisch-deutsche Kirche, deren Mitglieder ausschließlich aus Norddeutschland stammen.

New Yorks Protestanten haben sehr früh, schon in den Anfängen des 19. Jahrhunderts, große überkonfessionelle Institutionen gegründet, die sich der Sozialarbeit gewidmet haben. Innere Mission und Sozialarbeit gehören seitdem zum Anliegen aller Konfessionen, die sich in New York etabliert haben. Die Sozialpolitiker unter den Pastoren wie auch ihre reichen Mäzene besaßen Einfluß und Macht im New Yorker Leben. Selbstverständlicher als in Europa trafen die Repräsentanten von Kirche und Oberschicht einander in den gleichen Institutionen, denselben Clubs, befördert durch die Tatsache, daß die Kirchen als bürgerliche Institutionen der inneren Demokratie Raum geben mußten, um sozial zu bestehen. Daher spielten die Laien viel früher als in Europa eine große Rolle. Nicht Kirche und Staat, sondern Kirche und Kapital bildeten gemeinsam die »gute Gesellschaft«, bis etwa zum Ersten Weltkrieg. Aufgrund dieser Mischung hat die bessere Gesellschaft New Yorks sich frühzeitig, in großem Maßstab seit Anfang des 19. Jahrhunderts, der Armen, Gebrechlichen und Immigranten angenommen. Von jeher war die Kirche dafür die geeignete Institution, beginnend im europäischen Mittelalter. In New York war es eine tief religiöse Oberschicht, die unter dem Dach der Kirchen ihre sozial-missionarische Tätigkeit ausübte. Das Oben und Unten der Gesellschaft fand seine Entsprechung in den Kirchen, wurde aber zugleich von der Kirche zusammengehalten. Diese Konstellation, in der die Kirche als Institution der Ober- und Mittelschicht angehört, während der immer größer werdende Teil ihrer Mitglieder zu den Armen und sozial Schwachen zählt, hat sich dann gerade in New York durch die Immigration grundsätzlich verschoben. Vermutlich hat sie ein letztes Mal bei der ersten großen jüdischen Einwanderung aus Osteuropa eine Rolle gespielt, obwohl schon hier die halb religiöse, halb ethnische Gemeinsamkeit den Ausschlag gab. Die kleine Gruppe wohlhabender Reformjuden hat sich der Einwande-

rer angenommen, die, im Lower East unter unwürdigen Verhältnissen lebend, desorientiert und verwahrlost waren.

Mit den Katholiken begann eine Umstrukturierung, die mittlerweile alle Denominationen erfaßt hat. Ihr Klerus wußte sich weniger von einer gleichgesinnten Oberschicht getragen, begriff sich weit mehr als Repräsentant der eigenen ethnischen Gruppierung. New Yorks Katholiken waren über Jahrhunderte deutscher und irischer Herkunft, doch die Iren haben den Katholizismus geprägt, so daß katholisch und irisch wie Synonyme klangen. Die große Kathedrale auf der Fifth Avenue ist dem irischen Nationalheiligen St. Patrick gewidmet, die St. Patrick's Street Parade ist ein großer New Yorker Feiertag. Die Politik der katholischen Kirche blieb selbst dann noch mit dem irischen Nationalismus verschwistert, als die größere Zahl der Katholiken Italiener waren. Jedenfalls war der irische Katholizismus New Yorks die erste religiöse Gruppierung, in der Ethnie und Religion sich zu einer eigenständigen Institution entwickelt haben.

Außerhalb der Areale des weißen Mittelstands wird die Gruppendynamik der religiösen Gemeinden von der Lebensweise und den Traditionen der Ethnien bestimmt, die der Community angehören. Theologische Differenzen und der theologische Dialog werden in eigenständigen Institutionen ausgetragen, sie haben mit den Unterschieden im realen kirchlichen Leben kaum noch zu tun. Mit dem innerkirchlichen Wandel hat sich auch das Verhältnis der Kirchen zur Politik geändert. Berühmte Pastoren, die politisch Gewicht haben, müssen im Prinzip nicht viel von Theologie verstehen. Sie haben ihre Pressuregroup hinter sich, die Bewohner ihres Kirchsprengels und nicht etwa den Klerus. Dabei genießen sie ein unbedingtes, durch das Amt geadeltes Ansehen und strahlen eine andere Autorität aus, als Politiker das je können. Natürlich muß die Kirche Platz für die Rolle eines solchen Pastors haben, die in Europa undenkbar wäre. Auch daran wird deutlich, wie tiefgreifend Religion und Glauben sich gegenüber ihrer europäischen Herkunft gewandelt haben: Es gibt keine Hierarchien, der Prediger einer *storefront church* hat die gleichen Rechte wie der einer großen Kirche an der Fifth Avenue. Besser noch: Jeder hat das Recht, Prediger zu werden, er muß nur Zuhörer finden. Nimmt man die Vervielfältigung der Denominationen hinzu, dann wird verständlich, welche Rolle das Interchurch Center und der CCCNY spielen.

Mehr als einer Pyramide gleicht die New Yorker Religionslandschaft einem Flickenteppich. Da steht der theologisch und philosophisch gebildete Pfarrer neben dem demagogisch begabten Zungenredner, der zur Aufbesserung seines Einkommens bei McDonald's die Gäste bedient. Im CCCNY mit seinen Gremien und Untergremien wird der Versuch gemacht, die in Communities auseinanderfallende Gesellschaft zusammenzuhalten. Die Ethnien, auch die religiös verbundenen, neigen besonders dann, wenn sie zu den Verlierern gehören, zu Abkapselung, Stillstand und im Zweifelsfalle zu zivilisatorischer Atrophie. Der Rat der Kirchen muß daher immer erneut versuchen, den zivilreligiösen Gehalt des Christentums in seiner amerikanischen Prägung für alle Denominationen verbindlich zu machen. In seinen Gremien sind die Afro-Amerikaner in der Mehrheit, wie auch die Schwarzen die absolute Mehrheit unter den Kirchgängern bilden. Zu den Themen, die dort diskutiert und für die praktische Lösungen gesucht werden, gehören Erziehung, medizinische Versorgung, bezahlbare Wohnungen für Arme, Alte, alleinstehende Frauen, kurzum die Probleme all derer, die auf der Schattenseite einer Ellbogengesellschaft leben. Um die Konzerte in St. John, the Divine, und um die Klientel der kirchlichen Eliteschulen braucht man sich im Rat der Kirchen nicht zu kümmern.

Die Vielfalt kirchlicher Organisationen und religiöser Denominationen ist Indiz für zweierlei: für die Heterogenität der Gesellschaft wie für die Macht von Kirche und Religion. Der traditionelle Protestantismus hat zwar seine Macht eingebüßt, aber die kirchlich-religiösen Rahmenbedingungen, innerhalb deren sich die Stadt über drei Jahrhunderte entwickelt hat, zwingen jede neue Denomination, die sich in New York etablieren will, zur Anpassung. Religiöse Toleranz und das Freikirchentum, die wesentlichen Charakteristika des amerikanischen Protestantismus, ändern den Gehalt jeder Religion, die sich diesen Bedingungen fügen muß. So ist ein religiöser Unbedingtheitsanspruch kaum noch aufrechtzuerhalten. Und doch kann keine Konfession damit leben, auf dem Markt der Religionen ein Angebot unter vielen zu sein. Abschottung ist die eine Reaktionsmöglichkeit, die Suche nach Gemeinsamkeiten die andere. So pochen die amerikanischen Muslime auf den gemeinsamen Urvater Abraham, den sie mit Juden und Christen teilen. Auch die protestantischen Fundamentalisten argumentieren so, aber während die Muslime ihren Stand innerhalb der großen Religionen New Yorks dadurch stärken und besonders den Konflikt zwischen schwarzen Muslimen und orthodoxen Juden überwinden möchten, geht es den christlichen Fundamentalisten im Land um eine Grenzziehung gegenüber all denen, die sich einem strengen Patriarchalismus nicht fügen wollen. Hier wird also auch, aber nicht nur Religionspolitik betrieben.

Innerhalb der christlichen Welt New Yorks sind die Toleranzkonflikte ausgestanden, hier haben sich praktische Gemeinsamkeiten gebildet. Da die unterschiedlichen Formen von Gottesdienst, Gemeindeordnung, Fest- und Feiertagsritualen angesichts der Differenz von Konfession zu Konfession ihre Notwendigkeit einbüßen, werden sie aus den religiös-theologischen Verbindlichkeiten entlassen. Ihre Rolle innerhalb der Zeremonien und Praktiken wird dadurch nicht kleiner, aber sie können sich nun problemlos mit Ritualen anderer ethnisch-religiöser Provenienz mischen. Es bleibt keine soziale Gestalt, die nicht austauschbar wäre. Was den amerikanischen Protestantismus heute eint, ist das Pathos der religiösen Erfahrung, dem sich selbst der Katholizismus nicht verschließen kann. Schon im 19. Jahrhundert wurde New York von Wiedererweckungspredigern heimgesucht, die Zehntausende faszinieren und bekehren konnten. Methodisten und Baptisten übernahmen schnell deren Form öffentlicher Auftritte, auch die Presbyterianer engagierten im frühen 19. Jahrhundert einen der berühmtesten Revivalisten, Reverend Finney. Der letzte, der Millionen begeistern konnte, war Billy Graham.

Auch wenn die Exaltiertheit im Auftreten zumindest in New York eine Domäne der schwarzen Prediger ist, gehört das Erweckungserlebnis zum

Selbstverständnis jedes einzelnen Gläubigen. Die Kehrseite davon ist ein sanfter Fundamentalismus, der bekanntlich andernorts aggressive Formen annimmt. Das Erlebnis, ekstatisch in der Öffentlichkeit zelebriert oder auch in der Klausur der eigenen Innerlichkeit, sprengt jedenfalls jede Institution. Daraus ergibt sich das Paradox, daß die christliche Religion in New York gerade deshalb mächtig geblieben ist, weil sie, ohne autoritativ gesetzte Strukturen, als geistiges Band ethnischer Gruppierungen fungiert. Und dieses Bündnis von Ethnie und Religion produziert immer neue Variationen religiöser Kulte und Gemeinschaften. Im Unterschied dazu scheint die Hinwendung zum Islam bei konvertierten New Yorker Muslimen nicht anders als die Orthodoxie immigrierter Juden aus einem gegenläufigen Bedürfnis gespeist zu sein: Sie suchen feste religiöse Strukturen. Die einen, um ihrem ethnischen Schicksal zu entkommen, die andern, um ihm absolut treu zu sein.

In seinem Buch *Die Erfindung der Nation* stellt Benedict Anderson Religion und Nationalismus einander gegenüber. »Das große Verdienst traditioneller, religiöser Weltbilder besteht in der Beschäftigung mit dem Menschen im Kosmos, dem Menschen als Lebewesen und der Kontingenz des Lebens.« In Gesellschaften, die sich säkularisieren, übernimmt der Nationalismus, so Andersons These, in vieler Hinsicht die Funktion der Religion. Auch in den USA hat die Religion viel von ihrem Terrain eingebüßt, aber sie hat es nicht an den Nationalismus verloren. Das ist die Chance der Ethnien. Abgesehen von den Juden sind die ethnisch abgegrenzten Immigrantengruppen in New York von Herkunft meist Bürger von Nationen, in denen die Kirchen eine mehr oder weniger hegemoniale Macht waren. Nach der Übersiedelung fällt der nationale Rahmen fort, und eine nationalistisch produzierte Ethnie bleibt zurück, für deren Zusammengehörigkeit an Ort und Stelle nur noch die Religion das innere Band bereitstellen kann. Selbst die Schwarzen, die ihre heutige Religion nicht mitgebracht haben, da sie sich erst in diesem Jahrhundert als Gruppe konstituiert und auf ihre afrikanische Herkunft besonnen haben, finden in den Kirchen den Ort und in der Religion das Mittel ihrer Selbstverständigung als Ethnie. All diese Gruppen sind im Zweifelsfall stolz, Amerikaner zu sein, obwohl die ethnische Zugehörigkeit als Zentrum der Identität immer mehr an Bedeutung gewinnt. Lange schien Ethnizität wie ein Stigma zu wirken, zumal sie meist mit Armut und geringerem Bildungsniveau verknüpft war und nicht selten bis heute geblieben ist. Wahrscheinlich wird sich das Problem der Stigmatisierung nie wirklich abschaffen lassen, doch das gesamte Szenario, in dem Täter und Opfer ihren Platz bekommen, hat sich in den letzten Jahrzehnten völlig neu strukturiert.

Lange Zeit konnten die USA sich selbst als den großen Schmelztiegel betrachten, lediglich die Schwarzen fanden in dieser Phantasie keinen Platz. Auch die Chinesen nicht, aber die, so der häufig zu hörende Kommentar, wollen auch gar nicht. Mittlerweile gab es schwarze, irische und italienische Bürgermeister in New York, aber nie Chinesen. Die Vorstellung vom Schmelztiegel hat jedenfalls nur solange funktioniert, wie man die »coloured people« als Ausnahmen oder Randerscheinungen denken konnte. Die Vielfalt der Ethnien und ihre Größe hat heute dazu geführt, daß die großen Ethnien eigene Zentren bilden, einen eigenen Mittelstand und eine Kultur religiöser Communities hervorbringen, die auch dann, wenn sie protestantisch sind, nicht mehr viel Ähnlichkeit mit dem amerikanischen Puritanismus haben. Auch wenn das Zentrum der Macht in New York genauso wie in Washington nach wie vor von den traditionellen Gruppen beherrscht wird, kann man im Falle New Yorks kaum noch das klassische Verhältnis von Zentrum und Peripherie erkennen. Es gibt mehrere Zentren und mehrere Peripherien. Wären es nur die Ethnien, innerhalb deren und zwischen denen sich soziale Differenzen herstellen, dann wäre der Gruppeneffekt bedroht, da den Ethnien als solchen kein anerkannter gesellschaftlicher Raum zur Verfügung steht; doch ihre Selbstdarstellung und Organisierung als Religionsgemeinschaften gibt ihnen einen Platz im sozialen Szenario der Stadt.

Immer wieder kann man in New York hören, daß die Denomination, der man sich zuzählt, innerhalb des protestantischen Spektrums austauschbar sei. Für die weiße Mittelschicht stimmt das sicher, sie wechselt beim Umzug im Zweifelsfalle die Konfession, weil ihr eine andere Kontinuität wichtiger ist als die konfessionelle. Nicht die Konfession, sondern die Kirchengemeinde muß mit der eigenen Lebensführung in Einklang stehen. Da die religiöse Erfahrung und ein latenter Evangelikalismus sowieso wichtiger sind, kommt es mehr auf den sozialen Status und die innere Verfassung der Gruppe an als auf die Theologie. Alle anderen religiösen Gruppen funktionieren nach demselben Prinzip, lediglich übernimmt dort die Ethnie, die Rasse und selbst das Geschlecht die kulturelle und soziale Grenzziehung. Derzeit neigen offensichtlich viele, die durch Herkunft, Sozialstruktur und soziale Dynamik von außen zur Gruppe gemacht werden, zur Institutionalisierung ihrer Gruppe durch die Kirchengemeinde: So kann ein Stigma in ein positives Prinzip verwandelt werden. Im Frühjahr 1998 wurde eine unabhängige schwule Synagoge gegründet. Greenwich Village beherbergt eine katholische und eine protestantische Kirche, die von Schwulen dominiert werden. Schwule gehen in New York nicht häufiger zur Kirche als anderswo. Daß sie aber selbst in der Wahl der Kirche ihre Sexualität zum Kriterium machen, demonstriert die soziale Funktion der Kirchengemeinde.

Bei keiner Gruppe spielt die Kirchengemeinde eine vergleichbar zentrale Rolle wie bei den Afro-Amerikanern. Sie bilden die Mehrheit der Baptisten – der größten Denomination New Yorks – und der Methodisten, sie spielen in den vielen oft winzigen Kirchen der Pfingstler – nach der Zahl der Kirchen die zweitgrößte protestantische Denomination New Yorks – eine bedeutende Rolle. Auch die Katholiken haben in den letzten Jahren eine wachsende Zahl von Mitgliedern afrikanischer Herkunft zu verzeichnen, und die Anzahl der afro-amerikanischen Muslime wächst, seitdem Malcolm X in den fünfziger Jahren Imam war. Für die Geschichte der Afro-Amerikaner und ihr kirchliches Selbstverständnis spielt das protestantische Freikirchentum gleichwohl die entscheidende Rolle. Riesige Kongregationen, berühmte und große Kirchen, politisch mächtige Pastoren haben einzig Baptisten und Methodisten vorzuweisen. Ihre schwarzen Kongregationen haben eine große

Rolle im Kampf für die Sklavenbefreiung gespielt. Berühmt seit ihrer Gründung ist die Abyssinian Baptist Church in Harlem, als einzelne Kongregation sicher die einflußreichste in den Vereinigten Staaten und zugleich die größte und reichste Baptistengemeinde des ganzen Landes. Nach Adam Clayton Powell Jr. und Sr., die als Führer der Bürgerrechtsbewegung und kühne Redner berühmt wurden, wird die Kirche heute von Calvion O. Butts geleitet, der als Kirchenpolitiker im CCCNY und als Pastor bedeutenden Einfluß auf die New Yorker Sozialpolitik hat.

Die Abyssinian Church wurde 1808 nach einer Abspaltung von der First Baptist Church of New York City aus Protest gegen die Rassentrennung in der kirchlichen Sitzordnung gegründet. In der Zeit des Ersten Weltkriegs, als die Ghettos in den großen Städten des Nordens entstanden, wurde auch Harlem von Schwarzen aus den Südstaaten besiedelt. Seit den dreißiger Jahren ist Harlem mit Kirchen gepflastert. Kinosäle und Tanzclubs, die mit der Verarmung Harlems leer blieben, wurden von Kirchen übernommen. Abyssinian Baptist Church und Episcopal Church besitzen in Harlem viel Land. Sie engagieren sich, um in Harlem wieder eine Infrastruktur zu entwickeln. Die Kirchen und ihre Communities bilden den Mittelpunkt des sozialen Lebens. Beim dreistündigen Sonntagsgottesdienst läßt der Prediger die Ereignisse der Woche vorüberziehen, spricht über Politik, Geld und die Verstorbenen. Wechselnd zwischen demagogischen Beschwörungen und lockeren Sottisen, unterbrochen und untermalt von einschmeichelndem Gospelgesang, fungiert der Prediger wie ein Alleinunterhalter. Er demonstriert seine Verantwortung als Vermittler zwischen dieser und jener Welt. Da wird spürbar, wieso die religiöse Erfahrung alle theologischen Probleme in den Schatten stellt. Einzig in der religiösen Gemeinde gibt es das Gefühl der Zusammengehörigkeit. Ihr entspricht nichts im sozialen Leben, keine Struktur und kein Arbeitszusammenhang. Die Kirche gibt dem Leben Sinn, wo die Gesellschaft ihn nimmt. Armut, Arbeitslosigkeit, zivilisatorische Zerfallserscheinungen bestimmen das Leben in Harlem. Nur die Kirche zeigt und lehrt Solidarität, und da sie reich und mächtig ist, hat sie damit auch Erfolg. Mission und Sozialarbeit, früher von der weißen Oberschicht für die Schwarzen bereitgestellt, werden heute von den schwarzen Kirchen selbst durchgeführt, und das hat natürlich Einfluß auf das Verhältnis ihrer Klientel zu Kirche und Gesellschaft.

Die Geschichte der Afro-Amerikaner und die Bedeutung ihrer Kirchen findet in der amerikanischen Gesellschaft keine Parallele. Und trotzdem schrumpft die Differenz zwischen den Schwarzen und anderen »coloured people« vor der Folie weißer Macht und Dominanz. So gibt es neben winzigen Religionsgemeinschaften, wie etwa den haitianischen Voodoo-Anhängern, deren Religion von dem ethnischen Rahmen nicht zu trennen ist, riesige Kirchen, die ein ganzes Dutzend ethnischer Splittergruppen zusammenbinden. Paradigmatisch dafür ist die Allen African Methodist Episcopal Church in Jamaica, Queens, deren Kirchenneubau im Sommer 1997 seiner Bestimmung übergeben wurde. Mit 2500 Sitzen wird die Kirche nur noch von der Concord Baptist Church in Brooklyn übertroffen, die 2800 Sitze vorweisen kann. Ähnlich den Dorfkirchen früherer Jahrhunderte sind diese Kirchen von einem Ring vorgelagerter Institutionen umgeben, die das ganze Dorf beziehungsweise den Stadtteil strukturieren. Von Kongreßhallen sind sie kaum noch zu unterscheiden, und ihre Pastoren müssen begabte Manager sein.

Mit völlig anderen Problemen konfrontiert als etwa die Harlemer Kirchen hat der Pastor der Allan Baptist Church, Reverend Floyd H. Flake, der zugleich Mitglied des Repräsentantenhauses ist, sein Kirchspiel zu einem blühenden Viertel gemacht. Jamaica ist das Viertel der »Caribbean blacks« aus Haiti und Guayana, ergänzt durch Inder, Kolumbianer, Philippinen, Chinesen, Pakistani. Besonders die Kariben haben es zu Wohlstand und manchmal auch Reichtum gebracht, der ohne die institutionellen Rahmenbedingungen, die Flake geschaffen hat, nicht denkbar wäre. Mit einem Bank Enterprise Act von 1994 hat er Banken zu billigen Anleihen bewegen können, mit Geldern aus Washington einem Business Resource Center zum Erfolg verholfen. Und immer wieder, egal in welchem Viertel, werden billige Wohnungen und soziale Dienste bereitgestellt. Nichts zeigt die Entwicklung vielleicht so deutlich wie der Anstieg des kirchlichen Budgets, das nicht nur von der Gemeinde erbracht, sondern mit staatlichen Geldern angereichert wird. Auf Floyd Flakes Webpage kann man lesen, daß unter seinem Pastorat das Budget von 250 000 auf 24 Millionen Dollar angestiegen ist.

Bis heute bilden die protestantischen Konfessionen die Mehrheit. Für das Selbstbewußtsein, die Macht und die Zukunftsaspirationen der Kirchen spielen jedoch nicht nur die absoluten Zahlen, sondern die schleichende Verschiebung des Kräfteverhältnisses zwischen den Religionen, numerisch und politisch, eine wichtige Rolle. Während der Protestantismus seit Kriegsende stetig Mitglieder verliert – einzig die Pfingstlergruppe gewinnt in New York wie überall in der Welt neue Anhänger –, wächst die Zahl der Katholiken mit der zentralamerikanischen Einwanderung wie auch die Zahl der Muslime, die sich aus Einwanderern aus dem Mittleren Osten und hauptsächlich afro-amerikanischen Konvertiten rekrutieren. Auch das religiöse Judentum gewinnt an Gewicht, da sich besonders die Gruppe der Orthodoxen durch die neuerliche Einwanderung aus Afrika, Rußland und dem Mittleren Osten vergrößert, nachdem die Anzahl der Synagogen zwischen 1960 und 1985 von 1200 auf 400 geschrumpft war. Hinzu kommen mittlerweile rund 100 000 Inder und Pakistani, die ihre religiösen Organisationen pflegen. Und schließlich darf man die Synkretismen aller Arten nicht vergessen. Nicht daß sie zahlenmäßig zu Buche schlagen oder politisch Gewicht haben. Einzig die Tatsache, daß in der New Yorker Gesellschaft die bizarrsten religiösen Kleinstgruppen ihre Nische finden, macht deutlich, daß Religion hier die legitime Form der Vergesellschaftung ist. Ein Beispiel muß genügen: Vor dem Ersten Weltkrieg sind Inder in großer Zahl nach Trinidad und Guayana ausgewandert. Dort gelang ihnen ein christlich-hinduistischer Synkretismus, der nun von ihren wiederum auswandernden Kindeskindern mit nach New York gebracht wird. Und da diese Einwanderer meist in Stadtvierteln landen, die von anderen, zu Wohlstand gelangten Einwanderern verlassen wurden, ist es leicht möglich, daß sie eine offengelassene deutsch-lutherische Kirche für ihre Gottesdienste erwerben.

Der Katholizismus war und bleibt eine Religion der Einwanderer. Im 19. Jahrhundert wurde er durch irische, deutsche und später durch italienische Einwanderer in großem Maßstab etabliert. Seit den zwanziger Jahren bleibt die Mitgliederzahl der Katholiken fast gleich, während ihre Zusammensetzung sich grundlegend gewandelt hat. Als eine einzelne Konfession beherbergen die Katholiken die größte Zahl unterschiedlicher Ethnien unter ihrem Dach. Schon im 19. Jahrhundert begannen sie, nationale Kongregationen zu bilden; das ging soweit, daß sie Einwanderer aus der gleichen Stadt in Kirchengemeinden wieder zusammenführten. Später haben die Baptisten und dann die Juden in den »landsmanshaft«-Synagogen ihre Gemeinden nach demselben Modell organisiert. In den zwanziger Jahren gab es in New York 51 sogenannte nationale Gemeinden, die zu 18 verschiedenen Ethnien gehörten. In den Neunzigern wird der katholische Gottesdienst in 23 Sprachen abgehalten. Die Hälfte der New Yorker Katholiken entstammt mittlerweile dem spanisch sprechenden Zentralamerika. Seit den fünfziger Jahren kommen die Lateinamerikaner kontinuierlich ins Land, während der ältere katholische Mittelstand die Kirche verläßt.

New Yorks katholische Priester haben es schwerer als ihre Kollegen im Land, zwischen Rom und dem amerikanischen Freikirchentum zu balancieren, weil sie auf Schritt und Tritt mit der Konkurrenz konfrontiert sind. Brooklyn hat die größte Gruppe von schwarzen Katholiken im ganzen Land, zugleich findet sich dort die riesige afro-amerikanische Concord Baptist Church. Während der katholische Bischof von Rom eingesetzt wird und die Wünsche der ansässigen Kirchenleitung nicht unbedingt erfüllt – so hatte man sich bei der Bischofswahl 1990 zunächst einen schwarzen Bischof erhofft –, sind die Baptisten die Denomination, die der Autonomie der einzelnen Kirchengemeinde selbst bei der Wahl der Pfarrer den größten Raum gibt. Auf allen anderen Ebenen der Gemeindearbeit haben die Katholiken viel von dem amerikanischen Freikirchentum übernommen. Von der Pflicht zur Beichte vor dem Kommunizieren ist den meisten Gläubigen nicht einmal die Erinnerung geblieben. Gottesdienst und Feiertagsrituale können von den Kirchen je nach der ethnischen Zusammensetzung der Kirchengemeinde unterschiedlich gewichtet werden. Darum hat jede Diözese einen eigenen Kontakt zu Rom. Auch die Funktion von Laien bei der Gestaltung des Gottesdienstes hat sich ausgeweitet. Gleichwohl unterscheidet sich das katholische Hochamt nach wie vor von jedem protestantischen Gottesdienst.

Der zentrale Unterschied zum Protestantismus liegt aber in der Rolle und Bedeutung des Priesters. Katholische Priester sind nach zwei Seiten gebunden: gegenüber den Gläubigen und gegenüber der Institution, der Hierarchie mit ihrem Oberhaupt in Rom. Dieser Umstand gibt ihnen ihre spezifische Autonomie, da sie die Mitte zwischen beiden Ansprüchen halten müssen. Bei den amerikanischen Priestern bedeutet diese Mittlerrolle eine ausgesprochene Machtposition. Sie können Rom Konzessionen an das Freikirchentum abringen und andererseits den Forderungen der Gemeinde nach

Selbständigkeit das Prinzip der römischen Allmacht entgegensetzen. Auch wenn die Bindung an Rom in den USA daher mehr Konflikte als anderswo zeitigt, von denen die Klientel meist wenig versteht, verliert der katholische Priester als Stellvertreter Roms auch hier nicht seine Aura und seine spirituelle Macht. So fasziniert er weniger als individuelle Person denn als personifiziertes Medium, das den Raum für das Mütterliche der Kirche öffnet, damit es dem Väterlichen des Gottes die Waage halten kann. Daß die protestantischen Pastoren sich als kapitalistische Manager bewähren und die katholische Kirche die Armen mit Schulen und Krankenhäusern versorgt, ist eine Folge ihres jeweiligen Institutionenverständnisses.

Die Katholiken sind die zweitgrößte christliche Denomination in New York, und im CCCNY bedauert man, daß sie sich weigern, dem Rat der Kirchen beizutreten. Für die Katholiken sieht das anders aus. In ihrem Selbstverständnis bilden sie das Gegenüber zur Gesamtheit der protestantischen Denominationen. Wie bei den Protestanten gehören ihr theologisches und ihr institutionelles Selbstverständnis zusammen. Die Hauptverwaltungen protestantischer Denominationen und der Sitz des Erzbischofs von New York haben daher nichts miteinander zu tun. Als im Frühjahr 1998 der neue Präsident des Rats der Rabbiner, Marc Schneier, inauguriert wurde, hat der katholische Erzbischof O'Connor die Festrede gehalten. Er tat es nicht nur als New Yorker Bischof, sondern genauso als Repräsentant Roms. Kein Vertreter des Protestantismus hätte eine vergleichbare Rolle spielen können. Große christliche Feste gehören in New York nicht anders als in Europa zum Kalender der Katholiken, auch hier Repräsentation der Kirche, die ihren Anhängern dadurch einen Kultraum schafft, der nicht von der Kirchengemeinde strukturiert wird, sondern selbst Strukturen schafft. Die institutionelle Dimension des Katholizismus stellt den Ethnien zwar auch einen mentalen Rahmen ihrer Selbstverständigung zur Verfügung, wie es die Protestantismen tun. Zugleich prägt der Katholizismus den kulturellen Code seiner Anhänger sehr viel umfassender. So dient er weniger als der Protestantismus der Identitätsbildung ethnischer Gruppen als der Identifikation dieser Gruppen mit einer Institution, die den eigenen ethnischen Rahmen transzendiert, ohne ihm die soziale Bedeutung im Alltag zu nehmen.

Neben dem Christentum spielen Judentum und Islam im religiösen Kräftespiel von New York eine zentrale Rolle. Dem Islam kommt dabei eine vergleichbare Rolle zu wie dem Christentum, da auch er eine Vielzahl von Ethnien unter seinem Dach vereint. Anders aber als die christlichen Kirchen, die den Ethnien dazu verhelfen, die eigene Kultur zu integrieren oder gar zu restituieren, hat der Islam in New York für den größten Teil seiner Anhänger die Funktion, die ethnische Zugehörigkeit religiös zu relativieren, zu entkräften, mehr noch: das ethnische Stigma abzuschütteln. Unter den 600 000 Muslimen von New York sind 25 bis 40 Prozent Schwarze, die seit den fünfziger Jahren zum Islam übertreten. »The Black Muslims« und »The Nation of Islam« sind radikale Gruppen, die sich mit dem Freiheitskampf der Palästinenser verbündet wissen. Hier liefert die Religion ein politisch-religiöses Selbstverständnis, das den existentiell Entwurzelten und Empörten eine exzeptionelle, weltpolitisch agierende soziale Heimat bietet. Aufgrund der Konflikte im Nahen Osten sind religiöse und politische Motive auch in der New Yorker islamischen Welt schwer zu trennen.

Der Islam kam in kleinen Gruppen schnell assimilierter Einwanderer aus dem Vorderen Orient um die Jahrhundertwende nach New York. Die ersten Araber in New York waren jedoch libanesische und syrische Christen. Während der ersten drei Jahrzehnte dieses Jahrhunderts war die arabische Gemeinschaft religiös vielfältig, kulturell bunt und hochentwickelt. Nach der Lockerung der Einwanderungsbedingungen 1965 stieg die Zahl der Immigranten schnell. Heute zählt man rund 120 000 christliche und muslimische Araber in New York. Da die orientalischen Christen sich schon frühzeitig, in den ersten Jahrhunderten, von der römischen Kirche losgesagt und eigenständige Riten und Bräuche entwickelt hatten, behalten sie auch in New York ihre eigenen Kirchen. Berühmt ist die Kirche der Maroniten: Our Lady of Lebanon Cathedral. Natürlich überwiegt unter den Arabern der Islam. Für die Araber heute hat er die Kraft, ethnische und soziale Grenzen zu sprengen und für viele versprengte Individuen ein Zentrum zu bilden, das in der großen sunnitischen Moschee an der Upper West Side, die 1991 eröffnet wurde, ihr Symbol findet. Da Einwanderer aus den islamischen Ländern einer Vielzahl von Nationen entstammen, die großenteils Konstruktionen der Nachkriegszeit sind, übernimmt für sie der Islam die soziale, kulturelle und identitätsstiftende Funktion in einem. Und da der Islam in diesen Nationen Staatsreligion ist, finanzieren ihre Vertreter bei den Vereinten Nationen die New Yorker Diaspora. Mittlerweile beherbergt New York 60 Moscheen, die meisten davon in Brooklyn. Davon weitgehend unberührt häufen sich die Sufi-Gruppen und Grüppchen, zusammengesetzt aus Sinnsuchern des weißen Mittelstands. Auch sie unterhalten Kontakte zu ihren Muttergesellschaften im Nahen Osten, etwa zum Jerrahi-Orden in Istanbul, ob nur aus spirituellen oder auch aus finanziellen Gründen, ist schwer zu sagen.

Das Judentum ist die einzige Religion, die das Problem der Ethnie nicht kennt. Je nach Blickwinkel betrachten sich die Juden selbst einmal mehr als Volksgruppe, zum anderen aber als Angehörige der gleichen Religion. Vielleicht sollte man die Formulierung Paul Tillichs, des deutsch-amerikanischen Theologen, übernehmen, der den väterlich-sozialen Ursprung zum einigenden Band des Judentums macht, während die Volkszugehörigkeit allein durch eine jüdische Mutter erworben wird. Auf jeden Fall ist es in der New Yorker Szenerie nicht leicht, das religiöse Judentum vom nichtreligiösen zu trennen.

Die jüdische Immigration begann mit der Gründung New Yorks, als brasilianischen Juden gegen den Protest des Gouverneurs Peter Stuyvesant in Neu-Amsterdam Asyl gewährt wurde. Seither emigrieren Juden aus aller Herren Länder nach Amerika und New York. 1910 war ein Viertel der New Yorker Einwohner jüdisch, heute leben mehr als eine Million Juden in der Stadt, von denen rund 40 Prozent angeben, regelmäßig zur Synagoge zu gehen. Je nach der Herkunft der jüdischen Immigranten sind sie mehr oder weniger religiös gebunden. In den letzten Jahrzehnten überwiegen die Immigranten aus Rußland und dem Nahen Osten, die zur Orthodoxie gehören. Nach aller bisherigen Erfahrung hat sich die konfessionelle Bindung von Generation zu Generation liberalisiert und gelockert. Die alteingesessenen Juden New Yorks gehören zu den Reformierten, wenn sie der Synagoge nicht völlig fernbleiben. Durch den Zustrom der Orthodoxen hat sich besonders in Brooklyn ein hochorganisiertes jüdisches Gemeindeleben herausgebildet. Hier wird prinzipiell innerjüdisch geheiratet, und das Gemeindeleben ist aufgrund der Vielzahl von Regeln und Ritualen so dicht wie sonst nirgendwo. So gelingt es den russischen, indischen oder syrischen Juden, die Prägung durch ihre Herkunftsländer, also ihre faktische Ethnie, zugunsten einer absoluten religiösen Ethnie abzustreifen. Diese Beschwörung einer ethnischreligiösen Identität prägt ihr politisches Verhältnis zu Israel. So sind die Orthodoxen die leidenschaftlichsten Bekenner eines theokratischen Staates Israel, während die Reformierten politisch liberal sind und die fehlende Trennung von Kirche beziehungsweise Synagoge und Staat in Israel für ein vormodernes Relikt halten. Zwischen den drei jüdischen Denominationen, den Reformierten, den Konservativen und den Orthodoxen, entwickeln sich daher immer erneut Spannungen, und es muß das Interesse des »Board of the Rabbis« sein, die Konflikte zu schlichten, ohne das Kind mit dem Bade auszuschütten. Letztlich muß es ihm darum gehen, gegen Fundamentalismus wie Säkularismus das nie ganz begreifbare Verhältnis von Ethnie und Religion im Judentum lebendig zu halten.

New York ist die Stadt der ethnisch-religiösen Mischungen, deren Vielfalt nicht zu überblicken ist. Vielleicht ist die These nicht zu gewagt, daß das halbwegs friedliche Zusammenleben in dieser Vielvölkerstadt, in der die Ursachen für soziale Explosionen auf der Straße liegen, nicht zuletzt von den Religionen und einer klugen Kirchenpolitik gemeistert wird. Den Ethnien gelingt eine gegenseitige Toleranz über das Medium der Religion, während die Religionen ganz offenbar in dem Maße vor dem Fundamentalismus und seiner Intoleranz bewahrt werden, wie sie den Angelpunkt ihrer Politik in den existentiellen und sozialen Problemen ihrer eigenen Gemeinden erblikken.

Unterwegs zu einer Theo-Logik

Von Ernstpeter Maurer

Im Jahre 1932 erschien der erste Halbband der *Kirchlichen Dogmatik*.[1] Karl Barth entwirft die Theologie als Regelsystem. Und er konzipiert sie entschlossen aus der Innenperspektive des christlichen Glaubens. Was auf den ersten Blick als Dogmatismus wirkt, erweist sich als Antizipation viel aktuellerer Einsichten: Die Alternative wäre, theologische Aussagen einem nichtgläubigen Bewußtsein plausibel zu machen. Barths Intuition geht in die umgekehrte Richtung: Die subtile Artikulation von Innenperspektiven ist fruchtbarer und gleichsam nebenher für eine Betrachtung »von außen« auch interessanter.

Allerdings kommt es dann zu einer höchst komplexen theologischen Methode. Faktisch gibt es – das ist auch »von außen« sichtbar – ein in sich höchst differenziertes biblisch-kirchliches *Reden von Gott*. Wollte die Theologie vorgängig klären, ob es sich dabei um eine semantisch sinnvolle Formulierung handelt, müßte sie Kriterien entwickeln, die Realität Gottes sprachfrei festzustellen. Derartigen Zumutungen hat sich Theologie bis heute immer wieder ausgesetzt – oft ohne zu fragen, wie es denn mit anderen Bereichen der Erkenntnis steht. Wir reden von »Bewußtsein«, »Freiheit« und »Gerechtigkeit« und warten nicht darauf, daß uns zunächst klare semantische Kriterien zur Verfügung gestellt werden. Ein Regelsystem gewinnt Barth durch Binnendifferenzierung. Das kirchliche Reden von Gott greift zurück auf ein bereits schriftlich gewordenes Reden von Gott, das seinerseits überaus verwikkelt ist. Die Bibel ist ein sperriges literarisches Gebilde. Was in der frühen Neuzeit für Irritation sorgte – die historischen Kontingenzen, Ungereimtheiten, Widersprüche etc. –, erweist sich in Barths Perspektive als Potential. Die biblischen Texte sorgen dafür, daß Eindeutigkeit gar nicht erst aufkommen will. Diese Grundeinsicht Barths aus den dreißiger Jahren birgt eine kostbare antifundamentalistische Spitze: Die Schriftlichkeit der biblischen Texte läßt sich nicht vereinnahmen für religiöse Sanktionen einer vorfindlichen Welt, sie setzt sich eher als Störfaktor durch. Gottes Wort ist alle Tage frisch und überraschend, solange es auf das zunächst stets fremde, unverrechenbare biblische Reden von Gott trifft.

Es kommt Barth darauf an, das Reden von Gott als »Selbstläufer« zu skizzieren, und die von ihm entworfene theologische Methode richtet sich darauf, jede Verkrustung durch Tradition oder aktuell-modische Selbstverständlichkeit wieder aufzulösen – ohne aber das Reden von Gott selbst zu »produzieren«. Die *Kirchliche Dogmatik* will das kirchliche Reden am biblischen Reden von Gott messen. Das wirft natürlich die Frage nach einem Maßstab auf. Barth lehnt den biblizistischen Rückgriff auf Belegstellen ab, er sieht aber auch in der historisch-kritischen Auslegung biblischer Texte keine durchgreifende Alternative. Ein biblischer Text kann und wird überschüssige Perspektiven enthalten, die seiner Entstehungsgeschichte noch gar nicht in den Blick kommen konnten. Das biblische Reden gewinnt seine Leuchtkraft aus der Dynamik unendlicher Querverweise innerhalb der biblischen Texte. Biblische Texte verweisen auf andere Texte, und in diesem Verweisungsgeflecht leuchtet *insgesamt* jene Wirklichkeit auf, von der sie Zeugnis ablegen wollen.

---

1 Karl Barth, *Die Kirchliche Dogmatik*. 4 Bände in 31 Teilbänden. Zürich: Theologischer Verlag Zürich 1993.

Barth verbindet methodologische Bescheidenheit mit einem maximalen Anspruch: Wenn die Schrift sich selbst auslegt, das heißt wenn die Verweisungen in den biblischen Texten durchsichtig werden für eine Tiefendimension, die uns gleichermaßen ergreift und in die Lage versetzt, unsererseits zu reden, dann ist es Gott selbst, der hier redet. Es geht der *Kirchlichen Dogmatik* um dieses in sich differenzierte Wort Gottes. Eine solche Wendung läßt sich weder produzieren noch auf der (scheinbar) allgemeingültigen Ebene eines objektiven Wahrheitsbewußtseins abbilden, und diese Einsicht ist der erste Schritt zur theologischen Methode. Es läßt sich nämlich gerade dann gezielt fragen, welche Hindernisse auf menschlicher Seite eine solche Wendung hemmen oder blockieren können. Die Grundhemmung besteht immer darin, daß wir schon wissen wollen, was angemessenes Reden von Gott wäre. Die biblischen Schriften sind aber vermöge ihrer Komplexität produktiv. Es handelt sich um ein Gewebe mit einem tiefen Widerspruch in der Mitte. Diesen Widerspruch gilt es produktiv zu halten.

Barth greift hier die Einsichten der Konzilien des 4. und 5. Jahrhunderts auf: Das biblische Zeugnis berichtet von der freien und liebevollen Zuwendung des uns unzugänglichen Gottes. Das biblische Zeugnis *erzählt* von Gott, es formuliert keine Theorien, jedenfalls nicht in erster Linie. Die narrative und dramatische Bewegung der Texte kann aber konturiert werden, und diese Kontur erreicht ihre höchste Verschärfung im neutestamentlichen Bekenntnis zur Gegenwart des schöpferischen und lebendigen Gottes im Leben, Leiden und Tod Jesu Christi. Im theologischen Sprachspiel sind demnach Widersprüche nicht ausgeschlossen. Es gilt nicht zu unterscheiden zwischen konsistenter Eindeutigkeit und fatalen Widersprüchen, die angeblich zur Beliebigkeit führen. Es gilt vielmehr zu unterscheiden zwischen lebensförderlichen Antinomien und dem tödlichen Drang zur eindeutigen Festlegung insbesondere der menschlichen Wirklichkeit. Die Alte Kirche hat sich bewußt gegen einen abstrakt-eindeutigen Monotheismus entschieden und mit der Formulierung der Trinitätslehre im Jahre 381 die Nötigung zur stets bewegten, unabschließbaren gedanklichen Durchdringung der Gotteslehre artikuliert: Gott ist ein Gott in drei konkreten Existenzweisen, deren Einheit überraschend in gleitenden Übergängen aufleuchtet. Die Einheit Gottes ist kein abstraktes Prinzip, sondern die in sich differenzierte Einheit des lebendigen Gottes. Gott ist darin geheimnisvoll, daß Gott der geschöpflichen Wirklichkeit aufdringlich nahekommt. Die abstrakte Unterscheidung zwischen einem transzendenten Gott und weltlicher Immanenz wird von Gott her in Bewegung gesetzt.

Der Wahrheitsanspruch der Theologie ist damit nicht erledigt, wohl aber sinnvoll unterschieden von dem unsinnigen Anspruch, es müsse erst in einer neutralen Außenperspektive vorgängig entschieden werden über »die« Wirklichkeit. Was wirklich ist, erweist sich im Funktionieren eines Sprachspiels. Daß ein Sprachspiel im strengen Sinne der Wittgensteinschen Spätphilosophie Wirklichkeit erfaßt, mit Wirklichkeit verflochten ist, zeigt sich darin, daß es nicht zusammenbricht, daß es gespielt und weiter fortgesetzt werden kann. Das biblisch-kirchliche Sprachspiel ist allerdings recht komplex. Die Grammatik dieses Sprachspiels zu explizieren, ist Aufgabe einer Theo-Logik. Barths methodologische Grundentscheidung erweist sich gerade in neuester Zeit wieder als überraschend ergiebig und anschlußfähig.

Einen wichtigen Beitrag zur Ausarbeitung einer alternativen Theo-Logik liefert Eberhard Jüngel[2] in seinem Buch

[2] Eberhard Jüngel, *Gott als Geheimnis der Welt. Zur Begründung der Theologie des Gekreuzigten im Streit zwischen Theismus und Atheismus*. Tübingen: Mohr ^{6}1992.

Gott als Geheimnis der Welt. Die Stärke des Buches liegt in der positiven Entfaltung der ebenso anstößigen wie zentralen christlichen Grundaussage, daß Gott sich selbst bestimmt hat durch die Identifikation mit dem vergänglichen Menschen Jesus. Wird Gottes Wesen bestimmt aus dieser Identität mit einer partikularen und kontingenten geschichtlichen Wirklichkeit, so ist dies nicht als logisch notwendig zu begreifen, sondern um seiner selbst willen interessant und darin *mehr als notwendig*. Nur wo wir die Kategorie der Notwendigkeit hinter uns lassen, kann Freude aufkommen. Ein Reden von Gott, an dem wir uns freuen sollen, muß zweckfrei sein. Und »wer Gott nicht *um seiner selbst willen* denkt, hat noch nicht angefangen, *Gott* zu denken«. So verweist die eigentümliche Wendung »mehr als notwendig« auf den Überfluß, der für das Sein Gottes charakteristisch ist.

Jüngel zielt auf eine Überwindung des Gottes*begriffs* durch das Reden von Gott, durch das *Wort*. Die reformatorische Betonung der Sprachimmanenz Gottes zwingt zu grundsätzlichen Überlegungen zum Verhältnis von Sprache und Wirklichkeit. Die zwanghaften Verkürzungen einer normativen Abbildtheorie sind in der neueren Sprachphilosophie aufgedeckt worden. Zugleich tritt hervor, daß die Theologie Martin Luthers eine Fülle von Einsichten zur Sprachphilosophie birgt, die freilich im Horizont einer einlinig metaphysischen Theologie immer wieder verschüttet wurden. Jüngel hat diese reformatorischen Möglichkeiten wieder freigelegt. Das gilt vor allem für seine differenzierten Ausführungen zur metaphorischen Rede. Paradigmatisch ist die Metapher, weil sie »ganz und gar nicht notwendig, aber in ihrer Nichtnotwendigkeit zwingend ist«. Hier führen spielerische Vergleiche zur Entdeckung möglicher Dimensionen von Wirklichkeit und präzisieren die Wirklichkeit von der Möglichkeit her. Wir werden als Hörer – etwa der Gleichnisse Jesu vom Gottesreich – ins Wort hineingezogen, gerade weil nicht eindeutig, aber präzise geredet wird. Diese Unterscheidung zwischen »eindeutig« und »präzise« ist für die Theo-Logik von grundlegender Bedeutung.

Die Trinitätslehre legt als Grammatik des christlichen Redens von Gott nicht nur (abgrenzend) fest, daß Gott nicht auf einen konsistent-eindeutigen Begriff zu bringen ist. Sie richtet sich auch (positiv) auf die Konturen des Satzes »Gott ist Liebe« (1 Johannes 4, 8). Gottes Sein als Liebe muß gedacht werden als überströmendes Sein, als Ek-stasis. Liebe ist das Phänomen, in dem Macht und Ohnmacht einander nicht widersprechen. Hier kommt es zur einer Dialektik im strengen Sinne, denn Liebe schließt einen radikalen Selbstverlust zugunsten der vom geliebten Du her empfangenen neuen Nähe zu sich selbst ein. Das Geheimnis dieser Bewegung liegt darin, daß das Ich zu solchem Selbstverlust vom Du her schon befreit sein muß. Jüngel präzisiert mit dieser Phänomenologie der Liebe seine These von der ontologischen Überbietung der Wirklichkeit, die durch derart geheimnisvolle Relationen ähnlich in Bewegung versetzt wird wie die bloß aussagend-festlegende Sprache durch metaphorische Rede. Auf diesem Hintergrund kann Gottes Sein in Liebe das Nichts umgreifen und verwandeln.

Die historisch-kontingente Existenz Jesu von Nazareth markiert für diese Einheit Gottes mit der Vergänglichkeit den Punkt höchster Konzentration. Jesus verkündet das Reich Gottes als Freudenbotschaft, erschließt seine einzigartige Gemeinschaft mit Gott für andere Menschen, er macht sie durch sein Reden von Gott – nicht zuletzt in Gleichnissen – anderen Menschen selbstverständlich, obwohl es sich um eine ganz und gar nicht selbstverständliche Gemeinschaft handelt. Jesu Gelassenheit war »das *Ereignis* einer jede Selbstbezogenheit überbietenden Selbstlosigkeit«, daher aber auch die unerträgliche Provokation eines auf seine Selbsterhaltung bedachten Menschseins. Daher ist Jesu gewaltsamer Tod das konsequente Ende einer solchen Existenz. War bereits davon die Rede, daß Gott sich mit der Vergänglichkeit einläßt, um sie schöpferisch zu verwandeln, so verdichtet sich dies in der Gottverlassenheit Jesu (Markus 15, 34), die zugleich als Gegenwart Gottes in Jesus auszusagen ist. Gottes Liebe durchleidet Kreuz und Tod und erweist sich darin als göttlich.

An dieser Stelle kann nicht mehr argumentiert werden, hier scheiden sich die Wege – aber Theologie hat als wissenschaftliche Disziplin ihren schlichten Grund darin, daß faktisch im Licht des Christusgeschehens von Gott geredet wird. Das Wort Gottes hat Menschen befreit von tödlicher Selbstbezogenheit und in die Wirklichkeit der Vergebung versetzt. Die Befreiung menschlicher Personen breitet sich aus, und zwar zunächst sprachlich, als Osterbotschaft. Die Trinitätslehre ordnet diese sich ausbreitende Freiheit dem Wirken des Gottesgeistes zu. Diese Befreiung überwindet auch die tödliche Selbstunterscheidung Gottes, die Gottverlassenheit des Sohnes. Der Geist wird so zum Geist der Einheit von Vater und Sohn und zugleich zur Gabe, die den Menschen in das göttliche Geschehen der Liebe hineinzieht.

Jüngels Beitrag liegt in der differenzierten und präzisen Entfaltung der inneren Einheit von Labilität und Überfluß. Gott wurde traditionell als *ens necessarium* gedacht. Aber dann bricht die Frage auf: notwendig für wen? Und die Antwort muß lauten: eigentlich nur für ein menschliches Bewußtsein, das in Wirklichkeit einzig notwendig existiert und sich dessen (noch) zu vergewissern sucht. Wird hingegen Gottes Absolutheit als liebevolle Verwundbarkeit zur Sprache gebracht, so entfaltet sich die nuancenreiche Rede vom Überfluß Gottes. Verschwindet nicht aller Glanz aus der Wirklichkeit, wenn Überflüssiges nicht mehr gesagt und bedacht werden kann? Ist Glanz nur eine optische Täuschung? Kann eine glanzlose menschliche Existenz noch human sein? Damit sind für eine Theo-Logik spezifische Aufgaben abzustecken, nicht zuletzt im Dialog mit ästhetischen Theorien: Wir müssen schärfer darauf achten, wie Sprache und Wirklichkeit ineinander verwickelt sind. Je mehr wir uns auf die menschliche Wirklichkeit beziehen, desto weniger kann zwischen einer sprachfreien Realität und ihrer »adäquaten« Beschreibung sauber unterschieden werden. Vielleicht ist die Einheit von Schönheit und Verletzlichkeit eben nur um den Preis antinomisch zugespitzter Gebilde auszusagen (beziehungsweise im strengen Sinne eben nicht mehr als »Aussage« zu formulieren). Es kommt dann darauf an, in diesem Bereich jenseits der klassischen Logik Präzisionsstandards zu entwickeln, die ein geistreiches Reden von postmoderner Beliebigkeit zu unterscheiden helfen.

Die Theologie ist dafür auf den Dialog vor allem mit der neueren Analytischen Philosophie und Wissenschaftstheorie verwiesen. Dieser Dialog kann unverkrampft sein, sobald die Theologie sich von der Zwangsvorstellung verabschiedet, sie müsse sich im Hause der Wissenschaften legitimieren. Dann kann sie umgekehrt methodologische Einsichten anderer Wissenschaften gelassen rezipieren und auf ihre Weise klären. Einen ersten Versuch in dieser Richtung unternahm Anfang der siebziger Jahre Gerhard Sauter (zusammen mit seinen Assistenten) unter dem Titel *Wissenschaftstheoretische Kritik der Theologie*.[3] Sauter verweist auf eine bis dahin unterbelichtete Selbstverständlichkeit: Die innere Konstitution von Theorien in den Wissenschaften erweist sich als derart unterschiedlich, daß eine normative, in der Regel an der Physik ausgerichtete Bestimmung von Wissenschaftlichkeit zu kurz greift. Warum also soll die Theolo-

[3] Gerhard Sauter, *Wissenschaftstheoretische Kritik der Theologie. Die Theologie und die neuere wissenschaftstheoretische Diskussion*. München: Kaiser 1973.

gie sich von dem Ideal einer »Einheitswissenschaft« tyrannisieren lassen, das für die Rechtswissenschaft nicht funktioniert und bei genauerem Hinsehen nicht einmal für die Mathematik?

Nun formuliert die Theologie Aussagen und ist insofern den Standards der Begriffsbildung verpflichtet. Ihre Aussagen bleiben aber auf andere Sprachformen und insgesamt auf das biblisch-christliche Sprachspiel bezogen. So kann ein Gebet sich auf vergangene Erfahrungen beziehen und Erwartungen formulieren, es kann erzählen und damit Freiräume sprachlich ausschreiten, ganz andere Möglichkeiten abstecken als etwa eine Prognose. Faktisch fängt auch ein Gebet Wirklichkeit ein, allerdings auf spannende und zunächst unübersichtliche Weise. Ein lehrreiches Beispiel liefert Psalm 139. Hier ist von Gottes Allgegenwart und Allwissenheit die Rede, aber in einem Wirbel ironischer Brechungen, denn der Beter weiß nicht, ob er sich geborgen fühlen soll in der umgreifenden Wirklichkeit Gottes – oder ob er ihr entfliehen soll. Ein solches Gebet verliert seine Faszination nicht.

Theologische Aussagen richten sich auf den Zusammenhang von Begriffen, also etwa: »Gottes Allgegenwart«. So entstehen Theorien. Diese Theorien sind durchaus korrigierbar, denn faktisch erweisen sie sich als förderlich für ein perspektivenreicheres Reden von Gott und vom Menschen. Hier kommt es zum Streit um Begriffe und ihre Verklammerung. Die Entscheidung der Alten Kirche für die Trinitätslehre ist die axiomatische Grundentscheidung gegen das einfache Reden von der Einheit Gottes als der alles bestimmenden Wirklichkeit »jenseits« aller Wirklichkeit und zugunsten eines komplexeren, den Widerspruch umgreifenden Redens von einem in sich liebevoll bewegten und nach außen sich erschließenden Gott, dessen Geheimnis alle Wirklichkeit durchdringt. Die Leistung der klassischen Trinitätslehre – auch in wissenschaftstheoretischer Hinsicht! – besteht darin, die zweite Möglichkeit auf kürzeste Formeln gebracht zu haben. So wird sie zum »Strukturkern« der christlichen Theologie: Das göttliche Wesen ist identisch mit der dreifachen Differenzierung Gottes als schöpferischer Urgrund, als konkrete Zuwendung in geschichtlichen Situationen bis hinab zur Passion Jesu, als dynamische Befreiung, die auch uns schöpferisch und liebevoll existieren läßt.

Das Wesen Gottes ist keine Abstraktion, sondern die Bewegung selbst. Die Geschichte der Trinitätslehre zeigt, daß hier eine Alternative zur aristotelischen Logik skizziert wurde, die sich keineswegs als »nur paradox« kennzeichnen läßt. Es geht um die Idee einer Menge, deren jedes Element diese Menge auf irreduzible, charakteristische, unverwechselbare Weise enthält. Das ist die Denkaufgabe, die das 4. Jahrhundert mit der Trinitätslehre gestellt hat. So zeichnet sich eine nicht beabsichtigte, aber um so vielschichtigere Überlappung zwischen Theologie und Logik ab.

Sauter führt dazu eine wichtige Unterscheidung ein: Entdecken und Begründen sind zweierlei. Der Begründungszusammenhang einer Theorie entspricht dem, was wir eben als »Strukturkern« umrissen haben. Dieser Strukturkern legt faktisch fest, welche argumentativen Verläufe möglich sind. Nun bezieht die Theologie sich auf eine Vielfalt von *prima vista* nichttheologischen Erfahrungen, die teilweise ihrerseits theoretisch bereits artikuliert sind. Ein Begründungszusammenhang – ein theoretischer Strukturkern – erweist sich als gehaltvoll, wenn er unterschiedliche Phänomenbereiche in einer gemeinsamen Perspektive zu erschließen erlaubt. Er wird demnach seine Erklärungskraft erweisen durch die möglicherweise überraschende Orientierungskraft für Verklammerungen. Die Entdeckungszusammenhänge können dabei sehr unterschiedlich sein. Das wissenschaftstheoretische Bild wird nun viel lebendiger, denn ein Begründungszusammenhang kann in einer anderen Theorie in den Entdeckungszusammenhang einrücken (physikalische Theorien setzen in der Regel mathematisierte Phänomenbereiche voraus).

Theologische und nichttheologische Theorien können freilich auch in Spannung geraten. Und im Bereich der evangelischen Theologie ist mit der Lehre von der menschlichen Person hinreichend Konfliktstoff angesammelt. Das zeigt Wilfried Joests meisterhafte Darstellung *Ontologie der Person bei Luther*.[4] Die menschliche Person ist nach Luther einerseits exzentrisch, andererseits responsorisch. Luthers grundlegende Einsicht zielt darauf, daß es kein »Ich«-Zentrum gibt, daß die Einheit der Person nicht »von innen« heraus konstituiert werden kann. Das führt freilich dazu, daß die klassische Lehre vom vernünftigen Lebewesen destruiert wird. Der Gewinn liegt darin, daß die menschliche Person radikal in Relationen zu beschreiben ist. Die menschliche Person ist als Geschöpf ekstatisch auf Gott und die andere Person bezogen. Eine defizitäre und illusionäre Verblendung lockt sie freilich, nach einem sicheren Selb-stand zu suchen. Diese Verblendung ist so stark, daß sie sich im Bereich der mittelalterlichen Theologie sogar gegen das biblische Reden vom menschlichen Geschöpf durchsetzen konnte, was Joest in differenzierten Untersuchungen zur antiken und mittelalterlichen Anthropologie zeigt.

In der biblischen Rede von der menschlichen Person sind zwei Erfahrungen verwickelt: Die Person ist sich selbst entzogen – und gerade darin liegt die Würde der Person. Das heißt keineswegs, daß die Person nicht unverwechselbar auf andere Personen bezogen und darin verantwortlich wäre. Es ergibt sich vielmehr eine höchst komplexe Dynamik. Gerade eine Person, die ihr Leben nicht unter Kontrolle bringen, ihre Begegnungen nicht in eigene Regie nehmen will, wird beziehungsfähig. Aus einer solch unerschöpflichen Beziehung ergeben sich heilsame Potentiale für das menschliche Zusammenleben. Joests Buch erschließt diese Dialektik von »innen« und »außen«. Sobald es um personale Wirklichkeit geht, sind »innen« und »außen« derart verwickelt, daß nur ein immer komplexeres Hin und Her angemessen ist.

Der Begriff »Person« hat hier einen interessanten Stellenwert, weil er biblisch gesprochen gerade die Außenperspektive betont. »Person« bedeutet zunächst einmal: das Anschauliche, die Maske, das Antlitz. Die Oberfläche ist aber eben nicht oberflächlich. An der Oberfläche reflektiert sich eine Tiefe, die dem scheinbar unmittelbar introspektiven Zugriff unzugänglich bleibt. So habe ich meine Person nur von der jeweils anderen Person her. Zu meinem Leib gehört auch Äußeres jenseits meiner Hautoberfläche – etwa sprachliche Äußerungen oder andere objektive Muster, aber nur sofern sie in Bewegung gesetzt werden durch Begegnungen. Darin leuchtet das »Innen« hervor. Innerlich beteiligt bin ich gerade in solchen Momenten, wo ich unwillkürlich reagiere.

Hier zeichnet sich eine dritte, nämlich die eschatologische Dimension des Person-Seins ab. Gemeint ist damit, daß in das menschliche Leben von Gott her Neues einbrechen kann, wo wir uns als passiv erfahren. Passivität ist nicht per definitionem negativ zu werten. Das Neue ist aber zugleich das Urteil über das Alte: über eine Egozentrik, die uns im Selb-stand eines »Ich« und der Perfektionierung unserer Möglichkeiten ein heilvoll gelingendes Leben suchen läßt. Hier stecken natürlich theologisch-philosophische Konfliktpotentiale. Denn die exzentrisch-responsorische Personalität wirkt zunächst höchst anstößig. Ich »muß« mich doch entscheiden können, ich bin doch frei und keine Marionette. Daß die Alternative »frei« oder »Marionette« nicht sauber gedacht ist, gehört

[4] Wilfried Joest, *Ontologie der Person bei Luther*. Göttingen: Vandenhoeck & Ruprecht 1967.

zu Luthers Grundeinsichten – eine Einsicht, die inzwischen von ganz anderer Seite bestätigt wird: Hinreichend rückgekoppelte Systeme lassen die Entgegensetzung von Determinismus und Berechenbarkeit hinter sich.

Mit der theologischen Tragweite derartiger Systeme befaßt sich – freilich noch in tastend-essayistischer Weise – Michael Welker in seinem Buch *Gottes Geist.*[5] Besonders aufschlußreich sind die Überlegungen zum alttestamentlichen Reden von »Gerechtigkeit: Der Begriff ist aporetisch, weil es keine Gerechtigkeit ohne konkretes Recht gibt, weil aber das Recht allein die Gerechtigkeit nicht nur nicht sichern kann, sondern sogar durch zu viel Recht die Gerechtigkeit austrocknet. Es gibt nur dann Gerechtigkeit, wenn auch der Verzicht auf die Durchsetzung des Rechts stattfindet – und der kann logischerweise nicht rechtlich festgelegt werden. Es kommt also darauf an, daß das System »nicht aufgeht«. Gerechtigkeit setzt eine Balance von Recht und Barmherzigkeit voraus. Suchen wir sie systematisch zu steuern, so geraten wir in immer abenteuerlichere Verfeinerungen des Rechtssystems. Andererseits kann Erbarmen nur durchgreifen, wenn es hier so etwas wie eine Kultur gibt, ein Wachstum und Gedeihen. An dieser Stelle kommt es auf die Gotteserkenntnis an. Woher nämlich sollte die Fähigkeit zur freien Selbstrücknahme kommen?

Es gibt zweifellos Erfahrungen, in denen ich in Distanz zu mir selbst versetzt werde, ohne dies als Verlust zu werten, im Gegenteil: Ich erfahre meine eigene Kontingenz als heilsame Wohltat. Es mag dann geschehen, daß solche Erfahrungen in der Begegnung einander verstärken. Es mag überdies geschehen, daß sie sich in bestimmten Sprachräumen geradezu potenzieren – und nichts anderes ist gemeint mit der biblischen Rede von der Gemeinde als Schöpfung des Gottesgeistes. Es muß sich um eine Verlockung handeln, denn ich kann mich aus logischen Gründen nicht entschließen, mich frei zurückzunehmen. Aus dem kreativen Überschuß konkreter Erfahrungen kann sich gleichwohl ein Erfahrungsraum ergeben, der die Selbstdistanz leicht macht. Ein spirituelles »Kraftfeld« führt dazu, daß eine andere Form der Gemeinschaft »emergiert«, eine Gemeinschaft der »Sensibilität für Differenzen«.

In solchen Gebilden dürfte für die evangelische Theologie der nächsten Zeit das schwierigste, aber auch fruchtbarste Problem liegen. Es besteht darin, daß rückgekoppelte Systeme sich chaotisch verhalten – insofern spricht Welker mit Recht von »Emergenz«! –, weil eben wegen der Rückkopplungen nach wenigen Schritten nicht mehr prognostiziert werden kann, wie das Gesamtsystem sich weiterentwickelt, wenn auch in den meisten Fällen solcher Systeme gewisse rekurrente Muster sich einstellen, über die das System auf der Ebene seiner Glieder nicht verfügt – bis hin zu überraschenden Spielräumen. Die Personen werden insofern frei, als sie nicht berechenbar sind. Ein solches System ist gegenüber feinsten Störungen sensibel, es kann unterscheiden, ohne abstrakte Kriterien zugrunde zu legen. Hier verdichten sich die in der theologischen Tradition seit der Formulierung der Trinitätslehre angesammelten Anstöße zur nichtaristotelischen Logik in eine überflüssige, aber eben darin gelassene Einladung zur interdisziplinären Forschung.

---

5 Michael Welker, *Gottes Geist. Theologie des Heiligen Geistes*. Neukirchen-Vluyn: Neukirchener Verlag ^{2}1993.

Die Soziologie und das Heilige

Schlüsseltexte der Religionssoziologie

Von Hans Joas

Die Sozialwissenschaften reden nicht von Gott und fragen nicht nach ihm, aber Religion war eines der Schlüsselthemen in der Zeit ihrer Herausbildung. Die Schriften, die bis heute den Theorie- und Methodenbestand der Soziologie wesentlich prägen und insofern mit Recht als klassisch bezeichnet werden, erschienen zum größten Teil in der Zeit zwischen 1890 und 1920. Die Frontstellung zwischen aufklärerischer oder materialistischer Religionskritik einerseits und restaurativer Funktionalisierung der Religion andererseits, wie sie für das späte 18. und frühe 19. Jahrhundert typisch war, galt für die Klassiker der Soziologie nicht einfach weiter. Zwar mußten sie sich durchaus in diesem Feld verorten. Es waren aber neue Fragen, die ihre Aufmerksamkeit lenkten und ihren Blick auf die Religion bestimmten.

In unserer Zeit, in der Deutschland und weite Teile Europas einen dramatischen Abbruch religiöser Traditionen erleben, kann die Sichtweise klassischer Schriften der Religionssoziologie und Religionstheorie, gelegentlich auch gegen die ursprünglichen Absichten der Verfasser, neue Zugänge zu religiösen Phänomenen erschließen – gerade weil in diesen Werken über Religion nicht in einer Sprache gesprochen wird, die heute auf Unverständnis stößt oder zur Abwendung der Zuhörer führt.

Der eigentliche epochale Neuansatz in der wissenschaftlichen Beschäftigung mit Religion zu Beginn des 20. Jahrhunderts entstammt freilich nicht der Soziologie, sondern der Psychologie. Im Jahre 1902 erschien in den USA das Buch *The Varieties of Religious Experience* von William James, das schon früh als revolutionärer Umbruch in der Geschichte der Religionswissenschaft empfunden wurde. Es hat bis heute nichts von seiner Frische verloren.[1] James' grundlegende methodische Idee bestand darin, *religiöse Erfahrungen* zum Ausgangspunkt der Theorie der Religion zu machen. In souveräner Einseitigkeit schlug er vor, zunächst einmal von theologischen Lehren und kirchlichen Institutionen ganz abzusehen und sich auf die persönliche Religion, das heißt die Beziehung des einsamen Individuums zum wie auch immer verstandenen Göttlichen zu konzentrieren. Auch James wußte natürlich, daß aus den Keimen der individuellen Erfahrung des Göttlichen Lehrgebäude und Institutionen herauswachsen, aber diese blieben für ihn immer Sekundärphänomene gegenüber dem Primärphänomen der individuellen religiösen Erfahrung.

Durch die Wahl dieses Ausgangspunkts befreite sich James mit einem Schlag von den Denkzwängen der historistischen oder evolutionistischen Religionswissenschaft des 19. Jahrhunderts und ebenso von den Versuchen, das Religiöse als bloßen verschobenen Ausdruck eigentlich wirksamer anderer Bedürfnisse aufzufassen. Er dachte dabei vornehmlich an den medizinischen Vulgärmaterialismus des 19. Jahrhunderts, aber das 20. Jahrhundert sollte im modernen Marxismus und der Psychoanalyse noch weit einflußreichere Formen zeitigen, in denen das Religiöse als die bloße Vertröstung von Gerechtigkeits- und Wohlstandshoffnungen auf ein Jenseits oder als die Projektion eines Vaterbildes oder erotischer Verschmelzungswünsche auf imaginäre Gestalten gedeutet wurde.

---

[1] William James, *Die Vielfalt religiöser Erfahrungen*. Frankfurt: Insel 1997.

Wie aber erforscht man religiöse Erfahrungen? James trug eine Fülle von Material für seine Zwecke zusammen. Er verwendete zum einen Schriften, Tagebücher und Selbstdarstellungen religiöser Virtuosen: Heiliger, Sektengründer und anderer Genies des Glaubens aus allen Zeitaltern und Weltreligionen. Zum anderen benutzte er eine Sammlung autobiographischer Zeugnisse von Konversionserfahrungen zeitgenössischer Amerikaner. Sein Buch enthält lange Passagen aus beiden Arten von Zeugnissen und ist, von James' eigener schriftstellerischer Brillanz abgesehen, wohl auch deshalb für viele Leser so packend und tief bewegend geworden. Aus diesen Zeugnissen entwickelt James in Kapiteln über Konversion und Gebet, mystische Erfahrung und persönliche »Wiedergeburt« eine reiche Phänomenologie des Religiösen.

Ganz anders als es im viktorianischen Zeitalter üblich war, in dem die Religion als emotional verbrämte Moralität erschien, unterscheidet James scharf zwischen Moral und Religion. Während Moral uns in unseren Handlungsmöglichkeiten einschränkt, uns bestimmte Ziele verbietet und Mittel untersagt, vergrößert Religion unsere Handlungsmöglichkeiten. Der moralisch geleitete Mensch ist für James ein Hochleistungsathlet der Disziplin, während der religiöse Mensch aus einer Leidenschaft und Erregung heraus lebt, die in Ausnahmezuständen des Lebens begründet ist, aber zu einer dauerhaften Haltung geworden ist. James analysiert den Glauben des religiösen Menschen nicht als ein kognitives Für-wahr-Halten, das durch einen argumentativen Diskurs erschüttert werden könnte, sondern als eine Einstellung zur Wirklichkeit, die vom sicheren Gefühl der Präsenz einer stärkeren Kraft getragen ist.

Er vergleicht den Glauben mit der vitalen Grundhaltung von Liebenden: »Ein Liebender hat ein notorisches Empfinden vom kontinuierlichen Dasein seiner Angebeteten, selbst wenn seine Aufmerksamkeit anderen Gegenständen zugewendet ist und er sich im Augenblick nicht ihre Züge vorstellt. Er kann sie nicht vergessen; sie beeinflußt ihn ununterbrochen.« Das Gefühl der Gewißheit und der schwer artikulierbaren Erhellung gehe einher mit einer Bereitschaft zum Dasein und einer Empfindung der Schönheit der Welt, die bis zur Ekstase reichen kann. James kontrastiert den Glaubenszustand kontinuierlich mit der Entfärbung der Welt in Melancholie und Depression. An Konversion und Gebet interessiert ihn besonders der nichtwillentliche Charakter des Religiösen – die Kommunikation mit der Kraft, aus der die Lebenskraft des Individuums fließt, die aber nicht gezwungen werden kann, sondern sich uns gnädig offenbaren muß.

Für eine ganze Generation von Intellektuellen war die Begegnung mit diesem Buch ein prägendes Erlebnis. Bei Heidegger und Wittgenstein, Scheler und Simmel lassen sich die Spuren dieser Begegnung nachweisen. Unter den wissenschaftlich mit Religion Beschäftigten in Deutschland reagierte am stärksten Ernst Troeltsch. Aus der protestantischen Theologie und Kirchengeschichte kommend, legte er 1912 mit seinem großen Werk *Die Soziallehren der christlichen Kirchen und Gruppen* selbst eines der bedeutendsten Werke der Religionssoziologie vor.[2] Seine Untersuchung religiöser Gruppen und Kirchen und der alltagswirksamen Gestaltungen des christlichen Ethos setzt diese in ein äußerst differenziertes Verhältnis zum Sozialen insgesamt, »d.h. zu Staat, ökonomisch-arbeitsteiliger Gesellschaft und Familie«.

Vermutlich über Troeltsch vermittelt, wurde auch Max Weber auf James' Werk aufmerksam. Von ihm erschien 1904 der Text, der wohl als berühmtester Aufsatz

2 Ernst Troeltsch, *Die Soziallehren der christlichen Kirchen und Gruppen*. 2 Bde. Tübingen: Mohr 1994.

in der Geschichte der Religionssoziologie, ja der Soziologie überhaupt bezeichnet werden darf: *Die protestantische Ethik und der Geist des Kapitalismus*. Webers außerordentlich komplexer Versuch, zwischen dem Geist des Protestantismus, insbesondere dem von Calvinismus und Puritanismus, und der Herausbildung des modernen Kapitalismus Zusammenhänge herzustellen, löste sofort nach Erscheinen erregte Kontroversen aus, die bis heute anhalten und anzeigen, daß der Autor nicht nur ein zentrales Problem der Geschichtswissenschaft, sondern des kulturellen Selbstverständnisses Europas und Nordamerikas berührt hatte. Weber selbst verfolgte den einmal ergriffenen Faden weiter und stürzte sich in das Studium der Wirtschaftsethik sämtlicher Weltreligionen, riesige Mengen von Quellen und religionshistorischer Literatur verarbeitend, von der engeren Thematik der Wirtschaftsethik immer mehr auf die ganze Breite religiöser Vorstellungen ausgreifend.

Auch die Verarbeitung dieser nicht abgeschlossenen Studien[3] in der sozialwissenschaftlichen Tradition ist keineswegs beendet; einer der führenden soziologischen Theoretiker heute widmet fast sein ganzes wissenschaftliches Lebenswerk der Rekonstruktion dieser Schriften und ihrer Konfrontation mit dem heutigen Wissensstand.[4] Obwohl Max Weber selbst sich nicht ohne Koketterie als durchaus »religiös unmusikalisch« bezeichnete, ist seinen Schriften eine faszinierende Fähigkeit des Verstehens anzumerken. Das Körnchen Wahrheit in seiner Selbstdarstellung war aber, daß er sich immer vornehmlich für die *Folgen* religiöser Glaubenssysteme interessierte, nicht für diese selbst. Für viele Fragen der sozialwissenschaftlichen Beschäftigung mit Religion sind seine Schriften trotz ihrer Genialität deshalb nur von beschränktem Wert.

Viel stärker als Max Weber knüpft an James' Idee einer Analyse der Religion von der religiösen Erfahrung aus der französische Klassiker der Soziologie, Emile Durkheim, an. Das Interesse am religiösen Leben hatte den betont laizistisch auftretenden Rabbinersohn sein ganzes Leben lang begleitet; seit Mitte der neunziger Jahre war es zum Zentrum seines wissenschaftlichen Werks geworden, das er mit dem 1912 erschienenen Buch *Les formes élémentaires de la vie religieuse* krönte.[5] In seinem empirischen Kern stellt dieses Buch eine Studie über den Totemismus, die (angebliche) Religion der australischen Urbevölkerung dar – soweit diese sich aus zeitgenössischen Reise- und Forschungsberichten rekonstruieren ließ. Diese zunächst abwegig erscheinende Gegenstandswahl, die Leser außerhalb von Fachkreisen abschrecken mag, findet ihre Erklärung in einer »evolutionistischen« Hintergrundannahme. Diese besagt, daß wir zur Erklärung heutiger sozialer Phänomene auf deren älteste Formen zurückgehen müssen und daß diese einfacher, das heißt weniger komplex seien als die späteren. Bei Interesse an Entstehung und Wirkung des religiösen Lebens hieß dies eben, auf die »primitivste« noch anzutreffende Form von Religion zurückzugehen – und dies schien unzweifelhaft der Totemismus in Australien (und bei einzelnen nordamerikanischen Indianerstämmen) zu sein.

Durkheim legt seinem großen Werk eine Definition von Religion zugrunde, die zur einflußreichsten Bestimmung für die sozialwissenschaftliche Religionsanalyse überhaupt werden sollte: »Eine Religion ist ein solidarisches System von Überzeugungen und Praktiken, die sich auf heilige, das heißt abgesonderte und verbotene Dinge, Überzeugungen und Praktiken beziehen, die in einer und derselben moralischen Gemeinschaft, die

---

3 Max Weber, *Gesammelte Aufsätze zur Religionssoziologie*. Stuttgart: UTB 1988.
4 Wolfgang Schluchter, *Religion und Lebensführung*. 2 Bde. Frankfurt: Suhrkamp 1988.
5 Emile Durkheim, *Die elementaren Formen des religiösen Lebens*. Frankfurt: Suhrkamp 1981.

man Kirche nennt, alle vereinen, die ihr angehören.« Auch Durkheim sieht also Religion – wie James – nicht ausschließlich als Glaubenssystem, sondern hebt die Bedeutung ritueller Praktiken hervor, die nicht nur Ausdrucksformen eines Glaubens seien. Auch er definiert Religion nicht über einen Gottes- oder Götterglauben oder einen Bezug zum »Übernatürlichen« (was ja einen Begriff des bloß Natürlichen immer schon voraussetzt), sondern über das »Heilige« – eine dichotomische Einteilung der Welt in Heiliges und Profanes. Ganz anders als James ist für ihn aber alles Religiöse sozialen Charakters; alle Beziehungen der Individuen zum Heiligen werden von ihm aus Kollektiven abgeleitet oder als bloße Magie dem eigentlich Religiösen entgegengesetzt.

Als Kern des Totemismus und damit elementarsten Bestandteil aller Religion arbeitet Durkheim die Idee der überpersönlichen Kraft heraus. Nicht mythische Persönlichkeiten, Götter oder Geister, und schon gar nicht die Tiere und Pflanzen, die im Totemismus verehrt zu werden scheinen, seien der Ausgangspunkt religiösen Denkens, sondern »unbestimmte Mächte, anonyme Kräfte, die je nach den Gesellschaften mehr oder weniger zahlreich sind, manchmal auch in eine Einheit zusammengefaßt«. Die Heiligkeit der heiligen Dinge oder Praktiken liegt danach nicht in ihrer Substanz begründet, sondern rührt daher, daß sie als Verkörperungen dieses Prinzips der Heiligkeit, einer in ihnen wirkenden erfahrbaren Kraft aufgefaßt werden.

Mit der Frage nach der Entstehung dieser Vorstellungen von der Kraft der Heiligkeit geht Durkheim noch einen kühnen Schritt weiter. Er erinnert uns an die geläufige Erfahrung, daß eine Versammlung von Menschen, insbesondere wenn sie über einen längeren Zeitraum anhält, die Selbstkontrolle aller Teilnehmer vermindert. Dies kann machtvolle stimulierende Wirkungen haben – Hemmungen nehmen ab, das Selbstgefühl nimmt zu und drängt nach außen. Von einer bestimmten Schwelle ab schlägt das Gefühl der Selbststeigerung aber um in die Erfahrung einer Überwältigung der Person, die bis zum Selbstverlust reichen kann. Durkheim zielt auf Ekstaseerfahrungen im Kollektiv – er spricht von »kollektiver Efferveszenz« – und damit auf Erfahrungen des Selbstverlustes, die zugleich die Erfahrung einer Kraft sind – einer außerordentlichen Macht, die das Individuum mitreißt und in eine andere Welt versetzt. Für Durkheim stellt diese Kraft nichts anderes dar als den Effekt der Vereinigung der Individuen selbst. Er weiß aber sehr wohl, daß die unerhörten Erfahrungen des Selbstverlustes und einer das Alltägliche zum Verschwinden bringenden Kraft von den Betroffenen im Regelfall eben nicht mit kühlem Verstand als bloßer Effekt ihrer Wechselwirkung gedeutet werden.

Solche außeralltäglichen Erfahrungen können allerdings nicht ungedeutet bleiben, sondern bedürfen, vor allem wenn sie vorüber sind und der Alltag wieder beginnt, aufs höchste der Integration in die alltäglichen Bezugsrahmen. Dies geschieht laut Durkheim dadurch, daß die Teilnehmer ihre Erfahrung auf präexistente Mächte zurückführen, mit denen sie am Ort und zur Zeit ihrer Versammlung in Berührung gekommen zu sein meinen. Ihre affektive Gewißheit vom Wirken höherer Mächte, die sich aus der Erfahrung des Selbstverlusts zwingend ergibt, schlägt deshalb um in eine der Reflexion nicht mehr aussetzbare Bindung an Attribute der Situation, in der diese Erfahrung gemacht wurde.

Diese Attribuierung ist der Quell, aus dem sich eine Klassifikation der Welt in zwei Bereiche ergibt: nach dem Kriterium nämlich, ob ein Ding oder eine Handlung mit dieser außerordentlichen Erfahrung verknüpft ist oder nicht. Profan ist dann alles, was keine solche Verknüpfung aufweist; sakral, was, wie vermittelt auch immer, mit dieser Erfahrung korrespondiert. Im Selbstverlust steckt damit für Durkheim die Möglichkeit einer Übersteigung des umgrenzten

Selbst hin zu den als sakral gedeuteten Kräften der Sozialität.

Mit der heiligkeitskonstitutiven Erfahrung tritt eine Spannung zum Alltag ins Leben. Die Kraft, die in den außeralltäglichen Erfahrungen entsteht, trägt die Individuen durch ihren Alltag. Die Ekstaseerfahrung gibt den Individuen Vitalität; ihre Wiederholung revitalisiert ihre Kräfte immer neu. Auf dieser Grundlage widmet sich Durkheim der Entstehung des Seelen-, Geister- und Gottesbegriffs und einer Untersuchung der verschiedenen Arten von Riten. Er hat damit die religionsethnologische Forschung über Jahrzehnte hinweg beeinflußt. Sein eigener Ausgangspunkt lag freilich greifbar in seiner Gegenwart – in der leidenschaftlichen Suche nach einer neuen Moral, die der modernen Gesellschaft sozialen Zusammenhalt sichern könne, ohne auf die Werte des Individualismus zu verzichten, und in der Suche nach funktionalen Äquivalenten für eine (angeblich) in der Moderne absterbende Religiosität.

Man kann allerdings fragen, ob Durkheim von seiner langen imaginären Forschungsreise nach Australien jemals in seine französische Gegenwart zurückgekehrt ist. Obwohl ihn Fragen seiner Gegenwart zum Studium der »elementaren Formen des religiösen Lebens« getrieben hatten, blieb seine Antwort hinsichtlich der Gegenwart blaß und unklar. Nach seinem Tod wurde gar der Vorwurf erhoben, Durkheim habe die kollektive Ekstase faschistisch-nationalsozialistischer Massenrituale – wie der Nürnberger Reichsparteitage – antizipiert. Dies ist abwegig. Durkheim selbst sah vielmehr Menschenrechte und Menschenwürde als adäquaten Glauben der Moderne an, konnte aber nicht zeigen, in welchen außeralltäglichen Erfahrungen dieser Glaube entstehen und immer neu belebt werden könnte. Religionen in einem weiten Sinn, der alle Idealbindungen einschließt, sind für Durkheim etwas höchst Reales, Phänomene sui generis, die auf nichts »Idealfreies« zurückgeführt werden können.

An Durkheim schlossen – neben der anthropologischen Forschung – zwei höchst unterschiedliche Stränge der Religionswissenschaft an. Vor allem über den bedeutenden amerikanischen Soziologen Talcott Parsons vermittelt wurde Durkheims Religionstheorie als Nachweis einer sozialintegrativen Funktionalität von Religion gelesen. Dies wurde zwar der Differenziertheit von Parsons' Sicht nicht gerecht,[6] aber gleichwohl selbst zum Orientierungspunkt. Kreativ genutzt wurde die Frage nach der sozialintegrativen Wirkung der Religion und ihrer funktionalen Äquivalente im Umkreis von Parsons: in berühmten Studien etwa von Edward Shils zu den Krönungsfeierlichkeiten der britischen Königin Elisabeth II. und insbesondere in der bahnbrechenden Studie von Robert Bellah zur amerikanischen »Zivilreligion«[7] – einer zutiefst vom Christentum beeinflußten, aber doch zugleich von diesem abgehobenen Sakralisierung nationaler Symbole und der Bedeutungsgehalte der eigenen (amerikanischen) kulturellen und politischen Tradition.

In ganz andere Richtung ging die merkwürdige Verknüpfung von Durkheims Religionstheorie mit Motiven des Surrealismus, die sich im Frankreich der Zwischenkriegszeit herausbildete und in den Arbeiten des sogenannten Collège de Sociologie ihren Ausdruck fand.[8] Die berühmtesten Namen dieser Gruppierung in ihrer Beschäftigung mit Religion sind Roger Caillois und Georges Bataille. Caillois hat die schon von Durkheim bemerkte Ambivalenz des Heiligen – anziehend und erschreckend zugleich zu

6 Zur Berichtigung vieler Mißverständnisse vgl. Sigrid Brandt, *Religiöses Handeln in moderner Welt*. Frankfurt: Suhrkamp 1993.

7 Edward Shils, *Center and Periphery*. Chicago: University of Chicago Press 1975; Robert Bellah, *Beyond Belief*. New York: Harper & Row 1970.

8 Denis Hollier (Hrsg.), *Le Collège de Sociologie 1937–39*. Paris: Gallimard 1979.

sein – und auch des Profanen – alltäglich oder böse zu sein – stärker ausgearbeitet, als dies beim Meister der Fall gewesen war.[9]

Für Caillois und Bataille waren auch die Erfahrungen des Weltkriegs, der Gewalt und des Todes intellektuell zur Herausforderung geworden. Bataille suchte verzweifelt nach einer Alternative jenseits von Stalinismus und Faschismus, konnte allerdings in den Traditionen der westlichen Demokratien keine solche erkennen, da er in relativ orthodox-marxistischer Weise auf sie blickte. Der Traum von der proletarischen Revolution verbindet sich bei ihm mit dem Projekt einer »Heterologie«, eines Widerstands gegen die Elimination von Regellosigkeit, und wird zur Vision der kollektiv-ekstatischen Stiftung einer neuen, antichristlichen Religion als Alternative zum Faschismus. Damit wird diese merkwürdige Anknüpfung an Durkheim zur Vorwegnahme von Motiven des postmodernen Diskurses. Bataille fragt nach den Chancen ekstatischer Sozialität in der Moderne und versucht sogar, in abenteuerlicher Wendung, von einer Soziologie des Heiligen zu einer »heiligen Soziologie« vorzustoßen: sektiererische Gruppenexperimente und ausgelebte Gewaltphantasien dienen der Erregung von Ekstase-Erlebnissen, die als Weg aus den Entzweiungen der Moderne angepriesen werden.

Eine ähnliche Wirkung wie James' Buch zu Beginn des Jahrhunderts entfaltete nach dem Ersten Weltkrieg zunächst in Deutschland, dann auch weltweit das schmale Buch von Rudolf Otto über *Das Heilige*.[10] Otto kam aus der protestantischen Theologie, war aber auch ein weitgereister vergleichender Religionswissenschaftler und bedeutender Indologe. In seinem unakademisch-schwungvollen Werk bahnte er eine Synthese an zwischen der deutschen historistischen Tradition der Religionswissenschaft und der wesentlich auf James zurückgehenden Phänomenologie der religiösen Erfahrung.

Die Ähnlichkeit zwischen James und Otto wurde zwar früh bemerkt, aber nie systematisch untersucht. Der Bezugspunkt für Vergleiche war im deutschen Diskussionsmilieu eher das Werk von Friedrich Schleiermacher und dessen Bestimmung der Religion aus dem »Gefühl schlechthinniger Abhängigkeit«. Otto grenzt sich genau in diesem Punkt von Schleiermacher ab, aus mehreren Gründen zwar, aber vornehmlich, weil ihm diese Definition von einem irreführenden Subjektivismus geleitet erscheint. »Unmittelbar und in erster Hinsicht wäre das religiöse Gefühl dann ein Selbst-Gefühl, das heißt ein Gefühl einer eigentümlichen Bestimmtheit meiner *selbst*, nämlich meiner Abhängigkeit. Erst durch einen Schluß, indem ich nämlich zu ihr eine Ursache außer mir hinzudenke, würde man nach Schleiermacher auf das Göttliche selber stoßen. Das ist aber völlig gegen den seelischen Tatbestand. Das ›Kreatur-gefühl‹ ist vielmehr selber erst subjektives Begleitmoment und Wirkung, ist gleichsam der Schatten eines anderen Gefühlsmomentes (nämlich der ›Scheu‹), welches selber zweifellos *zuerst* und *unmittelbar* auf ein *Objekt außer mir* geht.«

Die Phänomenologie der religiösen Erfahrung besagt also Otto zufolge, daß weder das Selbstgefühl überhaupt noch ein rationaler Schluß auf meine Abhängigkeit von höheren Mächten konstitutiv für Religion sei, sondern eine ganzheitliche Erfahrung von spezifischer Qualität beziehungsweise die Erfahrung eines Objekts spezifischer Qualität. Ottos Terminus für diese heiligkeitskonstitutive Qualität ist »das Numinose«. »Nur wo numen als praesens erlebt wird, wie im Falle Abrahams, oder wo ein Etwas numinosen Charakters gefühlt wird, also erst infolge einer Anwendung der

9 Roger Caillois, *Der Mensch und das Heilige*. München: Hanser 1988.

10 Rudolf Otto, *Das Heilige*. München: Beck 1997.

Kategorie des Numinosen auf ein wirkliches oder vermeintliches Objekt kann als deren *Reflex* das Kreatur-gefühl im Gemüt entstehen.«

Sein berühmtes Buch ist im wesentlichen ein facettenreicher Versuch, dieses Numinose einzukreisen. Er zerlegt es in die Momente des Schauervollen (»tremendum«), des Übermächtigen (»majestas«), des Energischen, des Ganz Anderen (»mysterium«), auch des Fascinans, des Ungeheuren und des Augustum. Es interessieren ihn aber nicht nur die Gefühlsqualitäten, sondern eben auch die Eignung von Objekten für die Entstehung dieser Gefühle und die künstlerischen und religiösen Ausdrucksmittel des Numinosen. In suggestiver Prosa schlägt sein Buch all diese Motive an, ohne auch nur eines davon wirklich umfassend durchzuführen. Mehr als Schleiermacher, mit dem er den Protest gegen eine sich rationalistisch gebärdende Theologie und ein moralistisch verengtes Christentum teilt, zielt er auf eine dialektische Vermittlung von Rationalem und Irrationalem, Moralischem und Religiösem. Mehr als James und Durkheim, für die keine inhärente Beziehung zwischen der Qualität von Objekten und ihrer Sakralität besteht, beharrt Otto auf einer Beschreibung des Numinosen als einer den Objekten selbst anhaftenden Qualität. Dies ist Stärke und Schwäche zugleich: Stärke, weil damit eine Fülle konkreter Untersuchungsfragen der Religionsforschung in den Blick kommt, Schwäche, weil damit die alle Weltgegenstände potentiell durchdringende Kraft der Heiligkeit eher zurücktritt.

Ottos Werk hat eine reiche und weitverzweigte Wirkungsgeschichte in der Theologie, Religionswissenschaft und Religionssoziologie. Seine konsequenteste Fortsetzung findet sich im riesigen Lebenswerk des Rumänen Mircea Eliade, der – aus der Indologie kommend – zuerst in Paris und dann, über Ottos emigrierten Schüler Joachim Wach nach Chicago berufen, dort eine bedeutende religionswissenschaftliche Schule begründete und in großer Breite die Erscheinungsformen des Heiligen untersuchte.[11]

Innerhalb der religionsphänomenologischen Tradition setzte sich der bedeutendste katholische Philosoph und Soziologe der ersten Jahrhunderthälfte, Max Scheler, intensiv mit Rudolf Otto auseinander. In der Deskription des Religiösen sieht er sich mit ihm weitgehend einig, kritisiert aber Ottos Tendenzen zum Rückfall auf Schleiermachers Position und kämpft vor allem dafür, den erfahrungsbezogenen Zugang zum Religiösen mit einer objektivistischen Deutung der subjektiv erfahrenen Phänomene zu vermitteln. Für ihn verfehlen Otto und James gemeinsam die Tatsache, daß es »feste *ontische* Charaktere absoluter Heiligkeit an Christi Person selber (seien), die diese Institutionen nur auffinden, entdecken – nicht aber gestalten und konstruieren«.[12]

Wie in seiner Wertphilosophie tendiert Scheler auch in seiner Religionstheorie dazu, die Reichweite phänomenologischer Analysen zu überschätzen. Für ihn war die Aufdeckung des subjektiven Gefühls der Wertsicherheit Nachweis einer erfahrungsunabhängigen objektiven Präexistenz der Werte; ebenso wird ihm das Faktum der Religion zum Anhaltspunkt für die Existenz Gottes. Hier haben wir spiegelverkehrt die gleiche Selbstsicherheit, mit der Durkheim annahm, das Geheimnis aller Religionen soziologisch gelüftet zu haben – ebenso wie Feuerbach, Marx, Nietzsche und Freud die definitive Antwort für sich in Anspruch nahmen.

William James dagegen war vorsichtiger, tastender, dialogischer verfahren. Scheler versteht dessen Erforschung der religiösen Erfahrung, in der ein intentio-

[11] Vgl. Mircea Eliade, *Das Heilige und das Profane*. Frankfurt: Insel 1998.

[12] Max Scheler, *Probleme der Religion*. In: *Gesammelte Werke*. Bd. 5. Bern: Francke 1954.

nales Objekt dieser Erfahrung zwar behauptet, aber letztlich undefiniert geblieben war, prompt falsch als eine bloße empirische Religionspsychologie, die selbst religiös unerheblich bleibe. Er kann nicht sehen, daß für James auch hinsichtlich von Seelenheil und Erlösung die bescheidene pragmatistische Einstellung leitend blieb: nicht die Verkündung gesicherten Erlösungswissens, sondern die neugierige und tolerante, aufnahmebereite Suche nach ihm.

Alle Ansätze der sozialwissenschaftlichen Beschäftigung mit Religion, die ihren Ausgangspunkt am Beginn des 20. Jahrhunderts haben (James, Durkheim, Otto), wurden in den folgenden Jahrzehnten schöpferisch weiterverfolgt. Einige dieser späteren Autoren (Eliade, Caillois, Parsons) wurden bereits erwähnt. In James' Tradition, aber auch von Durkheim beeinflußt, schrieb der führende amerikanische Pragmatist John Dewey sein schmales Werk über Religion.[13] Wesentlich weniger anschauungsgesättigt als James, führte er in die pragmatistische Religionstheorie tiefschürfende Gedanken über Selbstbildung, die Entstehung von Idealen und die Erfahrung der Intersubjektivität und gelingenden Kommunikation ein. Er zielte mit diesen Gedanken aber auf eine von heute aus gesehen sehr unplausible Entinstitutionalisierung des Religiösen, von der er sich einen gemeinsamen Glauben der Menschheit an die Demokratie, das heißt eine Sakralisierung der Demokratie versprach.

Talcott Parsons ging in seinem Spätwerk weit über die Frage einer sozialen Integration durch Religion hinaus und begann, dem Vorbild der strukturalistischen Analyse von Mythologien folgend, die jüdisch-christliche Tradition auf ihren mythischen Kern hin zu befragen; diesen glaubte er in dem Gedanken des Lebens als Gabe gefunden zu haben.[14] Ebenfalls von Parsons her kommt der bedeutende amerikanische Religionsethnologe Clifford Geertz, der nach Studien über den Islam in Indonesien und Marokko vor allem durch seine Reflexionen über ethnologische Methodenprobleme berühmt wurde. Sein wegweisender Aufsatz *Religion als kulturelles System*[15] repräsentiert einen Fortschritt in der sozialwissenschaftlichen Religionstheorie insbesondere in zwei Hinsichten. Der Ansatz von James, Durkheim und Otto bei den religiösen Erfahrungen konnte nach der allgemeinen sprachtheoretischen Wende in Philosophie und Sozialwissenschaften nicht ungebrochen fortgesetzt werden, da ja nun die Einsicht in die sprachliche (oder symbolische) Vermitteltheit von Erfahrungen unabweisbar war.

Geertz' methodische Überlegungen repräsentieren den Schritt von der Erfahrungs- zur Symboldeutung – einen Schritt, der aber nicht zur Vorstellung hermetisch geschlossener Symbolsysteme führen darf, die gegen die Modifikation durch neue Erfahrungen und ihre Artikulation abgedichtet sind. Außerdem machte Geertz klar, daß Menschen typischerweise zwischen religiöser Perspektive und Common sense beständig hin und her wechseln, zwischen radikal verschiedenen Betrachtungsweisen mithin, »die ohne Zusammenhang nebeneinander stehen und durch kulturelle Gräben getrennt sind, zu deren Überwindung es Kierkegaardscher Sprünge in beide Richtungen bedarf«. Seine symboltheoretische Religionstheorie ist damit vor der Gefahr einer Überschätzung des Kulturellen gefeit.

Das riesige Gebiet der empirischen Religionssoziologie der letzten Jahr-

---

13 John Dewey, *A Common Faith*. New Haven: Yale University Press 1934.

14 Talcott Parsons, *Action Theory and the Human Condition*. New York: Free Press 1978.

15 In: Clifford Geertz, *Dichte Beschreibung*. Frankfurt: Suhrkamp 1983. Wie die symboltheoretische Entwicklung die Untersuchung von Konversionen gegenüber James verändert hat, zeigt sich deutlich in Monika Wohlrab-Sahr, *Symbolische Transformation krisenhafter Erfahrung*. (Soziologische Habilitationsschrift, FU Berlin 1998).

zehnte ist nicht in wenigen Sätzen überschaubar zu machen.[16] Während sich in Deutschland in den siebziger und achtziger Jahren nur wenige namhafte Soziologen (Franz Xaver Kaufmann, Thomas Luckmann, Joachim Matthes, in seiner Weise auch Niklas Luhmann) auf diesem Feld betätigten, ist in der religiös vitalen Kultur der USA ein großer Reichtum an bedeutenden wissenschaftlichen Arbeiten entstanden. In Deutschland zur Kenntnis genommen wurden dabei am meisten die essayistischen Schriften von Peter Berger.[17]

Wichtige Kontroversen spielen sich um die Fragen fortschreitender Säkularisierung und einer Privatisierung des Religiösen ab. Der Begriff der Säkularisierung ist von berüchtigter Mehrdeutigkeit. Während in Europa sehr oft die Verknüpfung von Modernisierung und Niedergang der Religion wie eine Selbstverständlichkeit behandelt wird, steht in den USA die Frage im Vordergrund, ob diese Annahme die amerikanische Entwicklung überhaupt trifft und inwiefern sich in der Religion von einem amerikanischen oder, im Weltmaßstab gesehen, eher von einem europäischen Sonderweg sprechen läßt.[18] Das Thema einer fortschreitenden Individualisierung und Privatisierung des Religiösen wurde vor allem von Thomas Luckmann einflußreich behandelt.[19] Inzwischen hat sich, ohne Leugnung solcher Tendenzen, die Aufmerksamkeit auch wieder verstärkt einer öffentlichen Rolle der Religion unter den Bedingungen der Individualisierung und Differenzierung zugewandt. Dieser Frage gelten einige der wichtigsten religionssoziologischen Studien der letzten Jahre.[20]

Das Gebiet der Religionssoziologie bedarf heute einer neuen Synthese, die sich mit den klassischen Schriften der ersten Jahrhunderthälfte messen kann. Diese scheint mir am ehesten im Werk von Robert Bellah angelegt, der nicht nur in seinen bisherigen Veröffentlichungen insbesondere zur amerikanischen und japanischen Religiosität, sondern auch in theoretischen Arbeiten die Grundlagen für eine solche Synthese gelegt hat.[21] Er führt in neueren Arbeiten die Symboltheorie der Religion weiter und arbeitet gegenwärtig an einer soziologischen Weltgeschichte der Religion. Deren Perspektive ist evolutionär, nicht evolutionistisch. Bellah folgt nicht einem Fortschrittsmythos auf dem Gebiet der Religion, rückt aber auch nicht alles Religiöse auf dieselbe Ebene. Mit welchem Recht dürfen wir etwa den Monotheismus als religiösen Fortschritt bezeichnen? Hier gehen die Fragen des Religionssoziologen spürbar in religiöse Fragen über. Ein schmaler Grat nur trennt religiös irrelevante Religionssoziologie und Kryptotheologie. Aber über diesen schmalen Grat führt der Weg der sozialwissenschaftlichen Beschäftigung mit Religion. Dieser Weg kann heute Menschen dazu führen, sich der »Heiligkeit« in ihren eigenen Wertungen und Weltbildern bewußt zu werden und neuen Anschluß zu finden an den Reichtum der religiösen Traditionen unserer Kulturen.

---

[16] Als Überblick empfehlenswert Robert Wuthnow, *Sociology of Religion*. In: *Handbook of Sociology*. London: Sage 1989.

[17] Zum Beispiel Peter Berger, *Sehnsucht nach Sinn*. Frankfurt: Campus 1994.

[18] Aus der umfangreichen Literatur hierzu besonders wichtig Stephen Warners Aufsatz in *American Journal of Sociology* (Bd. 98, 1993), S. 1044-1093; Philip Gorski, *Historicizing the Secularization Debate*. In: *American Sociological Review* (im Druck).

[19] Thomas Luckmann, *Das Problem der Religion in der modernen Gesellschaft*. Freiburg: Rombach 1963.

[20] Vgl. José Casanova, *Public Religions in the Modern World*. Chicago: University of Chicago Press 1994; Wolfgang Huber, *Kirche in der Zeitenwende*. Gütersloh: Bertelsmann 1998; Berit Bretthauer, *Televangelismus in den USA*. Frankfurt: Campus 1999.

[21] Besonders wichtig ist Bellahs Aufsatz *Religious Evolution* in *Beyond Belief*.

Vom Abdanken des Denkens

Die »Cahiers« der Simone Weil

Von Leopold Federmair

Cahiers: Hefte. Hefte mit Aufzeichnungen, die verschiedenste Themen betreffen. Ein Sammelsurium eher als eine Chronologie. In Italien verhalf Giacomo Leopardi, in Frankreich Paul Valéry dieser Literaturform zu einigem Ansehen. Zwar ist es noch nicht lange her, daß Elias Canetti mit seiner *Fliegenpein* ein schönes Beispiel für dieses »romanische« Genre geliefert hat. Doch im allgemeinen hält man es im deutschen Sprachraum eher mit Tagebüchern (*journaux intimes*, sagt der Franzose und meint damit etwas ganz anderes als *cahiers*). Vergleicht man die *Cahiers* Simone Weils mit denen Paul Valérys – beide Werkkomplexe liegen nun in vollständiger Ausgabe in deutscher Übersetzung vor –, wird man kaum zweifeln, daß erstere nicht den sprachlichen und denkerischen Rang der letzteren erreichen.

Die Aufzeichnungen Simone Weils sind über weite Strecken ein Arbeitsjournal mit Exzerpten und Übersetzungsversuchen aus philosophischen, religiösen, kulturgeschichtlichen Werken.[1] Ihre eigenen Überlegungen knüpfen sich oft an fremde Texte, Heilige Schriften, Märchen, klassische Tragödien, sie umkreisen bestimmte Themen wie die Leere, die Gnade, Gut und Böse, Notwendigkeit und Unmöglichkeit, springen zwischen diesen Themen hin und her, bleiben abstrakt, treiben vorsätzlich die Abstraktion voran. Trotz der geistigen Strenge der Autorin sind viele ihrer Aussagen, stellt man sie nebeneinander, so widersprüchlich, daß sie sich wechselseitig aufheben. Dennoch beeindrucken diese Aufzeichnungen durch das persönliche Engagement Simone Weils, durch den Weg, den sie allein, rückhaltlos, radikal in die verstiegensten Gebiete des Geistes und des Geistlichen geht.

Man wird diesen selbstzerstörerischen Weg kaum zur Nachahmung empfehlen können, eher schon zur Abschreckung, auf alle Fälle aber zur Lektüre, die eine seltene – am Ende auch ästhetische – Mischung aus Faszination und Befremden beschert. So meinte Ingeborg Bachmann in einem 1955 ausgestrahlten Radio-Essay: »Von diesem mystischen Sich-in-Beziehung-Setzen können wir nichts nehmen. Es wäre unsinnig zu behaupten, daß man daran teilhaben kann, es sich wie eine Erkenntnis zunutze machen kann.« Und Emmanuel Lévinas, der es unternahm, *gegen* eine Person zu sprechen, die »wie eine Heilige gelebt und alle Leiden der Welt« durchgemacht hat, zog folgenden Schluß: »In unsere Achtung mengt sich großes Entsetzen. Unser eigener Weg verläuft anderswo.«[2]

Simone Weils *Cahiers* stammen aus ihrer letzten, christlich-mystischen Lebensphase. Davor liegt ihr Studium an der Pariser Ecole Normale Supérieure, zu einer Zeit, Ende der zwanziger Jahre, als dies für Frauen alles andere als selbstverständlich war; dann ihre – nach den Kriterien der Schulbehörde – notorisch erfolglose Tätigkeit als Lehrerin, ihr gewerkschaftliches Engagement, die Auseinandersetzung mit dem Marxismus, Monate als Hilfsarbeiterin in Fabriken und auf dem Land, Zeiten der Arbeitslosigkeit und des Hungers, ständige Kopf-

---

1 Simone Weil, *Cahiers. Aufzeichnungen*. 4 Bände. München: Hanser 1993–1998.

2 In: *Akzente*, Nr. 4, August 1998; dort auch die weiter unten zitierten Äußerungen von Blanchot und Cioran.

schmerzen. Die verschiedenen Formen des Leidens scheint Simone Weil immer wieder gesucht und durchgemacht zu haben. Seit 1938 hat sie mystische Erlebnisse, erfährt sie Zustände der Ekstase. Der Großteil der Aufzeichnungen der *Cahiers* ist in dieser späten Phase entstanden. 1943 stirbt sie im Londoner Exil. Auf dem Totenschein steht: »Versagen des Herzens ... infolge Unterernährung und Lungentuberkulose. Die Verstorbene tötete sich selbst durch ihre Weigerung zu essen, während ihr seelisches Gleichgewicht gestört war.«

Von einem gestörten seelischen Gleichgewicht zu sprechen, ist nach gängigen Psychologenkriterien wohl plausibel. Das Wort »Selbstmord« scheint allerdings fehl am Platz. In einer Aufzeichnung vom Februar 1942 schreibt Weil: »Das Geschöpf hat sich nicht erschaffen, und es ist ihm nicht gegeben, sich zu zerstören. Es kann nur in seine eigene Zerstörung einwilligen, die Gott bewirkt.« Im Zurücktreten, Verschwinden, Verlöschen der eigenen Person sah sie tatsächlich ein letztes Ziel, das ihrem sozialen Engagement und der mystischen Erfahrung, diesen beiden auf den ersten Blick so unterschiedlichen Lebensabschnitten, gemeinsam ist. Platz machen, aus Demut, aus Menschheits- und schließlich aus Gottesliebe: »Wenn ich es verstünde, zu verschwinden, dann gäbe es die vollkommene Liebesvereinigung zwischen Gott und der Erde, auf der ich gehe«. Natürlich ist das unmöglich, aber gerade das Unmögliche muß man, so Weil, mit ganzer Kraft wollen.

Die eingangs erwähnte Abstraktheit ihrer Texte ist möglicherweise ein Merkmal mystischen Schreibens überhaupt. Dem mystischen Autor geht es nicht darum, von Erfahrungen zu berichten, die seiner Überzeugung nach unaussprechlich sind, sondern darum, alles Irdische aus dem Denken und aus dem Text zu beseitigen. Simone Weil bezeichnet die Denkfigur der Tautologie, in der das Denken eigentlich abdankt (»abdanken« ist eines der Wörter, die Weils Verlangen bezeichnen), als »höchste Lehre«: Nach dem göttlichen Vorbild des namenlosen »Ich bin der ich bin« sind auch die Dinge immer nur, was sie sind, die Rose ist eine Rose ist eine Rose usw. In diesen Sog des Tautologischen geraten nach alter Tradition mystischer Antithetik auch Widersprüche und, mit zunehmender Denkschärfe, Paradoxa wie die von Sünde und Gnade, Endlichkeit und Unendlichkeit, Fülle und Leere – bis das Sein schließlich mit dem Nichts zusammenfällt. Der Denkprozeß selbst, der zur Selbstaufgabe führen soll, wirkt auf das denkende Subjekt als Seelendressur.

Diese »Gewaltanwendungen sich selbst gegenüber« verraten mitunter etwas von jüdischem, auch weiblichem Selbsthaß (beide Haßrichtungen sind, wie zu Beginn des Jahrhunderts der Fall Weininger zeigt, seltsam verwandt). Dennoch kann man sie mit ebensoviel Recht der christlich-katholischen Ideologie zuordnen. Viele Absätze der *Cahiers* knüpfen an die kämpferischen Aspekte des in der Bibel vermittelten, vielschichtigen, ja widersprüchlichen Christusbildes an. Den Tempel niederreißen, durch das Schwert regieren – Simone Weil scheint von diesen aggressiven Gesten mehr angezogen zu sein als von der lammfrommen Passivität des Menschensohns.

Allerdings sieht sie sich selbst als menschliches, daher unendlich gottfernes Subjekt niemals als Akteurin, sondern als Leidende, und sie gesteht eine Herrschaft durch das Schwert zwar im geistlichen, niemals aber im weltlichen Reich zu. »Die Sklaverei«, schreibt sie, »ist ein Verbrechen derselben Art wie Mord oder Vergewaltigung, insofern sie zwischen Menschen eine Beziehung herstellt, die nur zwischen Gott und dem Menschen angebracht ist. Gott allein hat das Recht, die Seelen der Menschen zu töten, zu vergewaltigen, zu versklaven. Eine über jedes Gute hinaus begehrenswerte Gewalt.« Die Konzeption einer idealen Gesellschaft, die in den *Cahiers* hier und da aufblitzt, ist ein milder Abglanz solcher Gottesherrschaft. Sie erinnert an die soldatischen Utopien Ernst Jüngers; ihre beiden Pole sind Gehorsam und Aufmerksamkeit.

In ihrer Sehnsucht, sich aufzuopfern, und zwar weniger (oder bloß indirekt) für den Nächsten oder für ein konkretes Anliegen, sondern zugunsten einer recht abstrakten, masochistisch genossenen »Gottesliebe«, steht Simone Weil für Legionen katholischer Frauen. Die Umleitung des Sexualtriebs in Bahnen, die vom eigenen Körper wegführen, hat sie ausdrücklich zum Programm erhoben: »Die sexuelle Energie des Menschen hängt nicht von den Jahreszeiten ab. Das ist das beste Zeichen, daß sie nicht für einen natürlichen Gebrauch bestimmt ist, sondern für die Liebe zu Gott.« Noch ihre Weigerung, der katholischen Kirche beizutreten, hatte etwas Quälendes, und den Gipfel der Gottesliebe sah sie in der Verleugnung Gottes – ganz nach dem Vorbild Christi, der am Kreuz seinem Vater den Vorwurf macht, ihn verlassen zu haben. Eine wahrhaft heilige (folglich radikale) Existenz scheint im 20. Jahrhundert – nach Auschwitz, aber wohl auch schon vorher – nur im Grenzbereich des Atheismus möglich zu sein. »Die Religion als Quelle des Trostes ist ein Hindernis für den wahren Glauben, und in diesem Sinn ist der Atheismus eine Reinigung«, liest man im zweiten Band der *Cahiers*.

Was Maurice Blanchot am meisten an den Schriften der Simone Weil erstaunt, ist die *Gewißheit*, die sie ungeachtet aller Schwankungen und Widersprüche immer wieder zum Ausdruck bringen. Tatsächlich ist der fraglose, zweifelsfreie, herrische Sprechakt des Behauptens eines der auffälligen Stilmerkmale ihres tautologischen Schreibens. Dessen strategisches Ziel besteht nun gerade darin, Widersprüche in eins fallen zu lassen, vorgängige Bewegungen zur Umkehr zu zwingen und Schwankungen in ein Oszillieren zu steigern, in welchem Diesseits und Jenseits ununterscheidbar werden. Die Letzten werden die Ersten sein, und »wer sich erniedrigt, der wird erhöht werden«. Simone Weil findet für ihre radikalisierenden Umkehrbewegungen genügend Nahrung im Neuen Testament. Es zeigt sich freilich, daß die Abkehr vom Stolz hin zur größten – eigentlich kleinsten – Demut niemals so weit gehen kann, daß nicht hinter ihrem Rücken doch wieder ein Hochmutsschimmer auftaucht. Auch in dieser Hinsicht hat Blanchot klar gesehen: Über die ekstatische Erfahrung kann man nur schweigen; auf dem Weg des Denkens – erst gar des Schreibens – kann man nicht zu einem so vollständig verborgenen, unendlich fernen Gott gelangen.

Die *Cahiers* selbst sind mit jedem einzelnen Wort Zeichen und Akte von Hochmut, auch und gerade dann, wenn sie von Strafe, Gehorsam und Zwang reden. Die Entsagung verkörpert eine Lustmöglichkeit; die Schönheit dieser Welt, einer Welt, die doch ursprünglich ein Fehler Gottes ist, gibt die irdische Signatur jenes höchsten Guten, nach dem die sich erniedrigende Seele strebt, ohne es je erreichen zu können. Inmitten all dieser Turbulenzen steht unbewegt die Gewißheit. Das innerste Schweigen, dieses Undenkbare, wird mit Gerede getarnt. Lesend/schreibend springt man von Definition zu Definition: »Ich bin der ich bin« wird zu »Ich weiß was es ist«. Ich weiß, daß ich nichts weiß. Ich weiß alles. Aber Wissen *von* etwas, und sei es von allem, ist keine Glaubensgewißheit. Das einzig Gewisse bleibt unsagbar. Kann man es, wie Wittgenstein meinte, zeigen? Warum sollte man es zeigen können, wenn man es nicht sagen kann? Das Gewisse, der unaussprechliche Name, das Nichts (lauter falscher Verrat): Man kann nur daran teilhaben – *es* sein, *sich* vernichten.

Die Denkbewegungen der Simone Weil sind inkonsequent. Auch darin liegt letztlich eine Konsequenz, denn das Denken betreibt sein eigenes Abdanken. Dennoch halten wir es lieber mit Ingeborg Bachmann und Emmanuel Lévinas. Unser Weg ist anderswo; unser Weg könnte der Zweifel, die Unsicherheit, die Annäherung sein. Seltsam – nein, konsequent, daß Simone Weil den Zweifel Christi nicht sieht, obwohl sie die Bibelstelle mehrmals kommentiert: »Mein Gott, warum hast du mich verlassen?« Das ist keine Verleugnung Gottes, sondern eine Frage, der letzte und größte Zweifel am Sinn des Opfers, des Todes, des christlichen Heilsprogramms. Aussteigen, nicht mehr mitmachen – das könnte dieser Schrei auch bedeuten. Und eine Konsequenz für uns könnte sein: Agnostizismus. In der Gestalt Simone Weils jedoch, die auf einzigartige Weise ihre Imitatio Christi lebte, verkörpert sich der Geist (Pneuma oder Ungeist) des 20. Jahrhunderts, des Zeitalters der Extreme. Atheismus und Glaubensfanatismus oszillieren in ihrem Werk, dieser kann sich in jenen verkehren, und dieses ständige Überschreiten einer inneren Grenze ist die Qual, der sich die Mystikerin unterziehen muß, will sie ihre niederschmetternd geringen Aussichten auf das Heil bewahren.

Es versteht sich von selbst, daß die Sprache eines so abstrakten Werks alles andere als bilderreich ist. Um so stärker wirken gewisse Bilder der Selbsterniedrigung, die an die Tierwelt Kafkas erinnern: »Ein Eichhörnchen, das in seinem Kreis läuft, und die Umdrehung der Himmelssphäre. Äußerstes Elend und äußerste Größe. Wenn der Mensch sich als Eichhörnchen sieht, das in einem kreisförmigen Käfig seine Runden läuft, dann ist er, falls er sich nicht belügt, dem Heil nahe.«

Es ist ein weiterer Widerspruch, ein Widerspruch zu den Intentionen der Autorin, daß die *Cahiers* so etwas wie einen poetischen Überschuß enthalten, der sich nur mit gewissen Schwierigkeiten aus der Leidensmystik erklären läßt, eine Schönheit, auf die auch Ingeborg Bachmann hingewiesen hat. Vielleicht gibt es doch Elemente im Denken Simone Weils, die wir annehmen können, etwa die Definitionsversuche einer zum Leiden komplementären »Freude« als »Gefühl der Wirklichkeit« und die Vorstellung von Schönheit als Tor, das durch die sinnliche Welt hindurch zum Geistigen führt. (Cioran hingegen sah ausschließlich ihren »Hang zum Unglück«.) Die Selbsterniedrigung entspricht nach Simone Weil göttlichem Vorbild, insofern die Menschwerdung eines Gottes immer ein Herabsteigen bedeutet. Diese Imitatio enthält in sich einen Keim der Erhöhung zum Göttlichen. »Nachahmung/Umkehrung« heißt das Programm.

Die Schrift der *Cahiers* verfolgt eine doppelte Bewegung der Erhöhung/Erniedrigung, der Schwerkraft und der Photosynthese, der »aufsteigenden« und der »absteigenden« Bewegung; sie gehört einer im eigentlichen Sinne »barokken«, die Vertikale betonenden Ästhetik an, die Simone Weil, die Ungetaufte, bei katholischen Meßfeiern bewunderte: »Schönheit der Riten. Messe. Die Messe kann den Verstand nicht berühren, denn der Verstand erfaßt nicht, worum es dabei geht. Sie ist vollkommen schön und von sinnlicher Schönheit, denn die Riten und Zeichen sind sinnlich wahrnehmbare Dinge. Schön in der Art eines Kunstwerks.«

Die Hüter der Transzendenz

Von Alexander Schuller

Die Differenz von Gut und Böse ist wieder da, mächtiger denn je und fast, so scheint es, hat sich die stille Hoffnung der Aufklärung auf den Sieg des Guten in ihr Gegenteil, in einen Sieg des Bösen verkehrt. Das postnazistische Jammern war laut genug, das postkommunistische übertönt es. Was wird siegen: »Médecins sans frontières« oder das Morden im Kosovo? Oder bedingen und wollen sie sich gegenseitig? Der Manichäismus ist jedenfalls wieder im Kommen. In der biblischen Tradition ist Gott sowohl der Strafende als auch der Liebende, der Schreckliche und der Vergebende, vor allem aber ist er eins mit seinem Volk, mit seinem Geschöpf. In der Moderne aber ist Gott zu Begriffen ausdifferenziert. Der Januskopf verwandelt sich zur Dialektik, die Dialektik zur Antinomie. Gut und Böse, Zukunft und Vergangenheit, Hoffnung und Verzweiflung, Erlösung und Verdammnis sind zum metaphysischen Grundwiderspruch geraten. Ein tiefer Spalt zerreißt die Welt und trennt die Erlösten von den Verdammten. Die einen haben das richtige Bewußtsein, die anderen das falsche.

Mit der Französischen Revolution triumphiert das Gute, fliehen die Mächte der Finsternis, des Aberglaubens und der Lüge aus der Geschichte. Hexen und Hölle, Aberglaube und Lüge haben keinen Platz mehr im Bewußtsein des modernen Menschen. Daß das Böse mit dem Triumph der Aufklärung seiner Heimat verwiesen wurde, ist inzwischen als Fehler erkennbar. Als Garant des Bösen hatte man – durchaus zu Recht – Gott enttarnt. Daß er auch ein Garant des Guten war, wurde übersehen. Dabei hatte schon die christliche Tradition und geradezu exaltiert die Scholastik – stets vermittelt durch das Denken, durch den Begriff – die Welt wahrgenommen. Auch das war jüdisches Erbe. Das hat zu einer geistigen Vertiefung des Gottesbegriffes geführt, wie er sich so differenziert und kritisch in keiner der anderen Weltreligionen gezeigt hat. »Aber dieser unerhörte Zwang zur Rechtfertigung Gottes vor der Vernunft und der Vernunft vor Gott, der im Mittelalter die feinsten und tiefsinnigsten Gedanken über das Absolute zum Blühen brachte, hat trotzdem die verhängnisvollsten Folgen gehabt, weil das christliche Bewußtsein auf dem Weg über den Offenbarungsbegriff zu einer bedingungslosen und radikalen Säkularisation des heiligen Gottes zwang und damit der europäischen Seele auf Jahrhunderte hinaus den Halt im Transzendenten und die selbstsichere Ruhe eines absoluten Gewissens raubte.«[1]

Seit jeher also hat die europäische Rationalität, die griechische, aber auch die jüdische, ihren Gott der Vernunft unterworfen und damit sein Geheimnis zerstört, die Säkularisierung überhaupt erst ermöglicht. Gerade die europäische Scholastik hat Gott, im doppelten Sinne des Wortes, rationalisiert. Aber »ein begriffener Gott ist kein Gott« (Gerhard Tersteegen). Und Condorcet ist nicht der Beginn, sondern die Vollendung der abendländischen Gotteswut. Von Augustinus zu den Enzyklopädisten führt eben nicht nur eine aufsteigende, sondern auch eine abfallende Linie. Man kann die Säkularisierung der Welt als jene Erschöpfung verstehen, die das Bemühen um das Geheimnis aufgegeben hat. Danach wäre nicht Hoffnung das geheime Movens der Aufklärung, sondern Resignation.

Im Programm der Aufklärung paaren sich Bescheidung und Anmaßung. Bescheidung im Verzicht auf das Andere, auf das Geheimnis, auf die Ordnung; Anmaßung in diesem nun so erheblich verengten Spielfeld, selbst Besseres als Gott zustande zu bringen. »Mit dem Schwund des Jenseitsglaubens also wurde die immanente menschliche Geschichte, im Horizont der neuzeitlichen Fortschrittsidee, zum alleinigen Feld, in dem Heil oder Unheil, Verdammnis oder Erlösung sich entscheiden mußten und die Erwartung des Eschatons verankert war.«[2] Aber auch hier hat die neue Einsamkeit ihren gerade noch mittelalterlichen Vorläufer: die Einsamkeit Luthers vor dem damals schon verstummenden Gott.

Mit dem Tod Gottes und dessen geradezu hinterhältiger Interessenvertretung sowohl des Guten als auch des Bösen konnte man erst einmal richtig durchatmen, aber nicht lange. Erst konnte man die scheinbare Gleichberechtigung von Gut und Böse zugunsten einer Präferenz für das Gute abschaffen. Das Böse verschwand, und das Gute wurde organisiert. Das Gute fiel nicht mehr, wie man inzwischen aufgeklärt wußte, vom Himmel, sondern entstand hier auf Erden, war Ergebnis und Produkt eigener Anstrengungen und damit auch eigenen Verdienstes. Die Gnosis kam – wenn auch Gott abgewandt – zu neuer Blüte. Und sie lastete auf den Schultern und auf der Seele der Menschen wie einst der Fluch des Herrn. Die säkularisierte Gnosis ist die Geburtsstunde des modernen Gewissens – und seiner Gewissensbisse. Auch wenn sie inzwischen scheinbar harmlos Streß heißen, sie sind Teil jenes anmaßenden Erbes der Aufklärung, wonach der Mensch selbstverantwortlich, weltverantwortlich handeln könne, schlimmer noch: Garant universaler Menschenrechte sei.

Daß bereits in den ersten Monaten, ja bereits schon im Vorfeld der Französischen Revolution das neue Gute sich nur als Terror darzubieten in der Lage war, hätte zum Träumen Anlaß geben sollen, zum Alpträumen. Wer sonst, wenn nicht Robespierre oder genauer Saint-Just hat die Perspektive auf das 20. Jahrhundert eröffnet? Der Schrecken, für den Gott und sein Teufel standen, war mitnichten dahin, er war nur abgespalten. Der latente Manichäismus wurde hier manifest. Terror und Tugend als Antipoden gedacht, fanden wie untrennbar Liebende selbst unter dem strengen Blick der Aufklärung zueinander. Das war die entscheidende Abkehr von Gott. Denn so »grauenvoll-furchtbar das Dämonisch-Göttliche dem Gemüte erscheinen kann, so lockend-reizvoll wird es ihm«.[3] Und

---

1 Gotthard Günther / Helmut Schelsky, *Christliche Metaphysik und das Schicksal des modernen Bewußtseins*. Leipzig: Hirzel 1937.

2 Gottfried Küenzlen, *Der neue Mensch*. Frankfurt: Suhrkamp 1997.

3 Rudolf Otto, *Das Heilige*. München: Beck 1997.

diese verlockende Einheit, dieser Doppel-Charakter des Dämonischen bleibt das illegitime, das stets abgewehrte göttliche Erbe an die Aufklärung.

Die Aufklärung hatte mit der Transzendenz aufgeräumt. Sie hatte die Absurdität des sowohl liebenden als auch schrecklichen Gottes überwunden und entschied sich für das Gute, für Gleichheit, Freiheit und Brüderlichkeit, außerdem für Fortschritt und Vernunft. Abgründe oder Zweifel hatten in diesem Programm keinen Platz. Alles war gut und war auf dem besten Weg, noch besser zu werden. Alexis de Tocqueville reiste nach Amerika und fand dort alles, was die Demokratie versprochen hatte. Und Max Weber folgte ihm, wenn auch nicht sofort, und fand – wie Tocqueville – ein Land, das gnostisch bis in die Knochen sein Schicksal in die eigenen Hände genommen hatte. Während des gesamten 19. Jahrhunderts war Amerika den Europäern eine irreal existierende Utopie. Selbst für die Französische Revolution war es Modell und Inspiration. Amerika war aber nicht nur das Modell der Demokratie, sondern auch das Modell des privaten Gottes. In Staat und Gesellschaft hatte er nichts zu suchen. Er war ein – vielleicht durchaus ernsthaftes – Privatvergnügen. Transzendenz und Immanenz hatten nicht das geringste miteinander zu tun. Und die Transzendenz war privatisiert.

Mit hundertjähriger Verspätung und mit poetischer Präzision konnte Nietzsche am Ende des 19. Jahrhunderts den Tod Gottes konstatieren. Aber die Euphorie war dahin, der Tod Gottes war kein Befreiungsschlag, sondern das Eingeständnis der menschlichen Einsamkeit: die Alternativlosigkeit als Heroismus. Daß Nietzsche und Wagner das epochale Gespann wurden, geht weit über das Biographische hinaus. In Nietzsche selbst gehen Ästhetik, Ethik und Philosophie einen gemeinsamen Weg. Für Nietzsche gehen Sozialismus und Christentum ein im doppelten Sinn verlogenes Bündnis ein: erstens weil sie Rivalen waren und zweitens weil sie von einer halbierten – auf das Gute reduzierten – Welt schwärmten. Der Sozialstaat unterstellte, schuf und erzwang das Gute. Er verkörperte die beste aller möglichen Welten, die Welt des »letzten Menschen«. Gleichheit und Brüderlichkeit (Solidaritäts- und Subsidiaritätsprinzip genannt) trieb sie voran. Das Gute ließ sich – das zeigte der Sozialstaat – planen, organisieren und verwalten.

Kurzum, Gott und auch sein Böses waren überflüssig geworden. Mehr noch: Gott gab es gelegentlich, das Böse gar nicht mehr. Aber wenn es das Böse nicht mehr gab, konnte es dann das Gute noch geben? Wie sah das Gleichgewicht der Kräfte nach der Ausrottung des Bösen dann noch aus? Gab es das autonome Gute? Ein konsequent zu Ende gedachter Manichäismus hätte dafür möglicherweise eine Option zur Verfügung stellen können. Vielleicht ist es just diese nie manifest gemachte moderne Konsequenz des Manichäismus, die den Aufstieg des Guten und das Verlöschen des Bösen zur Utopie unseres Alltags gemacht hat. Das Böse war einem Vernichtungsfeldzug ausgeliefert: auch in der Wissenschaft. 1963 publiziert Konrad Lorenz *Das sogenannte Böse*. Der Titel ist ein Taschenspielertrick. Das Böse wird eliminiert, indem man das Thema wechselt: Lorenz spricht von Aggression. Und ordnungsgemäß zeigt Lorenz, daß die Aggression keineswegs böse, sondern im Rahmen der Naturgeschichte funktional und gewissermaßen durchaus auch das Gute sein kann.

Acht Jahre nach Lorenz publiziert Gerhard Szczesny das gleiche Buch mit dem gleichen – aber nicht demselben – Titel: *Das sogenannte Gute*. Darin nimmt er Abschied von seiner linken Vergangenheit und von der ihm viel zu gläubigen Achtundsechziger-Bewegung. Beide, Lorenz und Szczesny, bekämpfen im Namen von Aufklärung und Liberalismus Begriffe – genauer vielleicht: das klassische Begriffspaar –, die nach Transzendenz schmecken und auch so gemeint sind. Lorenz wendet sich gegen eine traditionelle christliche Ethik,

Szczesny gegen einen damals wieder aufflackernden linken Fundamentalismus. Beide wollen den säkularisierten Schrebergarten von metaphysischem Müll freihalten. Aber beide – und sie stehen für Grundpositionen der Epoche – greifen zu kurz. Weder läßt sich die Aggression gewissermaßen als Staubsauger der Evolution domestizieren, noch waren die Studenten von '68 nur unnötig aufgeregt. Lorenz und Szczesny sind von der Aufklärung mit Blindheit geschlagen. Sie verstehen die Herausforderung weder in der Wissenschaft noch in der Politik richtig einzuordnen, sie glauben ein Problem zu lösen, indem sie es leugnen.

Aber, in den Worten von Rolf Peter Sieferle: »Vor der Gewalt kann man erschrecken, man kann von ihr fasziniert sein, man kann Angst (und Angstlust) vor ihr empfinden. Vor allen Dingen aber muß eine Kultur Wege finden, mit ihr umzugehen, über sie zu reden, sie zu regulieren, zu formieren und zu ritualisieren, sie einzuhegen und Darstellungsformen zu finden, die dies alles gestatten ... Seit der frühen Neuzeit, vor allem aber seit den Entwürfen einer aufklärerischen Geschichtsphilosophie im 18. Jahrhundert, hatte sich in der westlichen Welt eine Selbstbeschreibung verankert, nach der diese sich in einem Prozeß der ›Zivilisierung‹ in dem Sinne begriffen sah, daß Recht, Vernunft und Gespräch an die Stelle von Gewalt und Krieg treten sollten ... Dennoch ist das Projekt einer Verdrängung der Gewalt durch Zivilisierung noch nicht vollständig verschwunden. Es gehört nach wie vor in den eisernen Bestand des Selbstverständnisses einer Gesellschaft, die sich in einem Prozeß der ›Modernisierung‹ begriffen sieht, zu dem auch die Ablösung von Gewalt durch Recht, Moral, Markt und Diskurs gehören soll«.[4]

Wenn Gewalt und Massenmord einem vorhistorischen Atavismus zugerechnet werden können, so entlastet das die Moderne und läßt sie zurückkehren zu ihrem guten Gewissen und ihren guten Geschäften. Die Bösen, das sind dann die anderen: die Nazis, die Serben, die Hutus – alles Vorgeschichte, historischer Dschungel. Das Böse wird dämonisiert, anachronisiert und damit scheinbar bewältigt.

Die Strategie der liberalen Aufklärung bestand darin, sich zu erschrecken, sich zu empören und dann den Befund umzudefinieren. Die radikale Aufklärung war da anders. Sie bemächtigte sich des Bösen. Sie nahm es auf in ihre Strategie, mehr noch in ihr Theorie- und Weltverständnis. Sie griff in der Tat zurück auf Mythen und Muster europäischen Denkens und europäischer Identität. Griechisches und Biblisches, Marx und Schmitt, Opferwille und Opferbereitschaft, apokalyptischer Vernichtungswille flossen ein in die »modernsten« und wissenschaftlichsten Konzepte des 19. und 20. Jahrhunderts. Der Strukturwandel der Produktionsweisen, aber auch die Frage nach dem Ursprung des Menschen fand ihre Antwort in der Modernisierung archaischer Denkformen. Friede und Vernunft, die Hoffnung der liberalen Aufklärer, wurden ersetzt durch Kampf und Sieg und Vernichtung, in Theorie und dann im 20. Jahrhundert in geradezu universaler Praxis. Der von der Aufklärung bekämpfte Aberglaube, der Hexenwahn, die Verfolgungsphantasien, das Satanische kehrten gelegentlich sogar wortwörtlich wieder. Der Manichäismus stand wieder in voller Blüte. Und die Gnosis bis hinein in eine ekstatisch gepredigte Apotheose der Technik beflügelte zu ungeahnter Handlungswut.

Noch jeder Schrei nach Selbstbestimmung partizipiert an diesem uralten Topos. Das ist es, was die radikale Moderne verbindet: die Dichotomie als ontologisches, also weltkonstituierendes Prinzip. Der Andere ist der ganz Andere. Für ihn

---

4 Rolf Peter Sieferle / Helga Breuninger (Hrsg.), *Kulturen der Gewalt*. Frankfurt: Campus 1998.

gilt das Gesetz der Exklusion. Ich selbst werde zu dem, der ich bin, wenn auch ich dem Anderen der ganz Andere bin. Hier gibt es keinen Buberschen Dialog, hier gilt das Schweigen der Naturgesetze. Der Marxismus ist bekanntlich eine Wissenschaft, und auch der Nationalsozialismus beruft sich auf Geopolitik und Sozialdarwinismus. Hier wird nicht phantasiert und romantisiert, geflunkert und getändelt, hier geht es um objektive Wahrheit. Und der Feind ist dann nicht gelegentlich auch wieder der Freund, sondern er ist, wie Hannah Arendt gesagt hat, der »objektive Feind«. Zwischen objektiven Feinden gibt es nur Krieg.

Wenn im Manichäismus Gut und Böse statische, in gewisser Weise ewige Säulen der Weltordnung darstellen, so wird der moderne Manichäismus dynamisch gefaßt als Prozeß und als ein in die Zukunft gerichteter Kampf ums Überleben. Es geht um die siegende Klasse oder die siegende Rasse. Wer ist erwählt? Wer schafft das Rennen zum Endpunkt der Geschichte? Wer verliert, geht unter. Auf jeder Entwicklungsstufe realisiert sich dieses Prinzip von neuem, bis einer übrigbleibt: in dem einen System der Kommunist, in dem anderen System der Arier. Um Lenin zu variieren: Die radikale Aufklärung ist Grundwiderspruch mit Mikrochip.

Der Gegensatz zu Kapital und Arbeit zeigt diese Dynamisierung des manichäischen Grundwiderspruchs. Noch in den amerikanischen – also liberal-aufklärerischen – Stratifikationsmodellen dominiert der theoretische Kompromiß, das Kontinuum, die Integration, der Dialog. Das klassische amerikanische Schichtmodell ist mehrdimensional (Einkommen, Bildung, Tradition) und kontinuierlich (in beliebig viele Stufen zwischen Oberschicht und Unterschicht differenzierend) geordnet. Das Modell ist dynamisch und erlaubt Bewegungen sowohl in der vertikalen wie in der horizontalen Richtung. Aber die Dynamik ist nicht exterminatorisch, sondern transformativ. Der Marxsche Klassenbegriff handelt von der Überwindung einer überholten und damit historisch gesehen primitiven Phase. Es geht auch bei Marx um einen Prozeß der Zivilisation, obwohl bei ihm weniger das Zivilisatorische, sondern das Kriegerische im Vordergrund steht. Das marxistische Klassenmodell ist eschatologisch orientiert. Das Proletariat verkörpert die Gruppe, die den Anspruch auf Erlösung verkörpert, die Bourgeoisie ist als historisch überholte Kategorie dem Verfall und dem Fluch überantwortet.

»Während aber die christliche Lehre immer liberaler wird und werden kann, indem sie dem ›Nächsten‹ den Vorzug vor den Dogmen gibt, ist der Marxismus dazu verurteilt, zum Fundamentalismus und zur Orthodoxie zurückzukehren«. Szczesny erkennt in seinem Vorwurf der Orthodoxie ganz richtig, daß sich hier eine Umkehrung der Rollen abzeichnet. Der Marxismus als Orthodoxie, das Christentum als Liberalismus, der Kommunismus radikal, das Christentum sanft, Kommunismus als neue Inquisition, die Kirche als Hilfskraft in der Freigabe der Abtreibung. Oder noch genauer: Der Marxismus als ahnungsloser Hüter der Transzendenz, die christliche Kirche als Apologet des Laisser-faire.

Auch im Nationalsozialismus verkleidet sich ein mythischer Manichäismus als Evolutionstheorie. Das egoistische Gen von Dawkins – harmlos und nicht unter Ideologieverdacht – ist Teil jenes Weltbildes, in dem die um ihr Überleben und ihren Sieg kämpfende Rasse alle anderen Rassen triumphal eliminiert. Daß das Mystische und Obskure bei Hitler und bei Rosenberg, bei Himmler und bei Streicher oft genug an das Lächerliche grenzt, darf den Blick nicht von der Tatsache ablenken, daß Evolutionstheorie und Runenmystik nahtlos ineinander übergehen.

1945 war schlimm, 1990 war die Katastrophe. Das Böse wurde wieder namenlos, haltlos, hemmungslos. Daß das Böse nur Rasse sei, war 1945 zu Ende. Daß das Böse auch nicht mehr die Klasse sei, das war zuviel. Was gesichert schien und verläßlich, schön eingeteilt in Klassenfeind und Genosse, das galt nicht mehr und das half nicht weiter. Die Moderne hatte das Böse unserem Blick entzogen, es in den Mythos zurückgedrängt und ahnungslos ermächtigt. Die traditionelle Funktion der Religion, den Mythos zu domestizieren und dessen Bedrohungen zu bändigen, hat die Religion aufgegeben, als sie auf die Wahrnehmung des Bösen verzichtete und ihre Funktion, das Böse zu bändigen, verloren hatte. In einem Prozeß der ideologischen Arbeitsteilung ist die Kirche auf Trost und Sozialarbeit zurückgedrängt worden und hat sich darauf auch zurückdrängen lassen. Küenzlen: »Die Krise der Moderne ist die Krise ihrer säkularen Glaubensgewißheiten.«

Hans Maier liefert durchaus ungewollt die Begründung für das Versagen liberaler Gesellschaften angesichts des Totalitarismus. Er reklamiert die Trennung von Glaube und Gesellschaft als christliches Erbe und als Garant einer freien Gesellschaft. Folgen wir dem Argument, dann gilt das nur so lange, wie auch das Christentum Geltung beanspruchen kann. Wenn aber Gesellschaft und Kultur vom Christentum längst Abschied genommen haben, dann – das räumt Maier auch ein – kann und wird und muß der Staat totalitär werden, also zurückkehren zu einem antiken Modell, in dem Gesellschaft und Glaube ineinander verflochten sind.[5]

Wenn dieser Glaube aber nicht notwendigerweise in einem Jenseits ankert, sondern sich wie Kommunismus und Nationalsozialismus auf Geschichte und Evolution stützt, weil »gewisse transzendente Bereiche als dem menschlichen Auge prinzipiell verborgen und für die Erkenntnis nicht durchdringbar« (Helmuth Plessner) erscheinen, dann wird das Diesseits mythisch aufgeladen. Und unter seiner Oberfläche von Alltag und Empirie gewinnt es an Virtualität und Doppelbödigkeit. Was Plessner hier meint, ist die Entmystifizierung der Transzendenz und die damit verkoppelte und offenbar notwendige Verklärung der Immanenz. Das Geheimnis wandert vom Jenseits ins Diesseits, die Entzauberung Gottes bedingt die Verzauberung des Menschen. Nicht mehr Gott ist das Rätsel, das es zu ergründen gibt, sondern der Mensch. Und nicht Gott ist der Hüter des Schreckens, sondern der Mensch. Hier deutet sich jene Entwicklung an, die die Erfahrung von Wirklichkeit problematisiert, dynamisiert und auch dämonisiert. Gottfried Benn treibt den Gedanken in seinem Essay *Kunst und Macht* auf die Spitze: »Der Geist hat keine Wirklichkeit.«

Wir stehen seit dem Tode Gottes vor einer Entscheidung, die wir nicht entscheiden können, vor einem Doublebind. Ein neuer Manichäismus hat sich aufgetan, ein triumphal falsches Bewußtsein. Unsere politische Praxis, zumindest in diesem Jahrhundert, heißt Terror und Tod, und ein Wandel ist nicht abzusehen. Unsere Theorie ist freundliche und vielfältige Kommunikation. Die liberale Ahnungslosigkeit schützt uns nicht vor dem Bösen, sondern liefert uns ihm aus. Auf der Suche nach der Differenz zwischen Gut und Böse sind wir auf der Suche nach einem neuen Absoluten, nach der Einheit von Immanenz und Transzendenz. Die Suche wird weitergehen, aber die süchtigste Form, in der wir dieser Einheit bisher begegnet sind, ist der Totalitarismus. Die Frage also heißt: Wie befreien wir uns von der halbierten Wirklichkeit des Liberalismus und wie schützen wir uns vor dem Totalitarismus? Gott ist dahin, aber die Sehnsucht nach der Einheit von Hier und Dort, von Leben und Tod will nicht versiegen.

---

5 Vgl. Hans Maier, *Totalitarismus und politische Religionen*. In: Eckhard Jesse (Hrsg.), *Totalitarismus im 20. Jahrhundert*. Bonn: Bundeszentrale für Politische Bildung 1999.

Religion und Globalisierung

Von Friedrich Wilhelm Graf

Der alte Homo oeconomicus ist tot. Viele Ökonomen haben erkannt, daß ihre Wirtschaftswesen mehr als nur Interessenagenten sind, die sich mit *rational choice* den größtmöglichen Nutzen sichern wollen. Je schneller der Kapitalismus expandiert und sich immer neue Märkte erschließt, desto intensiver diskutieren Wirtschaftswissenschaftler über die nichtökonomischen Voraussetzungen ökonomischer Rationalität. Zwar schreiben sie weiterhin über Konsum und Preise, knappe Güter und Opportunitätskosten. Aber sie denken nun auch über Regelvertrauen, Krisenbewältigung, institutionellen Wandel, kognitive Strukturen, sprachliche Interaktion und soziales Fähigkeitskapital nach. Zunehmend interessieren sie sich für religiöse Mentalitäten und die Ethosformen frommer Gemeinschaften. Wie andere Kulturwissenschaftler haben die Ökonomen Religion als eine Produktivkraft für Sinnbildung, Grundvertrauen und Sozialkapital entdeckt.

Wie läßt sich das neue Interesse an den weichen Bedingungen harter ökonomischer Prozesse erklären? Schon Alexander Gerschenkron hatte in historischen Studien über *Economic Backwardness* gezeigt, daß man wirtschaftliche Entwicklungsprozesse nicht rein aus sich selbst verstehen kann. Wolle man blockierte oder erfolgreiche Entwicklung deuten, seien auch die institutionelle Rahmenordnung und mentale Dispositionen wie ideologische Prägungen und religiöse Überzeugungen zu beachten. Seit ihrer kulturalistischen Wende betonen zahlreiche Ökonomen, daß sich der Gewinn an Wohlstand einer Gesellschaft oder die optimale Ausnutzung der Gewinnchancen eines Unternehmens nicht zureichend durch rein funktionale Modellierungen ökonomischer Zweckrationalität erklären lassen. Zwar preisen sie die unüberbietbar präzise Koordinierungsleistung von Märkten. Doch sie sehen nun genauer als früher, daß die Funktionsfähigkeit der Märkte vom Vertrauen der Akteure in die relative Stabilität institutioneller Rahmenbedingungen abhängt.

Entsprechendes gilt für die beste Nutzung von Spielräumen. Sie ist bedingt durch »cognitive maps« und »belief systems«, die die Wahrnehmung der Akteure steuern. Je nach den subjektiven Repräsentationen von »Wirklichkeit« entwickeln die Akteure Vorstellungen ihrer möglichen Handlungsoptionen und formulieren Präferenzen, wie sie zwischen den verschiedenen Möglichkeiten wählen sollen. Viktor Vanberg, James M. Buchanan und Hansjörg Siegenthaler haben in den achtziger Jahren die große Bedeutung solcher Alltagstheorien für die Prozesse der Handlungsoptimierung wirtschaftlicher Akteure thematisiert. Aktive Verfolgung ökonomischer Interessen ist abhängig von dem Verständnis, das ein Handlungssubjekt von seiner Interessenlage und den Chancen zu deren möglicher Durchsetzung besitzt. Durch kulturspezifische Vorverständnisse geprägt sind zudem die Erwartungen ökonomischer Akteure, also die Vorstellungen, die sie sich vom Handeln ihrer Konkurrenten machen, und ihre Bilder der Marktprozesse.

Die neuen evolutorischen Ökonomen betonen, daß der Konkurrenz auf den Finanz- und Gütermärkten eine »internal selection« von Ideen, Wirklichkeitsbildern, Anpassungsfähigkeiten, Flexibilitätskompetenzen und Zukunftsvisionen vorausgeht. Wie läßt sich beispielsweise in Situationen der Krise neues Regelvertrauen gewinnen? Hansjörg Siegenthaler hat solche Lernprozesse präzise modelliert.[1] Die Selektoren, die auf Märkten ihre Wirkung entfalten, bestrafen die Akteure, die nicht oder nur eingeschränkt fähig sind, ihre subjektiven Bilder »der Wirklichkeit« erfahrungsorientiert zu korrigieren. Solche Selektoren belohnen die Akteure, die zu präziseren Deutungen des potentiellen Handelns ihrer Konkurrenten und zu korrekturfähigen Einschätzungen ihrer eigenen Handlungsoptionen gelangen. Je lernfähiger ein Akteur ist, desto mehr wird er sich unter Wettbewerbsbedingungen durchsetzen können. Lernkompetenz und Korrekturfähigkeit aber hängen entscheidend von den Konstruktionsmustern der »cognitive maps« und Alltagstheorien ab.

An genau diesem Punkte wird Religion für ökonomische Theoriebildung relevant. Inwieweit erlauben religiös geprägte Kognitionsmuster die konstruktive Aufnahme oder Verarbeitung von Erfahrungen, die den subjektiven Annahmen über »die Wirklichkeit« widerstreiten? Eröffnen sie einem Akteur die Chance, ohne Identitätsverlust alte Einsichten preiszugeben oder Elemente seiner Alltagstheorien zu revidieren? Fördern sie die »charity« (Donald Davidson), befremdlichen Dingen Sinn zuzuschreiben, und die Fähigkeit zu diskursiver Verständigung?

Religionen lassen sich als Symbol- und Zeichensysteme deuten, die kohärente, sinnhafte Bilder des »Ganzen der Wirklichkeit« vermitteln. Sie bieten den Frommen die Chance, elementare Negativitätserfahrungen zu verarbeiten. Religionen eröffnen den Gläubigen sinnhafte Zeithorizonte. Wer zwischen Zeit und Ewigkeit zu unterscheiden weiß, verfügt über Ordnungsstrukturen, in die er seine Lebensgeschichte zugunsten reflektierter Gestaltung einbeziehen kann. In religiösen Sprachen können Individuen ihr endliches Leben auf einen umfassenden Sinnzusammenhang hin überschreiten. Mit Blick auf Gott, das Subjekt unüberbietbarer Allgemeinheit, können sie chaotische Unbestimmtheit in Bestimmtheit überführen, einen relativ stabilen Ordnungsrahmen definieren und für die Krisen des Lebens hilfreiche Gewißheiten erschließen. So läßt sich Religion funktional als »Kontingenzbewältigungspraxis« (Hermann Lübbe) deuten, kraft derer die Frommen ontologisches Grundvertrauen gewinnen.

Diskussionen über mögliche Beziehungen zwischen Religion und ökonomischer Entwicklung wurden in Europa seit dem späten 17. Jahrhundert geführt. Wegen des Entwicklungsvorsprungs vieler protestantischer Territorien gegenüber katholischen Ländern stritten Theologen und Kulturhistoriker damals über die Frage, welchen Einfluß ihr Glaube auf die Lebensführung der Menschen habe. In diesen aufklärerischen Diskursen über die Wirtschaftsethiken der großen christlichen Konfessionen und die mit ihren Riten, Symbolen und Theologien jeweils verbundenen mentalen Prägungen wurden Deutungsmuster formuliert, die noch die heutigen Debatten über die sozialmoralischen Grundlagen der verschiedenen Typen des modernen Kapitalismus bestimmen. Aufgrund der Lehre vom weltlichen Beruf des Christen seien Protestanten sehr viel leistungsaktivistischer, asketischer, weltbemächtigungskompetenter und effizienter als die Katholiken, die in ihrer autoritären, magischen und ritenfixierten Frömmigkeit eher zu Quietismus und passiver Hinnahme des Gegebenen neigten, konnte man im 18. Jahrhundert lesen.

Mögliche Zusammenhänge zwischen der »innerweltlichen Askese« des calvinistischen Protestantismus und dem »Geist des Kapitalismus« standen auch im Zentrum der um 1900 von Klassikern der Religionssoziologie wie Max Weber, Ernst Troeltsch, Werner Sombart, Max Scheler und Emile Durkheim geführten Kapitalismusdiskurse. Wie

---

[1] Vgl. Hansjörg Siegenthaler, *Regelvertrauen, Prosperität und Krisen*. Tübingen: Mohr 1993.

auch immer der kapitalistische Geist damals religionskulturell »hergeleitet« wurde (die einen machten die Juden, die anderen die Puritaner für den Habitus verantwortlich, der ursprüngliche Kapitalakkumulation förderte) – in den Mustern der Verknüpfung von religiöser Mentalität und ökonomischem Habitus gibt es bis in die aktuellen Auseinandersetzungen über den »Kapitalismus contra Kapitalismus« hohe Kontinuität.[2] Immer geht es um den Tugendkanon einer Glaubensgemeinschaft, den jeweils sanktionierten oder tabuisierten Stil der Lebensführung, die in religiöser Vergemeinschaftung liegenden Chancen der Generierung von Regelvertrauen und die im symbolischen Kapital der Religionen verborgenen Ressourcen an Fähigkeitskapital. Religiöse Heilsgüter gewinnen in genau dem Maße ökonomische Relevanz, indem sie einen bestimmten Habitus (mit-)konstituieren.

Alle Religionen sind Systeme der »Lebensführung«. Sofern Religion es mit Heilsgewißheit oder, soziologisch gesagt, mit letztgültiger Überführung von Kontingenz in sinnhafte Bestimmtheit zu tun hat, stellt sie symbolische Muster der Selbstdeutung und Realitätsrepräsentation bereit, die es Akteuren im gelungenen Fall ermöglichen, auf krisenhafte Herausforderungen zu reagieren, ohne das überkommene Selbst- und Weltbild totaliter verwerfen zu müssen. Indem religiöse Sprachen symbolische Identität und verläßliche Ordnungsstrukturen repräsentieren, bieten sie Individuen und Gruppen die Chance zu gesteigerter Lernfähigkeit. Religion kann in Situationen tiefer Krise, in denen die überkommenen Regeln des Denkens und Handelns zur Disposition gestellt sind, den Aufbau neuer Alltagstheorien befördern, kann aber auch das Gegenteil bewirken: Im religiösen Glauben können sich Lernpathologien verfestigen, etwa indem die Akteure dem Verlust an Orientierung nicht durch erhöhte Lernbereitschaft, sondern durch Fixierung auf mentale Konstrukte begegnen, die Erfahrungsresistenz oder Flexibilitätsinkompetenz fördern.

In den aktuellen Globalisierungsdebatten wird zwischen drei Grundtypen des Kapitalismus unterschieden. Die Unterschiede zwischen den Typen werden durch die je besondere Verbindung von kultureller oder religiöser Mentalität, Institutionenordnung (oder Organisationsstruktur der industriellen Beziehungen) und Markt definiert. Der derzeit besonders effiziente anglo-amerikanische Kapitalismus, der durch minimalistische politische Regelsysteme und eine weitgehende Deregulierung der industriellen Beziehungen bestimmt ist, wird bezüglich seiner kulturell-mentalen Bedingungen primär auf den aus der religiösen Vereinzelung des protestantischen Frommen (Gewissensunmittelbarkeit zu Gott) resultierenden Individualismus, die in den protestantischen Sekten kultivierte Selbstdisziplinierung und die positive religiöse Würdigung des *money making* zurückgeführt. Für den rheinischen Kapitalismus, das korporatistische System der »sozialen Marktwirtschaft«, in der die Vermittlung von Klassenantagonismen in Institutionen des systematischen Dialogs zwischen den gesellschaftlichen Gruppen zur bestimmenden Integrationsidee erhoben worden ist, werden Wurzeln in der ständisch orientierten lutherischen Gemeinwohlethik sowie in der korporatistischen katholischen Soziallehre geltend gemacht. Beim asiatischen *crony capitalism*, der stark bestimmt ist durch patriarchalische Familienstrukturen, persönliche Beziehungen und enge moralische Bindungen der Arbeitnehmer an die Unternehmen, richtet sich die Aufmerksamkeit auf die »Asian values«, die primär aus dem Konfuzianismus hergeleitet werden.

Auch für verschiedene lateinamerikanische Gesellschaften und die Transfor-

[2] Vgl. Michel Albert, *Kapitalismus contra Kapitalismus*. Frankfurt: Campus 1992.

mationsgesellschaften Osteuropas konzentriert sich die Suche nach Entwicklungspotentialen auf die jeweiligen Religionskulturen und die mit ihnen verbundenen Kapazitäten zur Generierung von Vertrauen, moralischer Reflexionskompetenz, Fähigkeitskapital und Institutionenlegitimation. Besondere Aufmerksamkeit finden protestantische Charismatiker, etwa in Brasilien, die in ihren extrem autoritär strukturierten kleinen Gemeinschaften Tugenden fördern, die langfristig sozialen Aufstieg durch Bildung ermöglichen. Sie stellen an ihre Mitglieder moralische Anforderungen, die den überkommenen Sitten lateinamerikanischer Länder zuwiderlaufen. Sie erwarten konsequente Enthaltsamkeit gegenüber Alkohol und anderen Drogen, eine rigide Sexualmoral, ein puritanisches Leistungsethos und die Bereitschaft, große Ressourcen an Zeit und Geld in die Bildung ihrer Kinder zu investieren. So exaltiert die Frömmigkeit der Charismatiker von außen erscheinen mag, so diszipliniert ist ihre Lebensführung.

Mit Blick auf eine mögliche marktwirtschaftliche Transformation Rußlands wird neuerdings nach einer orthodox-christlichen Variante des puritanischen Berufsmenschen gesucht. Die Hoffnung, in den orthodox-christlichen Frömmigkeitswelten Anknüpfungspunkte für innerweltliche Askese oder einen kapitalismuskompatiblen Habitus finden zu können, ist allerdings enttäuscht worden. Die orthodoxe Frömmigkeitskultur trägt kaum dazu bei, Verständigungsprozesse zwischen Akteuren oder Regelvertrauen zu stärken und fördert eher Traditionalismus und quietistische Akzeptanz des Gegebenen als Innovationsbereitschaft und unternehmerische Rationalität. In ihrer starken Prägung durch antikapitalistische Traditionselemente stellt sie ein starkes Bollwerk gegen die marktwirtschaftliche Transformation Rußlands dar. Der in St. Petersburg lehrende Kulturhistoriker Alexander Etkin hat in einer Analyse der russischen Sektenlandschaft des 20. Jahrhunderts kürzlich gezeigt, daß sich kapitalistische Rationalität in Rußland nur durch verstärkte Säkularisierung der kulturellen Eliten oder die weitere Ausbreitung von Sekten durchsetzen kann, die sich an protestantischen Werten wie individueller Autonomie, rationaler Selbstdisziplinierung und freier Initiative orientieren. In ihrer autoritär protektionistischen Religionspolitik, die die Missionstätigkeit vor allem amerikanischer protestantischer Gruppierungen massiv behindert, stärken die russische Regierung und die Duma aber die orthodoxe Kirche, deren Hierarchie gegen alle kapitalistischen Entwicklungen Widerstände mobilisiert.

In den Debatten um die Verwestlichung islamischer Gesellschaften und die fundamentalistischen Reislamisierungsrevolutionen wird gefragt, ob sich mit islamischen Traditionsbeständen ein kapitalismusadäquater Wirtschaftshabitus bilden läßt. Daß »*der* Islam« dank des Zinsverbotes und der Bindung an die Scharia notwendig an vorkapitalistisch traditionale Formen des Wirtschaftens gebunden bleibe, ist unzutreffend. Zwar lassen sich die islamischen Fundamentalismen als modern-antimoderne Reaktionen auf die kulturelle Verwestlichung und kapitalistische Transformation von dominant traditionalen Gesellschaften verstehen; sie reagieren auf den extern induzierten Modernisierungsschock primär traumatisch, durch harte Abgrenzung, Revitalisierung alter Gewißheiten und starre Formen religiöser Identitätspräsentation. Auch werden in den islamischen Gemeinschaften asiatischer Länder die neuen Fundamentalismen primär von den Verlierern der Modernisierungsprozesse, etwa Basarhändlern, kleinen Ladenbesitzern und Handwerkern, getragen und von Migranten, die auf der Suche nach Arbeit vom Land in die urbanen Zentren flohen, wo sie im informellen Sektor ein allerdings unzureichendes Einkommen erwerben können.

Aber der Islam verfügt über ein äußerst variationsfähiges symbolisches Ka-

X

pital, das sich auch zugunsten kapitalistischer Modernisierung nutzen läßt. In westeuropäischen Ländern sowie in Gesellschaften Ostasiens nehmen Gruppen eines neuen Mittelstandes islamische Tradition für ein aktives Leistungsethos in Anspruch. Ihr religiöser Glaube bietet diesen Menschen, die zumeist die erste Generation sozialer Aufsteiger und Migranten sind, in der urbanen Lebenswelt und angesichts der vielfältigen Risiken ihrer neuen Existenz psychische Geborgenheit und sozialen Halt. Er scheint auch ihre Bereitschaft zu innerweltlicher Askese sowie die Fähigkeit zu sozialer Empathie zu stärken.

Kapitalistische Modernisierung wirkt auf die Religionskulturen zurück. Zumeist spiegeln sich gesellschaftliche Modernisierungskonflikte in internen Differenzierungen der Religionsgemeinschaften und in einer Pluralisierung der religiösen Lebenswelten. Das Spektrum reicht von Fundamentalismen, in denen religiöse Tradition zugunsten einer unbedingten Identitätsbehauptung gegenüber westlicher Zweckrationalität reformuliert wird, über Reform und Erneuerung der religiösen Überlieferung, die neuen mittelständischen Gruppen Chancen einer einheitlichen Lebensführung in ihren kapitalistisch transformierten Lebenswelten bieten, bis hin zu Synkretismen und Konversionsprozessen. Religiösen Sprachen eignet insgesamt eine erstaunlich hohe Flexibilität. Trotz alter Konventionen in der Auslegung heiliger Texte enthalten sie interne Modernisierungspotentiale. Die Orientalismusdebatte hat gezeigt, daß viele westliche Urteile über die vermeintlich konstitutive Rückständigkeit islamischer Deutungskulturen nur alte okzidentale Deutungsmuster spiegeln. So wie es einst eine islamische Aufklärung gab, wird es neben reislamisierten Gemeinwesen auch Gesellschaften eines islamisch indigenisierten Kapitalismus geben.

Die Erforschung von Mentalitäten und ökonomischen Habitus von wirtschaftlich erfolgreichen islamischen Gruppen in ostasiatischen Gesellschaften, in denen sich seit den sechziger Jahren ein extrem schneller ökonomischer Wandel von dramatisch unterentwickelten Armutsgesellschaften zu Wohlstandsgesellschaften mit einem relativ reichen Mittelstand vollzog, hat erkennen lassen, daß sie ihre Leistungskraft primär einem strukturell puritanischen, durch Verzicht, Askese, Ausdauer und rationale Lebensführung geprägten Leistungsethos verdanken. Die Weltbank hatte in ihrem Report über die Wirtschaftswunder der ostasiatischen Tigerstaaten 1993 nachzuweisen versucht, daß die mirakulös wirkenden Wachstumsraten von jährlich 7 Prozent seit den siebziger Jahren und jährlich 9 Prozent seit den neunziger Jahren primär auf die leistungsbereiten neuen Mittelstandsgruppen zurückzuführen seien, die sehr viel härter gearbeitet, intensiver gelernt, konsequenter gespart und bereitwilliger verzichtet hätten als andere Gruppen von Menschen. Die asiatische Entwicklungsbank wies vier Jahre später auf die hohe Prägekraft religiöser Traditionen für die Bildung dieses Leistungsethos hin.[3]

Der Konfuzianismus hatte traditionell eine Ethik der Selbstverantwortung in Gemeinschaft entwickelt. Ein guter Mensch sollte durch fleißige Studien und strenge Läuterung Tugenden wie Aufrichtigkeit, Treue, Weisheit, Nächstenliebe, Rechtschaffenheit und Selbstdisziplin entwickeln. Dieses Ethos prägte ursprünglich eine Welt der Handwerker und kleinen Leute, ließ sich unschwer aber auch für eine Form des Kapitalismus in Anspruch nehmen, in dem Familien oder Familienverbände die entscheidende Organisationseinheit darstellen. Die Krise des asiatischen *network capitalism* hat nun die Schattenseiten eines konfuzianisch legitimierten ökonomi-

[3] World Bank, *The East Asian Miracle*. Oxford: Oxford University Press 1993; Asian Development Bank, *Emerging Asia: Changes and Challenges*. Manila: Asian Development Bank 1997.

schen Habitus sichtbar werden lassen. In China dienen konfuzianische Werte weithin nur der Stabilisierung autoritärer Herrschaft. Mit konfuzianischen Tugenden haben sich zwar kommunitäre Bindungsstrukturen stärken, eine exzellente Arbeitsethik erzeugen und außerordentlich hohe Sparraten bilden lassen. Auch haben sich in den Tigerstaaten dank rapider Durchkapitalisierung der Gesellschaften, das heißt der Steigerung des Anteils der Lohnempfänger, und dank außerordentlich hoher wirtschaftlicher Wachstumsraten die überkommenen Armutsprobleme weithin lösen und neue Mittelstandsformationen bilden lassen. Aber die Tigergesellschaften sind durch neue soziale Spaltungen bedroht, weisen partiell eine politisch problematische Konzentration von Einkommen und Vermögen bei nur wenigen Clans auf, sind ihrer politischen Kultur nach weithin bloß Entwicklungsdiktaturen und haben mit ihrem rasanten Boom schwere ökologische Folgeprobleme erzeugt. In bergenden Familienstrukturen und dichten, familiär gestützten kommunikativen Netzwerken lassen sich eben nicht bloß soziale Probleme bewältigen, sondern auch Vetternwirtschaft und Korruption institutionalisieren. Sie können auch brutale Ausbeutung verdecken, marode Unternehmensstrukturen konservieren und eine Politik des »moral hazard« fördern, einer ökonomisch irrationalen, an offenen Märkten nicht durchsetzbaren übermäßigen Verschuldung und allzu risikoreichen Kreditvergabe. Die für effektive Märkte unerläßliche Transparenz von Informationen wird im *network capitalism* eher behindert als gefördert.

Die aktuellen Debatten über die drei Kapitalismen drehen sich im Kern um die Frage, ob in den Prozessen weiterer Globalisierung schließlich ein Modell siegen oder die Zukunft durch weitere Differenzierung kulturell unterschiedlicher Kapitalismen geprägt sein wird. Ökonomen antworten hier kontrovers. Sie verweisen einerseits auf die Uniformierung durch die globale Computerisierung und Verdichtung grenzüberschreitender Informationsnetze. Sie betonen andererseits, daß Menschen und Systeme auf Probleme mit unterschiedlichen Lösungsstrategien reagieren und sich in Krisen an Hintergrundsgewißheiten orientieren, die religionskulturspezifisch kodiert sind. Je mehr sie die kulturellen Voraussetzungen ökonomischer Rationalität betonen, desto stärker sehen sie fortschreitende Globalisierung durch neue Ausdifferenzierung divergenter Formen des Kapitalismus geprägt. Angesichts der Anpassungszwänge, die der ökonomisch jeweils effizienteste Kapitalismus unter den Bedingungen globaler Konkurrenz auf die anderen Typen ausübt, sagen die Kritiker des Verschiedenheitstheorems demgegenüber eine neue Homogenisierung voraus, wobei teils das anglo-amerikanische, teils auch das rheinische Modell als maßstabbildend gilt.

Religionswissenschaftler können diesen Streit der Ökonomen nicht entscheiden. Aber sie können eine Prognose wagen: Prozesse technologischer Konvergenz und fortschreitender kapitalistischer Revolution dürften von neuen Schüben religiöser und kultureller Differenzierung begleitet sein. Verstärkte Durchsetzung ökonomischer Zweckrationalität wird immer religiös motivierte Gegenreaktionen gegen die perhorreszierte Funktionalisierung des Menschen provozieren. Sie wird vielfältige normative Konflikte erzeugen, die zumeist aus elementaren Spannungen zwischen alten Gemeinschaftswerten und individualistischer Selbstverwirklichung resultieren. In allen sich modernisierenden Gesellschaften werden die Gegensätze zwischen säkular eingestellten Eliten und religiös traditional eingestellten ärmeren Bevölkerungsgruppen an Gewicht gewinnen.

Kapitalistische Modernisierung hat schon immer hohe soziale Folgekosten erzeugt. Dies hat schon im 19. Jahrhundert bei vielen Frommen Fluchttendenzen begünstigt. Auch zukünftig werden viele Gläubige alte Formen religiöser

Weltdistanz revitalisieren, um sich der Übermächtigung durch kapitalistische Rationalität zu erwehren. Diese Menschen werden durch Strategien der Abkapselung religiöse Gegenwelten bauen, die die kulturellen Fragmentierungstendenzen in ihren Gesellschaften verschärfen. Je mehr in religiösen Symbolsprachen eine Sensibilität für Modernisierungspathologien gepflegt werden kann, desto attraktiver werden religiöse Gemeinschaften mit einem »schöpfungskonformen« Lebensstil sein. Dabei werden alte Stufenethiken an Gewicht gewinnen, denen zufolge religiöse Virtuosen eine strengere moralische Selbstbindung eingehen als die zu vielfältigen Kompromissen mit der Welt gezwungenen Laien. Je schneller der Wandel sich beschleunigt und der globale Kapitalismus alte kulturelle Traditionen und Institutionen erodieren läßt, desto größeres Gewicht werden viele Menschen den Kulturen der Erinnerung an das Verlorene beizumessen versuchen, die in Sprache und Ritus von den symbolischen Beständen der alten Religionen zehren. Die dritte kapitalistische Revolution wird deshalb mit vielen neuen Renaissancen religiöser Bewegungen verbunden sein. Harte »fundamentalistische« Religionen, die von den Gläubigen extrem viel verlangen und ihnen dafür ein ganz feste Gewißheiten vermittelndes Weltbild bieten, dürften für viele besonders große Attraktivität gewinnen. Nicht der große »clash of civilizations«, sondern viele innergesellschaftliche Wertkonflikte werden die Zukunft des Kapitalismus bestimmen.

Religiöse Traditionen behalten auch unter den Bedingungen des entwickelten Kapitalismus einen gewichtigen Einfluß auf die moralische Kultur und die Gestaltung der institutionellen Rahmenordnung. Zwar dürfte in vielen europäischen Gesellschaften die fortschreitende Pluralisierung der religiösen Deutungssysteme dazu führen, daß der Einfluß der Kirchen auf die öffentlichen Debatten über das Verhältnis von Markt und sozialen beziehungsweise politischen Institutionen der Begrenzung der Marktdynamik zurückgeht. Aber die christlichen Kirchen werden in ihrer Bindung an das überkommene christliche Brüderlichkeitsethos immer auf Sozialpflichten und Korrekturen der vom Markt erzeugten Verteilung von Einkommen und Chancen bestehen. Sie werden ebenso wie andere Religionsgemeinschaften aber Ethiken entwickeln müssen, die über die verständliche Erinnerung an die Sorge für den Schwachen hinaus stärker als bisher die konstruktiven, wohlstandsfördernden Effekte der kapitalistischen Expansion wahrzunehmen erlauben. Religion wird in den Prozessen der Globalisierung insgesamt nicht schwächer werden, sondern unter dem Druck der ökonomischen Verhältnisse ihre Gestalt wandeln. Sie wird trotz funktionaler Differenzierung weiterhin starke kulturelle Prägekräfte entfalten. Denn auch die kreativen Innovationsagenten und »flexiblen Menschen« des globalen Kapitalismus werden Hintergrundsgewißheiten benötigen und jenseits aller Zweckrationalität auf symbolische Sprachen angewiesen bleiben, in denen sie die steigenden Kontingenzen modernen Lebens, die vielen neuen Mobilitätsrisiken und die zeitlos elementaren Grunderfahrungen des Menschen, die Erfahrung von Schmerz und Liebe, Geburt und Tod, deuten können. Sie werden auf religiöse Riten und Sprachen angewiesen bleiben, um im krisenhaften Wandel Identität repräsentieren oder mit starken Dogmatismen Anpassung verweigern zu können. Denn auch der anpassungskompetenteste Mensch des globalen Kapitalismus bleibt ein Widerspruchswesen. Wer an der Börse dank seiner Risikofreude, Entschlußkraft und optimalen Chancenausnutzung große Erfolge feiert, ist auch nur aus krummem Holze geschnitzt – wenn er sich mit der Irrationalität und Endlichkeit seines Lebens auseinandersetzt.

Intelligente Genome, fundamentalistische Biologen

Von Wolfgang Wieser

Im religiösen Bereich gelten fundamentalistische Strömungen als Reaktionen auf (tatsächliche oder eingebildete) Perioden der Beliebigkeit. Nach so einer Periode wird die Gemeinschaft aufgerufen, sich wieder auf die in einem Regelwerk festgelegten Normen des Verhaltens zu besinnen und diese – ohne Wenn und Aber – als unverbrüchliche Wahrheiten anzuerkennen. Im protestantischen Fundamentalismus, der in den USA nach dem Ersten Weltkrieg eine Rolle zu spielen begann, wurden die Gläubigen auf die Worte der Bibel eingeschworen, für islamische Fundamentalisten ist der Koran die letzte Instanz. Eine Alternative zum Fundamentalismus ist das Delegieren der Entscheidungsvollmacht an eine unfehlbare Autorität, wie sie für Katholiken der Papst verkörpert. Aufrechte Katholiken sollten also wohl eher autoritätsgläubig als fundamentalistisch sein. Demgegenüber repräsentieren Meinungsvielfalt und Demokratie keineswegs Alternativen zum fundamentalistischen oder autoritären Programm, sie sind vielmehr der Feind, gegen den sich die Orthodoxie zu wappnen hat.

Auch Naturwissenschaftler sehen sich manchmal als Angehörige einer Gesinnungsgemeinschaft, denn die Erkenntnisse, über die sich die Vertreter einer wissenschaftlichen Disziplin *einig* sind, ruhen auf einem massiven Fundament von Indizien, über dessen Beschaffenheit Einvernehmlichkeit *nicht* hergestellt werden kann. Um das, was wir wissen, in ein Weltbild einordnen zu können, muß jedoch auch dem noch Unbekannten eine spezifische Form gegeben werden. So wird über die Entstehung des Universums spekuliert, über den Stammbaum der Menschheit, über die Spuren des Bewußtseins im Gehirn und vieles andere mehr. Die Lücken des Wissens auf solchen Gebieten füllen sich mit unterschiedlich wahrscheinlichen, aber zunächst unbeweisbaren Behauptungen, die dem objektivierbaren Wissen als Korsett dienen. Spekulationen und Hypothesen verfestigen sich zu Theorien, und der Glaube an diese oder jene Theorie kann ebenso identitätsstiftend wirken wie die Zugehörigkeit zu einer Glaubensgemeinschaft. Freilich gibt es hier einen entscheidenden Unterschied: Während im religiösen Bereich das normative Verhalten der Gläubigen ein für allemal durch eine Offenbarung festgelegt ist, bleiben im Bereich der Naturwissenschaften die Grenzen des Wissens unbestimmt; sie verschieben sich ununterbrochen und eröffnen Blicke auf immer neue Landschaften des Nichtwissens.

Dennoch gibt es auch in diesem Umfeld Strömungen, die sich mit denen in der Tradition religiöser Bewegungen vergleichen lassen. Das ist nicht weiter verwunderlich, denn es sind dieselben Kategorien menschlichen Verhaltens, die in dem einen wie dem anderen Fall die Geschichte prägen oder die Entwicklung vorantreiben. Durch Jahrhunderte hindurch spielte etwa Aristoteles die Rolle einer papstgleichen Autorität, die über den Wahrheitsgehalt jeder Deutung der Wirklichkeit entschied. Andererseits ist zum Beispiel auf dem Boden von Molekularbiologie und Genetik eine neue fundamentalistische Sicht der Evolution des Lebens auf der Erde möglich geworden.

Für Charles Darwin waren Organismen dynamische, sich selbst erhaltende Systeme, denen die Fähigkeit zur Veränderung zukommt und die solche Veränderungen an die nächste Generation weiterzugeben imstande sind. Unter dem Einfluß der Umwelt würden dann aus dem Angebot erblicher Varianten jene ausgewählt werden, die das Geschäft der

Weitergabe von genetischer Information am besten beherrschen (also die meisten Nachkommen in die Welt setzen). Die Evolution der Lebewesen wurde somit als ein dialektischer Prozeß interpretiert, als das Resultat von Auseinandersetzungen zwischen vermehrungs- und veränderungsfähigen Organismen einerseits, einer differenzierenden und gewalttätigen Umwelt andererseits. Da im 19. Jahrhundert die Mechanismen von Vererbung und Variabilität noch unbekannt waren, legte Darwin selbst den Grundstein zur Anschauung, bei der Gestaltung des evolutionären Prozesses käme der »natürlichen Zuchtwahl« die dominierende Rolle zu. Von Anfang an wurde die biologische Evolutionstheorie denn auch als »*Selektions*theorie« bezeichnet, und noch hundert Jahre später nannte Manfred Eigen die Selektion einen »höchst subtilen Dämon, der auf den einzelnen Stufen zum Leben ... mit höchst originellen Tricks arbeitet«.[1]

In diesen hundert Jahren hat das biologische Wissen über Zellen und Organismen allerdings derart zugenommen, daß auch der Aufbau einer Gegenposition möglich wurde. Danach soll der Verlauf des evolutionären Prozesses nicht so sehr durch einen mit originellen Tricks arbeitenden Dämon namens »Selektion« bestimmt werden als vielmehr durch den autonomen und kreativen Organismus selbst, der sich gegen den Widerstand der Umwelt zur Darstellung bringt.

Ein Markstein auf dem Weg zu dieser Position ist die Mythologisierung des Begriffs »Selbstorganisation« durch Francisco Varela und Humberto Maturana. Der von diesen chilenischen Bio-Philosophen eingeführte Begriff »Autopoese« (also Selbstherstellung) ist zum Kristallisationskern eines biologischen Weltbildes geworden, das insofern fundamentalistisch genannt werden kann, als es die Logik der Wechselwirkungen zwischen Umwelt und Organismus weitgehend ignoriert und der Fähigkeit zur Selbstorganisation von Lebewesen die Qualität eines autonomen Erkenntnisprozesses verleiht, den man nicht »als Abbildung der Umwelt verstehen sollte, sondern als ständig neues Hervorbringen einer Welt durch den Prozeß des Lebens selbst«.[2] Geringschätzung der natürlichen Selektion durchzieht auch das Werk des streitbaren amerikanischen Paläontologen Stephen Jay Gould, der den evolutionären Fortschritt leugnet und die Rolle der Anpassung auf ein Minimum reduziert sehen möchte, denn der Organismus sei ein Gebilde, »das sich der Kraft der natürlichen Selektion widersetzt« *(Die dritte Kultur).* Noch deutlicher hat sich in dieser Hinsicht die amerikanische Mikrobiologin Lynn Margulis ausgedrückt, für die der Begriff der Anpassung sogar zum Anathema geworden ist, signalisiere er doch – so meint sie – die Unterwerfung eines autonom-autopoetischen Wesens unter das Diktat einer seelenlosen physiko-chemischen Umwelt.[3]

Nun können derartige Aussagen erst dann zu Bestandteilen eines fundamentalistischen Programms werden, wenn sie sich nicht bloß auf charismatische Schlagworte berufen, sondern wenn aus ihnen eine echte Theorie hervorgeht, die die Idee der Selbstorganisation »autonom-autopoetischer Wesen« mit konkreten Inhalten zu füllen vermag. Unter dem Begriff »Selbstorganisation« könnte man sich zum Beispiel die Summe aller epigenetischen Prozesse vorstellen, die die Entwicklung eines vielzelligen Lebewesens aus den genetischen Anlagen der befruchteten Eizelle steuert. Als fundamentalistisch wäre dann jene Theorie zu bezeichnen, die bei solchen Prozessen

---

1 Manfred Eigen, *Stufen zum Leben*. München: Piper 1987.

2 Francisco Varela, *Das auftauchende Ich*. In: John Brockman (Hrsg.), *Die dritte Kultur*. München: Goldmann 1996.

3 Lynn Margulis/Dorion Sagan, *Slanted Truths*. New York: Springer 1997.

die Rolle von Umwelt und Anpassung drastisch herunterspielt und in den genetischen Mechanismen nicht nur den eigentlichen Motor der biologischen Evolution, sondern auch den einzig relevanten Schlüssel zum Verständnis der individuellen Entwicklung sieht.

Den bisher provokantesten Anspruch, ein derartiges Sesam-öffne-dich zur Erklärung des Verhaltens komplexer Organismen, inklusive des Menschen, gefunden zu haben, erhebt das Buch *Das intelligente Genom* des Zoologen Adolf Heschl.[4] Der fundamentalistische Charakter des Buches drängt sich auf, denn wir erfahren bereits im Vorwort, daß der Autor tierisches und menschliches Verhalten als prinzipiell und »bis ins kleinste Detail« genetisch gesteuert begreift. Dies muß so sein, weil – nach Heschls Meinung – neues Wissen nur »aus einer mutativen Veränderung innerhalb der Keimbahn resultiert und nicht, wie man gelegentlich schon spekuliert hat, aus einer nicht näher erklärbaren Kreativität aufgrund eines eingebauten Zufallsgenerators in unserem Gehirn«. So müssen denn auch zum Beispiel alle jene Personen, die Einsteins spezielle Relativitätstheorie tatsächlich verstanden haben, dieses revolutionäre Konzept »im Prinzip« schon in sich getragen haben. »Wäre dem nicht so, dann hätten sie auch nicht die Möglichkeit gehabt, sich mit dem Thema Relativität von Raum und Zeit in einer Art und Weise zu beschäftigen, wie es eben – zufälligerweise – Einstein als erster getan hat«. Konsequenterweise widmet Heschl denn auch das Buch seinen beiden Söhnen, die ihn »systematisch davon überzeugt haben, daß ich ihnen nichts, aber auch schon rein gar nichts beibringen kann«.

Ehe der schockierte Humanist derart überspitzte Formulierungen als baren Unsinn abtut, sollte er sich der Belehrung durch Biologen nicht ganz verschließen, daß wir über das Ausmaß der genetischen Steuerung menschlichen Verhaltens tatsächlich noch sehr wenig wissen und daß die Invarianz zahlreicher Formen dieses Verhaltens in allen Kulturen den Verdacht nährt, die steuernde Rolle des Genoms könnte weit umfassender sein, als wir in unserer Schulweisheit träumen. Man denke an die invarianten Merkmale kriegerischen oder sexuellen Verhaltens, an das stereotype Spiel mit geschlechtsspezifischen Rollen, an die Ergebnisse der Zwillingsforschung, an das Wunder der Entstehung einer Sprache im Gehirn eines Kindes. Dennoch ist Heschls genetischer Fundamentalismus ein unausgewogener, unausgegorener Kraftakt. Das dokumentiert in besonderem Maße seine Behauptung, in der biologischen Welt entstünde neues individuelles Wissen ausschließlich durch die Zufallsprozesse von Mutationen, niemals durch *Instruktion*, sei es Instruktion durch die Umwelt (Anpassung), sei es Instruktion durch andere Individuen (Lernen). Hinter dieser Formulierung verbirgt sich das bekannte sophistische Argument, nur der vermag etwas (in der Wirklichkeit) zu *suchen*, der es (im Geiste) bereits *gefunden* hat; oder: Wahrhaft neues Wissen kann niemals von außerhalb des Genoms erworben werden, denn um es als »neu« zu definieren, »müssen wir all dieses Wissen schon immer besessen haben«.

Das Dilemma des Fundamentalisten ist, daß er mit Veränderungen des Bildes von der Welt fertig werden muß, die die Grundfesten seines Glaubens erschüttern könnten. So gerät das Bild von der Erschaffung der Welt, wie es der Schöpfungsbericht der Bibel vermittelt, mit neueren naturwissenschaftlichen Erkenntnissen in Konflikt. Schon lange vor der Aufbruchszeit der modernen Naturwissenschaften hatte der heilige Augustinus bereits erkannt, daß die Interpretation heiliger Schriften nicht auf den letzten säkularen Erkenntnissen gründen dürfe, denn dies würde die Glaubwürdigkeit der Texte vom Fortschritt der

---

[4] Adolf Heschl, *Das intelligente Genom*. Berlin: Springer 1998.

Wissenschaften abhängig machen. Dem Fundamentalisten stehen mehrere Möglichkeiten offen, sich diesem Konflikt zu entziehen. Er kann sich erstens allen naturwissenschaftlichen Erkenntnissen verschließen und ein im Glauben gefestigtes Leben führen. Er kann zweitens die naturwissenschaftlichen Erkenntnisse so umdeuten, daß sich etwa der Schöpfungsbericht der Bibel wie eine aus Gleichnissen zusammengesetzte Weissagung liest. Er kann sich drittens in einen Dualismus flüchten, indem er zwei Ebenen der Wirklichkeit konstruiert, auf denen unterschiedliche Gesetze gelten. Durch diesen Trick hatte ja seinerzeit Descartes den Glauben an die Seele des Menschen bewahrt, ohne dabei die Möglichkeit, den Körper als Maschine zu betrachten, preisgeben zu müssen. In seinem fundamentalistischen Entwurf hat Adolf Heschl mit demselben Problem zu kämpfen, und er versucht sich an ähnlichen Lösungen, wie sie von religiösen Fundamentalisten praktiziert werden. Dies sei an drei Beispielen demonstriert.

Ignoranz und Verdrängung. Um die Rolle des Gehirns als Organ der Informationsverarbeitung und Wissensvermittlung zu desavouieren, behauptet Heschl, »die extrem verfilzte Basisvernetzung des menschlichen Gehirns« läge »bei der Geburt schon fix und fertig vor«. Nicht nur widerspricht diese Behauptung dem Basiswissen der Humanbiologie (das Gehirngewicht des Neugeborenen beträgt nur etwa ein Drittel des endgültigen Gewichts, und diese Massenzunahme ist auf das Konto des heranwachsenden Fasergeflechts zu schreiben), Heschl verdrängt mit ihr auch eine von ihm selbst an anderer Stelle gemachte Bemerkung, mit der er sehr wohl auf die postnatale Massenzunahme des menschlichen Gehirns verweist.

Umdeutung. Nach heutiger Auffassung wird die Entwicklung eines vielzelligen Organismus vom befruchteten Ei bis zum adulten Individuum durch die im jeweiligen Milieu herrschenden Bedingungen auf konstruktive Weise beeinflußt. Einer der faszinierendsten Aspekte dieses Wechselspiels ist das Phänomen der *Prägung*, dem eine gegenüber Umwelteinflüssen besonders offene sensible Entwicklungsphase bei Jungtieren und Kindern entspricht. Kommt in dieser Phase der Kontakt zwischen Organismus und Umwelt *nicht* zustande (was zum Beispiel bei Früherblindeten oder bei in völliger Isolierung aufwachsenden Kindern der Fall ist), dann ist eine dramatische Störung der Entwicklung die Folge, die auch durch eine spätere Herstellung des Kontakts (etwa durch eine Augenoperation) nicht repariert werden kann. Ein ganz entscheidendes Element der Entwicklung des Nervensystems von Menschen und Tieren ist die Tatsache, daß die Herstellung eines spezifischen Musters von synaptischen Kontakten zwischen Zellen unter ständiger Beeinflussung durch Umweltfaktoren und soziale Beziehungen erfolgt.

Im Hinblick auf diesen wohlbegründeten Sachverhalt hat Gerald Edelman eine Theorie entwickelt, die unter dem Namen »neuraler Darwinismus« bekanntgeworden ist.[5] Nach dieser Theorie ist der *artspezifische Rahmen* der neuralen Entwicklung eines Individuums durch das genetische Programm festgelegt, während die Entwicklung zum *einzigartigen Individuum* ebenso wie die jeweils spezifische *Form des neuralen Netzwerks* von inneren und äußeren Milieufaktoren abhängt. Diese Abhängigkeit manifestiert sich derart, daß aus einem Überangebot an neuralen Verbindungen jene selektiert werden, die für die Realisierung einer spezifischen Funktion unter den herrschenden Bedingungen am besten geeignet sind. Dementsprechend werden in sensiblen Entwicklungsphasen zahllose bereits angebahnte neurale Verbindungen wieder außer Funktion gesetzt und abgebaut. Da diese Entdekkung jeder genzentriert deterministischen Theorie der individuellen Entwicklung den Boden entzieht, hat sich Adolf Heschl dazu entschlossen, Edelmans Theorie so gründlich mißzuverstehen und umzudeuten, daß er meint, sie in einem eigenen Kapitel (»Edelmans Irrtümer«) gefahrlos aus dem Wege räumen zu können.

Dualismus. Das herausragende Merkmal der fundamentalistischen Theorie Heschls ist, daß sie auf folgendem dualistischen Konzept ruht: *Was dem Genom recht ist, darf dem Gehirn nicht billig sein!* Während zufallsartige, ungerichtete Mutationen »definitionsgemäß« die Quelle neuen Wissens sein sollen, wird diese Möglichkeit für ebenso zufallsartig zustande gekommene Ideen und gedankliche Assoziationen kategorisch ausgeschlossen. Dabei übersieht Heschl jedoch, daß genetische Mutationen nicht nur zufällig und ungerichtet *entstehen*, sondern auch im phänotypischen Organismus zur *Expression* gelangen müssen. Dies impliziert, daß sie sich in vorgegebene strukturelle und funktionelle Rahmenbedingungen einzufügen haben. Damit wird diese sogenannte Quelle neuer Erkenntnis in demselben Maße durch bereits vorhandene Strukturen eingeschränkt wie eine spontane Idee oder gedankliche Assoziation durch das Muster bereits vorhandener Erfahrungen. Diese beiden Vorgänge sind formal äquivalent, was auch für die Weitergabe genetischer Information von Generation an Generation und die Weitergabe kognitiver Information von Individuum zu Individuum gilt.

Worin sich die beiden Vorgänge allerdings dramatisch unterscheiden, das ist das *Tempo* und das *Ausmaß*, mit denen sie das Verhalten von Individuen und damit den Verlauf der Evolution zu beeinflussen imstande sind. Daß es sich bei den Wechselbeziehungen zwischen Genom und Gehirn um einen echten Dialog handelt (im Unterschied zum Monolog des »intelligenten Genoms«), ist daran zu erkennen, daß vom Gehirn erfundene *kulturelle* Normen durchaus mit vom Genom entwickelten *adaptiven* Normen in

[5] Gerald M. Edelman, *Unser Gehirn – ein dynamisches System*. München: Piper 1993.

Konflikt geraten können. Das Gleichnis vom Dialog zwischen Gehirn und Genom greift tiefer, als es im ersten Augenblick erscheinen mag. Der Versuch, die Entwicklung eines Individuums ausschließlich als den autopoetischen Akt der Selbstverwirklichung eines intelligenten Genoms zu interpretieren, muß ebenso scheitern wie der Versuch, die divergierenden Interessen mündiger Individuen langfristig im Korsett einer Offenbarung zu stabilisieren.

Die Literatur, als Religion betrachtet

Von Walter Klier

Wallfahrten

Zwar hatte ich gewußt, daß Bram Stokers *Dracula* zum Teil in Whitby an der englischen Nordostküste spielt; doch als sich das prächtige, vierstöckige viktorianische Mietshaus, in dem wir eine Ferienwohnung gemietet hatten, als jenes herausstellte, in dem Bram Stoker hundert Jahre früher ebenfalls seine Ferien verbracht und Teile seines berühmten (seines einzigen berühmten) Buches geschrieben hat, erfüllte ein Wohlgefühl unsere Seelen, das eindeutig über das normale Wohlgefühl, an einem ausnehmend hübschen und freundlichen Ort gelandet zu sein, hinausging. Es war der metaphysische Zugewinn, den die Wallfahrt dem Gläubigen bringt; eine solche gewissermaßen unvorbereitete Erleuchtung (ergänzt durch die Wahrnehmung, wie liebevoll die Szenerie von Meer, Klippen, Friedhof, Abtei, Hafen und Stadt im Roman verewigt ist) hat ihren eigenen Reiz, insbesondere für Reisende wie uns, die wir uns immer, aber immer nur sehr mangelhaft auf unsere Reisen vorbereiten.

Als wir dann anfingen, in Yorkshire herumzufahren, war es überraschend, auf wie viele kleine, mittlere und große Wallfahrtsorte wir stießen, von Laurence Sternes Pfarrhaus in Coxwold über Middleham Castle (erbaut und mit Privilegien ausgestattet von Richard III., der hier am Ort seine Fangemeinde hat, weswegen Middleham sich auch mit Agincourt verschwistert hat) bis zum Lourdes der Literaturreligion, Haworth.

Das Gästebuch im Haus der Brontës ist ein Dokument der innigen Liebe, die den Schwestern von Menschen aus der ganzen Welt entgegengebracht wird. Man findet nicht nur die Amerikaner, Japaner und Deutschen, die man erwartet hat, man findet auch Georgier, Armenier und Ukrainer, und abgesehen von dem größeren Überschwang, der ihre Eintragungen auszeichnet, spürt man förmlich, daß sie weder den weiten Weg noch die Überwindung der Kulturgrenzen gescheut haben.

Angemerkt muß auch werden, daß das Haus der Brontës mehr als andere solche Häuser ein veritabler Reliquienschrein der Literaturreligion ist. Die schon seit dem späten 19. Jahrhundert bestehende Brontë Society hat dafür gesorgt, daß wir nicht nur die mehr oder weniger originale Einrichtung der einzelnen Räume und Branwells Malerei, sondern auch Charlottes Schuhe, Kleider und Hauben bewundern können und ein Bild davon gewinnen, wie klein Charlotte eigentlich gewesen ist: geradezu unglaublich klein.

Primäre und sekundäre Religion

In der vergangenen Zeit, so wie wir sie uns vorstellen, lieferte die Religion nicht nur philosophisch (primär) den Sinn des

Lebens (woher kommen wir, wohin gehen wir, warum sind wir jetzt hier), sondern auch im strukturellen (sekundären) Sinn: Behält man in der Kirche den Hut auf oder nicht, wie bekreuzigt man sich, was tut man zu Weihnachten (Baum aufstellen, Lieder singen), welches sind die heiligen Tiere (Katzen, Hunde), was mache ich, wenn ich etwas verloren habe (zum heiligen Antonius beten), was, wenn mir eine Gräte im Hals steckengeblieben ist (zum heiligen Blasius beten respektive mit einmal jährlich empfangenem Blasius-Segen der Kalamität vorbeugen).

Mittlerweile haben wir bekanntlich die Religion geistig (»mental«) hinter uns gelassen, aber unser Bedürfnis zu glauben, zu verehren und uns im Metaphysischen eine Heimat zu suchen, ein warmes Nestchen im leeren, von existentialistischer Eiseskälte erfüllten Universum zu bauen, ist naturgemäß ungebrochen. Insofern ist uns die Religion nicht abhanden gekommen, sondern nur in alle Provinzen des Geisteslebens diffundiert. Wir finden die Strukturen der primären wie der sekundären Religion in der Wissenschaft ebenso wie der Populärkultur – und, wovon wir hier sprechen werden, in der Kunst, besonders auch der Literatur, die schon durch ihr Herkommen einen idealen Religionsersatz bietet. Die gesellschaftliche Leitfunktion hat freilich die Naturwissenschaft (wobei Medizin und Psychologie als Naturwissenschaften gelten). Sie stellen die überwölbende moderne Religion bereit: einerseits das notwendig Unfaßbare des Woher-kommen-wir-wohin-gehen-wir (Urknall, Evolutionstheorie, Psychoanalyse), andererseits die Anweisungen des Von-Tag-zu-Tag-Lebens (Blutdruckmessungen, Vegetarismus, HIV-Tests).

Die Literatur hat in dieser Ordnung der Dinge mit Statusproblemen zu kämpfen. Ihr Weltmodell ist auch in der Moderne nicht unabhängig vom übergreifenden wissenschaftlichen zu denken; sie füllt eher Lücken und illustriert das Vorgegebene, als selbst bahnbrechend zu wirken. Immerhin läßt sich ein Wesenszug der Religion, die Heiligenverehrung, an der Literatur gut beobachten.

Im Moment der Säkularisierung kann sich die brachliegende Verehrungssehnsucht an den Text und seinen Verfasser binden. Besonders anfällig ist dafür der Heranwachsende, der, von der drückenden Last des hergebrachten Glaubens befreit, darauf wartet, sich freiwillig eine vergleichbare, aber andere Last aufzubürden, die er dann freudig trägt. So unausdenkbar quälend allein der Gedanke an das Ertragen einer Sonntagsmesse ist, so anregend, faszinierend, ja geradezu aufwühlend ist die Teilnahme an einer Dichterlesung, wenn der Dichter zu den Verehrten gehört.

Der Vermehrung der heiligen Bücher

Nun gibt es nicht mehr ein heiliges Buch, sondern deren tausend (oder hunderttausend). Die prinzipielle Schwierigkeit, das Wort Gottes richtig zu verstehen, zog schon früher eine potentiell unabsehbare Menge von Kommentaren nach sich und damit in der Folge eine lange Reihe von zumindest halb heiligen Büchern. Die moderne Theologie, also die Literaturwissenschaft, betreibt nun einerseits die Beschränkung des Kanons, damit wenigstens eine gewisse Übersichtlichkeit und Verbindlichkeit gewahrt werden kann, andererseits bringt es die Situation in der Postmoderne und die gegen unendlich tendierende Zahl der Literaturwissenschaftler mit sich, daß der Kanon ausufert, gleich unter welchen Kriterien man ihn betrachtet.

Eine zusätzliche Streuwirkung bringt die Entscheidung der Interpretations- und Verehrungszentralen, der Universitäten, auch noch lebende Dichter zur Verehrung zuzulassen. Die Erforschung am lebenden Objekt bedeutet nicht nur eine Vervielfachung der Zahl möglicher Dichter, sondern auch des komischen Potentials.

Nach welchen Gesichtspunkten lebende oder tote Schriftsteller als Verehrungsobjekte in Frage kommen, ist viel diskutiert, aber nie schlüssig beantwortet worden. Die Kriterien reichen vom heroischen Leben (manchmal genügt ein früher Tod) über Weisheit, hohe Auflagen bis hin zur Freundschaft, mit deren Hilfe sich Gruppen von Dichtern, mit Kritikern und Wissenschaftlern untermischt, durch wechselseitiges Lob in den Status der venerandi zu heben versuchen.

Religion der Moderne

Die römisch-katholische Denomination stand ihrem eigenen heiligen Buch nicht durchaus gelassen gegenüber, da seine zentralen Botschaften bekanntlich in eklatantem Widerspruch zur Praxis standen. So gerieten die ersten Versuche, es in die jeweilige Volkssprache zu übersetzen, auf den Index der verbotenen Bücher und ihre Verfasser, wenn es sich machen ließ, auf den Scheiterhaufen. Das Wort Gottes steht in der Bibel, und dort drinnen sollte es auch bleiben.

Diese finsteren Zeiten sind vorbei; spätestens seit den fünfziger Jahren des 20. Jahrhunderts ist Religion auch im deutschen Sprachraum Privatsache geworden. Die philosophische Seite der Angelegenheit ist restlos privatisiert und wird dezentral bewältigt. Wenn der Schein nicht trügt, so frönt der Großteil der bürgerlichen Mittelschichten heutzutage einem auf die Erklärung der Menschenrechte zurechtgestutzten Christentum, hinter dessen vagen und theologisch unbedarften Maximen das Motto des überfütterten amerikanischen Cartoon-Katers Garfield steht: »All I ever do is eat and sleep, eat and sleep ... there must be more to a cat's life – but I hope not.«

Man ist sich darin einig, daß man seinem Nächsten körperlich nicht zu nahe treten und überhaupt nett zueinander sein soll, und daß es irgendein höheres Wesen, irgendeine andere Realität schon geben mag. Dies wird dann allgemein für eine geläuterte Form von Christentum gehalten, und in den periodisch ausgestrahlten TV-Reporten über das Sektenunwesen werden innerkirchliche Tendenzen »zurück zum Urchristentum« mit Entsetzen registriert. Das Christentum wird als Analogie zur Sozialdemokratischen Partei postmoderner Prägung verstanden, in der an die Stelle der Prinzipien die weltanschauliche Berieselung mit nicht anstößigen Substanzen getreten ist.

Die modernen »kritischen« Theologen und ihr Publikum sehen sich gern als Erben der Lessingschen Ringparabel und des Neuen Testaments, als »Erben der jüdisch-christlichen Zivilisation« oder ähnlich und identifizieren sich mit Jesus im Tempel, der den Händlern die Tische umwirft und so eine – freilich im täglichen Leben nicht praktikable – antikapitalistische Urszene liefert. Gleich Jesus tritt man mit Verve für die Umverteilung der irdischen Güter ein, natürlich nur solange es nicht die eigenen sind. Besonders beliebt ist die Umverteilung von lateinamerikanischen Latifundien und internationalen Ölkonzernen, wo dann die Schuld an »der Zerstörung der natürlichen Umwelt« gleich mit umverteilt wird. Im übrigen ist man der Meinung, daß die Religionen, wenigstens die monotheistischen, »wieder zueinander finden sollten«, »weil sie ja sehr viel gemeinsam haben«.

Die Literatur hat die Zentralthemen der modernen Religion zu behandeln; oder diese Themen müssen jedenfalls aus ihr herauszulesen sein, wenn sie als Literatur gelten will. »Weil ich schließlich selbst nicht mehr durchblickte, hielt ich den Roman zuletzt für ein philosophisches Buch.« (Wilhelm Genazino über Samuel Beckett, *Der Namenlose*)[1]

Die zentrale These der modernen nachchristlichen Theologie ist die von der metaphysischen Bedeutungslosigkeit des Menschen (Geworfenheit), und sie muß einigermaßen deutlich in jedem

---

[1] Zitate aus dem Literaturteil der *Zeit* vom Frühjahr 1999.

zur Heiligkeit vorgeschlagenen Buch auffindbar sein: »nichts ist seinem Existenzgefühl so fern wie die Vorstellung, daß ›Ich‹ mehr sein könnte als eine bloße Funktion von Hirnströmen; nichts ihm exotischer als die bürgerliche Verbesserung des Individuums, als eine Kultur des Maßes, als helle Humanität«. (Andreas Nentwich über Durs Grünbein)

Die dunkle Humanität und die Kultur des Unmaßes veranlassen freilich weder Dichter noch Exegeten, ihr Leben in erkennbarer Weise anders zu gestalten, sowenig sich die Christen von einst (von raren Ausreißern abgesehen) dazu veranlaßt sahen, in den radikalen Äußerungen ihrer Religion mehr zu sehen als Bedenkliches und Besinnliches zum Sonntagabend.

Oft genügt das stichwortartige Aufrufen von Reizbegriffen der Moderne: »Der Mensch in der Revolte – immer wieder anders, immer wieder neu ... Es gibt zwar den Sieg des Mittelmaßes auf der ganzen Linie, die eiserne Herrschaft der Glockenkurve, gegen die anzukämpfen gegen Windmühlen einschreiten hieße. Aber es gibt keine schale, uninteressierte, schicksalslose Generation.« (Gabriele Killert über Joachim Helfer, *Cohn & König*)

Wichtig ist die Verankerung jedes neuen Buches im System der anerkannten heiligen Bücher, die die Form der Anspielung oder des direkten Hinweises annehmen kann. »Die Enden der Parabel stecken im Morast, wer sie deuten kann, ist König.« (Andreas Nentwich über Hugo Claus) Im Gegensatz zum religionsgeschichtlichen Urbild rückt die Liebe als zentrales Mysterium des diesseitigen Lebens an die Stelle der metaphysischen Mysterien. »Vom ersten Augenblick an (beide greifen fast gleichzeitig zu *El País* am Zeitungsständer im Café) bis zur ersten Berührung und zur verwunderten, verwundeten, ohnmächtigen Preisgabe erscheint diese Liebe als ein Fatum. Widerstand ist sinnlos.« (Ulrich Greiner über Cees Nooteboom, *Allerseelen*)

Die deutsche Literatur nach 1945 muß überdies, will sie als solche gelten, immer eines *auch* tun: »Eine Schuld will sie abtragen, die mit denselben Zeitläuften aufs engste verknüpft ist.« (Iris Radisch über Monika Maron, *Pawels Briefe*) Dies gilt unabhängig von der Generation, der der Dichter angehört. Die Gnade der späten Geburt ist geradezu als Verpflichtung zum Bewältigen, Aufarbeiten und auf jede erdenkliche Weise kritischen Beäugen der zwölf finstersten Jahre der deutschen Geschichte aufzufassen. »Man kann ... diesen sich geradezu selbst als Exempel eines postmodernen Popromans stilisierenden Text auch auf dem Hintergrund des deutschen Katastrophenjahrhunderts lesen.« (Hubert Winkels über Andreas Neumeister, *Gut laut*)

Der Höhepunkt der Literatur als heiliger Text ist erreicht, wenn darin die Verschmelzung von existentieller Geworfenheit und Schuldabtragung stattfindet, der Dichter als Seher im verdunkelten Raum. »Die vier Langgedichte ... sind ein deutsches Pandämonium, errichtet von einem, der Gewalt, Verfall und Sterben wie im magischen Kristall erblickt, dem überall im Dickicht Berlins die ›Schatten‹ des kollektiv Verdrängten begegnen und dem die toten Dinge Menetekel werden, so, als wäre er in einem bös-verspielten Trickfilm.« (Andreas Nentwich über Durs Grünbein)

Die vor 1945 von Deutschen angehäufte Schuld rückt an die Stelle der Erbsünde. Jeder Deutsche (und Österreicher) kommt mit ihr auf die Welt; die Lektüre der richtigen Bücher befreit ihn auf die Art des römisch-katholischen »Ich widersage!«. Dichter kommen im Idealfall schon ohne Erbsünde auf die Welt. Der Idealfall tritt ein, wenn der Dichter über eine Identität verfügt, sich also durch möglichst viele Unterscheidungsmerkmale vom nichtidentischen, also weiß/männlich/bürgerlich/heterosexuell definierten westlichen Menschen abhebt.

Wie wird man Dichter?

Dichter, also gewissermaßen Heiliger zu Lebzeiten wird man einerseits vermittels Heiligsprechung durch dazu Befugte (allgemein bekannt das Ritual des »Literarischen Quartetts«); hinzutreten muß komplementär dazu die Verehrung durch genügend viele Gläubige. Nur das erfolgreiche Zusammenspiel von Volksfrömmigkeit und Priesterschaft garantiert den Stand der Heiligkeit. Der Dichter (sofern schon verstorben) ist nach dem Vorbild Jesu nicht alt geworden, beispielsweise »ein untersetzter, zur Beleibtheit neigender Mann von 33 Jahren«, der im Idealfall »eine seltsame Außenseitershow abzog«. (Ursula März über Rolf Dieter Brinkmann) Das Werk des Rebellen ist schmal, fragmentarisch, muß ediert und kommentiert werden, und es ist fast unvermeidlich, daß es bald »waschkorbweise Magisterarbeiten evoziert«.

Ist der Dichter nicht tot, so muß er wenigstens jung, also potentiell frühvollendet sein. Mit der erotischen Aufmerksamkeit, die werdenden Dichtern zukommt, werden in der Regel Debüts, nur in Ausnahmefällen zweite Veröffentlichungen bedacht. Hat ein Schriftsteller das zweite Buch hinter sich, ohne zum Dichter geworden zu sein, bleibt ihm nur noch die Hoffnung auf eine postume Karriere. Die Wiederentdeckung in sehr hohem Alter (Albert Drach, Hans Lebert) ist eine Sonderform der postumen Dichterwerdung.

Nach dem Tod beginnt die schwere Arbeit der Zusammenführung von Leben und Werk. Denn in der Heiligenvita müssen sie auf eine unverwechselbare Weise kongruent werden, um die jeweilige Heiligkeit zu untermauern. Im Zweifelsfall ist das Leben wichtiger: Das Fehlen bürgerlicher oder großbürgerlicher Damen wie Ivy Compton-Burnett oder Nathalie Sarraute im Kanon der Frauenliteratur ist dafür bezeichnend. Selbst im Fall von George Eliot habe ich von einigen Frauen, denen gegenüber ich Eliots literarische Qualität pries, den strafenden Einwand zu hören bekommen: »Aber war die nicht sehr konservativ?« Das rückwirkende Abklopfen auf Political Correctness macht auch vor Ikonen nicht halt.

Schwieriger gestalten sich Versuche, im Alleingang einen noch Lebenden zum Dichter zu erklären. Die rhetorische Kraftanstrengung steigert sich in solchen Momenten zum schweißtreibenden Armdrücken mit der Muttersprache. »Es treten uns Texte von einer Sprachkraft sondergleichen entgegen, und grauenerregender Wahrhaftigkeit. Ihre Abenteuer entfalten sich gestisch, daß es mir beim Hören und Lesen die Füße wegschlug. Das erschreckende Vereinsamende, das absurde Leben – Verwandlungen auf den Tod hin, und große Landschaften verbinden sich mit den wunderbaren einfachen Dingen menschlichen Lebens.« (Sarah Kirsch über Christoph Wilhelm Aigner)

Zum Ritual der bereits Dichter verwaltenden Exegeten gehört die harsche Abweisung neuer Dichter: »Total süß«. (Jörg Albrecht über Benjamin Lebert) Im rezenten Fall von Lebert ist interessant zu sehen, daß ein Dichter nicht *zu* jung sein darf. Der drohende Überbietungswettbewerb in Richtung Wunderkinder und eine weitere Überfüllung des ohnehin als überfüllt empfundenen Kanons sind Gründe dafür, aber auch die Jesus-Biographie. Nach dem spektakulären Auftritt des Zwölfjährigen im Tempel hat man länger nichts von ihm gehört: Er mußte noch einige Jahre auf der Universität des Lebens zubringen, bis die entscheidende Begegnung mit dem älteren Guru (Johannes dem Täufer) ihm die entscheidende Weihe verlieh.

Der Literaturkritiker hat zumindest potentiell immer auch die Funktion des Advocatus diaboli zu versehen, der den täglichen Habemus!-Rufen mit Skepsis, ja grundsätzlicher Abwehr gegenübersteht. In der Literatur ist ein ähnlicher Vorgang wie in der katholischen Kirche zu bemerken: Mit fortschreitender Institutionalisierung kommen die Heiligen in zunehmendem Maß aus der eigenen

Nomenklatura. Das Germanistikstudium gehört für den heutigen Dichter fast zur Grundausrüstung. Die daraus entstehende Rückkoppelung Dichtung-Germanistik führt wiederum zu einer oft als deprimierend empfundenen Magerkeit des Text- und biographischen Materials, weswegen dann manchmal echtechte Dichter, die es ohne Germanistikstudium zum Genie gebracht haben, um so enthusiastischer begrüßt werden. Hier kommt das oben angesprochene Kriterium der Identität zum Tragen: einige Identitäts-Pluspunkte (etwa »türkisch/weiblich/proletarisch« oder ähnliche Merkmalskombinationen) können das Fehlen der Fachausbildung leicht aufwiegen.

Bücherschränke rein halten

Auch die sekundären religiösen Funktionen werden nun im kulturellen Bereich wahrgenommen; der jeweils gültige Meinungs- und Verhaltenskodex muß sich, wenn schon nicht in den Texten, so im frommen Gespräch über sie wiederfinden lassen. Der Dichter liefert im besten Fall die künstlerisch wertvolle Version des derzeit gültigen linksliberalen Stammtischtextes. »Das Braune, das einmal da war, ist jetzt in den Gesichtern und kommt von den Sonnenbänken, dort, wo die Sonne sich immer hinsetzen und ausruhen darf von ihrem Dienst am Fremdenverkehr«. (Elfriede Jelinek über Jörg Haider) In diesem Text führt die Dichterin, indem sie scheinbar Scherze treibt, den Katalog der aktuellen Glaubenswahrheiten vor: Jörg Haider ist so eine Art Hitler, Sport ist irgendwie faschistisch, Fremdenverkehr ist irgendwie pfui, am Wörthersee wohnen Millionäre in Villen usw. Die harsche Auseinandersetzung mit dem eigenen Land, die in den letzten Jahrzehnten ein eigenes Genre bildete, findet unter der kuriosen Zusatzbedingung statt, daß diese Kritik von österreichischen Dichtern an Österreich, doch für deutsche Gläubige geübt wird.

Die Literaturkirche sorgt dafür, daß der Glaube rein gehalten wird. Dies gelingt letztlich ebenso partiell, nämlich örtlich und zeitlich beschränkt, wie einst der richtigen Kirche. Nicht minder erheblich ist der Aufwand, der zum Herstellen von Konformität betrieben wird. Die Literatur im engeren Sinn und ihr Betrieb beschäftigen sich unablässig mit der Frage, welche Bücher im gedachten großen Regal, wo alle Freunde sind, Platz haben und welche nicht. Die atavistische Bücherverbrennungsszene von 1933 wird von Dokumentarfilmen, die der Schuldabtragung verpflichtet sind, wohl auch deswegen so gerne immer wieder gezeigt, weil sie in unverblümter Brachialität das ausagiert, was der dezente postmoderne Betrieb auf viel kompliziertere Weise sicherzustellen versucht: daß eine Elite die Vorauswahl der Bücher vornimmt, die danach dem Volk zum Lesen überantwortet werden.

Welche hektischen Züge diese Tätigkeit der Reinhaltung annehmen kann, wenn der Dichter, der bisher immer das Richtige gesagt und geschrieben hat, plötzlich anfängt, das Falsche zu sagen, erlebte man vor einiger Zeit, als Botho Strauß sich dem linksliberalen Konsens verweigerte; zur Zeit erlebt man es am Fall eines farbenblinden Sehers, der seit 1968 zu den wichtigsten deutschen Dichtern zählt. Seit Peter Handke seine Haltung in der Serbenfrage durch die Rückgabe des Büchner-Preis-Geldes und den Austritt aus der katholischen Kirche unterstrichen hat, kommt deutschen Feuilletonisten signifikant häufiger in den Sinn, daß Handke »Österreicher« ist. Die Wut, die Handkes Äußerungen im deutschsprachigen Feuilleton hervorgerufen haben, ist ebenso wie die heftigen Verteidigungsreden nur dadurch erklärbar, daß sie von einem Dichter kommen. Einen Nicht-Dichter hätte man einfach ignoriert.

Kleine Kritik der mitteleuropäischen Seen

Ein geometrisch-kartographischer Versuch

Von Carl Wiemer

Jene Weise der Betrachtung, die die auswendige Natur nicht etwa unter naturalen Parametern in den Blick nimmt, sondern unter formalen, im weitesten Verstande nach Maßgabe ihrer Wahrnehmung, nennen wir die ästhetische. Sie allein nobilitiert Natur in einen höheren ontologischen Stand; aus etwas Gegebenem wird ein Gemachtes. Nur Natur, die sich als gemachte zu erkennen gäbe, verdiente den Ritterschlag des theologischen Prädikats Schöpfung.

Eine Landkarte der weitläufigen mitteleuropäisch-alpinen Seenplatte, die sich zwischen den westlichen und östlichen Ausläufern der Alpen, zwischen Genf und Salzburg sowie zwischen dem Süden Deutschlands und der lombardischen Ebene erstreckt, zeigt sowohl das Verfehlte wie das Gelungene, das Provisorische wie das Vollendete, das Unzulängliche und das Meisterhafte ihrer Landschaft. Daher gleicht lediglich der Blick auf die Karte dem Blick Gottes auf seine Schöpfung, niemals der ins Angesicht der Natur. Jenem enthüllt sich Natur als etwas Gemachtes, als etwas, das unterm Gesetz der Form steht. Inmitten der auswendigen Natur sind wir dagegen selber Geschöpfe, und als ein solches steht uns ein Urteil über die Schöpfung nicht zu.

Die kartographisch erfahrene Natur erspart uns das Reisen. Auf der Karte sind die blauen Tupfer der Seen die einzigen Reservoirs der Farbe, die die Natur hinterläßt. Sonst kennzeichnet man sie nur im blassen Grün der Ebene und im kalten Weiß des Gebirgs. Außer dem Blau der Flüsse und Seen sind die Farben der Darstellung von Menschenwerk vorbehalten. Rot schlängeln sich die Straßen, orange sind die Schneisen der Autobahnen, und grün trennen die Grenzen die Nationen. Vielleicht erscheinen uns die Seen daher als etwas Geschaffenes, auf das mehr Sorgfalt verwendet wurde als etwa auf die Bildung der Täler, die es nur zu geben scheint, weil da auch Höhenzüge sind.

Die Kritik der Natur ist nur unterm ästhetischen Gesichtspunkt, der Natur als Landschaft vermittelt, verstattet. Sie zu beurteilen, als sei sie aus der Hand eines Schöpfers als Gestaltetes, als Werk, entlassen, enträt nicht der Anmaßung und erweist bloßer Natur zugleich die Reverenz. Als Objekt menschlicher Zwecke benutzt, wird Natur als Landschaft zweckfrei vergegenwärtigt und zugleich Gegenstand des ästhetischen Urteils. Als gegebene unfehlbar, bleibt Natur die Idee der Vollendung fremd. Das Gemachte hingegen ist fehlbar und kennt Vollendung, weil es mißlingen kann.

Die ästhetische Kritik der Seen, die der Blick auf die Landkarte vornimmt, fällt selten günstig aus: Der Bodensee ist ein behäbiger, zerlaufener Fleck auf der Karte. Der Genfer See beschreibt die riesige Gestalt einer Sichel, doch so, als hätte sein Schöpfer mitten in der Bewegung innegehalten, als habe er zu forsch mit seinem Strich angesetzt, als sei bereits zuviel Tusche aufs Blatt gelaufen, die bloße Größe bereits das Dementi einer Form, als wolle der See durch seine Größe den Eindruck machen, den er durch seine Gestalt nicht erreicht. Der gestaltlichen Totalität eines Gebildes, die wir seinen Charakter nennen, gelingt es manchmal, Natur einen Ausdruck zu verleihen. Der Gardasee, der im Norden schmal beginnt, sich nach Süden hin verbreitert und schließlich einen großen Wasserkopf bildet, bleibt dagegen ausdruckslos. Man erkennt nicht, worauf es mit ihm hinauswollte, oder – ein Wort Walter Benjamins variierend – seine Gestalt scheint nur die Totenmaske seiner Konzeption. Die schlanke Form des Lac de Neuchâtel wirkt nicht unelegant auf dem Papier, offenbart jedoch eine gewisse formale Phantasielosigkeit, eine überraschungslose Einförmigkeit, die im kleinen vom Thuner und Brienzer See kopiert wird. Der Zürichsee erweckt einen Eindruck von graziler Vornehmheit, er strahlt etwas Wohlerzogenes aus, das nur um den Preis der Geheimnislosigkeit zu haben ist. Als könne man auf ihm gar nicht untergehen, hat er etwas vom guten Benehmen eines Baggersees. Seiner betulichen Gestalt, der man das zweifelhafte Prädikat »malerisch« nicht verweigern kann, traut man keine der Beunruhigungen zu, die von Stürmen und Unwettern ausgehen und die dazu angetan wären, die an seiner Goldküste residierenden Bewohner in Angst und Schrecken zu versetzen.

Eine gewisse Domestiziertheit scheint ein generelles Merkmal der schweizerischen Seen zu sein. Gestalterisch reizvoll ist der Vierwaldstättersee. Von verschiedenen Landzungen in mehrere Becken geteilt, die aus ihm ein Konglomerat von Gewässern machen, wird eine Unübersichtlichkeit erzeugt, die durchaus fesselt. Aber die Autobahn, die er an seinem Ufer duldet, hat ihn ein für allemal gebändigt. Einhundert Kilometer weiter südlich, hinter dem Gotthard-Zentralmassiv, überquert die Autobahn gar den Luganer See. Dadurch wird der Ausdruck eines Sees, sein Charakter, unwiederbringlich gebrochen. Denn die Brükke, die man über seine Wasser spannt, degradiert ihn zum Weiher. Alles Ungebärdige fällt von ihm ab, kann man ihn in kurzer Zeit überfahren. Denn jeder See lädt zum Verweilen ein; seine Eitelkeit verlangt danach, an seinen Ufern innezuhalten, fordert die staunende Betrachtung. Ihn flugs zu überqueren, verletzt seine Würde.

Einen Begriff von Vollendung, von kompositorischer Durchgeformtheit, vermittelt der schlangenschlanke Lago Maggiore, dessen Namen die Schweizer als »Langensee« verballhornen. In seiner Feingliedrigkeit versucht er erst gar nicht, das Meer zu imitieren, erinnert statt dessen eher an einen Flußlauf. Denn das scheint eine ästhetische Bestimmung der Seenform zu sein: Es ist ihr verwehrt, die Grenzenlosigkeit des Meeres vorzustellen. Uferlosigkeit ist ein Schönheitsfehler in der Physiognomie des Sees. Das Meer wird perspektivisch von der imaginierten Linie des Horizonts begrenzt. In seiner Unendlichkeit ähnelt es einem Bild, das, von keinem Rahmen eingefaßt, an den Rändern ausläuft. Diesem Anschein der Unendlichkeit ist die Haltlosigkeit im Blick seines Betrachters geschuldet. Die Einsamkeit des Betrachters am Meeresufer ist die eines Standpunktes ohne Gegenstand. Ihm gegenüber ist nur die ereignislose, amorphe Weite, die einförmige Ödnis des Meeres. Es ist die beklemmende Situation einer Perspektive ohne Fluchtpunkt. Das Glück dieses Zuschauers beim Betrachten eines Schiffbruchs auf hoher See ist die Freude darüber, endlich einen Gegenstand gefunden zu haben.

Dagegen verlangt das Formgesetz des Sees die Begrenzung durch die Gestade des gegenüberliegenden Ufers, an denen das Auge verweilt. Die Weite des Sees ist überschaubar, und an seinen Ufern findet sie Form und Gestalt. Auch deswegen steht der See dem Fluß näher als dem Meer. Seine Bewegung ist nicht ziellos, wie das An- und Abbranden der Meereswellen die Vergeblichkeit des Immergleichen intoniert, sondern leitet die Flüsse, die ihn durchqueren, in die ihnen bestimmte Richtung. Der See ist ein Medium der Flüsse, die in ihn münden und ihn wieder verlassen, während das Meer den Fluß aufnimmt, ohne ihn wieder freizulassen. Aus dem Meer gibt es für den Fluß keine Wiederkehr, denn das Meer anonymisiert sein Element.

Die idealistische Ästhetik behielt die Kategorie der Vollkommenheit dem vom Geist Gewirkten vor; das Naturschöne kam dafür gar nicht in Betracht. Dagegen belehnte das Konzept des Erhabenen Natur mit einer Macht, die jedes geistige Vermögen übersteigt. Antiidealistisch dementiert wird damit die Vorstellung vom Primat des Geistes über Natur. Eine Versöhnung beider intendiert der Ausdruck Kulturlandschaft; in ihm verwandelt sich Natur in Landschaft, und diese wird in Kultur aufgehoben. Dies wäre das ästhetische Ideal der Natur: ein Gegebenes, das wie gemacht wäre. Als ästhetische kann die Welt nämlich nicht nur gerechtfertigt, sondern auch verurteilt werden.

Nach diesem Ideal zu urteilen, war es ein glücklicher Tag, als der Lago Maggiore geschaffen wurde. Aber es war eine Sternstunde der Schöpfung, als der Lago di Como konzipiert wurde. In Form, Gestalt und Proportion hat er in Europa nicht seinesgleichen.

Das vielbeschriebene umgedrehte Y des Lago di Como trägt etwas Ausdruckhaftes in sich und läßt die formale Neutralität natürlicher Gebilde hinter sich, wodurch seine Gestalt sich einem Zeichen anverwandelt. Natur kennt keine Symbole. Daß die Natur eine Sprache spricht, kann doch nur eine verblaßte Metapher sein, es sei denn, man meinte damit ihre Formensprache. Ansonsten ist die Natur stumm. Ihre Zeichen sprechen keine Sprache, die uns verständlich wäre, sondern bilden allenfalls Chiffren, die gedeutet werden können. Derart soll die emblematische Gestalt des Lago di Como als von der Natur geformte Hieroglyphe hier beschrieben werden.

Bei diesem Unternehmen wählt der physiognomische Blick als Hilfsmittel eine geometrisch-kartographische Methode, die sich aus dem Blick auf die Landkarte ergibt. Anschauung der Natur ist dem kartographischen Studium derselben gewichen. Dieses kommt ohne die blaue Blume aus, es würde ihren Anblick auch wohl kaum noch ertragen. Seiner Erscheinung angemessen läßt sich der See nicht von der Stimmung einer schönen Seele erfassen, sondern von einem Zweig der Mathematik. Es ist, als sei der Lago di Como idealer Gegenstand einer Trigonometrie, die ihre Gebilde nicht in der Lehre fände, sondern in der auswendigen Natur. Die Selbstzweckhaftigkeit mathematischer Konstruktionen ist eine bereits von Stendhal in der *Kartause von Parma* bemerkte Eigenheit des Sees: »›Der Comer See‹, sagte sie sich, ›ist nicht wie der Genfer See von großen abgegrenzten und nach allen Regeln der Kunst bebauten Feldstücken umrahmt, die an Geld und Gelderwerb erinnern. Hier umgeben mich ringsum Hügel, von ungleicher Höhe, mit Baumgruppen bedeckt, die der Zufall gepflanzt, von Menschenhänden noch nicht verunziert und gezwungen, ihnen etwas einzubringen.‹« Sollte es gar so etwas wie den konfessionellen Charakter einer Landschaft geben, mithin eine Scheidung in reformatorische und katholische Seen möglich sein?

Ein strenges Formbewußtsein gestaltete den Lago di Como. Seine Form dementiert den Standpunkt an seinem Ufer, denn von ihm aus ist er als ein Ganzes unübersehbar. Die Maßgaben seiner Gestalt scheinen keine naturalen zu sein, sondern entworfen nach den Erfordernissen eines geometrischen Konzepts. Daher haftet der dreiarmigen Gestalt des Sees etwas Antinaturalistisches an. Das Dreieck ist eine Form, die in der Natur kaum vorkommt. Wie das Dreieck ist die Gestalt des Lago di Como ein konstruktives, anorganisches Gebilde; beide stehen, als geistige Formen unter den Gebilden, der Idee näher als der Natur. Die geometrische Komposition des Lago di Como objektiviert eine geistige Form in der Natur und erschließt sich dem Betrachter anhand der trigonometrischen Beziehungen seiner drei Arme. Einzig die geometrische Analyse dieser konstruktiven Erscheinung, nicht mehr unmittelbare Naturanschauung, leistet hier die ästhetische Auffassung von Natur als gestalteter Landschaft.

Zeichnen wir also ein Dreieck, das über der dreiarmigen Gestalt des Lago so zu liegen kommt, daß seine Hypotenuse c die beiden Provinzhauptstädte Como, am südlichen Ende des Westarms, und Lecco, am südlichen Ende des Ostarms, verbindet. Die beiden Katheten a und b verbinden Gera im äußersten Norden des Sees mit Como und Lecco. Der Schnittpunkt der Seitenhalbierenden und damit der Mittelpunkt des Lago befindet sich unweit Bellaggio auf dem Festland, was wohl eine einzigartige Konstellation darstellt. Hier in Bellaggio, an der Spitze des larianischen Dreiecks, jener Landzunge, die West- und Ostarm des Sees durch stattliche Erhebungen ihrer Berge voneinander trennt, vereinigen sich die drei Arme des Sees auf grandiose Weise. Jeder, der einmal am Ende der dortigen Hafenmauer steht, empfängt den überwältigenden Eindruck, im Zentrum eines gigantischen trigonometrischen Ensembles zu stehen, in dessen Komposition die Höhen der Rätischen Alpen wie die den Ostarm flankierenden Gipfel der Bergamasker Alpen sowie die drei gestalthaft ähnlichen und doch in ihrem Ausdruck so verschiedenen Arme des Sees einbegriffen sind. Schlagen wir nun mit einem Zirkel, dessen Spitze wir auf der Karte in Bellaggio ansetzen und dessen Spannweite die Länge eines Seearms umfaßt, einen Kreis, so streift sein Umkreis mit geometrischer Präzision die Eckpunkte jenes vorgestellten Dreiecks in Como, Lecco und Gera. Es ist die Ahnung dieser geglückten geometrischen Anordnung, der symmetrischen Proportionen seiner drei Arme, die den Eindruck einer Landschaft als homogen konstruierter Raumeinheit hervorruft. Dabei sind die drei Arme des Sees aufs äußerste individuiert. Der nördliche Teil, den in seinem Hintergrund die Riesen der rätischen Bergwelt einfassen, ähnelt einem weiten Fjord inmitten der Alpen. Stendhal unterscheidet den »tiefernsten« Lago di Lecco von dem »wonnigen« Comer Arm. Nur dieser überführt auf sanfte Weise die Alpen in die lombardische Ebene. Zwar erheben sich an seinem Ufer steil mittelgebirgige Höhen, aber dort ist das jähe Wetter des Gebirges bereits zu mediterraner Milde temperiert. Jene Kilometer, die sich der Comer Arm nach Süden erstreckt, markieren eine Grenze, die der unberechenbaren Alpennatur gesetzt ist, die im nördlichen Arm des Sees alljährlich für Ungemach sorgt. Überschwemmungen, Felsstürze, verheerende Regenfälle, die mit der Wucht von Berggewittern niedergehen, sind dort keine Seltenheit. In den südlichen Gegenden am See bleibt man von den Extremen dieser Unwetter meistens verschont. Man beginnt hier der Vegetation zu trauen, die überall an den Ufern des Sees Palmen, Olivenbäume, Wein oder etwa die Cacofrucht wachsen läßt und damit den Lago di Como zu einer mediterranen Enklave inmitten der Alpen macht. Fährt man den See im Frühling von Norden kommend entlang, so macht man die Erfahrung einer Passage durch Raum und Zeit. Man hat das rauhe Klima der Alpen hinter sich gelassen und fährt dem italienischen Sommer entgegen.

Im Comer See gehen die Alpen dramatisch wie in einem Abgrund zugrunde. Dieses Ende ist kein allmähliches wie jenes, das die Alpen in den Hügeln einer Voralpenlandschaft nehmen, sondern es setzt abrupt einen Rausch der Tiefe frei. Denn der Lago di Como ist ein enormer, mit Wasser gefüllter Abgrund. Obwohl nicht breit und von fragiler Gestalt, zählt er, über 400 Meter tief, zu den tiefsten in Europa. Nietzsches Diktum, man sehe der Oberfläche eines Sees nicht an, ob dieser flach oder tief sei, ein Sachverhalt, der für ihn eine Ästhetik des Scheins verbürgte, wird angesichts des Lago di Como widerlegt: Das Unheimliche und Bedrohliche, das von seiner Erscheinung ausgeht, verweist auf den Abgrund, den er birgt. Dagegen erinnert die ozeanische Fläche des Plattensees etwa, auf dessen Grund man nur wenige Zentimeter unter seiner Oberfläche stößt, an die Weitläufigkeit der Tundra. Tiefe ist sehr wohl eine Kategorie der Wahrnehmung. Das Lichte und Heitere des Plattensees läßt ahnen, daß man ihn abgrundlos durchwaten kann.

Vielleicht läßt der Lago di Como daher sentimentale Besinnlichkeit, jene romantische Auffassung der Natur, die dem südlichen Empfinden immer fremd geblieben ist, nicht zu, eine Befindlichkeit, der sich etwa die Karriere der deutschen Hotelbildmalerei verdankt. Zu schmähen wäre dafür das Pompöse des Königssees. Am Ufer des Lago di Como gerät man nicht so leicht ins Schwelgen. Möglich, daß das den elegischen Hermann Hesse an den Luganer See verscheuchte.

Auch Samuel Beckett verspürte das Bedrohliche des Sees, das in seinem Abgrund lauert. Er, der ansonsten das geographisch Vorfindliche, das empirisch zu Verortende in seinen Stücken mied, der seine Clochards in einem topographischen Niemandsland auftreten läßt, in dem als residuale Chiffre für Natur allenfalls ein kahler Baum rangiert, machte davon einmal eine Ausnahme. Als hätte der Dichter des Nichts und des Negativen mit jenem Dialog des *Endspiels* dem Sog des Abgrunds im Lago di Como huldigen wollen:

NAGG: Ich werde dir den Witz vom Schneider erzählen.
NELL: Warum?
NAGG: Um dich aufzumuntern.
NELL: Er ist gar nicht lustig.
NAGG: Er hat dich zum Lachen gebracht. Beim ersten Mal habe ich geglaubt, du würdest sterben.
NELL: Es war auf dem Comer See. An einem Aprilnachmittag.
NAGG: Wir hatten uns am Abend vorher verlobt.
NELL: Verlobt!
NAGG: Du hast so gelacht, daß wir gekentert sind. Wir hätten ertrinken sollen.
NELL: Es war, weil ich mich glücklich fühlte.
NAGG: Ach was, ach was, es war mein Witz. Beweis: du lachst immer noch darüber. Jedesmal.
NELL: Es war tief, tief. Man sah bis auf den Grund. So weiß. So rein.

Bis auf den Grund kann man heute nicht mehr schauen. Aber spüren kann man noch, wie einst Beckett, die Verheißung eines Abgrunds, den Rausch seiner Tiefe.

Robert Spaemann, geb. 1927, Professor für Philosophie an der Universität München. 1998 sind erschienen *Glück und Wohlwollen* und *Personen.*

Jürgen Ebach, geb. 1945, Professor an der Evangelisch-Theologischen Fakultät der Universität Bochum. 1997 ist erschienen *Gott im Wort.*

Klaus Berger, geb. 1940, Professor an der Evangelisch-Theologischen Fakultät der Universität Heidelberg. 1995 ist erschienen *Theologiegeschichte des Urchristentums.*

Otto Kallscheuer, geb. 1950, Professor für Politikwissenschaft, zur Zeit an der Universität Gießen. 1994 ist erschienen *Gottes Wort und Volkes Stimme.*

Christoph Türcke, geb. 1948, Professor für Philosophie an der Hochschule für Graphik und Buchkunst, Leipzig. 1998 ist erschienen *Rückblick aufs Kommende.*

Eckhard Nordhofen, geb. 1945, Leiter der Zentralstelle Bildung der Deutschen Bischofskonferenz. 1998 ist der Roman *Die Mädchen, der Lehrer und der liebe Gott* erschienen.

Ezra BenGershôm, geb. 1922 in Würzburg, Biochemiker. 1967 ist *David. Aufzeichnungen eines Überlebenden* erschienen, 1993 in erweiterter Form.

Reinhart Maurer, geb. 1935, Professor emeritus am Institut für Philosophie der FU Berlin. 1970 ist erschienen *Platons »Staat« und die Demokratie.*

Christian Geyer, geb. 1960, Redakteur im Feuilleton der *Frankfurter Allgemeinen Zeitung.*

Berndt Ostendorf, geb. 1940, Professor für Amerikanistik an der Universität München. 1995 ist erschienen *Multikulturelle Gesellschaft: Modell Amerika?* (Herausgeber).

Manfred Henningsen, geb. 1938, Professor für Politische Wissenschaft an der University of Hawaii in Honolulu.

Ekkehard Klausa, geb. 1941, Regierungsdirektor, ist Gedenkstättenreferent in der Berliner Senatsverwaltung. 1981 ist erschienen *Deutsche und amerikanische Rechtslehrer.*

Rudolf Burger, geb. 1938, Professor für Philosophie, ist Rektor der Universität für angewandte Kunst, Wien. 1996 ist erschienen *In der Zwischenzeit.*

Gunter Gebauer, geb. 1944, Professor am Institut für Philosophie der FU Berlin. 1998 ist erschienen *Spiel – Ritual – Geste* (Mitautor).

Katharina Rutschky, geb. 1941, Autorin. 1999 ist erschienen *Emma und ihre Schwestern.* Der Beitrag wird in dem von Meike Baader u.a. herausgegebenen Band *Rückblick auf eine Vision* im Frühjahr 2000 bei Beltz in Weinheim erscheinen.

Sigrun Anselm, geb. 1941, Privatdozentin für Soziologie, zur Zeit am Institut für Religionswissenschaft der FU Berlin. 1998 ist erschienen *talismane. Klaus Heinrich zum 70. Geburtstag* (Mitherausgeberin).

Ernstpeter Maurer, geb. 1957, Professor für Systematische Theologie an der Universität Dortmund. 1998 ist *Rechtfertigung* erschienen.

Hans Joas, geb. 1948, Professor für Soziologie und Nordamerikastudien an der FU Berlin. 1997 ist erschienen *Die Entstehung der Werte.*

Leopold Federmair, geb. 1957, Schriftsteller und Übersetzer. 1999 ist der Roman *Das Exil der Träume* erschienen.

Alexander Schuller, geb. 1934, Professor für Soziologie an der FU Berlin. 1997 ist erschienen *Die Andere Kraft* (Mitherausgeber).

Friedrich Wilhelm Graf, geb. 1948, Professor für Evangelische Theologie an der Universität Augsburg. 1999 ist erschienen *Sozialprotestantismus im Kaiserreich.*

Wolfgang Wieser, geb. 1924, Professor emeritus für Zoologie und Zoophilosophie an der Universität Innsbruck. 1998 ist erschienen *Die Erfindung der Individualität oder Die zwei Gesichter der Evolution.*

Walter Klier, geb. 1955, Schriftsteller. 1998 ist der Roman *Grüne Zeiten* erschienen.

Carl Wiemer, geb. 1964, Publizist. 1997 ist die Grabbe-Studie *Der Paria als Unmensch* erschienen.

Im nächsten Heft:

Hubert Markl
Gegen Information hilft nur Bildung

Ulrich Speck
Der lange Abschied vom Vater Staat

Bernd Schlarmann
Die Gefährten Poseidons und Gäas Gesinde.
Zur historischen Rolle Englands und Deutschlands

Ralf Dahrendorf
Erasmus-Menschen

Der Merkur erscheint monatlich.
Die Zeitschrift kann durch jede Buchhandlung oder unmittelbar vom Verlag bezogen werden. Preis des Einzelheftes DM 19 / öS 139 / sFr 18,30 des Doppelheftes DM 30 / öS 219 / sFr 28,60, im Abonnement jährlich DM 190 / öS 1387 / sFr 164, für Studenten und Akademiker im Vorbereitungsdienst gegen Vorlage der Studienbescheinigung im Abonnement jährlich DM 140 / öS 1022 / sFr 122. In Drittländern (außerhalb der EU) gelten die angegebenen Preise netto; alle Preise jeweils zuzüglich Versandspesen.
Das Abonnement verlängert sich automatisch, wenn die Kündigung nicht bis zum 1.12. erfolgt. Zuschriften, die den Vertrieb und die Anzeigen betreffen, an den Verlag erbeten. Für unverlangte und ohne Rückporto eingesandte Manuskripte kann keine Gewähr übernommen werden.

J. G. Cotta'sche Buchhandlung Nachfolger GmbH, Postfach 106016, 70049 Stuttgart, Telefon (0711) 6672-0.
Verantwortlich für den Anzeigenteil: Rainer Just. Abonnementsverwaltung: Thomas Kleffner, Telefon (0711) 6672-1648, Fax (0711) 6672-2032. e-mail: th.kleffner@klett-cotta.de Anzeigenverwaltung: Maria Stork, Telefon (0711) 6672-1348, Fax (0711) 6672-2030. Zur Zeit ist die Anzeigen-Preisliste Nr. 17 vom 1.1.1999 gültig.

Fotosatz: TypoScript, Waldorf & Deiser, München. Druck und Einband: Ludwig Auer, Donauwörth.

Wir bitten unsere Leser, die Verlegerbeilage des Verlags Klett-Cotta zu beachten.

Redaktionsschluß: 23.8.1999

ISSN 0026-0096 NC N NCA

Judaika:

Politik und Religion im Judentum

Herausgegeben von Christoph Miething

1999. X, 296 Seiten. Kart. ca. DM 164.– / ÖS 1197.– / SFr 146.–. ISBN 3-484-57004-0 (Romania Judaica. Band 4)

Der Band vereinigt die Kongreßakten des gleichnamigen Kongresses, der im Mai 1998 in Münster stattfand. Die Schwerpunkte des Bandes bilden das politische Denken des französischen und italienischen Judentums einerseits und der Konflikt zwischen laizistischer und religiöser Orientierung im Staate Israel andererseits. Ausführlich erörtert wird sowohl der Wandel im Selbstverständnis des Diasporajudentums als auch die historische und aktuelle Deutung des Zionismus. Im Mittelpunkt steht dabei die Frage, ob Gerschom Scholems Hoffnung, daß aus der Entscheidung für Staatlichkeit und Geschichtlichkeit eine Erneuerung des Judentums folgen werde, für die Zukunft Gültigkeit bewahrt.

Inhalt: I. Politisches Denken: D. Banon, Pour sortir de la crise: séparer la religion et l'état? – M. Kriegel, Réflexion philosophique et appartenance identitaire chez les penseurs juifs médiévaux. – P. Bouretz, La crise théologico-politique du judaïsme moderne: Sur les fondements de la pensée politique de Leo Strauss. – C. Miething, Franz Rosenzweigs »Messianische Politik«. Anmerkungen zum Problem der Politischen Theologie. – A. Kilcher, Kafka, Scholem und die Politik der jüdischen Sprachen. – *II. Gesellschaft und Geschichte:* A. Guetta, Le mythe du politique chez les Juifs dans l'Italie des Cités. – F. Raphael, Une entrée singulière dans la modernité: Les Juifs d'Alsace du XVIIIe au XXe siècles. – B. Philippe, Les Israélites français et la Révolution des 1848. – R. Azria, Identités juives et diaspora. La paradigme diasporique à l'épreuve de la modernité. – E. Meir, The Challenge of Religious Education in the Secular State of Israel. – G. Fubini, Loi juive et loi de l'état: A la recherche d'une solution du conflit. – *III. Zionismus:* M. Zuckermann, State and Religion: An Aporetic Relationship in Zionism. – M. C. Arbib, Sionisme et mysticisme: La controverse entre Gershom Scholem et Isaac Breuer. – A. Raz-Krakotzkin, The Golem of Scholem: Messianism and Zionism in the Writings of Rabbi Avraham Isaac HaKohen Kook and Gershom Scholem. – M. Brumlik, Der jüdische Fundamentalismus. – M. Halévy, Sioniste au parfum romanesque. La vie tourmentée de David Shaltiel (1903–1969). – B. Rother, Separdim of the Balkans and Zionism. – H.-J. Stuckstätte, Abschlußbericht über die Podiumsdiskussion »50 Jahre Israel – Vergangenheit und Zukunft« (19. Mai 1998).

Mark H. Gelber
Melancholy Pride

Nation, Race, and Gender in the German Literature of Cultural Zionism

Ca. 350 Seiten. Kart. ca. DM 112.– / ÖS 818.– / SFr 100.–. ISBN 3-484-65123-7 (Conditio Judaica. Band 23)

This study focuses on the emergence of a modern Jewish national literature and culture within the parameters of Zionism in Vienna and Berlin at the turn of the last century. Prominent figures associated with early modern Zionism, including Theodor Herzl, Max Nordau, and Martin Buber, were also writers and literary or cultural icons within the Central European, Germanic-Austrian cultural environment of the *fin-de-siècle.* More important, Cultural Zionism promoted young Jewish literary and artistic talent as part of its ideology of a modern Jewish Renaissance. A corpus of German-language Jewish-national poetry and literature, as well as mechanisms for its dissemination and reception, developed rapidly. Most of this literary and cultural production has been forgotten or suppressed. Productive, if often unlikely, partnerships between Jewish national poets and artists and Central European cultural figures and movements were forged in this context. Facets of Central European cultural life, which were somewhat oppositional to traditional Jewish culture were received, absorbed, or transformed within Cultural Zionism. For example, the relationship of German racialist thought and German-nationalist fraternity life to early Jewish-national expression is a largely unknown chapter of early Jewish-national cultural history. The same can be said for the impact of feminist, counter-culture, and bohemian circles in Berlin on Cultural Zionist personalities and their work.

Max Niemeyer Verlag GmbH
Postfach 21 40 · D-72011 Tübingen

Niemeyer

»Krimivirtuosin der seltenen Art«

Volker Isfort, AZ München

Patrícia Melo:
Wer lügt gewinnt
Roman

Aus dem Brasilianischen
von Barbara Mesquita
216 Seiten, gebunden mit
Schutzumschlag
DM 32,–/öS 234,–/sFr 31,–
ISBN 3-608-93522-3
www.klett-cotta.de

Mit leisem Spott über die Verleger, rasant geschrieben, geistreich, witzig und spannend, empfiehlt Patrícia Melo die Kunst der Lüge.

Fulvia ist Schlangenzüchterin und sonst sehr nett. Das jedenfalls findet Guber, ein ambitionierter, wenn auch mäßig erfolgreicher Krimiautor, als er Fulvia im Schlangeninstitut besucht. Er recherchiert gerade Gifte für einen Mord. Es sollte etwas möglichst Originelles sein.
Fulvias Charme und eine sich wie von selbst entwickelnde Liebesgeschichte sind, wie sich allmählich herausstellt, nicht völlig selbstlos. Fulvia nämlich interessiert sich für Kriminalfälle, weil sie selbst ein kleines Problem hat: sie versucht seit einiger Zeit, bisher erfolglos, ihren Mann Ronald umzubringen. Ein Kriminalschriftsteller sollte eigentlich für dergleichen der perfekte Partner sein...
»Melos Sprache schimmert, schön, geheimnisvoll gefährlich.«
AZ München

Klett-Cotta